일제강점기 영화자료총서—01

신문기사로 본 조선영화

1911~1917

일 제 강 점 기   영 화 자 료 총 서 — 0 1

신문기사로 본 조선영화

1911~1917

| 한국영화사연구소 엮음 |

Korean Film Archive
한국영상자료원

일러두기

1. 이 책은 영상자료원이 발간하는 '일제강점기 영화자료총서' 첫 번째 권으로 기획된 것입니다. 이 책의 발간을 위하여 연구기획 및 진행에 한국영상자료원 한국영화사연구소의 조준형, 공동 연구에 최은숙(한국예술종합학교 영상원 전문사), 함충범(한양대학교 강사)이 연구진으로 참여하였습니다

2. 이 책은 1911년에서 1917년까지 매일신보의 영화 및 (부분적으로) 연예 관련 기사를 망라하고 있습니다. 영화기사를 중심으로 하되, 초기 영화사를 이해하는 데 빼놓을 수 없는 극장, 극단, 환등회 등과 관련된 기사 및 광고를 포함하였고, 구극을 포함한 연극 및 극단의 구체적 활동, 기생 관련 등에 대한 기사는 선별적으로 수록하였습니다. 1910년까지의 자료는 《근대 한국공연예술사 자료집 1: 개화기~1910년》(단국대 공연예술연구소 편, 단국대학교출판부, 1984), 연극 관련 구체 자료는 《한국근대연극사 자료집》 시리즈(안광희, 역락, 2004) 등 기존의 자료집들을 참고하시기 바랍니다.

3. 이 책에 실린 기사는 맥락 이해를 위해 띄어쓰기를 첨가하였을 뿐 대부분의 표기는 가능한 한 원문에 따랐습니다. 부분적으로 통일성이 부족하거나 당시와의 어법 차이로 인하여 독해에 불편함이 있더라도 이해해 주시기 바랍니다. 다만 가독성을 높이기 위하여 원문 한자 중 한글로만 표기해도 될 것은 한글로 표기하였고, 날짜 등 일부 숫자는 한자로만 표기하였으며, 나머지는 한글과 한자를 병기(한자를 괄호 안에 배치)하였습니다. 한자에 대한 오늘날의 음가와 당대의 음가가 다른 경우(중부와 즁부, 임성구와 림셩구 등), 당대 한글 표기가 통일되어 있지 않은 경우(사진, 샤진, ᄉ진 등)에는 복수의 표기가 혼재되어 있습니다. 독자 여러분의 양해 바랍니다.

4. 기사 제목과 부제는 ' / ' 표시로 구분하여 병기하였고, 코너 제목이 없는 광고의 경우 〈광고〉 표시를 붙였습니다.

5. 이 책은 2차 저작물이므로 본문에 실린 기사를 참조하실 경우 기사 원문의 출처와 더불어 이 책에서 인용하였음을 표기하여 주시기 바랍니다.

발간사

한국영상자료원은 지난 여러 해 동안 한국영화사 연구를 위한 사료들을 정리하고 공개하는 데 많은 노력을 기울여 왔습니다. 그 성과는 '한국영화구술총서' '한국영화자료총서' 등의 시리즈로 발간되어 영화사 연구자들에게 귀중한 자료로 활용되고 있습니다. 사료의 발굴 정리 발간 사업은 영상자료원이 존재하는 한 지속되어야 할 아카이브의 중요한 임무라고 생각합니다.

최근 일제강점기 영화사에 대한 관심이 부쩍 높아지고 있습니다. 일제강점기 영화는 이후 굴곡과 변화를 거듭해 온 한국영화사의 출발점일 뿐 아니라, 식민지 근대의 생생한 모습을 들여다볼 수 있는 희귀사료라는 점에서 대단히 중요하다 할 것입니다. 이 같은 일제강점기 연구 붐에 저희 영상자료원이 어느 만큼 역할을 했다는 점에서 자부심과 함께 책임감을 갖고 있습니다.

이번에 새롭게 시작하는 '일제강점기 영화자료총서'는 일제강점기 36년간 식민지 조선의 신문들에 실린 영화 관련 기사들을 연대순으로 채록·정리하는 기획입니다. 총서의 첫째 권으로 《신문기사로 본 조선영화 1911~1917》을 내놓습니다. 한국영상자료원은 1945년 이후를 다루는 기존의 '한국영화자료총서' 《신문기사로 본 한국영화》 시리즈와 병행해서 앞으로 지속적으로 '일제강점기 영화자료총서'를 발간할 계획입니다.

'일제강점기 영화자료총서' 발간을 계기로 일제강점기 영화사 연구가 한층 더 활발해지기를 기대합니다.

조선희
한국영상자료원장

차례

每日申報 【1911년】

義州의 統軍亭

（干）（電話 二一二四五番）（營業部電話六六〇）

▲花의 血 (四十五) 惜春子

新小說

▲天氣豫報

日語研究會員募集

廣告

蠶業學員

1911년에는 활동사진을 다룬 기사가 거의 실리지 않았다. 조선의사연찬회(朝鮮醫師硏鑽會)가 광무대에서 위생환등회를 열었다는 내용의 기사가 있고(3월 10일), 4월 8일자 어성좌의 흑삼 활동사진대회 광고가 유일한 활동사진 광고다.

1911년의 활동사진 관련 기사는 거의 없었지만, 연희, 연극, 연주 등에 관한 기사는 간간이 게재되었다. 특히 사설 형식의 글이 주를 이루었다. 2월 15일자 1면은 조선의 연희가 "남녀의 구별을 정숙케 하고 연희의 일구화 일자어라도 정당한 신상을 고발케" 해야 한다고 역설하고 있으며, 3월 29일자 2면은 이와 관련하여 각 연극장이 말로는 개선한다고 해놓고서는 개선이 없어 연극장이 음부탕자의 오락장에 불과해졌다며 연극 엄금의 필요성을 연흥사를 예로 강조하고 있다. 이어 표적의 대상이 된 곳은 단성사였다. 4월 7일자 2면에는 문란한 연극을 통해 남녀 관객의 이목을 현란케 한다는 내용의 기사가, 4월 29일자 3면에는 이로 인해 관할경찰서에서 단성사 총무 장기형을 초치(招致)하여 엄중히 단속하였다는 내용의 기사가 실렸다. 그리고 6월 17일자 1면에는 단성사를 예로 저급한 공연을 통해 풍속괴란, 풍기문란을 조장하는 연극장의 폐해를 지적하는 사설이 게재되었다. 이처럼 1911년에 실린 글들은 대개 연희, 연극 및 연희장, 연극장의 풍속, 풍기에 관한 내용이 주를 이루었다.

그러던 중 6월 25일자 3면 〈부정 연주회의 폐해〉라는 기사를 통해 연극장 관련 문제가 풍속의 괴패, 질서의 문란, 행음의 매개, 위생의 방해, 장매(場買)의 패만(悖慢) 등으로 보다 확대됨을 알 수 있고, 이어 장안사 예기연주회(藝妓演奏會)를 예로 들며 연극장 사무원의 입장권 조사, 연극장의 위생청결, 공연의 내용 등 연극장에 관련된 전반적인 문제를 꼬집는 사설이 6월 29일자 1면에 게재되었다.

이어 7월 18일에는 북부경찰서가 관내의 각 파출소로 하여금 각 연극장의 풍속 및 위생, 연극연희의 공연 시간 및 내용 관련 사항에 대한 단속 내용을 상세히 보고하라고 지시한 내용의 기사가, 7월 20일에는 북부경찰서장이 노상에서 연설, 연극 등을 행하여 사람들을 운집시키는 행위를 금지한다는 내용의 기사가 실렸다. 이와 관련, 12월 13일에는 대구에서 연극단원 17명이 헌병대에 검거되었다는 기사가 실리기도 하였다.

11.01.20 (2)
무료관극(觀劇)
단속

경무총감부에셔 각 서로 통지ᄒ되 근일 내로 순사보 등이 무료로 각 연극장을 관람ᄒᆫ다는 입문(入聞)이 낭자하니 종금 이후로는 차등(比等) 사(事)가 무(無)케 주의ᄒ라 ᄒᆞᆺ다더라

11.02.15 (1)
연희 개량의 필요

대저 연희는 인(人)의 성정을 조동(調動)ᄒᄂᆞᆫ 효력이 급속ᄒᆞᆷ으로 우(憂)ᄒᆫ 자롤 락(樂)케 ᄒ며 음(淫)ᄒᆫ 자롤 정(正)케 ᄒᆷ은 학교에서 지식이 고명ᄒᆫ 교사가 설명ᄒᆷ보다 유(愈)ᄒᆯ지라

시이(是以)로 고금동서를 물론ᄒ고 배우롤 필축(必蓄)하야 인(人)의 성정을 조동케 ᄒ나니 황금(況今) 문명 열방은 연희제도가 유도유신(愈徒愈新)ᄒᆞ야 각종 경황(景況)이 족히 풍화(風化)를 개량ᄒᆞ며 족히 국기(國氣)를 발전케 ᄒ도다

아(我) 조선은 고래로 연희가 음부탕자(淫婦蕩子)의 양성소에 불과하야 고상ᄒᆫ 인(人)은 차(此)를 천시ᄒ고 일호(一毫)의 연구가 무(無)ᄒᆷ으로 자연 기(其) 정도가 유비(愈卑)하야 기개(幾個)의 몰지식ᄒᆫ 자가 시(是)를 행ᄒᆞᆺ스니 엇지 가관(可觀)의 실적(實積)이 유(有)ᄒᆞᆺ스리오 근일(近日)은 열방의 제도를 약방(略倣)하야 기개(幾個)의 연희사(演戲社)가 단체적으로 설립하야 기(其) 포치(鋪置) 급(及) 기예가 석일(昔日)보다 유(愈)ᄒ다 ᄒᆯ지나

기(其) 실지를 고찰ᄒ건디 일호(一毫)의 이세이속(利世利俗)ᄒᆯ 자는 무(無)ᄒ고 단순히 구시(舊時)의 음조패사(淫調悖辭)에 불과하야 반(反)히 병세병속(病世病俗)의 매개롤 작(作)ᄒ도다

오호-라 연희를 주관ᄒᄂᆞᆫ 자는 사(思)ᄒᆯ지어다 기(旣)히 차(此)롤 설립ᄒᆞᆺ슨 즉 자기의 영리만 도(圖)ᄒᆯ 뿐 안이라 일반 이세이속(利世利俗)의 도선(導線)을 작(作)ᄒ면 엇지 일거의 양득이 안이리오

선(宣)히 연장(演場)을 청결케 ᄒ고 제반 위치도 남녀의 구별을 정숙케 ᄒ고 연희의 일구화 일자어(一句話 一字語)라도 정당ᄒᆫ 신상(新想)을 고발(鼓發)케 하야 세계의 미평(美評)을 득(得)ᄒᆫ 연후에야 연희의 효력이 유(有)ᄒ다 ᄒᆯ지어늘 제군은 차(此)를 부도(不圖)ᄒ고 단(但)히 고식(姑息)의 계(計)만 취하야 영구의 실리를 부지(不知)ᄒᄂᆞᆫ도다

혹(或)이 언(言)ᄒ되 아(我) 조선은 정도가 유치하야 연희롤 완(玩)

홀지라도 음설애원(淫褻哀怨)의 조가 안이면 도저히 관람자의 미평(美評)을 부득(不得)ᄒ리라 ᄒ나 차(此)ᄂᆫ 불연(不然)ᄒ니 연희의 재료가 부정당ᄒ면 부정당혼 자가 필래(必來)홀지오 연희의 재료가 정당ᄒ면 정당혼 자가 필래홀지니 정당혼 자의 관람료ᄂᆫ 독(獨)히 제군에게 이익이 무(無)홀가

약(若) 제군의 지각이 차(此)에 불급(不及)ᄒ거던 당시의 유지식(有知識)혼 자에게 필문(必問)ᄒ야 일반 제도ᄅᆯ 개지우개(改之又改)ᄒ야 고안자(高眼者)로 관(觀)홀지라도 정당혼 미평(美評)을 득(得)혼 연후에야 제군의 병세병속(病世病俗)혼 죄도 면홀 뿐 안이라 제군 자기의 영구실리도 유(有)홀지니 제군은 사(思)홀지어다

약(若) 일향(一向) 구차(苟且)ᄒ야 금일의 백폐(百弊)를 일불개량(一不改良)ᄒ고 준순과법(逡巡過法)ᄒ면 연희장은 일개 요부탕자(遙婦蕩子)의 양성소라고 단언ᄒ겟노라

11.03.10 (2)
의사 연찬회 환등회

조선의사연찬회에셔ᄂᆫ 위생상에 필요한 방법을 연구ᄒ기 위ᄒ야 일전에ᄂᆫ 기호흥학회 회사 내에셔 위생환등회ᄅᆯ 설(設)ᄒ얏고 재작일 야(夜)에ᄂᆫ 동대문 내 광무대에셔 작일 야(夜)에ᄂᆫ 동부 어의동 보통학교에셔 설행ᄒ얏ᄂᆫ디 관람자가 누천명에 달ᄒ야 성황을 정(呈)ᄒ얏다더라

11.03.19 (2)
시찰단원과
조선연극

실업시찰단원 일행 중 육명이 삼작일(三昨日) 오후 구시경에 장안사 연극장에 전왕(前往)ᄒ야 각종 연극을 관람ᄒ고 극히 찬성홀 뿐 안이라 금화 오원을 기부하얏다더라

11.03.29 (2)
연극 엄금의 필요

근일 각 연극장의 정황을 문(聞)혼즉 기(其) 경영자 등이 구(口)로ᄂᆫ 개량혼다 칭ᄒ고 실은 일호(一毫)의 개선이 무(無)ᄒ야 음부탕자의 오락장에 불과ᄒ니 풍속관계 상으로 언(言)ᄒ야도 한심홈을 불승(不勝)홀 것이어니와 취중(就中) 사동 연흥사도 언(言)하면 거성내(擧城內)의 무뢰배가 회집하야 소위 기연주회(妓演奏會)니 연극이니 칭ᄒ되 음남음부(淫男淫婦)의 대합소와 흡사ᄒ야 비패(鄙

悖)혼 행동이 무수ㅎ다가 필경 산귀(散歸)홀 시에는 청년자제를 유치(誘致)ㅎ야 다대혼 금전을 소진케 혼다 ㅎ니 만약 차(此)를 엄금치 안이ㅎ면 만성내(滿城內)는 일개소금와(一個消金窩)를 미면(未免)ㅎ겠다더라

11.04.07 (2)
단성사의 풍속괴란

연극장이라 홈은 동서양을 물론ㅎ고 창선징악(彰善懲惡)의 재료로 설행ㅎ야 풍속을 개량ㅎ는 것인디 중부 파조교(罷朝橋)에 설립혼 단성사 연극장을 주무(主務)ㅎ는 최우석(崔禹錫) 장기형(張機衡) 박기영(朴基英) 등은 찬성표(贊成票) 오십장을 각 매음녀에게 분급(分給)ㅎ고 탕자＊부(蕩子＊婦)를 유입(誘入)ㅎ야 음란혼 연극을 설행ㅎ야 남녀로 ㅎ야곰 이목을 현란케 ㅎ고 다수혼 금전을 탈취ㅎ는 것이 개석(慨惜)ㅎ다고 일반 비평이 유(有)홀 쭌 안이라 당직 경관도 해(該) 주무자를 엄절히 단속ㅎ는 중이라더라

11.04.08 (4)
〈광고〉

흑삼(黑杉) 활동사진대회
○ 가정교육신파 대대비극   녀의 교(女의 敎)   잡자명물(囃子鳴物) 전십이막 성색입(聲色入)
등미용치(藤尾勇治)가 지(志)를 입(立)ㅎ고 동도(東都)를 출발혼 다흠브터 석곡필자(石谷筆子)가 회오(悔悟)ㅎ야 비참의 최후를 수(遂)ㅎ기까지
○ 천연색실사   인도 석삼도(錫蘭島)의 절경
○ 골계(滑稽)   전자매의 경중(轉姿妹의 驚衆)
○ 실물영사   타스마니아도(島) 옷도셰이 수렵 실경
○ 마술   극채색피의 녀의 화(極彩色彼의 女의 花)
○ 실물영사   뉴육시의 소견(紐育市의 所見)
○ 실물영사   애을포산(埃乙布山) 녹렵(鹿獵)의 실경
○ 서양희극   백부임의 기관(伯父임의 奇冠)
○ 실사   원양 중 어선의 실경
○ 모험영사   북극탐험
四月 一日브터
경성 남대문 외(外) 어성좌

11.04.09 (3)
연극과 여학생

근일에 남녀학생을 물론ᄒ고 각 연극장에서 출몰ᄒ는 것은 각 해(該) 학교의 주무자가 금지홀 뿐 안이라 일반 경관도 엄중히 금지ᄒ는 것이로디 남녀 학도들은 차(此)를 소무기탄(少無忌憚)ᄒ고 임자출입(任自出入)ᄒ다고 물론(勿論)이 낭자(浪藉)ᄒ더니 재작야(再昨夜)에는 중부 동곡(東谷) 거ᄒ는 명부지(名不知) 정모가 자기의 처 박정자와 처제 박치순(양심여학교생) 등을 대동ᄒ고 장안사 연극장에 전왕(前往)ᄒ야 각기 좌차(座次)를 정ᄒ고 각종 연극을 관람ᄒ는디 행동이 심히 비패(鄙悖)홈으로 일반 관객자의 비평이 낭자ᄒ더라

11.04.11 (3)
박씨 무관(無關)

근일 소위 각 연극장에셔 비패(鄙悖)ᄒ 연극으로 풍속을 괴란케 ᄒ다는 청설(聽說)이 낭자ᄒ 중에 중부 파조교에 재(在)ᄒ 단성사가 우심(尤甚)ᄒ다 ᄒ기로 경성적(驚醒的) 수차의 논박을 가ᄒ얏더니 박기영(朴基英) 박진구(朴振九) 박응엽(朴應燁) 삼씨는 해(該) 연극에 대ᄒ야 초무관계(初無關係)라 ᄒ즉 내부자(乃傳者)의 오문(誤聞)이어니와 기타 연극의 주무자를 십분 경성(警醒)ᄒ야 음패(淫悖)ᄒ 연극과 비루ᄒ 행위가 무(無)케 홈을 절망(切望)ᄒ노라

11.04.22 (2)
창부단속내의
(倡夫團束內義)

근일 각 연극장에셔 고용ᄒ는 창부 등은 남북촌 모모 대관의 별실과 모타 밀매음녀를 연락ᄒ야 연극을 무료로 관광케 ᄒ마 ᄒ고 연극장으로 동왕(同往) 관광ᄒ 후에 비밀ᄒ 처소로 회동ᄒ야 부정ᄒ 행위가 유(有)하다는 입문(入聞)이 낭자홈으로 소관 경찰서에셔는 해(該) 창부 등을 엄절히 단속ᄒ기 위ᄒ야 목하 협의ᄒ는 중이라더라

11.04.26 (3)
김씨 피착(被捉)

중부 장대장동에 재(在)ᄒ 연극장을 주무ᄒ던 김병서씨는 하(何) 사고로 인홈인지 삼작일(三昨日)에 경무총감부에 피착ᄒ얏다더라

11.04.29 (3)
단성사 엄중 단속

중부 파조교에 재(在)훈 단성사 연극장에셔눈 음담패설로 관람자의 이목을 현란케 홀 뿐 안이라 풍속을 괴란케 훈다 ᄒᆞ야 소관 경찰서에셔 주무자롤 신칙(申飭)ᄒᆞ얏스되 종불청종(終不聽從)하ᄂᆞᆫ 고로 작일 오전에 해사(該社) 총무 장기형씨롤 초치(招致)ᄒᆞ야 엄중히 단속ᄒᆞ얏다더라

11.06.17 (1)
악연극(惡演劇)의 폐해

대저 인(人)의 성정이 정(靜)훈즉 무(無)ᄒᆞ고 동(動)훈즉 유(有)ᄒᆞ야 무(無)훈즉 만사만물(万事万物)이 개무(皆無)ᄒᆞ며 유(有)훈 즉 만사만물이 개유(皆有)ᄒᆞ니 불가불인(不可不人)의 성정을 동(動)훈 연후에야 만사만물이 차(此)로 종ᄒᆞ야 시유(始有)홀지라

연(然)훈즉 인(人)의 성정을 동(動)코져 홀진디 자연 기(其) 기관을 요할지니 기(其) 기관이 선ᄒᆞ면 기(其) 동(動)이 역(亦) 선ᄒᆞ야 만사만물이 개선(皆善)홀지오 기(其) 기관이 불선(不善)ᄒᆞ면 기(其) 동(動)이 역(亦) 불선(不善)ᄒᆞ야 만사만물이 개불선(皆不善)홀지라

대략 기(其) 기관을 논ᄒᆞ건디 호서(好書)를 견(見)ᄒᆞ면 기(其) 성정이 서의(書意)롤 종(從)ᄒᆞ야 필(必) 동(動)ᄒᆞ며 호언(好言)을 문(聞)ᄒᆞ면 기(其) 성정이 언미(言味)를 종(從)ᄒᆞ야 필(必) 동(動)ᄒᆞ며 호형색(好形色)을 대ᄒᆞ면 기(其) 성정이 역(亦) 형색을 종(從)ᄒᆞ야 필(必) 동(動)홀지니 시이(是以)로 서(書)도 가신(可愼)이오 언(言)도 가신이오 형색도 역(亦) 가신이라

연(然)ᄒᆞ나 성정의 감동홈이 서(書)보다 언(言)이 속(速)ᄒᆞ며 언(言)보다 형색이 우속(尤速)홈으로 형색을 ᄒᆞ야 인(人)의 성정을 감동코져 홀진디 연극만 여(如)훈 자가 무(無)ᄒᆞ리라 고로 문명 열방은 연극장을 임입(林立)ᄒᆞ야 인민의 사상을 감동케 ᄒᆞ나니 약(若) 충신의 형색을 대ᄒᆞ면 필(必) 충신의 심(心)이 감교(感敎)홀지오 효자의 형색을 대ᄒᆞ면 필(必) 효자의 심(心)이 감발(感發)홀지오 부부화락(夫婦和樂)의 형색을 대ᄒᆞ면 필(必) 부부화락의 심(心)이 감발홀지오 형제우애의 형색을 대ᄒᆞ면 필(必) 형제우애의 심(心)이 감발홀지며 애(哀)훈 형색을 대ᄒᆞ면 필(必) 애심(哀心)이 감발홀지오 락(樂)훈 형색을 대ᄒᆞ면 필(必) 낙심(樂心)이 감발홀지오 희(喜)훈 형색을 대ᄒᆞ면 필(必) 희심이 감발홀지오 노훈 형색을 대ᄒᆞ면 필(必) 노심이 감발홀지오 기타 형형색색이 병(并)히 이목의 촉동

(觸動)홈을 인ᄒ야 필(必) 형형색색의 심(心)이 감발홀지니 연혼즉 연극과 인민의 관계가 과연 하여(何如)ᄒ뇨

오호-라 아(我) 조선은 고래로 상당훈 연극이 무(無)ᄒ고 단(但)히 창우(娼優)의 가무에 지(止)ᄒ야 기(其) 형색상에 결점이 불무(不無)ᄒ더니 근일은 초(稍)히 외속(外俗)을 종ᄒ야 약간의 연사(演社)를 설립ᄒ야 고서고언을 형색으로 연(演)ᄒ나 연(然)ᄒ나 음사탕조(淫詞蕩調)에 불과ᄒ야 인심의 감발이 불량에 출(出)홀ᄭ 우(憂)홈은 유지자(有知者)의 일반 사상이어니와 일래(日來)에 소위 단성사라 ᄒ는 연장(演場)에셔는 무수훈 광부(狂夫)롤 소집ᄒ야 산두도감(山頭都監)은 신사(紳士)도 감견(堪見)키 난(難)ᄒ며 부녀도 감견키 난ᄒ며 아동도 감견키 난홈으로 일시 탕자배가 혹 산두벽처(山頭僻處)에셔 차(此)롤 설행ᄒ나니 산두(山頭)의 명처(名號)가 차(此)로 전(田)ᄒ야 종생(終生)홈이라 기 음설무례(淫褻無禮)ᄒ고 광패무거(狂悖無據)홈은 필설을 오(汚)홀ᄭ 려(慮)ᄒ야 조진(條陣)치 안이ᄒ거니와 엇지 차등(此等)의 연극을 신사도 견ᄒ며 부인도 견ᄒ며 아동도 견ᄒᄂ 천안만안지중(千眼萬眼之中)에셔 설행ᄒ야 일호(一毫)의 고기(顧忌)가 무(無)ᄒ니 연극의 이익은 고사ᄒ고 연극의 폐해가 자생(自生)홀지라 풍속을 부패홈이 엇지 차(此)에셔 과(過)홀 자가 경유(更有)ᄒ리오 연(然)즉 각 연장(演場)에 주간ᄒᄂ 자는 조(早)히 각오ᄒ야 차등(此等)의 악연극을 물연(勿演)ᄒ야 인민의 감동심을 무오(毋誤)케 홀지어다

11.06.25 (3)
부정 연주회의 폐해

풍속의 괴패(壞敗), 질서의 문란, 행음의 매개, 위생의 방해, 장매(場買)의 패만(悖慢), 관객의 분개

한성내 각 연극의 폐해 급(及) 관계에 대ᄒ야 간절 정령(丁寧)홈이 비지일재(非止一再)어니와 낭자(曩者) 연흥사에셔 부랑무업(浮浪無業)ᄒ고 완패불량(頑悖不良)훈 잡종배가 소위 시곡예기(詩谷藝妓)롤 망라ᄒ * 연주회를 설행훈다 칭ᄒ고 전후 비패(鄙悖)훈 행동이 강유기극(岡有紀極)ᄒ다ᄂ 설이 엄명(嚴明)훈 경찰에 입문(入聞)되야 취체(取締)롤 당ᄒ얏더니 해(該) 잡류배가 전습(前習)을 복도(復蹈)ᄒ야 수일전브터 장안사에셔 악기연주회롤 설행ᄒᄂ디 한성내 음부탕자배가 차(此)롤 일대 매음ᄒᄂ 호기회롤 득(得)훈줄

로 인호고 축취(逐臭)의 승(蠅)과 여(如)히 회집호야 미래안거(眉來
眼去)에 비패(鄙悖)호 행위와 상기월약(桑期月約)의 음설(淫媟)호
태도는 필설로 난기(難記)인즉 풍속의 괴손(壞損)과 질서의 문란
이 차(此)에셔 가(加)홀 자 무(無)호고 차(且) 인중(人衆)이 다수 회
집호야 입족(立足)홀 여지가 무(無)호고 용식(容息)홀 공극(空隙)이
무(無)호야 부기패취(腐氣敗臭)가 만장옹결(滿場癰結)호니 현금 기
후가 염증(炎蒸)호 시기를 제(際)호야 위생의 방해가 역차(亦此)에
가(加)홀 자-무(無)호고 소위 사무원배가 입장자에게 대호야 완
패무례(頑悖無禮)호 행동을 가홈으로 일반 분울(憤鬱)호 기색이 여
항(閭巷)에 충일호며 기타 해연강측(駭然岡測)호 사실은 일일히 매
거(枚擧)키 난(難)호거니와 소위 연극장은 각종 기개(幾個) 무뢰배
의 집회장에 불과호즉 기(其) 영향의 파급이 결부소의(決不小矣)
오 차(且) 한성내 청년남녀는 차(此)로 인호야 음남탕녀될 자가 무
수호리라더라

11.06.29 (1)
장안사의 악폐

오호-라 연극의 여하호 성질과 여하호 이해는 누차 설명호야 연
극의 주무자로 호야곰 양지(諒只)케 호얏거니와 피주무자(彼主務
者)는 완명불전(頑冥不悛)호야 도(徒)히 음조탕사(淫調蕩辭)로 타
인의 금전만 편취호고 일호(一毫)의 풍속 관계는 불고(不顧)호니
일반 공안(公眼)에 엇지 통증(痛憎)홀 자가 안이라 호리오
근일 소위 장안사라 호는 연극장에셔는 무수발피(無數潑皮)의 도
(徒)가 취집(聚集)호야 예기연주회롤 설행호야 관람자가 인산인해
롤 성(成)호다는디 광중란녀배(狂重亂女輩)가 차(此)롤 호시기로 인
주(認做)호고 야야(夜夜) 회집호야 미거안래(眉去眼來)에 상기월약
(桑期月約)이 연락부절(連絡不絶)홈으로 연장(演場) 문전에 인력거
가 기십기백으로 가산(可算)홀지니 풍화(風化)의 문란이 엇지 차
(此)에 심(甚)호 자가 우(又) 유(有)호리오
피(彼) 소위 주무자는 기(其) 목적이 금전에 지(止)호얏슨즉 불가
불여하(不可不如何)호 남녀라도 다지(多至)홈을 흔행(欣幸)홀지나
연호나 추설(醜說)이 입문(人耳)에 낭자호면 연극에도 필연 악영
향이 유(有)홀지며 우(又) 사무원된 자는 내왕인의 편의를 흥(興)호
야 온공(溫恭)호 언사로 위치 급(及) 통로롤 상세 지도호야 분요(紛

擾)가 무(無)케 홀지어날 소위 사무원이 방면교색(倣眠驕色)으로 관람자롤 대ᄒ며 입장권을 조사홀 시에도 왕왕 패사만례(悖辭慢禮)를 용(用)ᄒ야 구일(舊日) 포리(捕吏)가 죄인을 취체(取締)홈과 동(同)ᄒ니 공중의 분을 엇지 야기치 안이ᄒ리오

우(又) 연장(演場)은 회중의 복잡한 처(處)이라 일반 정계(庭階) 및 의자 등을 청결케 ᄒ야 다인 위생상에 극히 주의홀지어날 장안사의 내용을 문(聞)혼즉 좌위(坐位)가 완전치 못ᄒ야 혹립혹좌(或立或坐)에 곤란이 자심(滋甚)홀 뿐더러 주소(酒掃)롤 부동(不動)ᄒ야 비진난사(飛塵亂沙)가 안탁(案卓)에 충일ᄒ며 부기패취(腐氣敗臭)가 옥내(屋內)에 증울(蒸鬱)ᄒ니 현금 염숙(炎熟)을 당ᄒ야 일반 위생에 특히 주의홀 시(時)에 무수혼 동남서녀가 협착(狹窄)혼 오장내(汚場內)에 견마한우(肩磨汗雨)ᄒ야 야야(夜夜) 여시(如是)ᄒ니 이병(異病)의 발생(發生)홀 려(慮)가 가무(可無)치 못홀지라

각종 폐막(弊瘼)은 매거(枚擧)키 난(難)ᄒ거니와 대저 연주는 혹 학교롤 위ᄒ던지 혹 구휼을 위ᄒ던지 혹 고아를 위ᄒ던지 기타 공공 사업에 대ᄒ야 상당혼 문명적 희극을 연(演)ᄒ야 관람권의 우리(優利)와 독지자의 보조롤 득ᄒ야 목적혼 사업을 성취ᄒ나니 금일 예기연주회는 하(何) 사업을 위홈이뇨 관람권의 우리(優利)와 독지자의 보조롤 득홀지라도 차(此)롤 하처(何處)에 용코져 ᄒ나뇨 원래 예기는 매창매음(賣唱賣淫)의 허가롤 득ᄒ얏스니 매창매음은 자시예사(自是例事)어니와 무목적혼 연주회를 설행ᄒ고 타인의 금전을 희망ᄒ니 엇지 가소(可笑)홀 자가 안이리오

본 기자가 장안사에 대ᄒ야 하등의 애증이 무(無)혼지라 약(若) 상당혼 재료로 상당히 설행ᄒ면 차(此)를 찬지불가(贊之不暇)ᄒ려니와 피(彼)와 여(如)혼 비패거동(鄙悖擧動)에 지(至)ᄒ야는 필주(筆誅)롤 부대(不貸)홀지니 장안사 주무되는 자는 조(早)히 개전(改悛)홀지며 기타 경성내에 재(在)혼 제종(諸種) 연극장에서도 각자 주의ᄒ야 장안사의 악폐를 무도(毋蹈)홀지어다

11.07.18 (3)
각 연극장과 주의 건

북부경찰서에셔 관내 각 파출소로 지휘ᄒ되 각 연극장에 대ᄒ야 풍속괴란되는 것은 일병(一幷) 금지ᄒ고 연극처소롤 항상 청결ᄒ야 위생에 방해가 무(無)케 ᄒ며 시간은 매일 오후 십일시 삼십분

을 초과치 못ᄒ게 ᄒ며 과목(科目)을 개량ᄒ며 폐지ᄒᄂᆫ 것을 상세히 보고ᄒ라 ᄒ얏다더라

11.07.20 (3)
북부서장의 훈시

거(去) 십칠일에 북부경찰서장 영목중민(鈴木重民)씨ᄂᆫ 좌(左)와 여(如)ᄒᆞᆫ 각 항으로 훈시ᄒ얏더라
(전략) 제 십 노상에셔 연설 기타 연극 등을 행ᄒ며 다인의 취집(聚集)ᄒᄂᆫ 등을 금ᄒᆯ지며 (후략). 십조만 발췌.

11.11.14 (2)
[현미경]

▲ 근일 인인구두(人人口頭)에 필(必) 왈(曰) 무전무전(無錢無錢)ᄒ되 각 연극장에ᄂᆫ 인산인해롤 성(成)ᄒᆞᆫ다지 가괴사(可恠事)

11.12. 13 (3)
[각 지방에셔]

▲ 대구의 연극폐단 근일 대구부내에ᄂᆫ 소위 연극대의 폐단이 자심(滋甚)ᄒ다더니 동반당(同伴黨) 중에ᄂᆫ 적비(賊匪)의 혐의자가 유(有)ᄒᆷ과 여(如)ᄒᆷ으로 동지(同地) 헌병대에셔 전류(全類) 십칠명을 인도(引到)ᄒ고 엄중ᄒᆞᆫ 검거롤 행ᄒ얏다더라

1912

년에 들어서면서 상설 활동사진관인 경성고등연예관이 신문에 정기적인 광고를 시작하였다. 상영 영화 제목들을 구체적으로 게재한 첫 광고는 1912년 3월 1일 광고인데, 이후 약 보름 주기로 영화를 교체하여 새롭게 상영한다는 광고가 실렸다.

1912년 1월 6일부터 단성사에서 신연극을 시작하였으며, 2월에는 혁신단 임성구 일행이 연흥사에서 신파극을 한다는 광고가 게재되어 1912년부터 본격적인 신파연극 상연이 시작되었음을 알렸다. 1912년 기사에서는 신연극의 본격적인 등장을 격려하는 동시에 사회 풍기문란이나 위생 등을 중심으로 구연극의 폐해를 지적하는 사례가 종종 보인다.

이어 연흥사뿐만 아니라 원각사에서도 문수성 일행이 신연극을 선보인다는 기사가 실렸으며 단성사와 광무대에서는 구연극과 공연이 있음을 알리는 기사가 실렸는데, 특히 신문 3면에 〈연예소식〉이나 〈연예안내〉라는 코너를 따로 두어 각 극장에서 행해지는 공연과 활동사진 상영의 동정 및 내용을 정기적으로 알렸다. 연극장의 풍기와 위생을 주의하라는 사설이나 짤막한 독자투고, 신연극의 대(對)사회적 교육 역할을 강조하고 격려하는 글 등이 1911년에 이어 종종 등장하였다.

1912년 6월 11일에는 원각사 안에 새로운 활동사진 상설관 유광관이 개관하였으며 약 10~12일 주기로 영화를 교체하여 상영한다는 광고가 정기적으로 실리기 시작하였다. 이어서 6월 14일에는 장안사 안에 활동사진 상설관인 지만관이 개설했음을 알리는 광고가 실렸으며 닷새마다 영화를 교체하여 상영한다는 것이 강조되었다. 그러나 경성고등연예관이나 유광관이 신문에 상영하는 영화제목을 명기하는 구체적인 광고를 주기적으로 실었음에 반해, 지만관에 대해서는 6월 14일부터 6월 26일까지 활동사진 상영극장 개설 광고만 실렸을 뿐 상영영화 목록에 관한 자세한 광고는 실리지 않았다. 한편, 6월 18일자로 개축 휴관 광고를 냈던 경성고등연예관이 8월 31일자로 다시 개관한다는 소식이 눈에 띈다. 7월 30일부터 보도가 된 일본 천황의 위독 및 승하 때문에 8월 1일부터 각 연극장이 5일간 공연 및 상영을 정지하였으며, 경성고등연예관은 8월 31일에 개관하면서 상중(喪中)임을 이유로 개관식을 생략하기로 했다는 소식이 연예란에 실렸다.

9월 6일자에는 개성에서 이기세(李基世) 씨가 신연극단을 조직하고 새롭게 연예관도 개축하여 곧 개관할 예정이라는 기사가 실렸다. 9월 10일자 〈연예계〉에는 개성에서 9월 6일 이화단이라는 새로운 신연극단이 조직되어 신연극을 설행했음을 알리는 소식이 실렸다. 8월 31일자로 재개관한다는 광고를 8월에 실었던 경성고등연예관이, 천황 상중 기간이 끝날 때 까지 개관을 미루다가 9월 16일부터 활동사진 상영을 시작한다는 광고가 9월 17일에 실렸다. 9월 22일에는 신연극을 설행하기 위해 장안사 연극장을 극장주가 수리하려고 허가를 신청했으나 허가가 나지 않고 있음을 알리는 기사가 실렸으며, 9월 25일에는 부인연구단이라는 신파연극단이 새로 조직되어 연흥사에서 첫 공연을 한다는 소식이 〈연예계〉에 실렸다. 10월 1일에는 남대문 밖에 있는 어성좌에서 9월 27일부터 10월 1일까지 명치 천황 어대상의(御大喪儀)를 촬영한 활동사진을 상영한다는 소식이 〈연예계〉에 실렸으며 10월 2일에는 원각사 연극장이 노후되어 위험함으로 연극장 사용을 금지당하였다는 소식이 전해졌다. 10월 10일에는 개성에서 이기세와 일본인 부전(富田)이 개성좌라는 연극장을 신설하고 신연극을 설행하고 있다는 기사가 실렸으며, 11월 6일자 신문에는 각 연극장에서 상연이나 상영 전에 행하던 취군 중 호적과 군악을 폐지하고 북치는 것만 허용한다는 내용이 전해졌다.

11월 8일에는 대정관이라는 활동사진관이 개관하여 매주 필름을 교체하여 상영할 예정이라는 소식이 〈연예계〉에 실렸고, 4면에는 대정관 신축 사진과 더불어 극장을 선전하는 자세한 광고가 게재되었다. 같은 날, 청년파 일단이라는 신연극단이 새로 조직되어 연흥사에서 공연하고 있음을 알 수 있는 소식이 역시 〈연예계〉에 개제되었다. 11월 12일에는 광무대를 수리·개보수하게 되었다는 기사가 실렸으며, 12월 13일에는 황금유원이 1913년 1월 1일 개원하면서 황금관과 연기관이라는 연극장과 활동사진관을 운영할 계획이라는 광고가 실렸다.

12월 21일에는 우미관이라는 새로운 활동사진 상설관이 신설되어 성황을 이루고 있다는 소식과 더불어 새로운 신연극단 유일단이 10여 일 이전부터 연흥사에서 공연하다가 어성좌, 남성사로 옮겨 공연할 예정이라는 소식이 〈연예계〉를 통해 전해졌다.

12.01.01 (16)	근하신년 금간(金間) 화간(花間) 출장 경성고등사진관 ● 활동사진은 매월 모국(母國) 급(及) 해외로브터 진무류(珍無類) 흔 자롤 수입ᄒ야 본관에서 시험적 사영(寫映)을 홈 상설원조 경성고등연예관 전화 一四三四번 진체저금구좌(振替貯金口座) 四七九번 ● 본관은 휴지(休止)가 무＊(無＊) 출장영사 공중 집회에 내석(貸 席)ᄒ야 음악대의 초빙에 응ᄒ오
12.01.06 (2) **신연극의** **입문(入聞)**	중부 파조교 단성사에셔는 근일 각종의 신연극을 설행ᄒ는디 장 관의 연극이 유(有)ᄒ다 ᄒ야 창덕궁에셔는 일간 해(該) 연극을 초 입(김入)ᄒ야 어(御)관람ᄒ신다더라
12.01.23 (3) **연극 후 화투**	단성사 연극장에셔 일반 사무원 등이 연극을 종료흔 후이면 해 (該) 사무실 내에서 화투국(花鬪局)을 설(設)ᄒ야 다수의 득실이 유(有)ᄒ다 홈으로 일반 경관이 주목흔다더니 재작일 오전 이시경 에 화투국을 우위설행(又爲設行)ᄒ다가 발각되야 한창렬(韓昌烈) 허기봉(許起鳳) 권광식(權光植) 임용구(林龍九) 등 오명이 소관 경 찰서에 피착(被捉)ᄒ얏다더라
12.01.26 (3) **〈광고〉**	본사에서 신연극을 설행ᄒ여 개연ᄒ옵다가 양력 일월 이십육일브 터 정지ᄒ옵는 이유는 혁신단이 일취월장되여 본사가 협애(狹隘) ᄒ야 일층 화려ᄒ옵게 개축홀 예정이옵고 기간(其間) 외방(外方)에 셔 유지신사가 혁신단 일행을 청ᄒ여 일차 관람을 요ᄒ옵기로 발 행ᄒ얏다가 한(限) 이주일 후 회환(回還)ᄒ여 음력 정월에 본사롤 일신 수리ᄒ옵고 개연홀터이오니 첨군자(僉君子)는 조량(照亮)ᄒ 심을 경요(敬要)홈 단성사 고백(告白)

1912년

12.02.01 (3) 〈광고〉	황금정 고등연예관 린(隣) 고등사진관 전화 一三四三 우천 야간도 촬영홈 삼할인 구력 정월 중은 대금을 삼할인ᄒ야 각등의 사진에 응ᄒ고 고등연 예관 활동사진 각등의 무료관람권을 진정(進呈)ᄒ깃삽
12.02.07 (3) 〈광고〉	고등연예관 2월 1일자와 동일
12.02.14 (3) 〈광고〉	고등연예관 2월 1일자와 동일
12.02.17 (2) 〈광고〉	활동사진상설관 대구 독자의 우대 경성일보 지상의 사고와 여(如)히 내(來) 삼월 일일은 아사(我社) 대구지국 개설 일주년에 상당훈 고로 아 매일신보 독자에게 대ᄒ 야도 경성일보 독자와 ᄀᆺ치 활동사진상설관 대구구락부 입장료 반액권 삼매(일일, 십일, 이십일을 한ᄒ야 통용홀자)롤 아보(我報) 독자에게만 기증홀 계획이오니 독자제언은 차(此) 호기롤 물일(勿 逸)ᄒ시고 속속 광림(光臨)ᄒ심을 지망(至望) 매일신보 대구지국
12.02.18 (2) 〈광고〉	매일신보 대구지국 2월 17일자와 동일
12.02.20 (3) 〈광고〉	매일신보 대구지국 2월 17일자와 동일
12.02.20 (3) [연예소식]	▲ 기자는 재작야에 사동(寺洞) 연흥사로 임성구 일행의 혁신단을 관람ᄒ얏노라

12.02.21 (3)
〈광고〉

신파연극원조

혁신단 임성구 일행

구력 정월 一日로부터

중부 사동 연흥사에서 대대적으로 개연

사일의 연제(演題) 친구의 형 살해

개연시간 매일 오후 六時 三十分

명치 四十五年 二月 十八日

임성구 일행 주임겸

시장 박창헌(朴昌漢)

12.02.27 (3)
〈광고〉

고등연예관 2월 1일자와 동일

12.03.01 (4)
〈광고〉

모범적 활동사진상설관

조선 경성 황금정 삼번지

경성고등연예관

전화 一四三四번

제 오십삼회 三月 一日 사진 전부 차체(差替)

○ 전기(電氣)의 적

○ 강우 서생(降雨 書生)

○ 부자(富者)의 백부님

○ 학습원 여자부 화재

○ 인호귀호(人乎鬼乎)

동경 옥용용시쇄(玉用踊市晒)

예기 명물입(鳴物入)

○ 마락가(摩洛哥)[1] 전쟁

○ 기차중의 적(汽車中의 賊)

○ 자공일(子供日)

○ 합사(合似)혼 부부

○ 신의 장(神의 腸)

—— 1) 모로코

기타 위생 환등

매야 七時 개장

출장영사 급(及) 음악대 초빙에 응함

출장영사 급(及) 음악대 초빙の御相談に應じます[2]

12.03.03 (4)
〈광고〉

경성고등연예관 3월 1일자와 동일

12.03.06 (3)
〈광고〉

경성고등연예관 3월 1일자와 동일

12.03.07 (3)
연흥샤 확장 건축

즁부 슈동 연흥샤에셔 설힝ᄒᄂ 혁신단 연극은 풍속과 긔강에 뎍당ᄒ 지료를 만히 연구ᄒ야 일반의 관람을 뎍의케 홈으로 관람쟈가 밤마다 팔구빅명에 달ᄒ야 쳐소가 심히 협착ᄒ더니 여러 빅원의 ᄌ본금을 구위ᄒ야 확장 건축ᄒᄂ 즁인디 불원간에 역ᄉ를 맛칠터이라더라

12.03.08 (4)
〈광고〉

경성고등연예관 3월 1일자와 동일

12.03.10 (3)
[도청도셜
(盜聽途設)]

▲ 슈동 연흥샤에셔 설힝ᄒᄂ 혁신단(革新團) 신연극은 ᄒ기ᄂ 잘ᄒ더구면 녀등 슈무보ᄂ 작쟈의 힝위가 괴악ᄒ더군 영업을 홀디경이면 어디ᄶ지 관람쟈의 동졍을 엇어야홀 터인디 말 쑤렁거지ᄒ고 신발을 싸셔 드던지며 으르쌕싹거라ᄂ 셔슬 참말 대단ᄒ던걸 남ᄌ라도 그러치 못홀터인디 더구나 녀ᄌ에게 디ᄒ야 그ᄯ위 버르쟝이야 그리ᄒ셔야 다시 구경갈 사롬이 잇담 필경 쥬무ᄒᄂ 사롬이 모르ᄂ 것이지 알고 보면 그져 둘 리가 잇슬나구나 「관람부인」

---

2) おうじます. '응합니다' 라는 뜻의 일본어.

12.03.10 (4) 〈광고〉	경성고등연예관 3월 1일자와 동일

12.03.13 (2)
〈광고〉

구력 정월 중은 대금을 삼할인호야 각등의 사진에 응호고 고등연예
관 활동사진 각등의 무료관람권을 진정(進呈)호깃삽
우천 야간도 촬영홈 삼할인
황금정 고등연예관 린(隣)
고등사진관
전화 一四三四

12.03.13 (4)
〈광고〉

경성고등연예관 3월 1일자와 동일

12.03.15 (2)
〈광고〉

모범적 활동사진상설관
조선 경성 황금정 삼번지
경성고등연예관
전화 一四三四
제 오십사회 三月 十五日 사진 전부 차체(差替)
一 전오작의 강호견물(田吾作의 江戸見物)
一 인색혼 남(男)
一 옥용용시쇄(玉用踊市晒)
一 용기의 비행기와 자동차 경주
一 서반아풍의 결혼
一 개(鎧)의 거취
一 불국 파테 주화보(週畵報) 백이십팔호
一 세간불견(世間不見)
一 부의 신대(父의 身代)
一 불사의(不思議) 여행
지방 급(及) 시내 출장 영사의 상담을 호오
매야(每夜) 六時 개장
음악대 초빙에 응함
출장영사 급(及) 음악대 초빙の御相談に應じます

12.03.17 (2)
〈광고〉

경성고등연예관 3월 15일자와 동일

12.03.20 (4)
〈광고〉

경성고등연예관 3월 15일자와 동일

12.03.23 (2)
〈광고〉

경성고등연예관 3월 15일자와 동일

12.03.26 (2)
〈광고〉

경성고등연예관 3월 15일자와 동일

12.03.28 (2)
〈광고〉

경성고등연예관 3월 15일자와 동일

12.03.30 (2)
〈광고〉

경성고등연예관 3월 15일자와 동일

12.03.31 (2)
〈광고〉

모범적 활동사진상설관

조선 경성 황금정 삼번지

경성고등연예관

전화 一四三四

제 오십오회 四月 一日 사진 전부 차체(差替)

● 뿔루가리야국 군대

● 비행기 자동차 경주

● 쌔다비야 풍속

● 서의 경기(婿의 競技)

● 양약고(良藥苦)로 소아(小兒) * 면

포복절도　증아내가형제일좌(曾我酒家兄弟一座) 무언(無言)의 폰지

● 괴물 옥부(屋敷)

● 파테 주화보(週畵報)　백삼십호

● 라지야 진기상(珍奇箱)

● 이인(二人) 형제

● 음악대 초빙에 응함

지방 급(及) 시내 출장 영사의 상담을 ㅎ심을 망(望)홈

매야 六時 개장

출장영사 급(及) 음악대 초빙の御相談に應じます

12.04.02 (3)
[연예계정황]

▲ 각쳐 연극쟝의 정황 ▼

▲ 셔부 원각샤에셔, 흥힝ㅎㄴ, 문슈셩(文秀星) 신연극은, 조산부 양셩소의 경비가 군졸홈을, 이셕히 녁여, 미샥 리익금 즁으로, 얼마콤이던지 영원히, 긔부ㅎ기로 쟉뎡ㅎ얏ㅎ고

▲ 슈동 연흥샤에셔, 흥힝ㅎㄴ, 혁신단 신연극은, 날이 올일ᄉ록, 더욱 연구ㅎ야, 관람쟈의 취미를 돕ㄴ고로, 밤마다 인산인히를 일우ㄴ 즁, 박동 보즁친목회(礴洞 普中親睦會)의 경비 군졸홈을 듯고, 크게 이셕히 녁여, 경비를 보조홀츠로, 쟝ᄎ 연주회를, 셜힝ㅎ다ㅎ고

▲ 남부 구리기, 고등연예관에셔ㄴ, 근일에, 샤진 젼부를 박구어셔, 활동을 ㅎㄴ듸, 쟝졀쾌졀ㅎ야, 보ㄴ 쟈의, 감샹을 일으킴으로, 관람쟈가, 답지ㅎ다ㅎ고

▲ 즁부 파죠교, 단셩샤에셔ㄴ, 구일 연극을 셜힝ㅎㄴ듸, 밤에ㄴ 시곡(詩谷) 예기들이, 각종 졍지(呈才)를 보ㄴ 즁, 롱션(弄仙)의 승진무와, 치경(彩瓊)의, 승무로 인ㅎ야, 관람쟈의 흥긔를 돕ㄴ다ㅎ고

▲ 동대문 안, 광무듸에셔도, 구일 연극을 셩힝ㅎㄴ 즁, 옥엽(玉葉)과, 치란(彩蘭) 두 기싱의, 명챵단가로, 밤마다 관람쟈가, 답지ㅎ다더라

긔쟈가 신구연극을, 물론ㅎ고, 연극을 쥬쟝ㅎㄴ쟈에게, 홀말로ᄡ, 경고ㅎ노니, 신연극은, 만죽혼줄로 싱각지말고, 어듸ᄭ지 연구ㅎ고, ᄯ 연구ㅎ야, 신파의 원조가 되기를 ᄇ라며, 구연극은, 풍쇽을 괴손ㅎ고, 질셔를 문란케ㅎㄴ 폐단이 만은즉, 아모됴록, 기량ㅎ야, 샤회의 환영을 밧ㄴ 동시에, 가히 쓸만혼, 지료ㄴ 영원히 유지ㅎ야, 구일 풍쇽의 참고거리를 짓게홀지어다

12.04.03 (4) 〈광고〉	경성고등연예관 3월 31일자와 동일

12.04.06 (3)
[연예계]
혁신단의 의무 /
혁신단의 공익의무

대뎌, 연극이라ᄒᆞᄂᆞᆫ 것은, 사회의, 음풍패쇽을 기혁ᄒᆞ고, 션량ᄒᆞᆫ 풍쇽을, 지도ᄒᆞᄂᆞᆫ 쟈이니, 샤회교육의, 한 학교라ᄒᆞ야도 가ᄒᆞ도다, 그런고로, 영국문학ᄉᆞ 「셕쓰피어」씨ᄂᆞᆫ 영국에서, 유명ᄒᆞᆯ 뿐 안이라, 세계의 고명ᄒᆞᆫ 문학가인줄은, 모다 아ᄂᆞᆫ 바어니와, 영국의 문명이 오ᄂᆞᆯ날, 세계에 빗남도, 젼혀 희씨의 효력이ᄅᆞ ᄒᆞ야도 가ᄒᆞ도다, 그러ᄒᆞ나, 희씨가 쳐음 출신으로, 륜돈(倫敦)[3] 에서, 연극쟝 쥬무가 되여, 각종 연극으로, 샤회의 인심을 감발케ᄒᆞ얏스니, 연극의 본의가, 이와ᄀᆞᆺ치 크도다, 그러ᄒᆞᆫ 즁, 죠선 연극으로 말ᄒᆞ면 아직ᄭᅡ지ᄂᆞᆫ 혁신단(革新團)이, 그 목뎍도 도쿄, 그 지료도 됴흔 것은, 일반인이 뎡ᄒᆞ되 아직, 언어와 틱도가, 완젼ᄒᆞ다고 ᄒᆞᆯ 수ᄂᆞᆫ 업슨즉, 어듸ᄭᅡ지, 연구 기량ᄒᆞ기를 ᄇᆞ라며 혁신단이, 향쟈 인쳔항에서, 박문학교를 위ᄒᆞ야, 연주를 ᄒᆞ얏다더니, 본일 밤브터, 보즁친목회(普中親睦會)의, 경비를 보조ᄒᆞ기 위ᄒᆞ야 연주회를 셜힝ᄒᆞᆫ다ᄒᆞᆫ즉, 이와ᄀᆞᆺ치, 공익에 딕ᄒᆞ야 열심홈은, 가히 치하ᄒᆞᆯ만 ᄒᆞ도다

12.04.07 (4) 〈광고〉	경성고등연예관 3월 31일자와 동일

12.04.09 (3)
극장결비상즁
(劇場決非桑中) /
그것이 무슴힝위야

지작일 오후 십일시경에, 엇더ᄒᆞᆫ 탕ᄌᆞ 일명이, 즁부 ᄉᆞ동 연흥ᄉᆞ 연극쟝, 부인 하등석 근쳐에 안져셔, 엇더ᄒᆞᆫ 계집과, 이약이를 작약히 ᄒᆞ며, 질서를 문란케ᄒᆞᄂᆞᆫ고로, 그 연극쟝 ᄉᆞ무원이, 그 쟈를 향ᄒᆞ야, 그러ᄒᆞᆫ 비퍼ᄒᆞᆫ 힝위를 말나ᄒᆞ고 금지홈이, 그 쟈ᄂᆞᆫ, 도로혀 잘ᄒᆞᆫ 양으로 싱각ᄒᆞ고, ᄉᆞ무원을 칙망ᄒᆞ며, 힝패코져 ᄒᆞ거놀, 당직 순사가, 그 쟈를 불너 셩명과 직업을 됴사ᄒᆞᆫ즉, 그 쟈의 소담이, 본인은, 즁부 샹마동, 삼십일통 삼호에 사ᄂᆞᆫ 리원용(李元鎔)이오, 나은지 금 이십륙셰며, 이왕에ᄂᆞᆫ 남부경찰셔에서, 순사보로

―― **3)** 런던.

근무ᄒ다가, 면직된 후는, 아모 소업이 업노라홈이, 순사가 엄셜히
효유ᄒ야 보니고, 다시는 그런 비퍼ᄒᆫ 힝위를 말나ᄒ얏다더라

12.04.09 (4) 〈광고〉	경성고등연예관 3월 31일자와 동일

12.04.11 (4) 〈광고〉	경성고등연예관 3월 31일자와 동일

12.04.12 (3)
[연예계]

▲ 단셩샤에셔는, 강션루(降仙樓)라 하는, 환등회를, 일간 셩힝코
져ᄒ야, 지금 굉장히 셜비ᄒᄂᆫ 즁이더라

12.04.13 (3)
[도쳥도설
(盜聽途設)]

▲ 남녀를 물론ᄒ고, 연극장에 구경단이는 사룸들, 됴신히 안져
셔, 구경이나 ᄒ고 갓으면 됴켓터구면, 원러, 지식이 업는 빅셩이
되야, 그러ᄒ은지, 참말 히연ᄒᆫ 일들이 만어, 그동안을, 못참어셔
「＊＊生」

12.04.13 (4)
〈광고〉

경성고등연예관 3월 31일자와 동일

12.04.14 (2)
〈광고〉

모범적 활동사진상설관
조선 경성 황금정 삼번지
경성고등연예관
전화 一四三四
제 오십육회 四月 十五日 사진 전부 차체(差替)
● 륜돈(倫敦)의 일일
● 자수(子守)의 병사
● 시계의 신진(身振)
● 연기령수(年寄泠水)
● 무언(無言)의 폰치 증아내가(曾我酒家) 희극

● 근세력지(近世力持)

● 가련혼 소녀

● 무녀의 굴

● 기경(氣輕)의 소아

● 기관사의 몽견(夢見)

● 파테 주화보(週畫報)　백삼십호

● 장미의 마술

음악대 초빙에 응함 지방 급(及) 시내에도 상의홈

매야 六時 개장

출장영사 급(及) 음악대 초빙の御相談に應じます

12.04.17 (3)
〈광고〉

경성고등연예관 4월 14일자와 동일

12.04.19 (3)
〈광고〉

경성고등연예관 4월 14일자와 동일

12.04.21 (2)
〈광고〉

경성고등연예관 4월 14일자와 동일

12.04.21 (3)
〈광고〉

공전절후의 기생가무

단성사 개연

본사에셔 종전의 기생가무를 일신 개량ᄒ야 문예적 신연극으로
본월 이십일일 위시ᄒ야 흥행ᄒ오니 (연제(藝題)ᄂ 매일 교체) 첨
군자(僉君子) 귀부인은 일차 청람(淸覽)ᄒ심을 복망(伏望)

개연시간 매일 하오 七時半

단성사 연예회 내

강선루 일행 백(白)

구일(舊日) 기생의 가무를 개량홈은 본사의 특색이라

12.04.23 (2) 〈광고〉	경성고등연예관 4월 14일자와 동일
12.04.23 (3) 〈광고〉	단성사 4월 21일자와 동일
12.04.24 (4) 〈광고〉	단성사 4월 21일자와 동일
12.04.25 (4) 〈광고〉	단성사 4월 21일자와 동일
12.04.27 (4) 〈광고〉	경성고등연예관 4월 14일자와 동일
12.04.29 (2) 〈광고〉	단성사 4월 21일자와 동일
12.04.30 (4) 〈광고〉	경성고등연예관 4월 14일자와 동일
12.05.02 (2) [연예안내]	황금정 (전화 一四三四번) 활동사진상설원조 고등연예관 제오십칠회 五月 一日 사진 전부 차체(差替) 출장영사음악대 초빙에 응함 ▲ 소공진열(小供陳列) ▲ 하녀선택 ▲ 일본족(壹本足)의 예인 ▲ 양심의 가책 ▲ 더렛더놋더 함상의 엣와더 황제 ▲ 일본 삼경(三景)의 일송도(一松島)의 절경 ▲ 자비가 * 혼 치의자(齒醫者)

▲ 기민호 예관(藝官)의 활동
▲ 미인 타＊푸라이다–
▲ 파테–주화보 백삼십일호
▲ 환등영사 본월 이십칠일 용산정＊좌향(停＊左向)어이　＊장의
경성일보주최 춘기 대운동회실황[4]

12.05.02 (3)
[연예계]
고등연예관 갈채성

남부 구리기(南部銅峴)에 잇논, 고등연예관에셔, 작일브터, 샤진
젼부를, 기차ᄒ고, 다이몬도 샹회에셔, 촬영혼 일본 삼경(日本三
景)의, 한 가지 되논, 숑도(松嶋)의 실디 졍황은, 진실로, 탄복홀만
ᄒ고, 쏘 향일, 본샤에셔 쥬최혼, 대운동회의 실디 졍황을, 샤진박
어셔, 밤마다 환등을 혼다논디, 관람쟈의 대갈치를 엇어셔, 셩황
을 일운다더라

12.05.03 (3)
[연예계]

▲ 원각사　셔부 시문안, 원각샤에셔 흥힝ᄒ논, 문슈셩 일힝의,
신연극은, 샹당혼 학식이 잇논 비우들이라, 풍쇽의 부패홈을, 기
량코져ᄒ야, 로심초ᄉᄒ고, 탐험연극혼 결과로, 텹＊혼 구름속에
셔 광치가, ᄉ방에 빗남으로, 판광ᄒ논 쟈가 밤마다 인산인히를
일우어셔 슈입이 미일 빅여원에 달ᄒ며 풍쇽만 기량홀 쑨 안이라
일변 교육을 권쟝홀 쥬의로, 작일부터 오놀ᄭ지, 조산부 양셩소
의, 연주회를 흥힝ᄒ고, 이틀밤의 슈입 젼부를, 긔부혼다ᄒ니, 열
심가의 보조를 밧어셔, 유지 발젼ᄒ논, 조산부의 힝복은 물론이
오, 문슈셩 일힝의 의무논, 진실로, 하례홀만ᄒ도다
▲ 단성사　파조교 단셩샤에셔, 흥힝ᄒ논, 강션루 일힝(降仙樓 一
行)은, 지작일 밤에, 관람쟈가, 오빅삼십오인이오, 슈입이 오십이
원삼십젼
▲ 광무대　동대문안, 광무딕에셔논 관람쟈가, 륙빅칠십팔인이
오, 슈입이 ᄉ십륙원오십젼
▲ 연흥사　연흥샤에셔, 흥힝ᄒ논, 혁신단 일힝은, 관람쟈가, 삼
빅오십칠인이오, 슈입이, 삼십팔원ᄉ십젼

―― **4)** 마지막 부분이 지워져서 보이지 않음.

12.05.04 (3) **연사(演社)의** **풍정무일** **(風靜無日)/** **풍파가 왜 그리** **잘 나노**	즁부 수동 연흥샤 월랑에 사는 명부지 얀쥬부는, 집이 업셔, 그 월랑을 빌어 거접ᄒ는 터인딩, 져작일 오후 구시경에, 연흥샤 수무원, 박말셕(朴末石)이가, 엇더ᄒᆫ 음부탕ᄌ, 십여명을, 입쟝표(入場票)가 업시, 수정으로써, 드리고져ᄒ야, 안쥬부의 집으로 인도ᄒ야, 그 연극쟝 뒷문으로, 드러보ᄂᆡ거늘, 안쥬부의 말이, 내가 아모리 집이 업셔셔, 이 연극쟝 월랑을, 빌어드럿거던, 져ᄌ흔 음부탕ᄌ비를, 남의 집으로, 인도ᄒ나냐 ᄒ고, 대쳑ᄒᆫ 즉, 박말셕이가, 후욕작경과, 공감이 무쌍ᄒᆫ고로, ᄌ연 큰 풍파 ㅣ 나셔, 만쟝인원이 모다 소동ᄒᄂᆞᆫ 즁, 당직 경관이, 박말셕을 엄즁히 효유ᄒ야, 안녕케ᄒ얏다더라
12.05.04 (4) **[연예안내]**	고등연예관 5월 2일자와 동일
12.05.05 (3) **함열(咸悅)** **관광단과 연예관/** **함열관광단과** **고등연예관**	전라북도, 함열군 관광단, 오십여명의 일힝은, 지나간 이일에, 남부 구리기에 잇는, 고등연예관으로 가셔, 활동샤진의 션명홈과, 쟝소의 화려홈을, 탄복ᄒ며 ᄂᆡ디 풍경의 유명ᄒᆫ, 숑도(松都) 경치를 보고, 모다 박슈 갈치를 ᄒ며, 본샤에셔 쥬최ᄒᆫ 룡산 대운동회의, 셩대ᄒᆫ 활동을 보고, 크게 놀넛스며, 그 연예관에서, 관광단 일힝에게 디하야, 긔념 엽셔를 긔증ᄒ얏는디, 그 일동은 모다 깃분 빗을 씌고, 도라갓다더라
12.05.07 (2) **[연예안내]**	고등연예관 5월 2일자와 동일
12.05.09 (2) **[연예안내]**	고등연예관 5월 2일자와 동일
12.05.11 (2) **[연예안내]**	고등연예관 5월 2일자와 동일

12.05.14 (2) [연예안내]	고등연예관 5월 2일자와 동일

1912년

12.05.15 (2) [연예안내]	황금정 (전화 一四三四번) 활동사진상설원조 고등연예관 제오십팔회 五月 十五日 사진 전부 차체(差替) 출장영사음악대 초빙에 응함 ▲ 오됨바여중(女中) ▲ 파자(跛者)의 결투 ▲ 일본극 노(奴)의 소만(小萬) ▲ 영국의 공병 급(及) 기병 ▲ 신화 유목의 신 ▲ 빈부(貧婦) 의인에게 피구(被救)홈 ▲ 기민혼 예관(藝官)의 활동 ▲ 순흔 견(犬)의 노동 ▲ 괴물하우스 ▲ 파테-주화보 백삼십이호

12.05.17 (2) [연예안내]	고등연예관 5월 15일자와 동일

12.05.19 (2) [연예안내]	고등연예관 5월 15일자와 동일

12.05.22 (2) [연예안내]	고등연예관 5월 15일자와 동일

12.05.22 (4) 〈광고〉	고등연예관 5월 15일자와 동일

12.05.24 (2)
[연예안내]

고등연예관 5월 15일자와 동일

12.05.26 (2)
[연예안내]

고등연예관 5월 15일자와 동일

12.05.28 (3)
권업(權業)
환등(幻燈)의
인해(人海) /
기셩군의 됴흔 환등

지나간 二十五日, 오후 八時경브터, 경긔도 기셩군(開城郡) 뎨일공립보통학교 안에서 교육 위셩, 권업에 관훈, 환등회를 설힝ᄒ고 무더금으로, 입쟝을 허ᄒ얏는디, 각 관리 훈도, 셩도가, 다수히 참여ᄒ얏고, 기타 남녀의 관람쟈가, 구름 ᄀᆞ치 모혀셔, 인히를 일우엇다더라 (개성지국)

12.05.28 (3)
연예계의 가일감
(加一鑑) /
신구연극에
디ᄒ야 한 번 경계

근일에 신연극열(新演劇熱)이 픙챵ᄒ니 이것도 쏘훈, 시셰의 변천을 인홈인가, 대기 연극이라ᄒᆞᆫ 것은, 신구연극을 물론ᄒ고, 인류샤회에 디ᄒ야, 직접 관계가, 자못 긴졀ᄒ다 홀지로다, 샹당훈 학문가들이, 샹당훈 연극을 연구ᄒ야, 가히 풍쇽을 기량ᄒ고, 지식을 계발홀만훈 연극을 힝ᄒ면, 인민 발달의 효력이, 곳 보통교육이나, 신문 잡지에셔 더욱 속ᄒ다 홀지니, 이러훈 연극은 곳, 일반 샤회의 교육덕 긔관이라 홀지오, 만일 몰샹식훈 사롬들이, 볼온당훈 연극을 설힝ᄒ야, 치안을 방히훈다던지, 풍긔를 손샹케ᄒ면, 인민 부픠의 폐히가, 곳 독훈약과 악훈 병에서, 더욱 심ᄒ다 홀지나, 이러훈 연극은 곳 일반샤회의 독히물(毒害物)이라 ᄒ겟슨즉, 그리히 관계가, 과연 엇더ᄒ뇨, 근일에 쇼위 구연극이라 홈은, 물론ᄒ고, 예셔제셔 나오ᄂᆞᆫ, 신연극으로 말ᄒ야도, 치안샹이라던지, 풍긔샹이라던지, 도뎌히 완견ᄒ다, 허여홀 가치가 업슴으로, 유지쟈의 기탄도 잇고, 보관의 비평도, 종종ᄒ거니와, 경긔도 기셩군(京畿道 開城郡) 사ᄂᆞᆫ 리긔셰(李基世)씨ᄂᆞᆫ, 원릭 닉디 류학싱으로 학식도 잇고 일어도 류챵ᄒ며 이왕 우편국의 수무원과 탁지부 쥬ᄉᆞ의 리력ᄭᆞ지 잇ᄂᆞᆫ 터인디 됴션의 신구연극을 물론ᄒ고 능히 풍쇽을 기량ᄒ며, 지식을 계발홀 가치가 업슴을 한탄ᄒ야, 엇더케ᄒ면, 가히 샤회의 모범 긔관이 될만훈 연극을, 발명홀가 ᄒ고, 미양 근심ᄒ다가, 필경 신용잇ᄂᆞᆫ 쇼기를 엇어셔, 닉디 경도(京都)에

1912년

유명호 비우 정간(靜間)씨와 교섭이 되야, 삼스년간 신연극을 연구ᄒᆞ야, 죠션 연극의, 틱산북두가 되기로 결심ᄒᆞ고, 슈일젼에 기성을 쪄나, 경도로 향ᄒᆞ얏다ᄒᆞ니, 리긔셰씨의 결심홈을, 치하ᄒᆞᄂᆞᆫ 동시에, 시죵이 여일ᄒᆞ기를, 미리 경고홈이오, ᄯᅩᄒᆞᆫ 현금에 흥힝ᄒᆞᄂᆞᆫ 연극계에 딕ᄒᆞ야, 십분 연구ᄒᆞ기를 간절히 바라노라

12.05.29 (2)
[연예안내]

고등연예관 5월 15일자와 동일

12.05.30 (3)
[도청도설
(塗聽途設)]

▲ 단성샤의 구경ㅅ군이야말로, 참 굉쟝ᄒᆞ더군, 롱션(弄仙)의 승진무와, 치경(彩瓊) 도화(桃花)의, 승무는 한목 줄 밧긔 업고, 금강산의 환등과, 활동샤진도 볼만ᄒᆞ더구면, 활동샤진이, 넘어 흐려셔 ᄌᆞ미가 좀 적은 모양이오, 뎐긔 호접무는 아즉 좀, 스틀너셔 「정허생(正許生)」

12.05.31 (3)
활동사진 살풍경 /
활동샤진ᄒᆞ다
사롬상히

영천군 공립보통학교에셔는, 지나간 이십일 오후 팔시경부터 일반 성도로 ᄒᆞ야곰, 관람케ᄒᆞ기 위ᄒᆞ야, 그 학교안에셔, 활동ᄉᆞ진을 설힝혼다는, 소문이 잇슴으로, 그 근쳐에 사는, 죠션인 남녀가 륙속희집ᄒᆞ야, 대략 이빅여명의, 입쟝쟈가 잇셔, 극히 복잡혼바 위터호, 넘려가 잇는고로, 퇴쟝(退場)ᄒᆞ기를 지축ᄒᆞ고, 한 시 동안을, 휴계ᄒᆞ야잇는 즁, 동 십시경은되야, 그 학교 일부의 목편(木板)이, 졸연히 쩌러져셔, 구경꾼 오십여명이 쌍에 떨어져 십명의 경샹자가 잇는바, 그 곳 경찰셔에셔, 곳 그 경샹쟈에게 딕ᄒᆞ야, 촉탁군의로 ᄒᆞ야곰, 응급 시슐을 ᄒᆞ얏고, 그 발긔쟈들은, 부샹쟈에게 딕ᄒᆞ야, 간절히 딕우ᄒᆞ고, 무료로 치료를 ᄒᆞ기로, 강구ᄒᆞᄂᆞᆫ 즁이라더라

12.06.01 (3)
연극장과 위생 /
연극쟝의 위싱을
쥬의홀 일

인류 샤회의, 무엇이 가장 즁요ᄒᆞ뇨 ᄒᆞ면, 위싱이 데일 즁ᄒᆞ다 홀 지로다, 그러ᄒᆞᆫ 즉, 츈하츄동을 물론ᄒᆞ고, 언의 ᄲᅢ이던지, 잠시라도 범연치 못홀 것은, 위싱이라 ᄒᆞ겟스나, 류별히 하졀을 당ᄒᆞ야, 더욱 쥬의홈은, 미양 류힝ᄒᆞᆫᄂᆞᆫ 젼염병이, 하졀의 습긔를 인ᄒᆞ야, 발싱함이오, 한 집과 한 동리를 물론ᄒᆞ고, 언의 곳이던지, 잠시라도 범연치 못홀 것은, ᄯᅩᄒᆞᆫ 위싱이라 ᄒᆞ겟스나 특별히, 사롬이 만히 모히ᄂᆞᆫ 곳에 디ᄒᆞ야, 더욱 쥬의홈은, 미양 류힝ᄒᆞᄂᆞᆫ 젼염병이, 인즁의 복잡ᄒᆞᆫ 곳을 인ᄒᆞ야, 발싱홈이로다, 이로써 보건디, 위싱이라ᄒᆞᄂᆞᆫ 두글ᄉᄌᆞᄂᆞᆫ, 우리 인싱이, ᄒᆞᆼ상 노슈에 싞여둘 바인 즉, 잠시라던지, 몃칠간이라던지 림시로 사롬이 모히ᄂᆞᆫ 곳에 디ᄒᆞ야셔도, 각별히 쥬의홀 바이어던, 함을며, 밤마다, 몃빅명식 모혀셔, 억긔를 셔로 비비고, 긔운을 셔로 통하ᄂᆞᆫ 연극쟝으로 말ᄒᆞ면, 십분 쥬의홀 지어눌, 근일 각 연극쟝의, 졍황을 시찰ᄒᆞ건디 경찰의 취체로 인ᄒᆞ야, 당쟝의 눈가림으로 쟝소를 쳥결ᄒᆞᆫ다 ᄒᆞ나, 그것도 취체ᄒᆞᄂᆞᆫ 그 날과 그 ᄲᅮᆫ이오, 하로 이틀을 지닌 후에 보면, 모든 사롬의 담비ᄉ지와, 가리춤이며 긔타의 먼지가, 케케히 안고, 검불이 ᄉ면에 허터져셔, 곳 한낫 진기쟝소(塵芥場所)를 일우고, 히가 진 후이면, 당직 경관의 말막음으로, 쳥결을 혼다는 것이, 그와 갓치 츄잡ᄒᆞᆫ 물건을, 슬슬 모터다가, 한편 구석이나, 그러치 안이ᄒᆞ면, 자리 밋흐로 쓰러너흐니, 이것이 당쟝의, 가식뎍 쳥결(假飾的 淸潔)이오, 진실ᄒᆞᆫ 위싱의 쳥결은, 안이라 ᄒᆞ겟도다 이 폐단이, 모다 어디셔 나옴이냐 ᄒᆞ면, 연극을 쥬관ᄒᆞᄂᆞᆫ 쟈들의, 상당ᄒᆞᆫ, 지식이 업고, 한갓 어리셕은 싱각으로, 일시 경관의 이목을 가리워셔 여러 사롬의 위싱이야 엇더ᄒᆞ던지 ᄌᆞ긔 몃 사롬의, 사쇼ᄒᆞᆫ 리익만, 취코져 홈이니, 엇지 긔탄할 바이 안이리오, 타인의 위싱을 방히하는 동시에, 자긔들의 위싱은, 온젼홀가, 긔타에도, 위싱의 방히되ᄂᆞᆫ 결뎜이 허다ᄒᆞ나, 위션 대강만 들어 말ᄒᆞ노니, 일반 연극을 쥬쟝ᄒᆞᄂᆞᆫ 자들은, 십분 쥬의ᄒᆞ야, 미일 폐쟝 이후, 곳 그 잇흔날 아춤부터, 진실ᄒᆞᆫ 쳥결을 시힝ᄒᆞ야, 인류 샤회의, 약ᄒᆞᆫ 영향을 ᄭᅵ치지 말지어다

12.06.01 (4) **[연예안내]**	황금정 (전화 一四三四번) 활동사진상설원조 고등연예관 제오십구회 六月 一日 사진 전부 차체(差替) 출장영사음악대 초빙에 응함 ▲ 경쟁인서(競爭人壻) ▲ 고무사(古武士) 기질 ▲ 어자(馭者)의 위난 ▲ 사회희형(社會戲兄)의 한 ▲ 수난구제 난파선 구조 실경 ▲ 도(逃)ᄒ며 추(追)홈 ▲ 마구넷도의 도(刀) ▲ 파테-주화보 백삼십삼호 ▲ 마스구스 선생 추미(追尾)의 권(卷) ▲ 악희소아(惡戲小兒) ▲ 월야의 영(月夜의 影)
12.06.04 (2) **[연예안내]**	고등연예관 6월 1일자와 동일
12.06.05 (3) **[연예안내]**	▲ 고등연예관 남부 구리기에 잇눈 고등연예관에셔눈, 일젼브터, 샤진 젼부를 일테로 박구어셔, 활동을 ᄒ눈뒤, 도덕샹과 교육샹과, 실업샹에 ᄀ쟝 유익훈, 사진이라 쟝졀쾌졀ᄒ고, 신츌긔몰훈 취미눈, 한 붓으로 능히, 긔록홀 슈가 업슴으로, 밤마다 관람쟈가 답지ᄒ야, 손벽치눈 소리에, 고등연예관이, 공즁에 쩌 잇눈 듯 ᄒ다더라
12.06.06 (2) **[연예안내]**	고등연예관 6월 1일자와 동일

12.06.08 (2) **[연예안내]**	고등연예관 6월 1일자와 동일
12.06.11 (2)	신설활동사진 이십세기 금일은 활동적 시대오 이십세기 오인(吾人)은 활동적 인물이라 만닐 활동의 진면(眞面)을 부지(不知)ᄒ면 엇지 생존ᄒᆞ을 득(得)ᄒ리오 본관에셔 세계 제일의 일수로 세계 문명의 진면을 묘출(描出)ᄒᆞ야, 진가경가애가소가탄(眞可驚可愛可笑可歎) 일체 출귀입신의 기행을 농(弄)ᄒᆞ야 일반 사회의 모범이 됨을 소개코자 ᄒ홈 六月 十一日로부터 매일 八時에 개관홈 ▲ 구산하(舊山河) ▲ 경음대회(鯨飮大會) ▲ 귀심적(歸心的) ▲ 귀의 유수(鬼의 留守) ▲ 토이기(土耳其)[5]의 난 ▲ 니취(泥醉) 병대 ▲ 독일의 호수(狐狩) ▲ 화공의 몽(夢) ▲ 삼죄 ▲ 단선(團扇)의 골계 ▲ 편우조(片羽鳥) ▲ 불국 대통령 영국 방문 원각사 내 유광관 고등연예관 6월 1일자와 동일
12.06.11 (3) **[연예계]** **유광관의** **신방광(新放光)**	박영우(朴泳友)씨 등 ᄉ오인의 쥬쟝으로, 세계 각국의 문명훈 샹티를 샤진 박어셔 일반 샤회에 소기홀 작명으로 유광관(有光舘)이라 일흠ᄒ고, 서부 원각샤(西部原覺社)에셔, 본일 밤부터, 대활동 샤진을 힝훈다ᄂᆞ딕, 대단히 ᄌ미도 잇스려니와, 셩문을 나가지 안

—— 5) 터키.

이ᄒ고도, 능히 세계를, 유람홀 줄로 싱각ᄒ노라

12.06.12 (2)
[연예안내]

유광관 6월 11일자와 동일

12.06.13 (2)
[연예안내]

유광관 6월 11일자와 동일
고등연예관 6월 1일자와 동일

12.06.14 (3)
[연예안내]

유광관 6월 11일자와 동일

시로 나온 활동사진기설
신착활동사진개설
매오일 사진 전부 교환
(元 長安社 內 젼 장안사니) 지만관(志滿館)

12.06.15 (2)
[연예안내]

유광관 6월 11일자와 동일
고등연예관 6월 1일자와 동일
지만관 6월14일자와 동일

12.06.16 (2)
[연예안내]

지만관 6월 14일자와 동일
유광관 6월 11일자와 동일

12.06.18 (4)
〈광고〉

모처에셔 도로를 확장홈을 인ᄒ야 본관개축 중 휴업홈
경성고등연예관
● 시내 급(及) 지방출장 영사ᄂ 종래와 여(如)히 취급홈
전화 一四三四번

12.06.18 (4) [연예안내]	유광관 6월 11일자와 동일 지만관 6월 14일자와 동일
12.06.19 (2) 〈광고〉	지만관 6월 14일자와 동일

12.06.19 (3)
[연예계]

▲ 지만관 즁부 쟝대쟝ㅅ골(張大將洞)에 잇는, 쟝안샤에서는, 셔양 사롬의 경영으로, 지만관이라ㅎ는, 활동샤진관을, 셜시ㅎ고, 신션혼 활동샤진을, 빗취는디 닷시만콤, 샤진 전부를, 갈려혼다 홈
▲ 유광관 셔부 원각샤에셔 빗취는, 유광관의 활동샤진은, 관람쟈의 찬성을 엇어, 졍황이, 심히 됴타홈
▲ 강션루 즁부 퍄조교, 단셩샤에셔, 흥힝ㅎ는 강션루는, 고지원(高在元)씨 등이, 인계ㅎ야, 시곡기싱(詩谷妓生)의, 각죵 가무로, 흥힝혼다 홈

12.06.19 (4) 〈광고〉	경성고등연예관 6월 18일자와 동일
12.06.20 (1) [연예안내]	유광관 6월 11일자와 동일 지만관 6월 14일자와 동일

12.06.20 (3)
[도청도셜
(途聽途設)]

▲ 연흥샤의 혁신단이야말로, 연극도 잘ㅎ거니와, 일반 관람쟈의 위싱을, 극진히 ㅎ고져 ㅎ야, 뎐긔부치(電氣扇)를, 한복판에다 달엇는디, 밧게 잇슬 쌔에는, 아조 더워셔, 못 견디겟더니, 그 안에를 드러간 즉, 바로 즁츄 팔월의 긔후라, 셔늘혼 것이 곳, 나올 무음이 업던 걸, 더웁거던 피셔홀겸, 그리갈 밧게 업셔 (피셔쟈)

12.06.20 (4) 〈광고〉	경성고등연예관 6월 18일자와 동일

12.06.21 (4)
[연예안내]

지만관 6월 14일자와 동일
유광관 6월 11일자와 동일

12.06.22 (2)
[연예안내]

지만관 6월 14일자와 동일

신설활동사진

이십세기 금일은 활동적 시대오 이십세기 오인(吾人)은 활동적
인물이라 만닐 활동의 진면을 부지(不知)ㅎ면 엇지 생존홈을 득
(得)ㅎ리오 본관에셔 세계 제일의 일수(一手)로 세계 문명의 진면
을 묘출ㅎ야, 진가경가애가소가탄(眞可驚可愛可笑可歎) 일체 출
귀입신의 기행을 농(弄)ㅎ야 일반 사회의 모범이 됨을 소개코자
홈 六月 十一日로부터 매일 八時에 개관홈

사진의 종목

▲ 말드도(島)의 풍경
▲ 아이스의 자식
▲ 강적(剛賊) 마도럴
▲ 독의 수병(獨의 手柄)
▲ 새(賽)의 마술
▲ 기생목(奇生木)
▲ 소아의 치거(小兒의 置去)
▲ 벽일중(壁一重)
▲ 기묘한 걸인적(乞人賊)
▲ 틀닌 목산(目算)

원각사 내 유광관

12.06.23 (2)
[연예안내]

유광관 6월 22일자와 동일
지만관 6월 14일자와 동일

12.06.25 (1)
[연예안내]

지만관 6월 14일자와 동일
유광관 6월 22일자와 동일

12.06.25 (3) [연예계]	▲ 지만관 쟝안샤 지만관은, 일젼브터, 샤진 젼부를 박구어 빗춰 눈디, 가히 구경홀만ᄒ고 ▲ 유광관 원각샤 유광관도, 일젼브터, 샤진 젼부를 박구어 빗춰 인다홈
12.06.25 (3) [도청도설 (塗聽途設)]	▲ 연흥샤 혁신단의 신연극과, 쟝안샤 지만관, 원각샤 유광관의, 각종 활동샤진이야, 말로 구경도 홀 만ᄒ고, 모범도 될 만ᄒ 일이, 만습듸다민은, 풍속 기량과, 실디 모범을, 보고져 ᄒᄂ 쟈ᄂ, 연흥 샤로 가겟고, 남녀간 활발ᄒ 긔샹으로, 오늘날 시디에, 활동코져 ᄒᄂ 쟈ᄂ, 쟝안샤나 원각샤로, 가겟다 ᄒ겟스나, 이것은 구경ᄒᄂ 쟈의, 싱각이지오 「연예순시쟈」
12.06.26 (2) [연예안내]	지만관 6월 14일자와 동일 유광관 6월 22일자와 동일
12.06.27 (2) [연예안내]	유광관 6월 22일자와 동일
12.06.28 (2) [연예안내]	유광관 6월 22일자와 동일
12.06.28 (3) [도청도설 (塗聽途設)]	▲ 요소이 모모 연극쟝의, 정황을 보고, ᄯ 그 니용을 뎍확히 드른 즉, 풍화소관에, 대단 관계되ᄂ 일이 잇다ᄒ나, 영업의 방해가 될 가ᄒ야, 바른 고쟝이로ᄂ 말을 안소만은, 각기 ᄌ긔의, 힝동을 싱 각ᄒ면, 알것이니, 십분 쥬의들 ᄒ오, 길니 그리ᄒ면, 필경 모양 흉홀 날이 잇슬리다 「신지생(神知生)」

12.06.29 (2)
[연예안내]

유광관 6월 22일자와 동일

12.06.29 (3)
[도청도설
(塗聽途設)]

▲ 혁신단 일힝의, 공익심은, 엇덧타고 의론홀 여가이 업지만은 향일에도, 조산부 양셩소의 경비를 보조홀 차로, 연쥬희를 셜힝ᄒ다가 공교히 비가 와서 의무샹에 아죠 만죡지 못혼 한탄을 ᄒ다더니 긔어코 조산부를 어ᄃᆡᄭ지 유지홀 목뎍으로 일간 ᄯᅩ 연주회를 혼다는ᄃᆡ 언의 날 ᄒ는지 신문광고를 보면 알겟지만 쳣지 하날이 됴흔 날을 빌녀 쥬셔야 홀터인ᄃᆡ 그날은 뎐당을 잡혀 가지고라도 가셔 동포의 일분ㅈ된 의무를 ᄒᆡᄒᆞ지, 내남 업시, ᄌ식 안이 낫는 사름이, 어ᄃᆡ잇나, 보지 못ᄒᄂᆞᆫ 삼신을, 위ᄒᄂᆞᆫ 이보다, 직졉으로 보기도 ᄒ고, 말도 ᄒ는 삼신을 위ᄒ야지오 「일부인(一婦人)」

12.06.30 (1)
[연예안내]

유광관 6월 22일자와 동일

12.07.02 (2)
[연예안내]

유광관 6월 22일자와 동일

12.07.03 (2)
[연예안내]

● 신설활동사진
본일로부터 본관의 사진 전부를 개체(改替)홈
매일 八時에 개관홈
자수대(自手袋)
마스쿠의 혼례
말세유의 남안(南岸) 풍경
유목고담(遊牧古談)
이태리 아쎄로쑤호의 진수식
백만원
묘묘호부(妙妙護符)
연애와 정절
주인의 충복
서광

청년의 화미(花迷)
나옹(那翁)의 액면(額面)
유광관 원각사내

12.07.03 (3)
[연예계]

▲ 혁신단   연흥샤 혁신단에셔는 조산부앙성소의 경비를 보조ᄒ기 위ᄒ야, 오늘밤에, 조션연쥬회를, 설힝ᄒ는딕, 연극 문뎨는, 미신무녀후업(迷信巫女後業)이라 ᄒ니 이 연극은 무당과, 전려의 미신을, 타파ᄒ쟈는 목뎍인 즉, 져간 조미도 잇스러니와 산파가 국민싱명에, 지즁ᄒ 관계가 잇슴을 아는 부인 신소는, 불가불 찬성치 안이치 못홀 바이더라

▲ 유광관   셔부 원각샤 유광관에셔, 셰계에 데일가는, 활동샤진을 빗최임으로, 일반 샤회의, 됴흔 평판을 엇음은, 일반이 아는 바어니와, 그 활동의 종류는, 본보 광고를 보시면, 조연 아실터이오, 그 놀납기도ᄒ고, 탄식홀만도ᄒ고, 기타 신츌귀몰ᄒ 형용은, 한붓으로 능히, 긔록지 못ᄒ겟슨 즉, 신문의 긔록ᄒ 것을, 보시는 이보다, 실디로 구경을 ᄒ면, 조연 알 일이더라

12.07.03 (3)
개성 연극의 폐해 /
기성군의 연극 폐단

기성군, 남북촌 연극쟝에, 밤마다 츌입ᄒ는 녀조들은, 슈모슈모ᄒ는 사롬의 첩들과, 기타 매음녀임은, 물론이어니와, 그 즁에 란류비로, 모조합이라 칭ᄒ는 쟈들이, 녀조셕에 혼잡ᄒ야 비패ᄒ 힝위와, 음탕ᄒ 언수가, 무소부지ᄒ 즉 죵당, 이와ᄀᆺ할 디경이면, 됴흔 풍쇽이 악ᄒ 풍쇽으로 변ᄒ겟다고, 격렬ᄒ 비평이 잇다더라 (개성지국)

12.07.04 (3)
[연예안내]

유광관 7월 3일자와 동일

12.07.04 (3)
[도청도설
(塗聽途設)]

▲ 모모 연극쟝의, 슈모슈모ᄒ는 사롬들, 정신들 좀 차리지, 아모리 남이, 몰을셰라 하지만은, 조연 아는 법인딕, 근일에 아름답지 못ᄒ, 소문이 뎍확무의ᄒ다고 쥬목ᄒ는 쟈가 만은 즉, 일반 연극

에 종수하는 사롬들은, 각기 내 힝위를, 싱각하여 보면, 알 것이나 남녀를 물론하고, 쑥 쏜어, 시썩하다가는 고만 「경계자(警戒子)」

12.07.05 (2) [연예안내]	유광관 7월 3일자와 동일
12.07.06 (2) [연예안내]	유광관 7월 3일자와 동일
12.07.07 (2) [연예안내]	유광관 7월 3일자와 동일
12.07.10 (3) [도청도설 (塗聽途設)]	▲ 나는 어졔밤에 혁신단 신연극 구경코져 갓더니 뎡지훈지가 임의 삼수일이라 랑패를 하고 그길로 원각샤 유광관을 갓섯지요 사롬도 만커니와 각죵 활동샤진이 썩 주미 잇습듸다 날밤에 쏘 가셔 구경코오홈이다 「관극생(觀劇生)」
12.07.10 (4) [연예안내]	유광관 7월 3일자와 동일
12.07.11 (4) [연예안내]	유광관 7월 3일자와 동일
12.07.12 (3) [연예안내]	● 신설활동사진 본일로부터 본관의 사진 전부를 개체(改替)홈 매일 八時에 개관홈 희양심(噫良心) 참간도(斬奸刀) 신혼갈롱(新婚葛籠) 활명홍은(活命鴻恩) 다감소인(多憾小人)

1912년

아라비아의 산업

불국의 왜인곡마(佛國의 倭人曲馬)

신마록(新馬鹿) 대장

인동지(隣同志)

여화랑(女花郎)

카인의 죄

도화편편(道化片片)

원각사 내 유광관

12.07.13 (2)
[연예안내]

유광관 7월 12일자와 동일

12.07.14 (4)
[연예안내]

유광관 7월 12일자와 동일

12.07.16 (3)
[연예계]

● 혁신단 긔간 곡가의 고등홈을 인ᄒᆞ야, 림시 뎡지ᄒᆞ얏던 연흥샤, 혁신단 일힝은, 오날밤부터, 다시 긔연홀 터인딕, 연데ᄂᆞᆫ 션탐후긔(先貪後改)라 ᄒᆞ며 그 취지의 대긔ᄂᆞᆫ 좌와 갓더라

▲ 흥원사 긔셩군 남부면 텬졍동에셔 흥힝ᄒᆞᄂᆞᆫ 흥원샤(興圓社) 활동샤진 일힝은, 그 고을 북부면 리졍리에 잇ᄂᆞᆫ, 졍화녀학교(精華女學校)의, 학비 군졸홈을, 이셕히 녁여, 지나간 십일일에, 연쥬회를 거힝ᄒᆞ얏ᄂᆞᆫ딕, 당일의 슈입금 금익 젼부를, 그 학교로, 긔부ᄒᆞ얏다더라 (개셩지국)

12.07.16 (4)
[연예안내]

유광관 7월 12일자와 동일

12.07.17 (3)
**[도청도설
(塗聽途設)]**

▲ 긔간, 곡가의 고등으로, 잠시 뎡지ᄒᆞ얏던 혁신단은, 오날브터, ᄯᅩ 시작을 혼다고, 원각샤, 유광관은 쟝졀쾌졀혼, 활동샤진을, 계속ᄒᆞ야혼다ᄒᆞ고, 기타 각 연극쟝은, 모다 산 깁히 드러갓다지오, 하로ᄂᆞᆫ 혁신단으로 가셔 구경ᄒᆞ고, 하로ᄂᆞᆫ, 유광관으로 가셔 구경

ㅎ겟ᄂ이다 「극열생(劇熱生)」

12.07.18 (3)
〈광고〉

매일신보 활동대사진
본지 애독자에 한ㅎ야 무료 입장권 증정
▲ 개최기 자(自) 七月 十九日 지(至) 二十一日 삼일간
▲ 관람료 일반 관람자ᄂ 상등 삼십전 중등 이십전 하등 십전
▲ 장소 평양 구시가
▲ 사진 진기참신ᄒ 대사진을 교체ㅎ야 귀람(貴覽)에 공(供)홈
매일신보 평양지국

12.07.18 (3)
[도청도설
(途聽途設)]

▲ 경성고등연예관 활동샤진이라 ㅎ면, 죠선 텬디에, 유명ᄒ 것인
디, 한 번 보엇스면 됴켓스나, 경향이 판이ㅎ기로, 구경을 못ㅎ더
니 다힝히 평양으로, 니려와셔, 구경을 히보닛가 참 쟝졀쾌졀 긔
졀묘졀ㅎ던걸, 구경을 좀 실토록 ㅎ엿스면, 됴켓더구면, 돈이 어
디, 그러케 잇셔야지, 연극쟝 문압을 지닐 ᄲᅢ마다, 억기춤이 제졀
로구나나 원슈의 가네[6]가, 잇셔야지, 날마다 한탄만 ㅎ던차에,
맛참 믜일신보 평양지국에셔, 우리의 구경ㅎ고 십은 소졍을 그러
케 아ᄂ지 믜일신보 보ᄂ, 사ᄅ을 위ㅎ야, 구경을 한 번 실컷 식일
작뎡으로, 리일밤에, 평양 구시가에셔, 아조 젼무후무ᄒ 활동샤진
을, 흥힝ㅎᄂ디, 믜일신보 보ᄂ 사ᄅ은, 돈 업시구경(無料觀覽)을
식인답듸다, ᄆ음이 엇더케 됴흔지, 곳 츔을 츄겟셔, 어셔 오날밤
이 가고, 리일이 와야ᄒ터인디 「평양신보구독자」

12.07.18 (3)
[연예안내]

유광관 7월 12일자와 동일

12.07.19 (3)
〈광고〉

매일신보 평양지국 7월 18일자와 동일

—— **6)** 金(かね). '돈'이라는 뜻의 일본어.

12.07.19 (3) [연예안내]	유광관 7월 12일자와 동일
12.07.20 (2) [연예안내]	유광관 7월 12일자와 동일
12.07.20 (3) 〈광고〉	매일신보 평양지국 7월 18일자와 동일
12.07.21 (2) [연예안내]	유광관 7월 12일자와 동일
12.07.21 (3)	매일신보 평양지국 7월 18일자와 동일
12.07.21 (3) [연예계]	▲ 유광관 원각샤 유광관의 활동샤진은, 우습기도 ᄒ고, 쾌ᄒ기 도ᄒ고, 슯ᄒ기도ᄒ고, 긔이ᄒ기도ᄒ고, 본밧을 일도 잇셔, 가히 볼만ᄒ더라
12.07.23 (2) [연예안내]	● 신설활동사진 본일로부터 본관의 사진 전부를 개체(改替)홈 매일 八時에 개관홈 △ 영아의 품평회 △ 신축피로(新築披路) △ 기훈(其勳) △ 여장부 △ 야소교(耶蘇敎)의 명소 안내 △ 화일륜(花一輪) △ 쌔와리와의 왕성(王城) △ 위생가(衛生家) △ 묘지력(妙智力) △ 악사의 몽(夢), 청교도의 영양(令孃), 은의의 우(恩義의 友)

원각사내 유광관

12.07.23 (3)
기셩 연극쟝의 풍파

기셩군 남부면, 륙졍동(六井洞)에 두류ᄒᄂᆞᆫ, 셩미단(誠美團) 연극쟝에셔ᄂᆞᆫ, 본월 십구일, 하오 구시경에 무ᄉᆞᆷ 칭졀을, 인홈이던지, 졸연히 즁지ᄒᆞᆫ고로, 일반 관람쟈와, 언힐징투ᄒᆞ다가, 관람쟈의 입살과, 이가 샹ᄒᆡᆼᆏᆻ다더라 (개셩지국)

12.07.24 (3)
지국 주최 활동
셩황 / 평양지국
쥬최 활동샤진 셩황

지나간 십구일브터 이십일일ᄭᅡ지 량일간을 평양 쟝더현 진명녀학교ᄂᆡ에셔 본샤 평양지국 쥬최로 거ᄒᆡᆼᆼᆫ 활동대샤진회의 셩황을 긔록ᄒᆞ건ᄃᆡ 대략 좌와 갓더라
▲ 뎨일일은 하오 륙시경브터 광할ᄒᆞᆫ 학교 안에셔 관람쟈가 모히기를 시작ᄒᆞᆻᄂᆞᆫᄃᆡ 팔시경에 니ᄂᆞ러ᄂᆞᆫ 모인 사람이 쳔여명에 달ᄒᆞ야 크게 셩황을 일어셔 곳 인산인ᄒᆡ가 되얏ᄂᆞᆫᄃᆡ 학교실안으로셔 포쟝 즁앙에 빗취우ᄂᆞᆫ 진긔ᄒᆞᆫ 사진은 학셩의 션셩이 될만ᄒᆞ고 사회의 모범이 될만ᄒᆞ야 보ᄂᆞᆫ 사롬으로 ᄒᆞ야곰 신션ᄒᆞᆫ 문명에 신공긔를 실디로 보게ᄒᆞ야 샹쾌활발ᄒᆞᆫ 긔샹이 나게 ᄒᆞᆻᄼᄆᆡ 사진을 흥ᄒᆡᆼᆼᆫ지 일시를 지나셔ᄂᆞᆫ 미일신보 평양지국에셔 금번에 활동대사진회를 긔최ᄒᆞ고 본보 구독쟈에 한ᄒᆞ야 무료관람권의 쥬ᄂᆞᆫ 것을 셜명ᄒᆞ고 그 후에 다시 계속ᄒᆞ야 긔긔괴괴ᄒᆞ고 활발웅쟝ᄒᆞ며 모험진취ᄒᆞ야 공을 셰우고 목뎍을 달ᄒᆞ든 셔양 대ᄼᄇᆞᆸ가의 의업을 경영ᄒᆞ든 바와 힝ᄒᆞ든 모양을 비록 사진으로 본다ᄒᆞᆯ지라도 실디와 조곰 다름이 업셔 보ᄂᆞᆫ 사롬으로 극히 취미가 잇게 ᄒᆞᆻᄂᆞᆫᄃᆡ 밤은 졈졈 깁허 십이시를 보ᄒᆞ니 모힌 사롬으로 ᄒᆞ야곰 도랴가기를 지쵹홈이 모다 도라가기를 셥셥히 아나 ᄼᆞ셰 부득으로 시간이 되야 폐회ᄒᆞᆫ다ᄂᆞᆫ 말을 맛침이 각각 도라가ᄂᆞᆫ 사롬마다 ᄒᆞᆫ편으로ᄂᆞᆫ 셥셥ᄒᆞᆫ 뜻을 발표ᄒᆞ며 ᄒᆞᆫ편으로ᄂᆞᆫ 명일을 다시 기다리고 도라갓ᄼᄆᆡ 뎨이일 이십일의 셩황은 ᄯᅩ 잇소 (평양지국)

12.07.24 (4)
[연예안내]

유광관 7월 23일자와 동일

12.07.25 (2) [연예안내]

유광관 7월 23일자와 동일

12.07.25 (3) [도청도설(塗聽途設)]

▲ 일젼 밤 엇던 연극쟝, 남녀등 ᄉᆞ이에 셔셔, 구경은 안이ᄒᆞ고, 녀등셕의, 구경하ᄂᆞᆫ 녀인을, 얌치업시 젹간을 ᄒᆞ고, 젼후 못된 밀미음녀들과, 슉덕공론을 ᄒᆞ며, 남이 쥬목을 ᄒᆞᄂᆞᆫ지, 욕을 ᄒᆞᄂᆞᆫ지 정신 모르고 왓다갓다하ᄂᆞᆫ 벼두루막이, 흰 운동모ᄌᆞ에, 가다방이 뉘집 ᄌᆞ식인가요, 힝셰 괴악홉듸다, 로힝은, 누군지 알으시오, 내가 경찰관리 ᄀᆞᆺ고 보면, 당쟝 별악이, ᄂᆞ리겟습듸다「＊＊생(＊＊生)」

12.07.26 (3) [연예계]

▲ 고등연예관　남부 구리ᄀᆡ(南部 銅峴)에 잇ᄂᆞᆫ, 고등연예관은, 도로 확쟝으로 인ᄒᆞ야, 허러ᄇᆞ리고, 다시 건츅ᄒᆞ야, 젼후제도가 챡챡 진힝하ᄂᆞᆫ 즁, 수일 이릐로, 일긔가 청명ᄒᆞ야, 본월 이ᄂᆡ에ᄂᆞᆫ, 젼부가 쥰공홀 터이며, 금번에 ᄉᆡ로 건츅ᄒᆞᄂᆞᆫ 동시에, 일반 졔도를 크게 ᄀᆡ량ᄒᆞ야, 관람쟈로 ᄒᆞ야곰, 극히 편케ᄒᆞ고, 또 이층 우에도, 뒤ᄉ간을 량편에 셜시ᄒᆞ고, 기타 셜비도, 모다 화려케 ᄒᆞ얏스며, ᄉᆡ로 ᄀᆡ연하ᄂᆞᆫ 동시에ᄂᆞᆫ 유명ᄒᆞᆫ 활동샤진과 ᄌᆡ미잇ᄂᆞᆫ 여흥으로, 일반 관람쟈의, 취미를 도읍고져, 지금 계획 즁이라더라

▲ 혁신단　ᄉᆞ동 연흥샤 혁신단 일힝의, 신연극은, 날로 진보ᄒᆞ야, 과연 샤회의, 하낫 모범 긔관이오 보통학교라 홀만 ᄒᆞ야, 밤마다, 인산인히를 일우더라

▲ 유광관　원각ᄉᆞ 유광관에셔 흥힝ᄒᆞᄂᆞᆫ, 활동샤진은, 일젼브터, 샤진 젼부를 일테로 박구어셔, 활동ᄒᆞᄂᆞᆫᄃᆡ, 과연 볼만ᄒᆞ더라

▲ 이기세　ᄀᆡ셩군 북부면 리졍리 립암(梨井洞立岩) ᄉᆞᄂᆞᆫ 리긔셰(李基世)씨ᄂᆞᆫ, 신연극을 셜힝홀 목젹으로, ᄂᆡ디 경도(京都)에셔 지금 두류ᄒᆞᄂᆞᆫ 즁이라더라 (개성지국)

12.07.26 (4) [연예안내]

유광관 7월 23일자와 동일

12.07.27 (1) [연예안내]	유광관 7월 23일자와 동일
12.07.28 (2) [연예안내]	유광관 7월 23일자와 동일
12.07.30 (3) 혁신단의 휴연 (休演) / 어환후의 위독ᄒ심 / 혁신단의 연극뎡지	즁부 ᄉ동 연흥샤에서 흥힝ᄒ는, 혁신단 림셩구 일힝은, 일반 샤회의, 됴흔 평판을 엇어, 더욱 흥힝ᄒ는 바 현금 텬황폐하ᄭᅴ옵셔 어환후가 어위독ᄒᆞ옵심에 디ᄒ야, 연극을 흥힝홈이, 신민된 도리에, 황송ᄒ다 ᄒ고 작일 밤부터, 연극을 뎡지ᄒ얏다더라
12.07.30 (4) [연예안내]	유광관 7월 23일자와 동일
12.08.01 (3) 오일간은 가무음악 졍지 / 닷시 동안 가무음악 뎡지	대힝 텬황 어승하ᄒ옵신 보도가, 잇슨 이후로, 시너 일반은, 다만 졍슉ᄒᆫ 퇴도로, 근신ᄒ는 뜻을 표ᄒᄂᆞᆫ 바, 작삼십일브터, 닷시 동안은, 가무음악을 일톄 뎡지홀 뜻으로, 발표ᄒ얏슨 즉, 시민은, 능히 이 뜻을 밧어서, 아모됴록, 근신치 안이ᄒ 힝위가, 업도록ᄒᆞᆫ 것이, 가ᄒ다더라
12.08.02 (3) 연예관의 근신 / 고등연예관의 근신	경셩고등연예관의 디방순업디(地方巡業隊)는 디방에셔 순업ᄒ는 즁이더니, 션데 어승하ᄒ옵 경보를, 졉ᄒ는 동시에, 그 관쥬(舘主)는, 디방의 슌업을 폐지ᄒ고 곳 올나오라는, 뎐보를 인ᄒ야, 모다 철귀ᄒ얏는디, 그 일힝은, 죠례의 뜻을 표ᄒ기 위ᄒ야, 근신ᄒ는 즁이라더라
12.08.06 (3) [연예계]	▲ 혁신단 즁부 ᄉ동 연흥샤에서 흥힝ᄒ던 혁신단 림셩구 일힝은, 국샹즁 근신ᄒ기 위ᄒ야, 뎡지ᄒ얏더니, 어졔밤부터 다시 기연ᄒ얏고, 오날밤의 흥힝홀 연졔는, 친ᄌ식을 죽인 것(實子殺害)으로 혼다는디 이것은, 남대문 밧게셔, 년젼에 이러ᄒ 일이 잇셧다

더라

12.08.08 (3)
[도청도셜
(塗聽途設)]

▲ 일젼 밤에, 연흥샤의 혁신단 연극을 구경갓더니, 남녀등 ᄉ이에, 엇던 사람이, 구경은 안이ᄒ고, 휘장 넘어로, 넘겨다 보며, 구경ᄒᄂ, 일반 녀인의 모양을, 무숨 덕간ᄒ듯 ᄒ고 셔셔, 힝위가 심히, 비퍄ᄒ기로 젼후좌우의, 욕설이 분등ᄒ더니, 안이나 달을가, 당직 슌사보가, 그 자를 붓잡어다가 셰우고, 질셔문란과, 풍속괴란으로, 엄졀ᄒᆫ 취톄를 힝ᄒᄂᄃ, 그 쟈ᄂ 라쥬인가 양쥬인가 사ᄂ, 빅락승(白樂昇)이오, 즁부 감투젼ᄉ골 사ᄂ, 빅락쇼(白樂韶)의 동싱이라던가, 엇더케 샹쾌ᄒ지 「목도생(目睹生)」

12.08.20 (3)
기성의 연극장 확장

기성군 셔부면 관젼리 소로동(舘前里 小路洞) 등디에ᄂ, 이왕 경찰셔 부쟝으로, 근무ᄒ던 부젼(富田)씨가, 연극장집을, 일층 확쟝홈으로, 방금 착슈ᄒᄂ 즁이라더라 (개성지국)

12.08.21 (3)
[연예계]

동현 고등연예관 슈션 공ᄉ가, 락셩되ᄂᄃ로, 시로 건너온 ᄉ진으로 일간 기연홀터이오, 뎐등 젼부의, 시험을 힝ᄒ다더라

12.08.31 (3)
[연예계]

▲ 고등연예관 희관에셔ᄂ, 금 삼십일일밤에, 기관ᄒ다ᄂᄃ, 대샹 즁에ᄂ 근신을 표ᄒ야, 기관식을, 거힝치 안이ᄒ고, 그 비용 즁에셔 금빅원을, 경긔도 ᄌ혜의원에, 긔본금으로, 긔부ᄒ기로 결뎡ᄒ고, 그 젼달홈을, 남부경찰셔에 의뢰ᄒ얏다더라

12.09.06 (3)
[연예계]

▲ 이기세(李基世) 기셩군 남대문안 대화뎡에 셔류ᄒᄂ 부뎐즁치(富田重治)씨ᄂ, 신연극을 창셜홀 목뎍으로, 본년 츈간에, 희군 북부면 사ᄂ, 리긔셰씨로 ᄂ디에 건너가, 신연극의 원죠되ᄂ, 기예를 젼습 모양ᄒ고, 일젼에 도라왓ᄂᄃ, 희군 셔부면 관젼리(西部面 舘前里) 광활ᄒᆫ 연예관을 건츅ᄒ야, 불일간 쥰공되기로, 본월 십일

간에, 락성식을 거힝ㅎ려다가 션황뎨 폐하의 어대쟝에, 근신봉도
ㅎ기 위ㅎ야, 이십일경으로, 퇴뎡ㅎ고 인ㅎ야, 기막홀터이다더라
(개성지국)

12.09.10 (3)
[연예계]

▲ 고등연예관 동관에셔는 지나간 팔월삼십일일에, 기관을 ㅎ랴
ㅎ얏더니, 어대쟝 맛치기ᄭ지, 근신ㅎ기 위ㅎ야, 뎡지되얏는딕, 기
관홀 일ᄌ는 다시 광고홀터이오, 기관ㅎ는 날에는 이루미네시욘[7]
을, 전부에 불을 켤터이라더라
▲ 이화단(以和團) 기셩 남부면 도죠리 륙정동(都助理 大井洞) 김
윤쳥(金允淸)의 집에셔는, 신응진(申應鎭) 등 일힝이, 이화단이랴
는 신연극을, 본월 륙일부터, 셜힝ㅎ얏는딕, 경셩 엇던 샤회원들
은, 일견 공일을 승극ㅎ야, 경의션 렬기로, 다슈히 리림 관람ㅎ얏
다더라 (개성지국)

12.09.12 (3)
[연예계]

▲ 광무딕 금일은 광무딕 기업훈 ᄉ쥬년 긔념일인고로, 희딕 총
무, 박승필(朴承弼)씨가, 긔념 축하회를 열고 긔념일밤의, 구경한
입쟝료를 그 잇흔날, 무료 인용ㅎ야, 특별 관람의 공코ᄌ홀 계획
이더니, 금번 어대쟝(御大葬)에 인ㅎ야, 봉도 근신ㅎ기 위ㅎ야 오
는 십륙일 밤에, 거힝ㅎ기로, 연긔 결뎡ㅎ얏고, 명십삼일 룡산 련
병쟝에서, 거힝ㅎ는 봉도식에, 참여ㅎ기 위ㅎ야, 임원 ᄉ오명을 지
휘ㅎ얏다더라

12.09.17 (3)
〈광고〉

폐관(弊舘)이 八月 三十一日브터 개관홀 지(旨)로 업기(業己) 광고ㅎ
온 바
어대장(御大葬) 이전에 재(在)ㅎ야 개연홈이 공구(恐懼)홈으로 대
방제언(大方諸彦)의게 대ㅎ야 완상(玩賞)을 부득(不得)케 홈이 유
일 결점이러니 금 십육일브터는 만반의 쇄신으로써 영업을 개시
ㅎ오니 배구＊고(倍舊＊顧)ㅎ야 특별훈 연예를 완상ㅎ심을 자(玆)

—— **7)** 'illumination'의 한글 표기.

에 근고(謹告)홈
활동사진상설원조
경성고등연예관
전화 一四三四번

12.09.19 (3)
[연예계]

▲ 광무딕　지나간 십륙일은, 동대문안 광무딕 연극의, 뎨 ᄉ쥬년 긔념인고 일반 관람쟈에게, 입쟝표를, 그 잇흔날 밤ᄭ지, ᄉ용케 ᄒ얏스며, 일반 ᄉ무원과 광딕등이 각별진심훈 결과로 그 량일에 입쟝쟈가, 보통 천여명에 달ᄒ야, 젼무후무의 셩황을 일우엇고, 찬성쟈의 의연훈 금익이 오십여원에 달ᄒ얏다더라

12.09.20 (3)
[사면팔방]

▲ 연극 구경ᄒ는 것도, 취미가 사룸마다 ᄀ지 안이홉듸다, 엇져녁에, ᄉ동 연흥샤 압흐로, 지나노라닛가, 그 ᄯ　맛춤 연극이 파ᄒ야, 구경ᄭᅮᆫ이, 헤여져 나오ᄂᆞᆫ딕, 제각기 한 마듸 식은, 다 짓거리ᄂᆞᆫ딕, 혹은 신연극의 취미가, 풍속기량이 ᄆᆡ오 되겟다고, 칭찬도 ᄒ고, 혹은 기싱광딕가, 소리도 ᄒ고, 춤도 츄어야지 심심ᄒ게, 그게 다 무엇이냐 ᄒᄂᆞᆫ딕, 엇던 졈ᄌᄂᆞᆫ, 사룸 몃몃은, 연극 구경을 ᄒᄌ면, 구연극보다, 신연극 이샹 업지를 안이ᄒ야 「방청자」

12.09.22 (3)
이화단의 곤난 /
이화단 일힝의 곤난

츙청남도 부여군 사ᄂᆞᆫ, 리죵국(扶餘郡 居 李鍾國)씨가, 수쳔원의 ᄌ본금으로써 즁부 장대쟝동(中部 張大將洞)에 잇ᄂᆞᆫ, 쟝안샤 연극쟝을 슈리ᄒ고, 이화단이라ᄂᆞᆫ, 신연극을, 흥힝코져 ᄒ야, 소관 관쳥에 쳥원ᄒ고, 인허ᄒ기를, 요구ᄒ얏스나, 무슴 충졀을 인ᄒ야 수삭동안이나 되야도, 인허치 안이홈으로, 다만 ᄆᆡ야에 집셰와, 면등셰만 물며, 곤난이 비샹ᄒ야, 엇더케홀 줄을 몰나, 극히 근심ᄒᄂᆞᆫ 즁이라더라

12.09.22 (3)
[연예계]

▲ 연흥사　됴션의 쳐음으로 흥힝ᄒᄂᆞᆫ, 엄명션(嚴明善) 일힝의, 녀비우ᄂᆞᆫ, 그동안 신파 연극련습이, 한슉훈 디경에 이르러, 쟝ᄎ, 연

극쟝을 뎡ᄒ야 흥힝홀 터인ᄃᆡ, 아즉 합당ᄒᆞᆫ 연극쟝을 쥬션치 못ᄒ
얏슴으로, 위션 그 련습ᄒᆞᆫ 바, 기슐을 일반 관람쟈에게, 공포ᄒ기
위ᄒ야, ᄉ동 연흥샤에셔, 십일 동안을 계약ᄒ야, 명일부터 흥힝
ᄒᆞᆫ다더라

12.09.25 (2)
[연예안내]

사동 연흥사 내에 부설 흥행ᄒᄂᆞᆫ 부인연구단 일행

연제(演題) 부인연구단

주임 임성구

부인연구단 백(白)

12.09.25 (3)
[연예계]

▲ 부인연구단 ᄒᆡ단에셔ᄂᆞᆫ 임의 긔지 ᄒᆞᆫ 바와 ᄀᆞᆺ치 지작일 밤에
즁부 ᄉ동 연흥샤에셔 삼인결혼(三人結婚)이라ᄂᆞᆫ 연뎨로 흥힝ᄒᆞ얏
ᄂᆞᆫᄃᆡ 비우들의 각기 맛흔 바 과목에 썩 능난ᄒᆞᆯ 슈ᄂᆞᆫ 업스나 첫
날 흥힝ᄒᄂᆞᆫ 것으로ᄂᆞᆫ 미오 잘 홈으로 만쟝 관람쟈가, 모다 박슈
갈치홀 ᄲᅮᆫ 안이라 쟝ᄂᆡ에, 만원이 되얏슴으로, ᄒᆡ샤 문밧게 모야
셔셔, 드러가지 못ᄒᆞᆫ 사롬이, 여러 뵉명에 달ᄒᆞ얏다 ᄒ고 죵금브
터 졈졈 연구ᄒᆞ야 여흘[8] 동안을 흥힝ᄒᆞᆫ다더라

12.09.28 (3)
[연예계]

이화단 쥬무 리죵국(李鍾國)씨ᄂᆞᆫ 여려 쳔원의, ᄌᆞ본금으로써, 즁
부 쟝대쟝ᄉ골(中部張大將洞)에 잇ᄂᆞᆫ 쟝안샤 연극쟝을, 슈리ᄒ고,
이화단 신연극을, 흥힝ᄒ랴다가, 소관 관청에셔, 인허치 안이홈으
로, 근심홈을 말지 안이ᄒᆞᆫ다더니, 일젼에 비로소, 인허가 나왓슴
으로, 일반 단원이 깃버ᄒᆞ며, 기연의 졀초를 쥰비ᄒᄂᆞᆫ 즁이라더라

12.10.01 (3)
[연예계]

▲ 어셩좌 남대문 밧 어셩좌에셔ᄂᆞᆫ, 거월 이십칠일브터 십월일
일ᄭᆞ지, 오일간을, 명치텬황 어대상의와 고 닉목대쟝 어쟝의 실디
샤진으로 활동ᄒᆞ며, 여흥으로, 다른 샤진도, 활동ᄒᆞᆫ다더라

—— 8) '열흘'의 오기인 듯하다.

12.10.02 (3) **원각샤의 연극 금지**	서부 여경방 쟝싱동(餘慶坊 長生洞)에 잇눈, 원각샤 연극장은, 오리된 건츅물이오, 쏘흔 건축흔 것이, 완전치 못홈으로, 일반 관람쟈의, 슈용이 심히 위험흔지라, 당국에서, 거월 이십팔일부터 연극쟝으로 수용ᄒᆞᄂᆞᆫ 것을, 금지ᄒᆞ얏다더라

12.10.05 (3)
[사면팔방]

▲ 허허 나는, 간밤에 일건, 별으고별너 슈동 연흥샤 신연극, 구경을 갓더니, 랑픠를 ᄒᆞ얏거니와, 이왕에는, 하오 일곱시만 지나면, 호적 소리가, 늬나노누나니누ᄒᆞ며, 남녀로쇼가, 쑤역쑤역 모혀들더니, 간밤에는 호적소리도 업고, 사롬도 별로 업기에, 이샹히 녁여, 연흥샤 문압ᄭᅡ지 가 보닛가, 폐업광고를 써셔 늬걸엇데 그려 「허행자(虛行者)」

▲ 나는 그 소문을 미리 듯고, 가지를 안이ᄒᆞ얏거니, 그러나 조선에, 부픠흔 연극만 잇다가, 일즈 혁신단 연극을, 흥힝흔 이후로, 관람쟈의 칭찬을, 미오 밧는 모양이더니, 디소롭지 안인 일에, 폐지ᄒᆞᄂᆞᆫ 디경에, 이르럿다 ᄒᆞ니, 역시 유감될만흔, 일입듸다 「개석생(慨惜生)」

▲ 쥬임 박챵한, 단쟝 림셩구 사이에셔, 엇더흔, 감졍이 잇셔, 그 디경에 이르럿ᄂᆞᆫ지는, 알슈업스나, 피ᄎᆞ에 각승홀 쯧을 두지 말고, 량방간에, 화츙 타협ᄒᆞ야, 다시 연극쟝 문을 열고, 아모조록 인민지식에, 유조홀만흔, 각본을 시로 연구ᄒᆞ야, 열심으로 흥힝ᄒᆞᄂᆞᆫ 것이 가홀 쯧 ᄒᆞ더구요 「해분자(解紛者)」

12.10.09 (3)
[연예계]

▲ 이화단　이화단 일힝은, 여려 비우에 기예가, 날로 한슉ᄒᆞ야, 싱소흔 졈이, 추추 업셔간다ᄒᆞ니, 그와 갓치 젼진ᄒᆞ면, 쟝추 됴흔 평판을 엇어, 연극계에 특식이 되리라더라

▲ 유각권(柔角拳)구락부　유각권 구락부는, 동구안 단셩샤에서, 지작일부터 흥힝ᄒᆞᄂᆞ듸, 슌젼흔 테육 목뎍으로, 유슐, 권투, 쓰름 세가지로, 졈슈의 다소를 취ᄒᆞ야 우슈흔 샹픔을 분급흔다더라

12.10.09 (3)
[사면팔방]

▲ 일젼 언의 연극쟝에눈, 졀문 계집 하나이, 샹등석에, 올연 독좌ᄒ얏눈디, 지산이 얼마나 만흔지눈 모로나, 젼신에, 슌금 투셩이를 ᄒ야, 관람쟈의 눈이, 부시게 되얏더라니, 아모리 지산이 잇다고 그 모양으로 사치ᄒ눈 것은, 그 계집도, 잘못이어니와, 그 남편 되눈 니가 누구인지, 지각이 반졉도 없던 걸「평판쟈」

12.10.09 (3)
〈광고〉

즁부 동구내 단셩사에 임시 유각권 구락부를 셜(設)ᄒ야 젼무후무ᄒ 졔국 유술(柔術) 조션 각력(角力) 외국 권투 대시합회를 십월 칠일로 십칠일(십일일간) 오후 팔시로 십이시ᄭ지 ᄒ겟습기로 자(玆)에 공포ᄒ오니 애고(愛顧)ᄒ시눈 쳠군자(僉君子)눈 다수 광람(光覽)ᄒ심을 희망
유각권 구락부 고백(告白)

12.10.10 (3)
[연예계]

▲ 개셩좌 기셩좌눈, 기셩군 리긔셰(李基世) 니디인 부뎐(富田)량씨가, 히군 쇼로동(小路洞)에다 연극쟝을, 일신 건츅ᄒ고, 일흠은 기셩좌라ᄒ야, 삼ᄉ일젼브터, 기업ᄒ얏눈디, 관람쟈도 다수홀 뿐외라, 량씨의 민활ᄒ 슈단이, 신연극계에, 우등이 될만ᄒ다더라 (개셩지국)

12.10.17 (3)
개셩좌의
개연(開演) /
기셩좌의 쳐엄 기연

댜뎌 사롬이, 셰샹에 나미, 품셩의 션악이 각각 달나, 즁후(忠厚)ᄒ 쟈가, 잇스면, 각박(刻薄)ᄒ 쟈가 잇으면, 열픽(劣敗)ᄒ 쟈도 잇스며, 지식(智識)ᄒ 쟈가 잇으면, 암미(暗昧)ᄒ 쟈도 잇스며 총혜(聰慧)ᄒ 쟈가 잇스면, 우치(愚癡)ᄒ 일픠쟈로써, ᄭ닷눈 속력이, 졈졈 진보될 목젹이라, 기셩군(開城郡)에눈 니디인 부뎐즁치(富田重治)씨가 거대ᄒ 조본금으로 그 고을, 셔부면 쇼로동(西部面 小路洞)에, 연예관을 건츅ᄒ며, 당군 거ᄒ눈, 리긔셰(李基世)씨눈, 년부력강(年富力强)과 지질용톄(才質容體)가, 타인의게, 양보(讓步)치 안이홀만ᄒ 조격으로, 니디에 건너가, 연극을 실습ᄒ야, 본월 십삼일브터, 기셩좌(開城座)에셔, 유일단이라눈 연극을 셜힝ᄒ얏눈디 그 쟝소의 쥰비를 말ᄒ조면, 층층ᄒ 무뒤와 외외ᄒ 좌셕이 잇슬 ᄯᄉ

ㅎ다는, 여론이 잇다더라 (개성지국)

12.10.29 (3)
〈광고〉

고등사진관 사진대(寫眞代)를 삼할인한 후 고등연예관 활동사진 무료관람권 증정

12.11.05 (4)
〈광고〉

고등연예관 10월 29일자와 동일

12.11.06 (3)
연극쟝에 호젹 폐지

북부 경찰셔에셔는, 작일 오젼 구시에, 관뉘 각 연극쥬임과, 기타 비우를 일* 소집ᄒ야, 셜유ᄒ기를, 믹양 연극을 긔쟝ᄒ는 쌔의, 취군ᄒ는, 군악과 호젹 소리는, ᄀ쟝 쳐량ᄒ야, 사룸으로 ᄒ야곰, 불평ᄒ 심ᄉ를 밍동케ᄒ는 쟈가, 만은 것이니, 죵금 이후로는 군악과 호젹은 일톄 폐지ᄒ고 다만, 북을 쳐셔, 취군ᄒ라 ᄒ얏다더라

12.11.08 (3)
[연예계]

▲ 대졍관 남부 큰 삼림 우ㅅ골에 시로 건츅ᄒ던, 대졍관(大正舘)이라는 활동사진관은, 임의 건츅 공ᄉ가 락성되야, 소관관쳥에 인허를 엇어, 작일 오후 륙시에, 기관식을 거힝ᄒ고, 계속ᄒ야, 흥힝ᄒ다는디, 활동ᄒ는 사진은 미쥬일에, 한 초례식, 다른 것으로 밧고아 홀터이라더라

▲ 이화단 즁부 동구안, 쟝안사에셔 흥힝ᄒ는, 이화단에셔는, 일긔가 **되야, 관람쟈의 만치못홈을, 불구** 더욱 됴흔 각본으로, 일반 비우가 열심홈으로, 작야에, 조산부양성소를 위ᄒ야, 연주를 ᄒ얏는디, 남녀 관람인이, 다수히 모여와서, 비샹히 됴흔 셩젹을 엇엇다더라

▲ 쳥년파 일단 연흥샤에셔 흥힝ᄒ는 쳥년파 일단에셔는, 친모량심(親母良心)이라는 예뎨로, 흥힝ᄒ다는디, 비우 일동이, 아모조록 관람쟈의 취미를 돕도록 열심ᄒ다더라

12.11.08 (4)
〈광고〉

모범 상설 활동대사진관 개관

전일브터 신축즁이던 본관이 금회에 낙성흔 고로 래(來) 十一月 七日로써 개관ㅎ고 오후 六時브터 년즁무휴로 일반의 관객에게 관람을 공(供)흠

◉ 본관의 설비

● 건축의 장려(壯麗), 내부의 완전, 장식의 미려, 위생설비의 정연(整然)흔 사항이 사계(斯界)에 대흔 원조라

● 관내에논 끽다실(喫茶室), 매품부(賣品部), 끽연실(喫煙室), 화장실 급(及) 운동장을 설(設)ㅎ고 한난(寒暖)은 난로와 선풍기를 비(備)ㅎ야 조화케 ㅎ야 관객을 영(迎)흠

● 관내논 일정흔 양장흔 부인 안내자를 사용ㅎ야 관객의 어용(御用)을 편케 ㅎ고 안내인 감독자로 ㅎ야곰 부절(不絕)히 순시케 흠

◉ 본관의 특색

● 관객을 우(遇)흠에 진실노 경의를 시향(是尙)ㅎ야 전(專)히 친절정영(親切叮迎)을 위주흠

● 영사논 상(常)히 최신 우수흔 일품(逸品)을 택ㅎ야 십일에 전부를 차환(差換)ㅎ야 해학소담즁(諧謔笑談中)에 고상심원(高尙深遠)흔 지식을 득(得)ㅎ야 실로 가족적 수일(隨一)의 오락장

● 입장료논 좌(左)와 여(如)히 특감(特減)ㅎ오니 개관후은 육속어래관(陸續御來觀)ㅎ심을 편(偏)히 희망불이(希望不已)ㅎ옵ᄂ니나

특등 육십전 일등 사십전 이등 이십전 삼등 십전

군인 소공(小供) 반액

토요, 일요, 제일(祭日)은 주야 이회 개관ㅎ옵

경성 앵정정(櫻井町)

모범활동사진관의 대왕

대정관

전화 八百七十三번

12.11.12 (3)
광무딕를 슈리

동대문안에 잇논, 광무딕(光武臺) 연극쟝은, ᄌ러로, 위치논 됴ㅎ나, 쳐소가 완전치 못ㅎ야, 일반 관람쟈의, 불편이 만타홈으로, 일젼에 소관경찰 분셔쟝, 복뎐순유(福田順裕)씨가, 친히 가셔, 일테 슌람하고, 그 쥬무 박승필(朴承弼)씨를 불너 말ㅎ기를, 연극이라

ᄒᆞᆫ 것은, 한갓 일기인의 영업만, 목뎍을 솜을 뿐 안이라, 첫지, 쳐소브터 완전히 만드러, 일반의, 편리를 쥬쟝ᄒᆞ면, 러두의 큰 리익을 엇을터이니, 아모됴록 주의ᄒᆞ야, 쳐소를, 완전히 곳치여서, 여러 관람쟈로 ᄒᆞ야곰, 위험ᄒᆞᆫ 샹퇴가 업도록, 쥬의ᄒᆞ라 ᄒᆞᆫ바, 그 쥬무ᄂᆞᆫ, 다슈ᄒᆞᆫ 경비를 드려, 쳐소를, 일신ᄒᆞᆫ게, 기량ᄒᆞ얏다더라

12.11.12 (4)
〈광고〉

고등연예관 10월 29일자와 동일

12.11.20 (3)
〈광고〉

고등연예관 10월 29일자와 동일

12.11.21 (3)
매챵기(賣唱妓)의
의무 / 매챵ᄒᆞᄂᆞᆫ
기ᄉᆡᆼ등의 의무

동대문안 광무디, 연극쟝 쥬무, 박승필(朴承弼) 일ᄒᆡᆼ이, 됴산부양성소의, 경비 군졸ᄒᆞᆷ을 기탄히 녁이어, 오는 음력 십오일 밤의, 특별 연쥬회를 기최ᄒᆞ고, 당야 슈입금의 젼부를, 긔부ᄒᆞᆫ다ᄂᆞ 말은, 임의 긔지ᄒᆞ얏거니와, 히극장에셔, 미챵 영업ᄒᆞᄂᆞ 강진(康津) 히쥬(海州) 산옥(山玉) 등 셰 기ᄉᆡᆼ은, 특별히 양셩소, 목뎍 ᄉᆞ업을 칭찬ᄒᆞ고, 한편으로, 경비 군졸ᄒᆞᆷ을 이셕히 녁여, 히쟝 쥬무, 박승필씨를 디ᄒᆞ야 말ᄒᆞ기를, 우리 셰 사ᄅᆞᆷ이, 비록 녀ᄌᆞ이나, 됴션심과 의무심은, 보통 일반인 바, 양셩소의 디ᄒᆞᆫ 연쥬희가, 오히려 느졋다ᄒᆞ고, 다 각기 잇흘 일비를, 밧지 안코, 만분의 일이라도, 보죠ᄒᆞ겟다고 결명ᄒᆞ고, 무론 누구를 디ᄒᆞ던지, 열심히 챤조ᄒᆞᄂᆞᆫ고로, 그 교육샹, 의무를 모다 칭찬ᄒᆞ다더라

12.11.28 (4)
〈광고〉

고등연예관 10월 29일자와 동일

12.11.30 (3)
[독자구락부]

▲ 셔울 잇는, 청년파 일단이, 이번에 우리 평양으로와서, 닌디인과 런합ᄒᆞ야, 평양가무기좌에셔 됴흔 연극을 셜힝ᄒᆞᆫ다구려, 그런디 미일신보를 보는 사ᄅᆞᆷ은, 입쟝료가, 반졀이라니, 위션 미일신보브터 보와야, 돈 적게 삭이고, 됴흔 연극을, 구경ᄒᆞ겟구려「평양인」

12.12.01 (3) 〈광고〉

신연극과 기성독자(箕城讀者)의 특우(特遇)

신파극 청년파 일단

▲ 처소(處所) 평양가무기좌

▲ 기간 래(來) 十二月 一日브터 평양에서 흥행중

▲ 할인권 十二月 一日부터 신보 지상에 게출(揭出)ᄒᆞ는 할인권 지참자에 한ᄒᆞ야 각 등을 개반감(皆半減)

12.12.11 (4) 〈광고〉

고등연예관 10월 29일자와 동일

12.12.13 (2) 〈광고〉

황금유원 개원

본원은 대정 二年 一月 一日 개원ᄒᆞᆷ

○ 황금관, 연기관에셔 활동사진, 수무(手舞) 조선무용 기타 흥업(興業)을 ᄒᆞᆷ

○ 빙상골주장(氷上滑走場), 운동기계, 요지경 등이 유(有)ᄒᆞᆷ

수십헌(數十軒)의 상점과 상견세(床見世)가 유(有)ᄒᆞ며 매점, 음식점을 영업코자 ᄒᆞ는 첨언(僉彦)의게 대여ᄒᆞ오니 지급(至急)히 내담(來談)ᄒᆞ시ᄋᆞᆸ

○ 준공ᄒᆞᆷ은 예정설비의 십의 이삼에 불과ᄒᆞ오나 위선(爲先) 개원ᄒᆞᆷ

12.12.15 (3) 〈광고〉

황금유원 12월 13일자와 동일

12.12.15 (3) 〈광고〉

고등연예관 10월 29일자와 동일

12.12.18 (2) 〈광고〉

황금유원 12월 13일자와 동일

12.12.20 (1) 〈광고〉	황금유원 12월 13일자와 동일
12.12.20 (4) 〈광고〉	고등연예관 10월 29일자와 동일

12.12.21 (3) [연예계]	▲ 청년파 일단　청년파 일단은 기간 평양으로 니려가, 십여일 동안, 희디 가무기좌에서, 연극을 흥힝ㅎ야, 비샹ㅎ 호평을 엇은 즁, 진명녀학교(進明女學校)와 긔명학교(箕明學校)를 위ㅎ야, 련일 연극ㅎ 결과로, 두 학교의 경비를 젹지안이 보조ㅎ얏스며, 본보 지사 연쥬에, 일층 진력ㅎ야, 미야에서 사롬이 구름굿치 답지ㅎ야, 셩젹이 극히, 됴흘 뿐 안이라, 찬셩ㅎ는 긔를, 아홉기나 증여홈을 밧아, 연극계에, 쳐엄보는 광치를 엇고, 일젼 그 일힝이, 경셩으로 도라왓는디, 오늘밤브터, 수동 연흥샤에셔, 다시 흥힝ㅎ다ㅎ며
	▲ 우미관　우미관은, 시로 건축ㅎ 이후로, 련일 활동샤진이, 극히 졍미홀 뿐 안이라, 쳐소가 화려홈으로, 미야에 남녀관람긱이 답지ㅎ다더라
	▲ 유일단　유일단은 십여일, 수동 연흥샤에셔, 흥힝ㅎ다가, 이 동안 남문 밧 어셩좌, 남셩샤에셔, 흥힝ㅎ다는디, 비우 즁 안광익(安光翊)의, 셩예가 연극계에, 특등을 뎜령ㅎ다 ㅎ며
	▲ 혁신단　혁신단 림셩구(林聖九) 일힝은, 남셩샤에셔 흥힝ㅎ다가 근일에, 인쳔으로 니려가, 츅항샤에셔 흥힝ㅎ는디, 비샹ㅎ 칭예를 엇어, 관람쟈가, 인산인히를, 일운다더라

12.12.27 (3) 〈광고〉	고등연예관 10월 29일자와 동일

12.12.27 (3) [연예계]	▲ 청년파 일단　청년파 일단은, 치위를 불계ㅎ고, 련일 흥힝ㅎ는디, 일반 비우가, 일층 더 열심ㅎ야, 남녀 관람쟈의 자미가 진진토록 혼다ㅎ고
	▲ 광무대 일행　광무디 연극쟝에서는 구연극을 일향 셜힝ㅎ는디

남녀비우 등의 가무 지능도 졀등ㅎ려니와 입쟝료가 헐흠으로, 관
람쟈가, 다슈 화집혼다더라

12.12.27 (3)
〈광고〉

고등연예관 10월 29일자와 동일

每日申報
【1913년】

憲明敏手腕

金川課長의

風馬牛의 不相及

才子佳人

愛蛇如子의 女優

雲雨巫山枉斷腸

1913년에 들어서면서 경성에 위치한 극장에서의 공연 광고가 눈에 띄게 늘어났다. 이들 광고는 보통 〈연예안내〉라는 광고란을 통해 게재되었는데, 특히 1월 1일 황금유원에서 정월을 기념으로 입장료를 반액 할인한다는 광고를 낸 것을 시작으로 경성고등연예관, 우미관, 대정관 등 활동사진관의 활동사진 광고가 활발히 실렸다. 이를 통해 활동사진의 상영 일시 및 프로그램이 소개되었는데, 적게는 5개에서 많게는 20개 작품 정도의 활동사진이 1~2주에 한 번씩 바뀌어가며 주기적으로 상영되는 것이 보통이었다. 한편 〈연예계〉란에서는 각 극장의 공연 소식을 짤막하게 전하였는데, 여기에서도 활동사진관에 관한 내용의 비중이 적지 않았다. 그러나 3월 30일을 마지막으로 〈연예안내〉란이 자취를 감추어 약 3주 동안에는 활동사진 광고가 실리지 않았다. 그러다가 4월 19일 라이온 회사의 치약을 구입한 사람들에게 활동사진을 무료로 보여준다는 우미관의 광고가 실리면서, 별다른 이름의 광고란 없이 우미관의 광고만이 지속적으로 실리게 되었다. 이후 활동사진 상영 광고는 12월 20일 〈연극과 활동〉이라는 연예소식란이 생기기 전까지 우미관 독주체제를 이어갔다.

1913년에는 연극장 관련 기사가 적잖게 등장하였다. 3월 16일자 3면은 광무대 택지를 소유한 일한와사전기회사(日韓瓦斯電氣會社)가 전차 대수를 늘리기 위해 당시 위치해 있던 광무대 연극장을 고사(庫舍)로 활용하기로 결정하는 관계로 광무대가 그 부근에 대규모 택지로 신축된다는 내용을, 5월 15일자 3면은 광무대 연극장 주무 박승필이 5월 14일부터 연극흥행을 중지했다는 내용을, 6월 19일자 3면은 광무대의 새로운 택지가 동대문 안 섬말 근처로 정해져 공사에 착수한다는 내용을 소개하였다. 4월 19일자 3면은 라이온 치약 판매 기념을 위해 우미관에서 활동사진을 상영한다는 기사를 담았으며, 4월 23일자 3면은 변사의 무례와 점원의 패행 등 우미관 활동사진 상영회의 아쉬운 점을 지적하였다. 이후 5월 3일자 3면은 불친절, 임금불급, 풍기문란, 음부탕자의 다수 입장 등을 이유로 북부경찰서의 명령으로 5월 1일을 기점으로 우미관이 영업정지를 당하였다는 기사를, 곧이어 5월 4일자 3면은 관주의 시정약속으로 영업허가를 다시 받았다는 기사를 실었다.

5월 6일자 3면에는 장안사 연극장에서 노름을 하던 사람들이 북부경찰서에 끌려갔다는 기사가, 7월 12일자 3면에는 단성사 안에서 고용인과 배우 등이 노름을 하다가 체포되었다는 기사가, 그리고 8월 13일자 3면에는 장안사에서 사무원들과 광대들

간에 싸움이 붙어 광대 한 명이 부상을 당하여 응급수술을 받았다는 기사가 게재되었다. 또한 순사나 순사보조원이 연극장에 무료로 입장하는 것에 대한 관리 및 신문기자를 사칭하여 연극장에 무료로 들어가는 사람들에 대한 단속을 엄중히 하라는 남부경찰서의 지시가 8월 19일자 3면에, 가칭 신문기자라는 사람들의 연극장 무료입장 실태를 고발한 기사가 9월 18일자 3면에 소개되기도 하였다. 10월 이후에는 장안사 관련 기사가 눈에 많이 띈다. 10월 1일자 3면은 연극 공연 중에 순사가 절도범을 검거하였다는 내용을, 10월 26일 및 28일자 3면은 장안사에서도 신연극 〈눈물〉을 상연하여 일대성황을 이루었다는 내용을, 10월 29일자 3면은 북부경찰서가 장안사에 무당을 금지하였다는 내용을, 11월 29일자 3면은 장안사에 도둑이 들었다는 내용을 소개하였다. 지방의 공연 및 극장 소식도 가끔씩 보인다. 10월 9일자 3면에는 진주에 협률사 극단이 들어와 연극을 하는 중에 풍속괴란의 문제가 대두되고 있다는 기사가, 11월 16일자 3면에는 충청남도 공주군에 금강관이라는 연극장이 건립된다는 내용의 기사가 실렸다.

한편 1913년에는 〈讀者俱樂部〉 또는 〈독쟈구락부〉라는 독자기고란을 통해 연극, 활동사진, 극장, 상설관 등에 관한 일반인들의 투고문이 많이 소개되었는데, 그 내용은 주로 공연 내용 및 방법에 대한 불평에서 공연장의 위생, 풍기, 풍속에 대한 지적, 공연장 입장자의 행실 및 사무원의 태도, 공연장 주변의 소음에 이르기까지 상당히 다양하였다.

13.01.01 (16) **〈광고〉**	一月 一日 개원 황금유원 연기관. 황금관. 낭화절(浪花節). 활동전기응용 화양무용(和洋舞踊). 빙상골주(氷上滑走) 구미식. 요지경 최신식 활동사진 입(入). 원내에 매점 수십처가 유(有)ㅎ고 진열품과 운동구의 비품이 유(有)홀 뿐 아니라 기타 각종 흥행물이 유(有)ㅎ는디 초일(初日)은 각 반액으로 홈 우(右)ㄴ 본국의 예정 計書[1] 중 이삼에 불과ㅎ고 전부의 낙성(落成)은 본년 추계(秋季)가 되겟고 기시(其時)에 개원원식(開園院式)을 거행홀 터이나 위선(爲先) 대정 개원 제일차의 초춘(初春)에 개원홈 경구(敬具)
13.01.15 (3) **[연예안내]**	一月 十五日 사진 전부 차체(差替) ○ 영국 황태자 전하 책립식 ○ 명화(名畵)의 행위 ◉ 이국(伊國) 시극 　반세의 사(半世의 思) ○ 수면제 ◉ 교훈어가신(敎訓御伽噺)　 악의 신(惡의 神) ○ 파데 – 주화보 (백사십육호) ◉ 신파비극 　효녀 자몽(自夢) ○ 미인발형(美人髮形) ○ 탐정견의 공명(功名) 황금정 경성고등연예관
13.01.17 (3) **[연예안내]**	경성고등연예관 1월 15일자와 동일

—— 1) 계획(計劃)의 오식인 듯 함.

13.01.19 (3) **유일단(唯一團)의** **할인권 /** **유일단의 홀인권**[2]	소동 연흥샤에셔 흥힝ᄒᄂᆫ, 유일단(唯一團) 일힝에셔ᄂᆫ, 각죵 자미가 진진ᄒᆫ 각본ᄲᅮᆫ 아니라, 일반 약ᄉᆞ의, 활발ᄒᆫ 긔샹과, 뎡녕ᄒᆫ 틱도ᄂᆫ, 가위 연극계에 특식이라 홀만 ᄒᆫ 즁, 일반관람쟈의, 경계를 위ᄒᆞ야, 금일브터 반익할인권을 본보에, 게지ᄒᄂᆫ딕, 그 연극을 관람코져 하ᄂᆫ, 남녀졔씨ᄂᆫ, 본보의 할인권을 베여가지고 가셔 입쟝금 반익의 경제를 엇음을 희망ᄒᆫ다더라
13.01.21 (3) **반액의 우대권 /** **반익의 우딕권**	임의 보도ᄒᆫ 바와 ᄀᆞᆺ치, 본샤에셔ᄂᆫ, 본 신보 이독ᄒᆞ시ᄂᆫ, 졔씨의, ᄉᆞ랑ᄒᆞ시ᄂᆫ 후의를, 보답ᄒᆞ기 위ᄒᆞ야, 월젼에도 신연극, 쳥년파 일단과 샹의ᄒᆞ야, 평양에셔, 본보 이독 졔군에게, 할인권과 무료 ＊＊＊을 허ᄒᆞ야, 비샹ᄒᆫ 셩황으로, 졔군 ＊＊＊미를 도은 일은, 본샤에셔, 가쟝 만 ＊＊＊＊ᄂᆫ 바이러니, 금번에ᄂᆫ, 경셩에 ＊＊＊＊독졔씨에게, 그와 갓흔 편익을 ＊＊＊＊ᄉᆞᄒᆞᆷ이, 일구ᄒᆞ더니, 다힝히 신＊＊＊＊ 즁, 가쟝 참신ᄒᆞ고, 기예의 슉달ᄒᆫ 유일단(唯一團)이 연흥샤에셔 흥힝ᄒᄂᆫ고로, 분샤에셔ᄂᆫ, 즉시 유일단과 교섭ᄒᆞ야 입쟝료를 본 신보 이독ᄌᆞ에게 반익을 밧기로 결뎡되얏ᄂᆫ고로, 작일브터, 본보란 외에, 반익할인권을 쳠부ᄒᆞ얏스며, 그 할인권을 버혀가지고 가시면, 각등을 다 반익식 감ᄒᆞ야, 들일 터이오니, 본보 이독졔씨ᄂᆫ, 육속히 관람ᄒᆞ시기를, 희망ᄒᆞᄂᆫ 바이라 ᄒᆞ노라
13.01.22 (4) **[연예안내]**	경성고등연예관 1월 15일자와 동일
13.01.24 (4) **[연예안내]**	경성고등연예관 1월 15일자와 동일

―――― **2)** 당대에는 한자 제목 다음에 거의 같은 내용의 순한글 제목이 붙는 경우가 제법 있었다 (唯一團의 割引券 / 유일단의 홀인권). 이 경우 한글로 바꾼 제목과 당대의 순한글 제목이 병기되니 같은 내용의 제목이 반복되더라도 오해없으시길 바란다.

13.01.26 (3)
[연예안내]

一月 十五日 사진 전부 차체(差替)
○ 영국 황태자 전하 책립식
○ 명화(名畵)의 행위
◉ 이국(伊國)시극 반세의 사(半世의 思)
○ 수면제
◉ 교훈어가신(敎訓御伽噺) 악의 신
○ 파데- 주화보 (백사십육호)
◉ 신파비극 효녀 자몽(白夢)
○ 미인발형(美人髮形)
○ 탐정견의 공명(功名)
황금정
경성고등연예관

경성 황금정 사정목
황금유원
전화 二二六六번
二十六日브터 차체(差替)홈
희극 빌군의 사진기사
실사 아르부쓰 영산(靈山)
희극 우특권(憂特券)
실사 신호충(神戸沖)의 함대 운동
신파극   고전일파(高田一派) 명물잡＊음색입(鳴物囃＊音色入)
불청사(不晴思) 상하
실사 스비인, 호이스구 대풍경
구극 충신 장의사 외 박전실물(博全實物) 응용타입(應用打入)ㅅ
지 청수일각박(淸水一角博)
여흥 인발연생사어염구송(引拔變生寫御染久松)

13.01.28 (3)
[연예안내]

우미관
당 二十五日브터 신사진 체환 광고
목차
● 시계광인가 식도(食逃)인가

● 씨엔양의 결혼
● 일본신파희극　도처봉패(到處逢敗)
● 쑤란스군의 비(鼻)
● 사(私)는 군인을 환영홈
● 태서(泰西)비극　호명천명(呼鳴天命)
● 편리혼 염(髥)
● 근위기병 이근천횡단(利根川橫斷)의 실황
● 신파비극　인의 친(人의 親) 상하
● 신파비극　독가비의 주탄(酒呑)
● 영국 국기의 마술
● 서양정극　위태한 소년
● 일본희극　삼인서(三人婿)
● 이태리 가셰루다공원
● 골계　비만 남녀지(之) 대경쟁

황금유원 1월 26일자와 동일

경성 앵정정(櫻井町) (전화 八七三번)
대정관
당 一月 二十四日브터 변경
신사진 종목
○ 희극　병역면제
○ 비극　련의 쟁(戀의 爭)
○ 사극　위인 싸리러이오 전
○ 희극　이광인(二狂人)
○ 정극　이심(二心)
○ 지촌송지조일파(志村松之助一派) *파비극　월견초(月見草)
○ 내목대장일대기(乃木大將一代記)　고무사지흥형(古武士之興
型)　최대장척
○ 희극　광인의 경업(經業)

13.01.29 (3) [연예계]	▲ 황금유원　황금유원은, 니디로 말ᄒ면, 천초(淺草) 루나 팍과 한 모양으로 셜비ᄒ야, 여러 가지로, 주미 잇ᄂᆫ 오락물을, 비치ᄒ야, 호평이 현쟈홈으로, 미일 인산인히를 일운다 ᄒ며 ▲ 대정관　대정관은, 요ᄉ이 여러 가지, 활동ᄉ진도 잇거니와, 그즁에도 특별히, 우리 뎨국 츙신으로, 범홀만ᄒ, 니목대쟝 일더긔(乃木大將 一代記)를 연일 영ᄉᄒ야, 큰 모범뎍 활동ᄉ진으로, 즁인의 환영을 밧으며, 기타 좌셕에 쳥결홈과, 다과의 슈용ᄒᄂᆫ 편익도 잇다 ᄒ며 ▲ 우미관　우미관은, ᄉ진의 참신유쾌ᄒ 것이, 괸긱의 흥미를 도도와, 미야 만쟝의, 셩황을 일운다더라
13.01.29 (3) [연예안내]	우미관 1월 28일자와 동일 황금유원 1월 26일자와 동일 대정관 1월 28일자와 동일
13.01.30 (3) [연예안내]	우미관 1월 28일자와 동일 황금유원 1월 26일자와 동일 대정관 1월 28일자와 동일
13.01.31 (3) [연예안내]	우미관 1월 28일자와 동일 황금유원 1월 26일자와 동일 대정관 1월 28일자와 동일 경성고등연예관 1월 15일자와 동일
13.02.01 (3) [연예안내]	우미관 1월 28일자와 동일 황금유원 1월 26일자와 동일 대정관 1월 28일자와 동일

당 二月 一日 사진 차체(差替)

경성고등연예관

▲ 일본남자　회진전쟁(會津戰爭)의 여담　상중하　사천척

▲ 기후의 변화

▲ 파데 주화보

▲ 명희차자매(鳴噫此姉妹)

▲ 십인의 무용

▲ 남작의 여

▲ 희극　사불여의(事不如意)

▲ 기타 수종

▲ 현대의 관람물의 대왕

여흥 キネオラマ[3]

일본 삼경(三景)의 일안예(一安藝)의 궁도(宮嶋)

13.02.02 (3)
[연예계]

▲ 고등연예관　황금뎡 고등연예관 활동샤진은, 일본남♀(日本男兒)라 ᄒᄂᆫ 활동과, 여흥으로ᄂᆫ, ᄂᆡ디에 유명ᄒᆫ, 풍경 됴흔 궁도라 ᄒᄂᆫ 곳을 영샤ᄒᆞᄫ야, 미일 만원이라더라

▲ 대정관　잉졍뎡 대정관은, 련일 참신ᄒᆫ, 희극비극의 연극샤진을, 영ᄉᆞᄒᄂᆫᄃᆡ 미야로 관긱이 답지ᄒᆞᆫ다더라

▲ 황금유원　황금뎡 황금유원에셔ᄂᆫ, 다른 유희물 오락물도, 만히 잇거니와, ᄂᆡ디 유명ᄒᆫ 비우 등이, 흥힝ᄒᆫ 연극으로, 미일 셩황이오, 더욱이 녀편네로 셜명ᄒᆞᄂᆫ, 녀변ᄉᆞ(女弁士)도 잇다더라

▲ 우미관　우미관은, 각국 유명ᄒᆫ 풍경과, 기타 활히뎍 활동샤진으로 미일 흥힝ᄒᆞ며, 뎨일과 일요일에ᄂᆫ, 쥬야로, 이츠를 영샤ᄒᆫ다더라

13.02.02 (3)
[연예안내]

경성고등연예관 2월 1일자와 동일

—— 3) 키네오라마.

우미관

二月 一日부터 ○ 신사진 오회 번조(番組)

● 골계　쎄그리 신사

● 실사　서서(西瑞) 두운호(湖) 상의 여행

● 신파희극　포복절도술 경쟁

● 서양정극　결사의 형제

● 골계　조홀(粗忽)의 사환

● 정극　예훈장(譽勳章)

● 쌔쎄라스 군표(君豹)를 양수(讓受)홈 구주(九州) 명소 복강지방 (福岡地方)의 부(部)

● 완데약(若)의 수완 여차(如此)

● 신파비극　이인(二人) 자식 추월계자전외일좌(秋月桂紫田外一座)

● 서양비극　비별(悲別)

● 신파희극　진진

경성 앵정정 (전화 八七三번)

대정관

당 二月 一日브터 체환홈

▲ 신사진 종목

▲ 실사　싸듸니아호반

▲ 희극　대만복(大滿腹)

▲ 사극　대간악(大奸惡)

▲ 희극　쟝야다라선생 부상의 공명(功名)

▲ 유천춘엽작(柳川春葉作)

▲ 신파비극　남극탐험 전통(全通)　십오장(十五場)

▲ 변사 총출ᄒ야 귀람(貴覽)에 공(供)홈

▲ 차간(此間) 십분 휴게

▲ 희극　신마록대장(新馬鹿大將) 라이온와 권(卷)

▲ 의사외전(義士外傳)　시천좌승(市川佐升) 일좌(一座)

▲ 구극　소산전장좌위문(小山田庄佐衛門)

▲ 성색명물(聲色鳴物)을 입(入)ᄒ야 귀람(貴覽)에 공(供)홈

▲ 희극　게라-군의 우치안(愚痴顔)

경성 황금정 사정목

황금유원

전화 二二六六번

二月 一日 사진 전부 차환

희극 어전자자(御轉姿者) 무숙자의 실패

▲ 일로전쟁(日露戰爭) 이백삼고지하도(二百三高地河渡)

▲ 실사 우에루스의 경색(景色)

▲ 사극(설명부) 진전행촌(眞田幸村) 최장척

▲ 일로대전쟁 증산의 기양(憎山의 旗揚)

▲ 신파 이정일좌(伊井一座) 시가라미 십삼장(十三場) 명물성색
입(鳴物聲色入)

▲ 희극 여장사(女丈士)

▲ 여흥 간훤도심(刊萱道心)

▲ 구극 사극은 실물응용

13.02.04 (4)
[연예안내]

우미관 2월 2일자와 동일

대정관 2월 2일자와 동일

황금유원 2월 2일자와 동일

13.02.05 (2)
〈광고〉

활동사진

○ 일로전쟁(日露戰爭) 이백삼고지하도(二百三高地河渡) 어매
섭하(御枚涉河) 하등(何等)의 장색(壯色)

실사물 사하(沙河)의 대회전 혈혈시산(血血屍山) 하등(何等)의
참색(慘色)

영화 조명완연(朝明腕然) 실전을 견(見)ᄒᆞᆫ 감개가 유(有)홈

● 사극 진전행촌(眞田幸村)

● 희극 왜쟝녀

● 희극 무려관(無旅舘)의 실패

차외(此外) 풍경, 실사, 정극, 실물낭수용(實物娘手踊) 등 매거(枚
擧)키 불퇴(不退)홈

황금유원 황금관

13.02.05 (4)
[연예안내]

우미관 2월 2일자와 동일

대정관 2월 2일자와 동일

황금유원 2월 2일자와 동일

13.02.06 (3)
[연예안내]

우미관 2월 2일자와 동일

대정관 2월 2일자와 동일

황금유원 2월 2일자와 동일

13.02.07 (3)
[연예안내]

경성고등연예관 2월 1일자와 동일

우미관 2월 2일자와 동일

대정관 2월 2일자와 동일

황금유원 2월 2일자와 동일

13.02.08 (1)
[연예안내]

우미관 2월 2일자와 동일

대정관 2월 2일자와 동인

황금유원 2월 2일자와 동일

13.02.09 (4)
[연예안내]

우미관 2월 2일자와 동일

경성 앵정정 (전화 八七三번)

대정관

二月 八日브터 사진 전부 체환(替換)

실사　싸지니아의 목장

희극　이인악희소승(二人惡戲小僧)

태서(泰西)정극　극천(劇天)

신파희극　진마록대장(珍馬鹿大將) 협객의 권(卷)

기괴선생(奇怪先生) 기간지권(旗竿之卷)

태서사극　용한(勇悍)혼 병사

신파비극　삼촌(杉村)대위　전통(全通) 십오장(十五場)

희극   사목청길(蛇目淸吉)   전통 십삼장

희극   게라−군의 어사(御使),

일본 신구극은 명물성색(鳴物聲色)을 입(入)ᄒ야 귀람(貴覽)케 홈

경성 황금정 사정목

황금유원

전화 二二六六번

二月 八日부터 사진 급(及) 여흥 전부 차환(差換)

● 정극   심약ᄒ 자선가

● 실사   쑤루스트항 풍경

● 대골계   불사의지차가(不思議之借家)

● 신파대비극   조전일파시양앵(助田一波時兩櫻)   상중하 이십

오장(二十五場)

● 구극   연초진원칠구산모(烟草塵源七嫗山姥)

● 실사   일로전쟁(日露戰爭) 압록강 기병 도하로브터 남산 단교

(端橋)ᄭ지

● 가일막병낭의태부(加一幕並娘義太夫)

● 취월기문화정어매대천경상옥교(醉月奇聞花井御梅大川競箱屋敎)

13.02.11 (3)   우미관 2월 2일자와 동일

[연예안내]   대정관 2월 9일자와 동일

황금유원 2월 9일자와 동일

13.02.13 (1)   우미관 2월 2일자와 동일

[연예안내]   대정관 2월 9일자와 동일

황금유원 2월 9일자와 동일

13.02.14 (1)   우미관 2월 2일자와 동일

[연예안내]   대정관 2월 9일자와 동일

황금유원 2월 9일자와 동일

1913년

13.02.15 (3)
[연예계]

▲ 우미관 우미관 활동샤진은, 요소이로, 샤진 젼부를 갈아셔, 미야 흥힝ᄒᆞ는디, 인산인히를, 일운다더라

▲ 대정관 대졍관 활동샤진은, 동셔양에 유명ᄒᆞᆫ, 희극비극의 연극샤진으로, 일반관람쟈의 환영을, 밧는다더라

▲ 황금유원 황금유원 활동샤진은, 일젼부터 샤진 젼부를, 갈엇ᄂᆞᆫ디 샤진도 됴코, 연소도 명빅ᄒᆞ거니와, 더욱 녀변ᄉᆞ가, 류창ᄒᆞᆫ 셜녕으로 ᄒᆞ야, 관긱으로 ᄒᆞ야곰, 죠곰도, 권틔ᄒᆞᆫ 마음이 나지 안이ᄒᆞ게 ᄒᆞᆫ다더라

▲ 고등연예관 고등연예관에셔, 요ᄉᆞ이 영샤ᄒᆞᄂᆞᆫ 샤진 즁, 일본 남ᄌᆞ(日本男子)ᄂᆞᆫ, 청년남ᄌᆞ의, 한 번 볼만ᄒᆞᆫ 샤진이오, 일본 삼경의, 한아되ᄂᆞᆫ 궁도(宮島)의 기네오리마ᄂᆞᆫ, 그 잠신ᄒᆞᆫ 학리를, 응용ᄒᆞᄂᆞᆫ 기슐에, 일반관람쟈가, 모다 경탄ᄒᆞᆫ다더라

13.02.15 (4)
[연예안내]

우미관 2월 2일자와 동일
대정관 2월 9일자와 동일
황금유원 2월 9일자와 동일

13.02.16 (2)
[연예안내]

황금정
전(電) 一四三四
경성고등연예관
二月 十五日 사진 전부 차체(差替)

● 갑자기 결혼
● 제례일(祭禮日)의 유흥
● 파데 주화보 백사십팔호
● 위광(僞狂)
● 설중(雪中)의 련(戀)
● 신파극 불여귀(不如歸) 후일담
● 교(巧)ᄒᆞᆫ 순합(馴合)
● 영국황제 계하시중(陛下市中) 어순행(御巡幸)
● 란부에 생명
● 여흥 기네오라마

우미관 2월 2일자와 동일

경성 앵정정 (전화 八七三번)
대정관
二月 十五日브터 사진 전부 체환(替換)
▲ 실사 침대제조
▲ 태서희극 재봉춘(再逢春)
▲ 희극 조전문제(釣錢問題)
▲ 태서정극 지분이의 구토(仇討)
▲ 신파비극 기(己)의 죄 전십육장(全十六場)
▲ 정극 소아의 예(小兒의 譽)
▲ 천하일품 장색비색(壯絶悲色) 명예지(之) 탐정 전백여장(全百餘場) 명물색입(鳴物色入)으로 공람(供覽)케 함

경성 황금정 사정목
황금유원
전화 二二六六번
● 二月 十五日 사진 전부 취체(取替)
△ 인정동창지우(人情同窓之友)
△ 미술풍경활동사진
△ 실사 십만원 현상 공중비행기 대경쟁
△ 정극 빈의 도(貧의 盜)
△ 구극 설서좌창의민전(雪曙佐倉義民傳) 상하
△ 희극일본물 녀학생의 결혼
▷ 실견담(實見談) 탐방(探訪)의 고심
△ 어가신서양물(御伽嘶西洋物) 왕녀의 결혼
일요일 대제일(大祭日)은 주야 이회 개연홈

13.02.18 (火)
[연예안내]

경성고등연예관 2월 16일자와 동일
우미관 2월 2일자와 동일
대정관 2월 16일자와 동일
황금유원 2월 16일자와 동일

13.02.19 (4) **[연예안내]**	경성고등연예관 2월 16일자와 동일

우미관
二月 十五日부터 사진 전부 체환(替換)
○ 소극　소아(小兒)의 인정
○ 파소극　여대＊(女大＊) 목촌조오미국태랑(木村操五味國太郎)
정육보(井六輔)
○ 실사　최근 영국 륜돈(倫敦)시 최근 이토전쟁(伊土戰爭) 트리
폴리의 존장(酋長)과 이태리군
○ 소극　고리대금자 실패
○ 신파비극　아의 죄(我의 罪)　상하 승택목하외일좌(藤澤木下
外一座)
○ 일본 전국 학생 대경주회
○ 실사　함대 불란서 지중해 대연습의 실황
○ 대판(大阪)[4] 조일(朝日)신문사 주최 쌔씨(氏) 해상 공중비행기
○ 세계적 대걸작에 자동차로 만리도(萬里道)를 도(逃)ㅎ는 도명
적(賭命的) 쾌행
○ 실사　솔로몬군도의 유어(遊漁)

대정관 2월 16일자와 동일
황금유원 2월 16일자와 동일

13.02.20 (4) **[연예안내]**	경성고등연예관 2월 16일자와 동일 우미관 2월 19일자와 동일 대정관 2월 16일자와 동일 황금유원 2월 16일자와 동일

13.02.21 (3) **[연예계]**	▲ 우미관　우미관에셔는 지나간 십오일부터 사진 전부를 밧고 앗는디 우숩고 슯흔 여러 가지 사진 외에 비힝긔 경졍과 자동차

―― 4) 오사카.

도쥬는, 특별히 환영호다 호며

▲ 고등연예관   고등연예관에셔도 일전에, 여러 가지 자미잇는 사진을, 밧고앗는디, 십팔일은, 창립 샴쥬년 긔념일임으로, 츅하하기 위호야, 십일간 관긱의게, 각쇠 경품을, 춘다호며

▲ 대졍관   대졍관에셔, 흥힝호는, 여러 가지 활동샤진 중, 특히 륙쳔쳑 되는, 명예의 탐졍은, 가쟝 관긱의, 환영을 밧으며 일본 비극「나의 죄」는 쳥년남녀쟈의게 큰 교훈이 되겟스며

▲ 황금관   황금유원 안에 잇는 황금관에도, 미일 관람쟈가 다수호다는디, 여러 가지, 주미잇는 샤진은, 황금유원 안에 잇는, 각죵 오락쟝 즁에, 데일 평판이 죳타더라

13.02.21 (4)
[연예안내]

경성고등연예관 2월 16일자와 동일
우미관 2월 19일자와 동일
대정관 2월 16일자와 동일
황금유원 2월 16일자와 동일

13.02.22 (3)
연기관의 대소요 /
연극 즁에 큰 소동 /
일반 연극의 주의

십구일 오후 십시에, 남부 산림동(山林洞) 황금유원 안 연기관에셔, 한 소요호 일이 잇셧는디, 연기관에는, 혁신단 림셩구(林聖九) 일힝이, 신파연극을 흥힝호는 즁, 그 시각에, 그곳에셔 고용호는, 광도현인 포싱신조(廣島縣人 蒲生信造) 삼십륙셰된 쟈가, 왼편 손에 연극에 쓰는, 폭발약을 만히 쥐고 셧다가, 그릇 불이 이러나, 굉쟝호 형셰로, 젼부가, 폭발되얏슴으로 그 근쳐에 잇던, 굿흔 고용인, 즁셔, 쇼숑, 쇼뎐(中西, 小松, 小田) 등, 삼인도 즁샹을 입어, 젼귀 슌명을, 즉시 그 부근 지샹의원(池上醫院)으로, 메여다가 치료호는 즁인디, 그 즁 포싱은, 왼편 손이, 젼부가 파괴되얏슴으로, 지샹씨의 집도로, 대슈슐을 시작호야, 팔을 버혓는디, 지금 형샹으로는, 싱명에는, 관계가 없을 듯 호나, 눈망울과 기타 크게, 화샹호 곳이 만아, 보기에 미우 참혹호다더라

13.02.22 (3)   경성고등연예관 2월 16일자와 동일
[연예안내]   우미관 2월 19일자와 동일

대정관 2월 16일자와 동일

경성 황금정 사정목

황금유원

전화 二二六六번

二月 二十二日 사진 전부 취체(取替)

● 선극(善劇) 복수의 최면술

● 실사 아루부쓰산 탐험의 실수

● 정극 유정(有情)호 무사

● 서양비극 고르부

● 희극 영변경(影辯慶)

● 동액개(同厄介)호 유산(遺産)

● 일본 신파비극 향(響) 상하 삼천척 명물구형입(鳴物口調入)

● 여흥 낭수용백박자(娘手踊白拍子)

● 여흥 목증산중궁본(木曾山中宮本) 육삼사

일요일 대제일(大祭日)은 주야 이회 개연홈

13.02.23 (4)   우미관 2월 19일자와 동일
[연예안내]   대정관 2월 16일자와 동일

황금유원 2월 22일자와 동일

13.02.25 (2)   우미관 2월 19일자와 동일
[연예안내]   대정관 2월 16일자와 동일

황금유원 2월 22일자와 동일

13.02.26 (4)   대정관 2월 16일자와 동일
[연예안내]

우미관

▲ 이월 십구일브터 사진 전부 취체(取替)

● 신파비극　해상왕　상하 최대최장 전통(全通) 구십오장(九拾五場)

● 소극　취인의 주락(醉人의 酒落)

● 선제폐하(先帝陛下) 사천람어삼전고(賜天覽於三田尻) 육군 특별 대연습의 실황 포병 공격 보병의 돌격 기병대의 정찰 육군대장 복견폐하(伏見陛下)의 어참모(御參謀)

● 소극　망자의 성(亡者의 聲)

● 실사　난시－후요리포－구산의 절경

● 신파소극　복신(福神)　전통 십오장

● 소극　동상의 활동

● 실사　불국(佛國) 루나팍공원

황금유원 2월 22일자와 동일

13.02.27 (4)
[연예안내]

대정관 2월 16일자와 동일
우미관 2월 26일자와 동일
황금유원 2월 22일자와 동일
경성고등연예관 2월 16일자와 동일

13.02.28 (4)
[연예안내]

경성고등연예관 2월 16일자와 동일
대정관 2월 16일자와 동일
우미관 2월 26일자와 동일
황금유원 2월 22일자와 동일

13.03.01 (4)
[연예안내]

경성고등연예관 2월 16일자와 동일

우미관
당 三月 一日브터 사진 전부 체환(替換)

● 명치초년 회진전쟁(會津戰爭)
● 회진대(會津隊) (용사의 문출(門出)로브터 최후짜지) 반희산(飯喜山)
● 탐정의 공로
● 소녀의 전화
● 구극　증이형제 십팔인참(曾二兄弟 十八人斬)
● 채권의 몽(債券의 夢)
● 이토전쟁(伊土戰爭) 상륙대의 실황
● 노국(露國) 소방대의 활동
● 신파희극　고원(狐原)
● 태서희극　金世中

경성 황금정 사정목
활동사진 상설
황금유원
전화 二二六六번
당 三月 一日브터 사진 전부 체환
● 희극　탐군의 마교사(馬敎師)
● 실사　불국(佛國) 샤도루스의 경색(景色)
● 대비극　나이야가라의 비밀
● 실사　이태리 해군 육전대(陸戰隊) 상륙
● 근왕미담판본(勤王美談板本)　용마의 전(龍馬의 傳)　상하
● 백주의 대도적
● 신파대비극　시비밀(是秘密)
● 일본희극　생인형(生人形)
일요일 대제일(大祭日)은 주야 이회 개연홈

13.03.02 (3)
[연예계]

▲ 고등연예관　경성고등연예관에셔눈, 작일브터 샤진 전부를, 일신히 박구고, 그 외에 기네오라마라눈, 오락뎍 여흥이 잇눈디 눈과 달과 꼿희, 됴흔 경치를 빗췌고, 경성에 유명혼, 닉디 기싱도 츌연혼다더라
▲ 우미관　우미관에셔도, 작일브터 샤진 견부를 가랏눈디, 교훈

될 비극과 오락의 희극과, 기타 력스뎍 샤진이, 모다 셜명ㅎ며 취미가 진진ㅎ다 ㅎ며

▲ 황금유원　산림동 황금유원 안, 황금관에셔도, 역시 작일부터, 샤진을 일신히, 톄환ㅎ얏는디, 그 션명훈 샤진과 류창훈 셜명은, 관람쟈의, 유감될 뎜이 조곰도 업도록, 미일 흥힝ㅎ다더라

13.03.02 (4)
[연예안내]

황금정
전(電) 一四三四
경성고등연예관
三月 一日 사진 전부 차체(差替)

● 상궁(上宮)의 명령
● 희극　진세의 이면(塵世의 裡面)
● 부재중의 진사(珍事)
● 찬거광(撰擧狂)
● 설중의 련(雪中의 戀)
● 신파연극　한홍루(寒紅樓)
● 하녀의 하물(荷物)
● 사회극　하뢰산풍(花磊山風)
● 파데 - 주화보
● 마신의 삼계사(魔神의 三戒事)
● 여흥 기네오라마……설월화(雪月花) 삼단의 대규모
● 모스코 - 의 설(雪)
○ 에니스의 월(月)
● 경성의 화(花)　출연 예기(藝妓) 해노가일강(海老家一江)
● 옥가옥자(玉家玉子)
● 쓰다가(家) 히나자(子)
● 준가국천대(樽家國千代)
● 청수석일노(清水席一奴)
● 청수석소안(清水席笑顔)

우미관 3월 1일자와 동일
황금유원 3월 1일자와 동일

13.03.04 (4)
[연예안내]
경성고등연예관 3월 2일자와 동일
우미관 3월 1일자와 동일
황금유원 3월 1일자와 동일

13.03.05 (4)
[연예안내]
경성고등연예관 3월 2일자와 동일
우미관 3월 1일자와 동일
황금유원 3월 1일자와 동일

13.03.06 (3)
[연예계]
▲ 고등연예관 황금뎡에 잇는 경성고등연예관에도, 미야 일션인
희, 관긱이 져즈와 굿치, 답지ᄒᆞᄂᆞᆫ디, 그 션명ᄒᆞᆫ 여러 가지 샤진과,
여흥으로 빗취이는, 기네오라마의, 절승ᄒᆞᆫ 경기와, 닉디 기ᄉᆡᆼ의 무
도는, 관람쟈로 ᄒᆞ야곰, 인간 안인 디경에 노는 듯 ᄒᆞ며
▲ 우미관 쟝교통에셔 미야 흥ᄒᆡᆼᄒᆞᄂᆞᆫ 우미관, 활동샤진관에도,
미야 관긱이 각등에 넘치는, 셩황인디, 각죵 희극비극과, 풍경실
스 등의, 여러 가지 진귀ᄒᆞᆫ 샤진 외에, 특히 여흥으로, 죠션 기ᄉᆡᆼ
의 뎐긔츔이 잇는 바, 그 고흔 광션의, 교환되는 것과, 아롭다온
미인의, 무도ᄒᆞᄂᆞᆫ, 것은, 관긱일동의 갈치ᄒᆞᄂᆞᆫ 쇼리가, 자못 우뢰
갓다 ᄒᆞ며
▲ 황금관 남부 산림동, 황금유원 안, 황금관에셔, 미야 기연ᄒᆞ
ᄂᆞᆫ, 활동샤진관에셔도, 진긔ᄒᆞᆫ 사진을, 션명히 영ᄉᆞᄒᆞᄂᆞᆫ디, 역시
관람자가, 만원에 달ᄒᆞᄂᆞᆫ 셩황이오, 특히 일요일과 밋, 대졔 츅일
에는 쥬야 이회로 흥ᄒᆡᆼᄒᆞᆫ다더라

13.03.06 (4)
[연예안내]
경성고등연예관 3월 2일자와 동일
우미관 3월 1일자와 동일
황금유원 3월 1일자와 동일

13.03.07 (4)
[연예안내]
경성고등연예관 3월 2일자와 동일
우미관 3월 1일자와 동일

황금유원 3월 1일자와 동일

13.03.08 (3)
[연예안내]

경성고등연예관 3월 2일자와 동일

우미관 3월 1일자와 동일

황금유원 3월 1일자와 동일

13.03.09 (1)
[연예안내]

경성고등연예관 3월 2일자와 동일

우미관 3월 1일자와 동일

황금유원 3월 1일자와 동일

13.03.09 (3)
[연예계]

▲ 혁신단   신파연극을 챵츌ᄒ야, 박챵한(朴昌漢)군과, 혁신단을 흥힝ᄒ던 림셩구(林聖九)군은, 중간에 박챵한군과, 분립이 되얏더니, 다시 박챵한군의, 쥬쟝ᄒ던 청년파 일단의, 흥힝ᄒ던 연흥샤 극쟝과, 도구의 샹을, 일쳔원에 인계ᄒ야, 지작일부터, 연극을 흥힝ᄒᄂ딕, 청년파에 죵ᄉᄒ던 고슈철(高秀喆) 쳔한슈(千漢秀) 등, 고등비우들이, 혁신단에 합ᄒ야, 연극의 민활 괴묘한 것이, 이왕보다 일층 더ᄒ다더라

▲ 우미관   우미관의 활동샤진은 이왕보다, 긔졀쾌졀한, 쥬미가 더ᄒ다러라

▲ 황금유원   황금유원의, 활동샤진도, 여젼히 흥힝ᄒᄂ딕, 구경ᄒᄂ 사롭마다, 모다 비쑵을, 움켜쥐일 만치, 흥츄가 잇다더라

▲ 고등연예관   경셩 닉 활동샤진은 아마 고등연예관이 뎨일인 듯 ᄒ다더라

13.03.11 (3)
[독자구락부]

근일 연극쟝 대문에 와셔, 표 업시 구경을 ᄒ랴다가, 만일 드리지 안이ᄒ면, 작경이 무쌍ᄒ야, 영업에 방히가, 젹지 안이한걸
「흥행사」

1913년

13.03.11 (4) **[연예안내]**	경성고등연예관 3월 2일자와 동일 우미관 3월 1일자와 동일 황금유원 3월 1일자와 동일
13.03.12 (4) **[연예안내]**	경성고등연예관 3월 2일자와 동일 우미관 3월 1일자와 동일 황금유원 3월 1일자와 동일
13.03.13 (3) **[독자구락부]**	모처럼, 연극쟝에, 구경을 좀 가면, 남ㅈ석에서, 손가락질ㅎ며 건너다보ㄴ 데ㄴ, 사롬이 쏙 창피ㅎ야, 못견듸겟셔, 좀 자조 갓다가ㄴ, 눈독과 손독이 드러, 오러 못살겟던걸, 그나 그쑌인가, 져의ㅅㅓ리ㄴ, 무슨 집이니, 아모기니, 어엽부니, 흉ㅎ니, 다각기 론난을 ㅎㄴ 모양이야, 그리닛가, 우리 령감이, 구경 자조 못가게 ㅎㄴ 것도, 심ㅎ다고 홀 슈ㄴ 업셔 「떡가게」
13.03.13 (4) **[연예안내]**	경성고등연예관 3월 2일자와 동일 우미관 3월 1일자와 동일 황금유원 3월 1일자와 동일
13.03.14 (4) **[연예안내]**	경성고등연예관 3월 2일자와 동일 우미관 3월 1일자와 동일 황금유원 3월 1일자와 동일
13.03.15 (3) **[연예계]**	▲ 고등연예관　금일브터, 시 샤진을 가랏ㄴ듸, 긔묘졀도홀 여러 가지, ㅈ미 잇ㄴ 샤진은, 가히 관긱의 ㅁ음이 만족홀 듯ㅎ고 ▲ 우미관　각죵 션명ㅎ 샤진 외에, 죠션 기싱의 나뷔츔과, 셔샹호의 익살마진 셜명은, 관람쟈의 흥을, 일층 더 도으ㄴ 듯ㅎ고 ▲ 황금유원　츄미가 진진ㅎ 여러 사진으로, 미일 관람쟈의, 갈치

를 엇는 즁, 일요일과 대졔일에는, 특히 쥬야로 흥힝훈다더라

13.03.15 (3)
[독자구락부]

▲ 근일 연극쟝 부인셕에는, 훌륭훈 잡화샹 한 판이, 미일 벌녀 노인 것, 갓던 걸, 웨 그러케 졔구가 만흔지, 그 안 진압흘, 잠간 건너다보면 조박이, 목도리, 살쥭경, 권연갑, 물뿌리, 우산, 손가방 등 여러 가지, 하이칼나 졔구오, 손에는 차종, 발아릭는 요강이라, 어허 참 굉쟝ᄒ더군「끽원생(喫鴛生)」

13.03.15 (4)
[연예안내]

황금정
전(電) 一四三四
경성고등연예관
당 三月 十五日브터 신사진 전부 차체(差替)
● 골계　강력자의 인영(强力者의 人營)
● 출역자임(出役自任) 골계　기적(寄賊)
● 실사　면순(緬旬) 절경 급(及) 풍속
● 골계　장매광(將楳狂)
● 빅토리아여왕 기념비
● 팔헌장가(八軒長家)
● 파데– 주화보 백오십호
● 협박장
● 일본신파극　인야마야(人耶魔耶)

우미관 3월 1일자와 동일

경성 황금정 사정목
전화 二二六六번
황금유원
활동사진상설
● 三月 七日 사진 전부 체환
○ 구미사시(歐美事時) 제일(第一)
○ 알지괴아국 식산(殖産)

○ 일가의 행복

○ 술경쟁(術競爭)

○ 경제적 부인

○ 니취(泥醉)의 밀스

○ 신파비극　한국(寒菊)　상하

○ 어가화(御伽話) 여의의 봉팔(如義의 棒八)

◉ 돈군(君)의 학생

◉ 시대수지(時代手紙)의 행위

● 여흥 각종

일요일 대제일(大祭日)은 주야 이회 개연극(開演劇)

13.03.16 (3)
광무디를 시로 지어

동대문 안에 잇는, 광무디 연극쟝은, 죵리로부터 일한와샤뎐긔회샤의 틱디로 잇는 바인디, 요소이 그 회샤의 업무는, 졈졈 진보발젼되야, 쟝리불원간, 뎐챠디슈(電車臺數)를, 더 졔작증발홀 긔운(機運)에 달ᄒ야, 지금 흥힝ᄒᄂᆞᆫ 광무디 연극쟝을, 그 회사 고ᄉᆞ(庫舍)로, 슈용ᄒ기로 결뎡ᄒ고, 그 부근의, 디단을 미슈ᄒ야 대규모의 극쟝을 시로 짓기로 방금 설계 즁이라더라

13.03.16 (4)
[연예안내]

경성고등연예관 3월 15일자와 동일

우미관 3월 1일자와 동일

황금유원 3월 15일자와 동일

13.03.18 (4)
[연예안내]

경성고등연예관 3월 15일자와 동일

우미관 3월 1일자와 동일

황금유원 3월 15일자와 동일

13.03.19 (5) **연예계의** **엄쳬(嚴締) /** **연예계의 엄즁취쳬**	근리 활동샤진관이, 격즁ᄒᄂᆫ 동시에 너디 도쳐에셔, 금지된 그림을, 이입ᄒᄋᆞ, 불의ᄒᆫ 리익을, 탐ᄒᄂᆫ 쟈가 잇스며 기타 셔양 그림과, 연극 그림에ᄂᆫ, 풍속을 문란케 홀 념려가 만음으로, 모쳐에셔ᄂᆫ, 이후브터 일층, 취쳬를 엄즁히 힝ᄒᆫ다 ᄒᆞ며, ᄯᅩᄒᆫ 신파연극의 각본도, 이후에ᄂᆫ, ᄌ셰히 검열ᄒᄋᆞ, 취쳬를 힝ᄒᆫ다더라
13.03.19 (5) **[독자구락부]**	▲ 연극쟝 부인셕에셔, 엇더ᄒᆫ 녀ᄌᄂᆫ, 남ᄌ셕을 건너다보고, 손가락질을 ᄒᆞ며 우스니, 참 희괴ᄒᆫ 일이야 「목도생(目睹生)」
13.03.20 (3) **[독자구락부]**	▲ 엇져녁에 단셩샤에 걸닌, 연조목록은, 참 굉장ᄒᆞ던걸, 공익사업이라면 말만 드러도, 십리ㅅ식 도망이요, 기싱연조라면, 딕구리를 싸고 덤뷔여 「태식생(太息生)」
13.03.20 (4) **[연예안내]**	우미관 3월 1일자와 동일 황금유원 3월 15일자와 동일
13.03.21 (3) **[연예안내]**	황금유원 3월 15일자와 동일 우미관 3월 1일자와 동일 경성고등연예관 3월 15일자와 동일
13.03.23 (3) **[연예계]**	▲ 우미관　우미관 활동샤진의, 긔졀묘졀ᄒᆞ고, 쟝졀쾌졀ᄒᆫ 사진은, 가히 관람쟈의, 근심을 잇게 ᄒᆫ다더라 ▲ 황금유원　황금유원에셔, 활동샤진을 흥힝ᄒᄂᆫ디, 아모라도, ᄒᆫ번 구경을 ᄒᆞ면, 작구 가고 십다ᄂᆫ, 평판이 잇다 ᄒᆞ며 ▲ 고등연예관　고등연예관이라 ᄒᆞ면 활동사진 즁의, 픠왕이라ᄂᆫ, 평판이 잇슴으로, 밤마다 구경군이 답지ᄒᄋᆞ, 발을 드려 노흘 틈이, 업다더라

13.03.23 (4) [연예안내]	경성고등연예관 3월 15일자와 동일 황금유원 3월 15일자와 동일 우미관 3월 1일자와 동일

13.03.25 (3)
[독자구락부]

▲ 요사이, 엇던 활동사진관 쎼쎈샹들은 미일 불셰가 난다던 걸, 아마 계집이라면, 이목이 업는 화샹들이, 이랏샤이[5] 소리에, 반호는 것이야 「형안자(炯眼者)」

▲ 미일 각 언극쟝에, 오는 녀인을, 합호면, 무려 일쳔명 이샹인디, 그즁 대부분은, 모다 구경터에셔는, 얼골을 드러니이고, 남자 셕을 쳐다보며, 손가랏짓, 입짓을 호야도, 나와셔는 무슨 물뫽으로, 의례히 치마를 뒤집어쓰는지, 아마 할 기 바롬에 멋이, 더 질니는 것이야 「조소생(嘲笑生)」

▲ 연극쟝에 보조 만이호, 엇던 요리집에셔는, 미일 썩 잘 노는 모양이던걸 밤즁 시로 셔너덤쯤 되야셔, 그 집 안방에 뒤 방을 드리셔셔, 염쥬 쬐이덧 한 포승에 쥭― 넉겻스면, 니 속이 시원호겟셔 「방탕자 부친」

13.03.25 (3)
[독자구락부]

▲ 어졔밤에는, 달도 밝고 심심호기에, 연극쟝 구경를 갓드니, 그 젼에도, 여러 번 아라드를 만치 말호엿지만은 여젼히, 각석잡기로, 돈를 물쓰 듯 혼다더니, 엇던 졀문 계집를, 달고 와셔, 표를 사랴고 이를 쓰다가, 남은 표가 업다기로, 도라셔셔 가는 것이 잡기군이야, 이 쟈는, 안곡어귀, 김○○ 쏘 일언 일이, 잇고 보면 셩명를, 용셔치 안이호고, 긔지호여야 호겟셔 「개성주목생」

13.03.25 (4)
[연예안내]

경성고등연예관 3월 15일자와 동일

경성 황금정 사정목
전화 二二六六번

―――― 5) いらっしゃい. '어서오세요' 라는 뜻의 일본어.

황금유원

활동사진상설

三月 二十二日부터 사진 전부 체환

● 도구실의 몽(夢)

● 실사　영국황제의 인도에셔 어귀국(御歸國)

● 서양교육적　마왕(魔王)과 경쟁

● 정극　소녀의 전화

● 정창(正唱)　신앙과 애정

● 신파대비극　대풍파　상하

● 수차실의 랑(娘)

● 여흥　음곡물(音曲物)

● 구검(舊劍) 대불공양악칠병위경청(大佛供養惡七兵衛景淸)

● 탐정의 공로

● 여흥 변사의 희극

일요일 대제일(大祭日)은 주야 이회 개연극(開演劇)

우미관 3월 1일자와 동일

13.03.26 (3) **[독자구락부]**	▲ 요사이, 각 연극쟝의, 자션연쥬회가, 썩 만흔 모양이야 다른 샤희에셔도, 연극쟝과 갓치, 공익을 위ᄒᆞᄂᆞ 마음이, 좀 잇셧스면, 공익심도 고만 두고, 그날 구경들이나 좀 만이 왓스면 「장탄생(長嘆生)」
13.03.26 (4) **[연예안내]**	황금유원 3월 25일자와 동일 우미관 3월 1일자와 동일
13.03.27 (4) **[연예안내]**	황금유원 3월 25일자와 동일 우미관 3월 1일자와 동일 경성고등연예관 3월 15일자와 동일

13.03.28 (4) [연예안내]	황금유원 3월 25일자와 동일 우미관 3월 1일자와 동일 경성고등연예관 3월 15일자와 동일
13.03.29 (3) [독자구락부]	▲ 언의 연극쟝이던지, 비우가 나와셔 설명을 홀 째는, 쏙 부인셕을, 처다보는 슈에, 아조 질씩이야, 우리 녀인의 챵피훈 것은 그만두고, 즁인소시에, 제 힝실도 좀 보아야지 「일부인(一婦人)」
13.03.29 (4) [연예안내]	황금유원 3월 25일자와 동일 우미관 3월 1일자와 동일 경성고등연예관 3월 15일자와 동일
13.03.30 (3) [독자구락부]	▲ 연극쟝에셔, 차 파는 ㅇ히를 업시버리든지, 남녀셕으로, 넘어단이지 못ㅎ게 ㅎ얏스면 됴켓셔, 졔반악증은, 모다 그 ㅇ히 왓다갓다 ㅎ는데 난다는걸 「확탐생(確探生)」
13.03.30 (4) [연예안내]	황금유원 3월 25일자와 동일 우미관 3월 1일자와 동일 경성고등연예관 3월 15일자와 동일
13.04.02 (3) [독자구락부]	▲ 나는 그 연극쟝의, 변소 좀 기량ㅎ얏스면, 됴켓습듸다 사롬이, 미일 만히 모히는 곳에, 변소를 그러케, 더럽게 니버려두면, 공즁위싱에, 큰 방히가 되는 것이니, 흥힝ㅎ는 쟈들이, 쥬의 좀 ㅎ얏스면 「쥬의싱」
13.04.12 (3) [독자구락부]	▲ 쟝안샤 광더 죠진영이란 쟈는, 본리 힝위가, 낫분 놈이지만은 근일에 당ㅎ는, 유왕유심ㅎ야, 세상에 연극쟝 자미는, 부인셕밧

게, ᄆᆞ음 붓칠 ᄃᆡ가 업다더니, 긋테나 바룸이 놉하셔, 일젼 부산 가는 긔챠로 쎙소니를 ᄒᆞ얏다지, 진작 싱각 잘 ᄒᆞ엿지, 더ㅡ 잇다가는 「밀탐자」

13.04.15 (3)
[독자구락부]

▲ 엇그졔 엇던 연극쟝 파ᄒᆞᆯ 쌔에, 엇던 하오리 입은, 하이카라는, 엇던 히ᄉ시[6] 가미ᄒᆞᆫ, 베ᄉ빈샹과 머리 싸ᄆᆡ인, 마누라를 다리고, 건넌 집으로 드러가던가, 되지 못ᄒᆞ게, 양약 망문 조각이나 짐작 ᄒᆞᆫ다고, 웨그러케, 나마익기로, 썹젹ᄃᆡ여, 그 싸위로 품힝을 가지다가는, 호도불을, 한 번 톡톡히 당ᄒᆞᆯ 줄은 모로고 「보고 드른 쟈」

13.04.16 (3)
사회풍기와 연예계
/ 샤회풍긔와
연극쟝 / 엇더케
ᄒᆞ면 도ᄒᆞᆯ가

요ᄉᆞ히에 각 방면으로 탐문ᄒᆞᆫ 바에 의ᄒᆞ면, 경셩 ᄂᆡ 각 연극쟝은, 곳 음굴(淫窟)이라 ᄒᆞ겟도다, 만근 이러로, 보필의 경셩과, 경관의 취톄가 유왕부졀ᄒᆞ야, 샤회의 풍긔를 바로 잡고, 진운의 복리를 증진ᄒᆞ기에, 고심비력 즁이다, 뎌 교묘ᄒᆞ고, 간활ᄒᆞᆫ 무리들은, 련망을 벼셔가지고, 쐬쐬로 도라단이며, 샹풍패속의 악품을 고취ᄒᆞ야, 동물 즁 ᄀᆞ쟝 귀ᄒᆞᆫ, 가치를, 스스로 타락케 ᄒᆞᆯ 쑨더러, 필경 쟝리의 신세가, 무한ᄒᆞᆫ, 비경에 달ᄒᆞ야, 후회ᄒᆞᆫ들 무가 내하라, 엇지 이닯고, 가통치 안이ᄒᆞ리오, 셰샹사롬이, 다 아는 바와 ᄀᆞᆺ치, 각 연극쟝으로 도라단이는, 소위, 광ᄃᆡ비의 음잡ᄒᆞᆫ 힝동은, 모다 통증히 녁이는 바요 ᄉᆞ히에 이르러는 더욱이 못된 버르징이를, 함부루 힝ᄒᆞ야, 일반 공들이, 비등홈을 불구ᄒᆞ고, 삼간붓을 멈휴고, 회과ᄒᆞ기를, 기다린 바이러니 아무리의, 교활ᄒᆞᆫ 힝위는, 갈스록 더욱 심ᄒᆞ야, 쟝리해 독물의 영향이, 어디ᄭ지 밋쳐갈는지, 알 수 업겟기로, 이에 그 즁 심ᄒᆞᆫ 쟈를 들어, 말ᄒᆞᆯ진ᄃᆡ, 쌍지조로 흥힝ᄒᆞ는 광ᄃᆡ 지동근(池東根)이란 쟈는, 죵리로브터, 힝위가 단졍치 못ᄒᆞᆫ ᄭᆰ으로, 보관의 예리ᄒᆞᆫ 필봉과 민활ᄒᆞᆫ 관헌의 주목을, 견ᄃᆡ지 못 못ᄒᆞ야, 쇠골로, 도망ᄒᆞ야 갓던 쟈이오, 소위 셩쥬풀이로, 음부탕ᄌᆞ의 탕졍을 고발ᄒᆞ는, 죠진영(趙鎭永)이란 쟈는, 밤마다, 흥힝ᄒᆞᆯ 쌔에, 부인셕을 겻눈으로, 할금할금 치여다보며, 젼후 음잡ᄒᆞᆫ

—— **6)** ひさし. '(모자 따위의) 차양' 이라는 뜻의 일본어.

거동으로, 비밀히, 츄파를 젼ᄒᄂ, 못된 석마의 놈이라, 그런고로 날이 가고 돌이 갈ᄉ록, 그 ᄉ실이 탄로되야, 경관의, 엄즁ᄒ 주의가, 비지 알지언마ᄂ, 죵시 ᄆ음을 가다듬지 안코, 빅반으로 요리됴리, 일반의 이목을, 쐬쐬로 가리다라, 맛춤ᄂ 신샹의, 온젼치 못ᄒ 악영향이 밋칠 줄을 미리 짐쟉ᄒ고, 하로ᄉ밤 ᄉ이에, 도망ᄒ얏더라, 이에 그 도주ᄒ ᄉ실의, 닉용을 대강 긔록ᄒ건디, 북촌 어ᄂ 량반의, 별실 ᄒ 분이, 지나간번 팔일 밤에, 쟝안샤 연극쟝, 샹등셕에 안져셔, 구경을 ᄎ례로 ᄒᄂ디, 나히 삼십세 가량쯤 되고 그 티도ᄂ, 엄연 단아ᄒ고, 또ᄒ 아름답고 이엽분지라, 그 ᄶᆡ 그 형상을, 몰니몰니 치여다본, 죠진영, 지동근의 두 쟈ᄂ 졍신이 황홀ᄒ야, ᄉ역에ᄂ, ᄆ음이 업고, 일단 졍신이 쏠리ᄂ니, 부인셕 마즌 편쫙에 가셔셔, 넉을 일코 보노라니, 그 마마가, 홀연히 니러나ᄂ 동시에, 비밀히, 입짓으로써 오라ᄂ 줄로만 그릇 알고, ᄆ음에 심히 깃버ᄒ야, 즉시 쏫차나아간 즉, 드듸여 인력거를 투고 가ᄂ지라, 죠진영, 지동근 두명은, 죽기로써 싱젼 힘을, 다ᄒ야 뒤를 바삭바삭 ᄶᆞ라가셔, 급기 그 집에 이르러ᄂ, 동졍을 숨혀보며, 일반으로 안이나오ᄂ, 헛긔침을 련히 ᄒ고, 가만 뒤로 도라보지 안코, 대문을, 고만 쟘그고 드러가ᄂ지라, 그 두명은, 심히 의아ᄒ야, 조곰도 것침 업시, 대문을 두다리며, 마마를 디ᄒ야 ᄒᄂ 말이 「마마님 앗가 져의게 디ᄒ야, 입짓ᄶᆞ지 ᄒ시고, 여긔ᄶᆞ지, 한 가지 와셔ᄂ, 고만 문을 닷고 드러가시니, 엇지ᄒ 곡졀이아요」 이 ᄀᆞ치 무른즉, 이 말을 드른 마마ᄂ, 쳔쟝만쟝이나 쒸면셔, 로긔가 등등ᄒ야 「이놈 아모리 무지ᄒ 샹한의 광디놈인들 이 젼셰월로만 알고 이런 무례패만ᄒ 못된 버르징이를 함부로 ᄒ려드러 지금 낫 ᄀᆞ치 밝은 셰샹에 광디놈이 언감싱심히 이런 ᄆ음을 먹고, 온젼히 살기를, 바란단 말이냐, 너 ᄀᆞᄒ 광디놈은, 결단코 용셔치 못ᄒ겟다」ᄒ고, 안으로 드러가ᄂ지라 이 두 쟈ᄂ, ᄆ음에 황겁ᄒ고, 일변으로 분히 녁여, 즉시 도라와, 곰곰 싱각ᄒ여본 즉, 쟝리 확실히, 무슴 후환이 잇슬 줄로 짐쟉ᄒ야, 벌안간 가슴이, 울넝거리고 겁이 더럭 나셔, 두 쟈가 의론ᄒ고, 놀납고, 겁나ᄂ ᄆ음을, 진졍이나 ᄒ야볼 작뎡으로, 밤을 시워가며, 슐을 ᄎᆔ토록 마신 후, 밝ᄂ 잇흔 날, 힝리를 슈습ᄒ야 가지고, 경부션 쳣챠를 타고, 도주ᄒ얏다ᄂ 말이, 량자ᄒ야, 지금 모쳐에셔 수식 즁이라더라

13.04.18 (3)
[독자구락부]

▲ 우리딕 마마님은 웨 연극쟝을 가시면, 건넛쪽만 보시눈지, 아마 그쪽 구경이, 더 됴흔 것이야, 그리다가도, 눈짓 입짓 두어 번에, 무션 년신이 왓다 갓다 하면, 고만 남은 구경도, 못흐게, 덜미롬 집지오, 어이고 연극쟝이라면, 아조 진져리가 나요, 샹등표 사주는 돈을, 그디로 쥬엇스면, 아니 됴흘가 「미련흔 하인」

13.04.19 (1)
〈광고〉

▲ 무료로 관람에 공(供)흐는 활동사진
사자인(獅子印) ライオン[7] 치마분(齒磨粉)[8]의 매황(賣況)이 년년 증가흐는 성황을 축(祝)흐며 애용자 각위(各位)의 애고(愛顧)를 보답키 위흐야
四月 十九日 二十日 二十一日
경성 쟝통 방동곡(坊東谷) 우미관
매야(每夜) 七時 개회(開會)
プイオン[9] 회 주최의

▲ 다취유익(多趣有益) 참신기발 활동사진을 관람에 공(供)흠
영사 종목
사극　ネルソン[10]제독의 トラ[11] フアルカ—[12]대해전
교훈　효자의 귀감
교훈　효행의 덕
교훈　어약(魚釣)의 실패
교훈　산적의 랑(娘)
교훈　친절흔 청년
실사　ライオン 치마(齒磨) 공장의 실황
실사　ライオン 치마 본점의 실황
기술(奇術)　불사의(不思議)의 サイコロ[13]
기술(奇術)　연초갑(煙草匣)의 마술

―― **7)** 라이온.
―― **8)** はみがきこ. '치약' 이라는 뜻의 일본어.
―― **9)** 프이온.
―― **10)** 네루손. '넬슨' 의 일본어 표기.
―― **11)** 토라. '호랑이' 라는 뜻의 일본어.
―― **12)** 후아루카.
―― **13)** 사이코로.

골계　자업자득

탐정미담　여장의 탐정

실사　コーマンクロヒツク[14] (제문명특사 諸文明特事)

실사　불군 섭하(佛軍 涉河)의 실황

골계　ケレー[15] 연미복

골계　ケレー의 봉공구(奉公口)

군사　여순 배면(旅順 背面)의 대격전으로 내목(乃木)대장 개선

선정교훈(神精敎訓)　정직혼 고아

비극　십오년만에 친랑(親娘)의 재회

비극　남매의 애정

비극　천국에 서간

실사　내목대장 장의(葬儀)

실사　アルプス[16]산의 절경

▲ 우종목 중 시간의 허(許)ㅎ는 한도 내에셔 다수 영사함

▲ ライオン치마(齒磨) 애용자됨을 증명ㅎ기 위ㅎ야 ライオン치마 대대입(大袋入) 일개를 매구(買求)지참ㅎ야 입장구에셔 니여 보이시면 (대대입에는 관람＊(觀覽＊)의 장(章)을 날(捺)ㅎ야 어반(御返)홈)

관람료는 일체 무료로 관람에 공(供)홈

어주의(御注意) ライオン치마 대대입은 최기(最寄)의 소＊물(小＊物) 화장품점 약점 기타 각처에 유(有)ㅎ니 매구(買求)ㅎ시옵

▲ 장소에 제한이 유(有)혼 고로 조속 입장ㅎ시옵 만원의 시(時)는 부득이 거절ㅎ겟습

▲ ライオン치마 애용자 대환영

13.04.19 (3)
우미관의 활동사진

동경에셔 제조ㅎ는, 소자표 이 닥는 약은, 갑이 뎨일 헐ㅎ고, 품질이 됴홈으로, 니디에만, 유명홀 쑨 안이라, 멀니 청국에도 슈츌이 극히 만코, 근러에는, 죠션인 간에도, 슈용이 뎜뎜　만하짐으로,

――― **14)** 코만쿠로히츠쿠.
――― **15)** 케레.
――― **16)** 알프스.

1913년

그 약 제조ᄒᆞᄂᆞᆫ 본뎜에셔, 특별히 이것을, 츅하홀 계획으로, 본월 십구일브터, 이십일일ᄭᆞ지 삼일간, 당디 즁부 동곡 우미관에셔, 대활동사진회(中部東谷 優美館 大活動寫眞會)를 열고, 사자표 이 닥ᄂᆞᆫ 약, 륙젼ᄌᆞ리 한 봉만, 사가지고 가ᄂᆞᆫ 쟈의게ᄂᆞᆫ, ᄌᆞ미잇고 신긔ᄒᆞᆫ, 여러 가지 활동사진을, 무료로 구경케 ᄒᆞᆫ다더라

13.04.19 (3)
[독자구락부]

▲ 어졔, 엇던 활동샤진 구경을, 좀 갓다가, 우슈운 일을 당ᄒᆞ얏ᄂᆞᆫ걸, 샤진을 빗츄라고, 불을 ᄭᅳ닛가, 누가 엽혜셔 손을 너여미러, 니 손목을 붓들지오, 도젹놈인 줄 알고, ᄲᆞᆯ짝 놀나 자셰히 보닛가, 그 손이, 셤셤 옥슈란 밀이야, 아마 니 손에 보셕반지 ᄭᅵᆫ 것을 보고, 돈량이나 ᄲᅢ아올닐 싱각이 잇셔, 그리 ᄒᆞ얏던 것이야 나죵에 아닛가, ○○집이라던가 「부가ᄌᆞ뎨」

▲ 요ᄉᆞ이, 연극쟝에ᄂᆞᆫ, 시 시톄가 ᄯᅩ 싱겻던걸, 입쟝권을 턱 졉어, 귀기로 머리에다 턱 ᄭᅩᆺ고, 일부러 도라안ᄂᆞᆫ단 말이야, 고 밉시 묘─ᄒᆞ던걸 「졀도싱」

13.04.22 (3)
[독자구락부]

▲ 요ᄉᆞ히, 각 연극쟝에ᄂᆞᆫ, 웬 학싱이 그리 만아요, 졔발 그 학교 모ᄌᆞ나 쓰지 말고 왓스면 됴켓더구면은, 일기 학싱의, 품ᄒᆡᆼ부졍으로, 학교 젼례 명예ᄭᆞ지, 손샹되ᄂᆞᆫ 일이 이셕ᄒᆞ던걸 「교육가」

13.04.23 (3)
우미관의
삼일관(三日觀) /
우미관
활동샤진회의
졍황 / 변소의
무례와 뎜원의
피ᄒᆡᆼ

라이온 치마라ᄂᆞᆫ, 이 닥ᄂᆞᆫ 약은, 원리 동경에셔, 이입되ᄂᆞᆫ 바, 근 *에 죠션인 ᄉᆞ이에, 그 슈용이 졈졈 만ᄒᆞ 히마나[17] 죠션에셔, 그 치마분의 슈용ᄒᆞᄂᆞᆫ 수가, 졈졈 증가ᄒᆞᄂᆞᆫ 고로, 그 치마분을, 졔조 판미ᄒᆞᄂᆞᆫ, 동경 본포에셔ᄂᆞᆫ, 챵립 만 십오 긔년의 츅하겸, 죠션 * 그 치마분 슈용ᄒᆞᄂᆞᆫ 쟈를, 우디(優待)홀 목뎍으로, 다대ᄒᆞ 비용과, 괴 *옴을 녁이시야 이ᄒᆞ * 활동샤진더를, 경셩으로 파견ᄒᆞ야, 쟝교동곡에 잇ᄂᆞᆫ, 우미관을 비려, 삼일 동안, 대활동샤진회를 열어 치마분 한봉만, ᄉᆞ가지고 오ᄂᆞᆫ 쟈의게ᄂᆞᆫ, 무료로 관람케 ᄒᆞ야, 미

—— **17)** ひまな. '틈이 있는, 기회가 있는, 한가한' 이라는 뜻의 일본어.

일 만원의 성황으로, 이십일일에, 그 *한을 맛쳣는딕, 그 라이온 본포의, 관람쟈 우딕홈과 샹업확쟝홈은, 실로 문명뎍, 상업가의 모범이라, 죠선인의, 샹업영업ㅎ는, 졔군도, 얼마쯤 그와 굿흔 방침을, 연구ㅎ야, 업무를 확쟝ㅎ기를, 희망ㅎ는 동시에, 우리는 그 활동샤진회, 삼일간 기회홈에 딕ㅎ야 유감과 불평이 실로 젹지 안ㅎ나, 차인의 단쳐를 취모멱즈홈은, 우리의, 유쾌히 넉이지 안는 바인 고로, 여간 샤쇼흔 불평은, 아직 덥허두고, 그 즁 가히 춤지 못홀 쟈는, 불가불, 붓을 한 번 슈구롭게 안이 홀 슈 업도다, 이번 그 쟝회의, 뎨일 큰 실쳑은, 그 활동샤진회에 슈용ㅎ는 사롬을, 엇지 못홈이니, 일반 슈용인의, 혐위가 부졍ㅎ면, 그 히가 쟝초, 본뎜의 쥬쳬에 미칠지라, 첫지는 죠선인 변수의 엔수의 공손치 못홈과, 어죠의 온당치 못홈이니, 한 션례를 들건딕, 활동사진 변수는, 활동사진의 한 싸루인 긔계로, 활동사진의, 쟝막에 빗죄이는 딕로, 그 수실을 셜명홈이, 온당ㅎ거늘, 빗츄이는 그림에 딕ㅎ야는, 그 그림과 셜명이, 열에 팔구는, 흥샹 수실이 샹반되고, 다만 쥬져 넘게, 일반 동포의 단죄를 들어, 죠롱으로 타미ㅎ기만, 쟝기를 솜으니, 그도 즈긔의 열셩이, 로슈에 잇슬 것 굿흐면, 오히려, 용셔홀 뎜이 잇스나, 다만 입에 붓흔 말로, 일반관람쟈를 죠롱홈은, 실로 그 힝위가, 가증ㅎ며, 쏘 일젼에도, 죠선인 간의 식수가가, 뎡한 시각이 업슴을, 말ㅎ다가 구경을,[18] 는 등, 비루무례흔 말을, 죵죵 짓거리며 오히려 양양자득ㅎ니, 엇지 그 쟈의 비루힝동이, 통분치 안이홀짜, 싱활이 곤난ㅎ야, 그와 갓흔 고음에, 죵수ㅎ거던 흉실히 자긔의, 각무에 복죵홈이, 올커놀, 일반관람쟈에게 딕ㅎ야, 거만 무례ㅎ며, 비루망픠흔 경솔힝동을, 감히 슈쳔인 관긱에게 딕ㅎ야, 미야 방자히 힝ㅎ니, 유식쟈의, 일반 타미ㅎ는 쟈이라 이샹의 츄힝은, 일반 연극계에셔, 그와 갓흔 직무에, 죵수ㅎ는 자의, 공동흔 폐단이나, 특히 그 자는 더욱 심ㅎ며, 둘지는, 출입구에 잇는, 샹뎜의 뎜원이니 그 자들의 힝위도, 극히 희괴흔 일이 만하 그 샤진회, 관람ㅎ는 데 딕ㅎ야, 자셰흔 수실을 모르는 쟈가, 혹 자긔 비위에 것치는 말이엇스면, 함부로 쥬여지르고 발길로 차셔 너머트리며 자ㅅ바트려 일만*즁* 마음을 격동케 흔 후에 혹 예긔* 참지 못

—— **18)** 3열 가량 보이지 않음.

ᄒᆞᄂᆞ 어린 아히가 돌이라오던지 류리창을 ᄒᆞᆫ 기만 부스면 곳 살인범 슈싁ᄒᆞᆺ듯 야단을 치며 일반 동포를 드러 야만이니, ᄲᅢ가[19]이니, 기타 여러 가지로 타미를, 방자히 ᄒᆞᆫ 즉, 엇지 일반 동포가 아모일 업시, 이와 ᄀᆞᆺᄒᆞᆫ 모욕 밧기를, 달게 녁이리오, 이ᄂᆞᆫ 죠션에 거류ᄒᆞᄂᆞᆫ, 하등 ᄂᆡ디인의, 통유ᄒᆞᆫ 폐단이나, 특히 그 샹념의 념원은, 더욱 망픠ᄒᆞ니, 우리ᄂᆞᆫ 이졔, 그 변ᄉᆞ와 념원의 악힝을, 징계ᄒᆞᄂᆞᆫ 동시에, 젼긔ᄒᆞᆫ 폐단으로 인ᄒᆞ야, 본념의 대계획되ᄂᆞᆫ, 활동샤진의, 본지ᄭᆞ지 방해를 ᄭᅵᆺ질ᄭᅡ ᄒᆞ노라

13.04.26 (3)
[독쟈구락부]

▲ 요시 몃칠은, 비오기 ᄲᅥ문에, 그 약가마시[20] ᄒᆞᆫ, 호적, ᄶᅢᆼ과리, 군악 소리를, 안 드르닛가 엇지 됴흔지 「연극쟝 이웃사롬」

13.04.27 (3)
[독쟈구락부]

▲ 근일 각 연극쟝에 풍긔문란ᄒᆞᆫ 일이, 비일비지인ᄃᆡ, 엇진 일로, 귀보에셔ᄂᆞᆫ, 그 ᄉᆞ실을 드러 징계ᄒᆞ지 안이ᄒᆞ심닛가 아마 ᄉᆞ실을 완전히 조샤ᄒᆞ야, 대징계를 ᄒᆞ실 모양이지오 「갈망셩」

13.04.30 (3)
[독쟈구락부]

▲ 엇져녁에, 우미관 압흐로 지나다가, 대문간을 좀 드려다 보닛가, 이층을 나가ᄂᆞᆫ, 사다리 압헤, 신도 ᄶᅮᆨ즉ᄶᅮᆨ즉ᄒᆞ게 미달넛ᄂᆞᆫᄃᆡ, 그즁에 하이칼나 구두나 뒤발막과, 시파런 녀혜를, ᄒᆞᆫᄃᆡ 묵거 다라ᄆᆡᆫ 것이, 뎨일 만튼걸, 그것만 보아도 그 신쥬인들의 힝위ᄂᆞᆫ, 가히 알 것이야 포승을 지고, 큰집 구경을 갈 ᄯᆡ에도, ᄒᆞᆫᄃᆡ 얼켜가겟지 「통힝인」

13.05.03 (3)
우미관에
가일봉(加一棒) /
우미관의
졔반악힝 /
영업허가 ᄭᅡ지 뎡지

작년 십이월브터, 경성 즁부 동곡(中部 東谷)에, 우미관(優美館)이라ᄂᆞᆫ, 활동샤진, 샹설관이 긔시되야, 긔관 이러 ᄉᆞ오삭에, 믹일 관람쟈가 답지ᄒᆞ야, 경성 각 연극쟝 즁에도, 영업의 성젹이, 가장 됴

—— **19)** ばか. '바보' 라는 뜻의 일본어.
—— **20)** やかましい. '시끄럽다' 라는 뜻의 일본어.

흠은, 경성에 거쥬ᄒᄂᆞᆫ, 일반인 소의, 임의 아는 바오, 일반관람쟈에게 디ᄒᆞ야, 친절치 못혼 ᄒᆡᆼ위와, 일반 고용인의, 풍긔를 문란케 홈과, 음부탕ᄌᆞ의 다슈히 입장ᄒᆞ야, 경성 각 연극장 즁, 평판이, 가쟝 됴치 못홈도, 임의 모다 아는 바 본월 일일에, 맛참ᄂᆡ, 북부 경찰셔의 엄명으로, 오월 즁의, 영업허가를 츄쇼ᄒᆞ얏ᄂᆞᆫᄃᆡ, 이졔 그 ᄂᆡ용과, 일반 풍긔문란혼 졈을, 들건ᄃᆡ

▲ 관쥬의 부쥬의 원러 흥ᄒᆡᆼ쟝(興行場)이라 흠은, 특죵영업(特種營業)으로, 다슈혼 고용인을, 슈용ᄒᆞ는 외에, ᄆᆡ일 다슈의 남녀가, 모히ᄂᆞᆫ 굿인 고로, ᄌᆞ연히 풍긔와, 기타 각 빙에 디ᄒᆞ야, 특별히 일반법령과, 샤회의 질셔에 관계가, 업도록 쥬의홈은, 관쥬(館主)의, 칙임되ᄂᆞᆫ, 동시에 큰 의무라, 그러나 우미관의 관쥬ᄂᆞᆫ, 이와 갓흔 졈에ᄂᆞᆫ, 조곰도 쥬의치 안이ᄒᆞ야, 온당치 못혼 고용인과, 션명치 못혼 샤진으로, 한갓 ᄌᆞ긔의 리익을, 탐홀 뿐이오, 조곰도 샤회보안(社會保安)의, 공공질셔(公共秩序)를, 도라보지 안이ᄒᆞ니 ᄌᆞ상달하는 쟈연혼 츄셰라, 그 관의, 이룬[21] 되ᄂᆞᆫ 관쥬의 심지가, 이와 갓흐니, 엇지 그 아러 잇는 고용인의 ᄒᆡᆼ위는 온당ᄒᆞ리오

▲ 셔샹호의 악ᄒᆡᆼ 다년 활동ᄉᆞ진관의, 변ᄉᆞ로 도라단이며, 혹은 신파연극의, 비우 노릇도 ᄒᆞᄃᆡ 셔샹호(徐相浩)ᄂᆞᆫ, 이리뎌리 구을 다가 작년 십이월 긔관과, 동시에 우미관의, 쥬임변ᄉᆞ가 된 바, 그 쟈ᄂᆞᆫ 본러, 고등연예관에셔 쳐음으로, 변ᄉᆞ 노릇홀 ᄶᆡ브터, ᄒᆡᆼ위가 극히 음탕외셜ᄒᆞ야, ᄒᆡᆼ위부졍혼 녀ᄌᆞ를, 다슈히 결탁ᄒᆞ고, 그 비루혼 ᄒᆡᆼ동이 짝을 구ᄒᆞ기, 어려운 쟈로, 사방으로 굴너, 우미관에 온 후에ᄂᆞᆫ, 특히 죠션인 녀ᄌᆞ의, 관람쟈가 만음을, 조흔 긔회로 넉여 더욱 망픿혼 동ᄒᆡᆼ을 방쟈히 ᄒᆡᆼᄒᆞ야 암흠혼 ᄂᆡ연의 츄ᄒᆡᆼ은, 샹의라 물론이오 여러 사롬이, 쥬목ᄒᆞ는 무ᄃᆡ에 나와셔도, 인ᄉᆞ와 ᄒᆡᆼ동이, 극히 비루ᄒᆞ야, 부인셕만 바라보며, 혹은 음란혼 셜명을 ᄒᆞ야, 무지몰각의, 아동 쥬졸의게ᄭᅡ지 무슈혼 타미를 밧으며셔도, 조곰도, 붓그러운 긔쇽이 업시, 양양히, 도라단이며, 방탕에 쥬야권심홈을 인ᄒᆞ야, 타락혼 녀ᄌᆞ의, 돈량보조와, ᄆᆡ월 급료도 모다, 부랑히 허비홈이, 쟈연 금젼의 융통이 곤난홀지라, 이ᄂᆞᆫ 셩졍 ᄂᆡ 일반비우와, 기타 부랑쳥년의, 동유혼 악습이나 그 쟈ᄂᆞᆫ,

―― 21) '어룬'의 오식인 듯하다.

1913년

극히 그 풍속을, 문란케 ᄒᄂᆫ 힝동이, 심홈을 좃차, 금전에 핍박이 어욱 긴ᄒᄋᆞᆺ던지, 본월 이십팔일 오후에, 져와, 안면은 잇스나, 별로 정의가 두텁지 못ᄒᆫ, 남부 홍문동 ᄉ통 ᄉ호, 권모의 집에 튜ᄉ숙ᄒᄂᆫ, 긔셩 사롬 리긔대(南部 弘門洞 權某方 李基大)가, 죵로 근쳐 권인슌(權仁淳)의, ᄌ전거포에서, ᄌ전거 한 치를, 시로 삼을 보고, 곳 이것을 긔화로, 금전을 융통홀 싱각이 잇셔, 리긔대의게 향ᄒᄋᆞ야, ᄌ힝거를 잠간 빌니면, 긴급ᄒᆫ 일을 보고, 곳 젼ᄒ겟다 홈으로, 리긔대ᄂᆫ, 아모 의심 업시, ᄌ전거를 빌려주엇ᄂᆫ딕, 그밤이 다 지나도, ᄌ전거를 돌녀보닉지 안이홈으로, 그 이튼날, 닉용을 알아본 즉, 남부 미동 김우퇵(南部 美洞 金禹澤)의 뎐당포에, 삼십원으로 잡힌 일이 확실홈으로, 리긔대ᄂᆫ, 이 ᄉ실을 드러, 동현 경찰분셔에, 고소ᄒᆫ 바 셔샹호ᄂᆫ, 목하 그 셔에 구류되아, 취됴를 당ᄒᄂᆫ 즁이라 ᄒ니, 제손으로, 지은 죄이라, 누를 훈탄ᄒᆞ리오

▲ 녀ᄉ무의 음힝 만습   우미관, 이층관람셕에, 유두분면의 관람쟈 안닉 녀ᄌ, ᄉ오명은, 엇더ᄒᆫ 쟈인가 그 힝동이, 극히 거만ᄒᄋᆞ야, 관람쟈의게 딕ᄒᄋᆞ야, 친절치 못홈은, 말홀 것 업스며 관람쟈가, 져의게 딕ᄒᄋᆞ야, 경딕 안이혼다고, 곳 후욕타미ᄒ며, ᄯᄂᆫ 검소ᄒᆫ 신ᄉ나, 귀부인의게 딕ᄒᄋᆞᄂᆫ, 그 딕우가, 극히 팅팅ᄒ나, 부랑ᄒᆫ 청년 남ᄌ의게ᄂᆫ, 반ᄃ시 웃ᄂᆫ 얼골로, 츄파를 보닉며 간특ᄒᆫ 틱도로, 손짓을 ᄒᄋᆞ야, 음란ᄒᆫ 힝동이, 망유긔국이오, 기타 관밧계셔ᄂᆫ, 그 비루ᄒᆫ 힝동이, 완연ᄒᆫ 고등 밀매음녀라

▲ 영업허가의 작소   그 외에 미일 즁요ᄒᆫ, 관람쟈로ᄂᆫ, 대개 음부탕ᄌ가 모혀드러, 일반관람셕에서, 풍속을 문란케 ᄒᄂᆫ 힝동이, 심히 히괴홀 뿐 안이라, 일젼에ᄂᆫ 이층 변소에셔, 엇던 짐승과 ᄀᆞᆺᄒᆫ 남녀가, 무슨 비루ᄒᆫ, 힝동을 힝ᄒ다가, 일반관람쟈의게, 발견되아, 무한슈치를 밧ᄂᆫ 즁, 별별 음란ᄒᆫ 힝동이, 이로 긔록ᄒ기 어려우며, ᄯᄂᆫ 긔록ᄒ고자 ᄒᄋᆞ도, 참아 그 비루ᄒᆫ 일을 목쟈의 안목에, 밧치기도 어려워, 아즉 명지혼 바, 경셩 닉외에셔ᄂᆫ, 우미관을 한 음부탕ᄌ의, 집회소로 인명홈에, 이르럿스며, 기타 출입구에 잇ᄂᆫ, 닉디 ᄉ무원의 악ᄒᆫ 힝동이, 극히 포학ᄒᄋᆞ야, 사소ᄒᆫ 일에, 관람쟈를, 무단히 구타ᄒ며 후 욕ᄒᄂᆫ 등 악힝과, 기타 만원이 되야도, 사롬을 무한 드리ᄂᆫ, 법률에 위반되ᄂᆫ 힝동과, 고용인의 급료도, 쥬지 안이ᄒᄋᆞ야, 샤진긔ᄉ, 정운챵(鄭雲昌)은 활동샤진 긔계

에, 가쟝 즁요훈 화경(鏡玉)을 쎄여갓슴을 불구ㅎ고, 사룸을 만히 모와놋코, 츄훈 샤진에, 흐린 그림으로 관람케 ㅎ고져 ㅎ다가 맛참닉 오월 즁 영업허가의 작소 명령ㅅ지 밧앗다더라

13.05.04 (3)
우미관의
부활동(復活動) /
우미관의 다시
활동흥힝 /
이왕보다는
더욱 주의홈

오월일일 밤에, 북부경찰셔에서, 즁부 동곡, 우미관(中部 東谷 優美館)에 딕ㅎ야, 관람쟈의 친졀치 못홈과, 음악슈와 스무원의, 급료를, 지발치 안이훈 ㅅ둙으로, 오월 즁 영업허가의, 작소를 명홈은, 임의 긔지ㅎ얏거니와, 이 일에 그 관쥬가, 다시는 관람쟉의게 딕ㅎ야, 친졀치 못훈 힝위를, 단청코 힝치 안이ㅎ겠다는, 셔약셔와, 급료지발치 안이훈 쟈의게, 급료지발훈 령슈증을, 일반셔류를 뎨츌ㅎ고, 영업허가를, 쳥원ㅎ얏슴으로, 그 시 그 흥힝을 허가ㅎ야, 여젼히, 셩황을 일운다더라

13.05.04 (3)
셔샹호의
무스방면

우미관 변스, 셔샹호(優美館 辯士 徐相浩)가, 샤긔취지의 혐의로, 동현분셩셔 취됴를 밧는다 홈은 임의 긔지훈 바, 이 일에 그 고소인, 리긔대(李基大)와, 화히가 셩립되야, 쟈뎐거 뎐당 잡힌 금익 즁에서, 위션 십오원을 지발ㅎ고, 그 남아지 십오원은, 본월 십오일에, 지발ㅎ기로, 우미관 쥬인이 보증훈 후, 쟝릭를 엄즁히 경계철유ㅎ야 방면ㅎ얏다더라

13.05.06 (3)
연극쟝에셔 노름히

즁부 젼*방 익동(益洞) 국십 구통 구호에 사는 챠부, 리근오(李根五)는 스월 이십구일 오젼 일시에, 모모쟈 슈삼명으로 더브러, 즁부 쟝대쟝골(張大將洞)에 잇는, 쟝안샤 연극쟝 이층에서, 투젼판을 셜시ㅎ고, 돈닉기를 ㅎ다가, 발각되야, 북부경찰셔에서 잡아드려, 엄즁히 심문ㅎ고, 볼기 십오기를 쎠려, 닉노앗다더라

13.05.06 (3)
〈광고〉

▲ 五月 五日 사진 젼부 취환(取換)
● 희극 태수신용마(怠睡信用魔)
● 실사 설즁(雪中)의 경주

● 태서비극 남 죽이고 져 죽어
● 소극 주탄(酒呑)의 노인
● 희극 소아의 악희(惡戲)
● 독불전쟁 독군(獨軍) 개선의 전황
● 자전거 곡승(曲乘)
● 과주면 필욕(過酒면 必慾)
● 인형박람회
기타 수종
△ 청우(晴雨)를 불구ᄒ고 매일 오후 七時 개연
△ 일요 제일의 주야 이회 개연
경성 장교통 동곡
전화 二三二六번
우미관

13.05.09 (3)
연극쟝의 크게 건축

죠션에도, 각디에 신파연극이, 날로 달로 진보ᄒ여 가되, 경셩 너에ᄂ, 완전ᄒ 연극쟝이 업슴을, 모다 기탄히 알더니, 본년 칠팔월 경에ᄂ, 단셩샤 연극쟝을, 훼철ᄒ고, 일신히 외국이나, 니디 극장을 모범ᄒ야, 굉쟝히 건츅ᄒ고, 신연극의 발젼을 계획ᄒ다더라

13.05.10 (3)
[독쟈구락부]

▲ 연극쟝에 가셔, 녀등셕 치여다보ᄂ 것은, 예증이던걸, 첫번에ᄂ 졈쟈ᄂ 체ᄒ고, 가만히 무디(舞臺)만 보던 쟉즈들도, 파흘 임시에ᄂ, 부인셕만 건너다본단 말이야「쥬의셩」

13.05.14 (3)
〈광고〉

▲ 五月 十一日 사진 전부 체환
● 희극 취중화매(醉中花買)
● 소극 벤기의 악희(惡戲)
● 유태(猶太)사극 사무손의 경력
● 희극 야-대변(大變)
● 실사 자동차 운동
● 소극 마구스의 실패 노인 운동 실패

● 실사 조선풍경 성태(盛太)
● 기타 수종
▲ 청우(晴雨)를 불구ᄒ고 매일 오후 七時 개연
▲ 일요 제일(祭日)의 주야 이회 개연
경성 장교통 동곡
전화 二三二六번
우미관

13.05.15 (3)
광무ᄃᆡ의
연극 폐지

동대문 안 광무ᄃᆡ 연극쟝 쥬무, 박승필(朴承弼)씨ᄂᆞᆫ, 죠션 구연극을, 오기년 계쇽 흥힝ᄒ야, 관람ᄀᆡᆨ의 환영을, 밧엇다ᄂᆞᆫᄃᆡ, 그 연극쟝은, 와샤뎐긔회샤 쇼유인고로, 그 회샤에셔, 사용ᄒ기 위ᄒ야 일간 훼철홈으로, 작일부터, 연극흥힝을 쾌지²²⁾ᄒ얏다더라

13.05.18 (3)
[독쟈구락부]

▲ 오늘 져녁브터, 슈동 연흥샤에셔, ᄆᆡ일신보에 낫던, 우즁힝인 연극을 ᄒᆞᆫ다지오, 비가 오지마라야, 구경을 좀 갈터인ᄃᆡ, 쇼셜로 볼 ᄊᆡ에, 그러케 ᄌᆡ미잇셧스닛가, 연극으로 보면, 더 ᄌᆡ미가 잇겟지, 엇지 ᄒ얏던지, 몃번 가보아야 할터이야「한부인」
▲ 우리ᄂᆞᆫ, 져녁에, 심심ᄒ면, 광무ᄃᆡ를 ᄂᆡ 집 샤랑으로 알고, 그러가 안져, 친구ᄭᅵ리, 리약이나 ᄒ고 담ᄇᆡᄉ더나 ᄐᆡ이더니, 그것이, 업셔지닛가, 오륙일째 쇼일할 곳이, 아조 업ᄂᆞᆫ걸「동대문 친구」

13.05.20 (3)
[독쟈구락부]

▲ 앗다 어졔 연흥샤에야말로, 참 사ᄅᆞᆷ이, 엇지 만히 드러왓ᄂᆞᆫ지, 나ᄂᆞᆫ 구경홀 여가도 업시, 이층이 나려안질가, 벽이 문어질가, 엇지 ᄉᆞ럼이 되ᄂᆞᆫ지「하등관객」

13.05.22 (3)
[독쟈구락부]

▲ 요시 셰샹에ᄂᆞᆫ, 참 알 슈 업ᄂᆞᆫ 일도 만아, 돈 업다ᄂᆞᆫᄃᆡ 연극장은, ᄆᆡ일 터질 디경이오, 힝체ᄂᆞᆫ 얌젼ᄒ다ᄂᆞᆫᄃᆡ, 료리집, 외샹지쵹

—— 22) '폐지'의 오기인 듯하다.

은 미일 셩화 갓고, 문박으로, 노리는 잘 차려도, 졔집 굴둑에셔 눈, 연긔가 몃칠식 솟치니, 그것이 엇진 일인지오 「알고 십흔 쟈」

13.05.24 (3)
[독쟈구락부]

▲ 엇던 연극쟝에눈 엇던, 나마익기 계집들이, 미일 디여셔눈더, 그 쏘락션이눈 참 가관이던걸, 머리털은, 압흐로 너울너울 셔러지고, 얼골에 희박아지를, 뒤집어쓱, 그 날치눈 모양이, 쏙 독갑이 굿던걸, 조곰 더 두고 보아셔, 엇더혼이라눈 것, 아조 밝히여고 ᄒ오리다 「미일 목도쟈」

13.05.28 (3)
[독쟈구락부]

▲ 요ᄉ이 각 연극쟝에, 엇지혼 학싱이, 그리 만하요, 연극쟝으로 공부를 ᄒ러 오눈지 그러케, 구경오고 십흔 ᄆ음이, 간졀ᄒ거던, 학싱모ᄌ나 좀 버셔놋코 왓스면 그 교표 달닌, 학싱모ᄌ를 쓰고, 녀등 쳐다보눈 것은, 참 ᄉ람이 눈으로, 보기가 어려워, 그나 그쑨인가, 져의끼리 쓰인 물 평판을 ᄒ지오 참 긔가 막켜 「긔막히눈 쟈」

13.05.29 (3)
[독쟈구락부]

▲ 연극쟝에 구경을 갈 터이면, 의례히 입쟝표를, 사가지고 드러가눈 것은, 뎡훈 일인더, 왜 무엇이니 무엇이니 ᄒ고, 억지로 그져 드러가지 못ᄒ야, 그리 이를 쓸 싸닭이 무엇이야, 그러케 이를 쓰고 드려가 눈요긔나 좀 ᄒ면 무엇이 좀 나흘가 「소무원」

13.05.31 (3)
단셩샤롤
싀로 지어

임의 긔지훈 바와 굿치, 즁구 동구 안, 단셩샤를 훼철ᄒ고, 너디 극쟝의 졔도를, 모방ᄒ야, 신건축혼다 함은, 모다 아눈 바이니와, 요ᄉ의 졔반 셜계가, 쥰비된 결과 일간 훼철ᄒ기로, 쟉뎡ᄒ고, 지금 건축쳥부쟈의, 입찰을 힝ᄒ눈 즁이라더라

13.05.31 (3)
[독쟈구락부]

▲ 미일 밤이면, 무슨 ᄭ닭으로, 연극쟝 대문 어구에눈, 사룸이 빅 차일치듯 모혀셧눈지, 돈은 업셔, 드러갈 슈눈 업고, 구경은 좀 ᄒ

고 십허셔, 셧는 쟈도 잇고, 구경ㅎ려 드러가기는, 돈이 앗갑고, 들낙날낙ㅎ는 계집 구경은, 좀 ㅎ고 싶흔 것이지, 일 업는 작쟈들, 아춤이면 대낫ᄭ지 ᄌ지 말고, 이져녁에, 일즉 이졔 집에 가셔, 잠이나 ᄌ지 「극쟝 압 친구」

13.06.14 (3)
[독쟈구락부]

▲ 학셩모ᄌ에, 교표 부치고, 졔발 연극쟝에 좀 오지 말앗스면, 남이 욕을 ㅎ는 줄은, 모르고, 조곰도 붓그러운 긔식이 업시, 더군다나, 녀등만 쳐다본단 말이야, 참 긔막혀, 교육가와, 가쟝되시는 이는, 각별 주의를 ㅎ야, 그런 폐단을 좀 막앗스면 「희망쟈」

13.06.18 (5)
혁신단
연쥬회 셜힝

ᄉ동 연흥소에셔, 흥힝ㅎ는, 혁신단 림셩구 일힝은, 조산부양셩소의 경비를, 보조ㅎ기 위ㅎ야, 작 십칠일부터, 금 십팔일ᄭ지 량일간, 연쥬회를 셜힝ㅎ다더라

13.06.18 (5)
〈광고〉

△ 六月 十四日 사진 전부 체환

○ 골계　하마차옥(荷馬車屋)의 몽(夢)

○ 실사　이태리 해안 풍경

○ 골계　견의 걸인책(犬의 乞人責)

○ 비극　모(母)의 참회

○ 실사　파리의 견물

○ 태서비극　일생의 운명

○ 실사　비행기 상에 총렵(銃獵)

○ 태서탐정극　이백만원의 채권

○ 실사　포도주제조 광경

○ 골계　체옥(替玉)

● 청우(晴雨)를 불구ㅎ고 매일 오후 八時 개연

● 일요 제일(祭日)의 주야 이회 개연

전(電) 二三二六

경성 장교통

우미관

13.06.19 (3)
광무디를 불일 건축

그동안 광무디를 훼텰혼 후, 와샤련긔회샤에서, 시로 지을 준비를 계획ᄒ다가, 무삼 ᄉ졍을 인ᄒ야, 즁지ᄒ고, 맛참ᄂ 건츅홀 긔망이, 업슴으로, 광무디 쥬무로 잇ᄂ, 박승필(朴承弼)씨와, 회샤 ᄉ이에, 죵죵의 협의가 잇든바, 요ᄉ이 비로소 결뎡되야, 동부 동대문 안, 셤말(＊村) 근쳐, 샹당혼 토디를, 퇴뎡ᄒ고, 회샤로더부터, 셜비측량을, 맛치엿슴으로, 불일 공ᄉ에, 착슈홀 터이라더라

13.06.20 (3)
[독쟈구락부]

▲ 근일, 각 활동샤진관에셔ᄂ, 쟈미 잇ᄂ 일본 연극샤진을, 만히 ᄒᄂ 모양인디, 일본 샤진 나올 ᄯ에ᄂ, 죠션 변ᄉ가 셜명을, 좀 ᄌᆞᆺ셰히 ᄒ야 쥬어야지, 심지어 엇더혼 샤진관에셔ᄂ, 일본 샤진 다음에, 셔양 샤진이 나올 터이니, 일본 샤진 빗칠 동안에ᄂ 좀 참으라고 ᄒ던가, 우리ᄂ 갓흔 돈 ᄂ고, 자리치움 ᄒ랴고, 거긔 드러가 안졋나 「불평쟈」

13.06.22 (2)
〈광고〉

이십일일브터 신샤진 전부 취체 번조(取替 番組)
▲ 비극　한승애(恨勝愛)
▲ 비극　보가혼다
▲ 골극(滑劇)　염세자(厭世者)의 회합
▲ 실사　인도의 영황(英皇) 대관식 광경
▲ 실사　서전(瑞典)[23] 크림폭포
▲ 비극　신성한 의무
▲ 골극(滑劇)　낭선악희(娘船惡戱)
▲ 희극　악(鰐)의게 사(死)ᄒ게
▲ 소극　수욕(水浴)의 실패
▲ 정극　결사의 여걸
● 청우(晴雨)를 불구ᄒ고 매일 오후 八時 개연
● 일요 제일(祭日)의 주야 이회 개연
전(電) 二三二六

──── **23)** 스웨덴.

경성 장교통
우미관

13.07.01 (火)
〈광고〉

▲ 六月 二十八日 사진 전부 체환
● 희극　안락의자의 정체
● 실사　이태리 라마(羅馬)[24] 시의 전경
● 태서비극　인도 소녀의 의협
● 실사　마라이반도의 웅수(熊狩)
● 탐정극　소공(小供)의 인질
● 실사　세계의 산수풍경
● 태서비극　니사의 련(尼寺의 戀)
○ 차간(此間) 십분간 휴식
● 모로스고 대전쟁
● 태서비극　악한의 집합
● 태서대마술
전(電) 二三二六
경성 장교통
우미관

13.07.05 (火)
〈광고〉

△ 七月 五日 사진 전부 차환
▲ 신사진 번조(番組) ▲
○ 희극　기차가 써는다
○ 로메오극　배우의 실패
○ 태서정극　하호(夏潮)
○ 실사　이태리 시시리도(島)의 경(景)
○ 탐정극　교묘흔 수단
○ 실사　환라반곡부(還羅盤谷府) 전경
○ 태서비극 한의 함정
▲ 차간(此間) 십분간 휴식

───── **24)** 로마.

○ 정극 이혼병
○ 실사 바루쓰의 동기(冬期) 여행
▲ 기타 수종
경성 장교통
전(電) 二三二六
우미관

13.07.12 (3)
연극쟝에셔 노름히

지나간 십일 샹오 혼시에 파조교 단셩샤 안에셔 연극이 파흔 후에 과즈샹 비수길(裴壽吉) 취적슈 리창슌(李昌淳) 단셩샤 고용인, 김길셩(金吉成) 비우 리은동(李銀同) 동아연초회샤 직공 김복돌(金福乭) 등 오인이 노름…[25]…쳬포ㅎ야 지금 됴사 즁이라더라

13.07.15 (4)
〈광고〉

七月 十四日브터 신사진 전부 차환
● 사회극 사월제의 경(謝月祭의 景)
● 비극 선교사의 자식
● 활극 군량(軍糧)의 행위
● 활극 시문(矢文)
● 골계 지혜의 승리
● 소극(笑劇) 쯤도적
● 실사 ＊납(＊臘)의 아던스
● 실사 현금의 뉴육부(現今의 紐育府)
● 실사 일로전쟁(日露戰爭) 황금산
● 소극 자공(子供)의 백부
○ 기타 각종
경성 장교통
전(電) 二三二六
우미관

─── **25)** 인쇄상태 불량으로 2열가량 보이지 않음.

13.07.20 (3) 〈광고〉	○ 七月 十九日 사진 전부 차환 ● 희극　조침(朝寢)의 실패 ● 실사　부류가리야의 쇼후히야 ● 소극　골계(滑稽)흔 가정 ● 정극　방탕흔 청년 ● 희극　부방의 기지(富坊의 奇智) ● 비극　인도인의 보은 ● 실사　영국해군 생활 ● 비극　고삿구공작 ● 실사　정말(丁抹) 해군 연습선 ● 기술가압사(奇術家鴨飼) ○ 기타 각종 경성 장교통 전(電) 二三二六 우미관
13.07.26 (2) 〈광고〉	▲ 七月 二十六日부터 사진 전부 취환(取換) ● 비극　도령(道令)의 운명 동(同) 후일물어(後日物語)　저(狙) 최대장척물 ● 골계　극락의 감옥 ● 희극　독신자의 지혜 ● 실사　승의 경엽(蠅의 輕葉) ● 사실(寫實)[26]　류니스의 풍경 ● 희극　인기 역자(役者) 켄 ● 비극　애(愛)와 명예 ▲ 기타 수종 ▲ 경성 장교통 전(電) 二三二六 우미관

―― **26)** 실사(實寫)의 오기인 것으로 추정된다.

13.08.02 (4) 〈광고〉	▲ 八月 二日 사진 전부 차환 ▲ ○ 실사　남구의 제례 ○ 골계　견과 연관(犬과 煙管) ○ 태서활극　의사(義士)의 한　이병조(李丙祚) 설명 ○ 실사　대양의 포경의 경 ○ 대탐정극　천망을 불면(天網을 不免)　서상호(徐相昊) 설명 ○ 소극　가려운 약의 효험 ▲ 차간(此間) 이십분 휴식 ▲ ○ 대비극　사회의 암흑　서상호 설명 ○ 실사　루지룬의 폭표의 경 ▲ 기타 종종(種種) ▲ 경성 장교통 전(電) 二三二六 우미관
13.08.02 (4) [독쟈구락부]	▲ 요소히, 각 연극쟝에 가칭 신문긔쟈, 가칭 관리가 썩 만은 모양이니, 구경이, 정히 ᄒᆞ고 십거던, 돈을 변통ᄒᆞ야 가지고, 구경을 갈 것인지, 공연히 신문긔쟈나, 관리의 톄면을, 손샹케 ᄒᆞᄂᆞ지 그리들 마오 「경고싱」
13.08.03 (3) [독쟈구락부]	▲ 엇던 연극쟝에, 단니는 광딕놈은, 아모리, 셰샹이, 이러케 되엿기로, 의례히 담비디를, 물고 상즁하등으로, 것침시 업시, 도라다닌담 참 고약ᄒᆞᆫ 놈의, 힝위더군 「관람쟈」
13.08.05 (3) [독쟈구락부]	▲ 엇던 광딕놈은 의례히, 연극쟝에를 드러오면, 부인셕 치어다 보는 얼골 픠기, 보기 실혀, 그런 놈의 버르쟝이가, 어디 잇단 말이야 「모 별실」

13.08.09 (4)
〈광고〉

▲ 八月 九日 사진 전부 차환 ▲

○ 희극　몽중학자(夢中學者)

○ 실사　정말(丁抹) 기병연습의 광경

○ 희극　조각가 부부의 시비

○ 비극　구낭작죄가 반애구상(救娘作罪가 反受具賞)

○ 실사　니－부루수의 풍경

○ 활극　도란쑤의 비밀.　서상호 설명

○ 골계　챵틀의 쟝단

▲ 차간(此間) 십분간 휴식 ▲

○ 정극　인도인의 의기.　서상호 설명

○ 기술(奇術)　마술의 창

경성 장교통

전(電) 二三二六

우미관

13.08.13 (3)
쟝안사의 대풍파 /
쟝안샤의 큰 풍파가
낫셔 / 수무원과
광뒤의 대졉젼

지나간 십일 밤, 샹오 두시경에, 엇던 쟈이, 묘동파출소에 급히 달녀와셔, 경관의게 호소ᄒ기를, 지금 쟝안샤에셔, 큰 싸흠이 이러나셔, 사롬이 죽게 되엿다 홈으로, 경관 수명이, 급히 현장에 출쟝ᄒ야, 주셰히 됴사ᄒ 시말을 드른 즉, 당초에, 싸흠ᄒ 원인은, 광뒤 한문필(韓文弼)이라 ᄒᄂ 쟈이, 그 연극쟝 수무보ᄂ, 박용근(朴容根)을 디ᄒ야, 무솜 일에 감졍이 나셔 무수히 질욕을 홈이 기타 수무원들은 심히 분히 녁이여 수무원 중 송지식(宋在植) 박용근, 최운하(崔雲河) 등 수명이 달녀드러, 언힐홀 즈옴에 김만삼(金萬三)이라ᄂ 광뒤가, 츌반쥬ᄒ야, 욕셜이 무쌍홈으로, 젼긔 수무원들은, 맛춤ᄂ, 협력구타ᄒᄂ 동시에 김 광뒤의, 음경(陰莖)을 닷치여, 조곰도, 운신치 못ᄒᄂ 디경에 이름으로, 당시, 췌됴ᄒ던 순사보ᄂ, 젼긔 구타ᄒ 쟈들을 일병 톄포ᄒ야, 본셔로 인치ᄒ 후 일변, 의스 안샹호를 쇼기ᄒ야, 그 피해쟈의, 음경을 진찰ᄒ 결과, 아무 이샹은 업고, 다만 찌여져 샹홀 뿐임으로, 즉시 응급슈슐을 베푼바, 그 가해쟈들은, 하로밤 구류ᄒ얏다가, 치료비 이원을 물어쥬게 혼 후, 엄유 방송ᄒ얏다더라

13.08.16 (3) 〈광고〉	▲ 八月 十六日 사진 전부 차환 ▲ ○ 희극 마법의 연초 ○ 실사 인도국의 풍경 ○ 소극 전당표의 효력 ○ 활극 외삼촌의 수단 이병조 설명 ○ 실사 서서(瑞西)²⁷⁾ 등산 철도 ○ 속편 인도 소녀의 충절 서상호 설명 ○ 실사 나이야가라폭포 ○ 희극 폭렬탄의 결투 차간(此間) 십분 휴식 ○ 정극 보석의 상(箱) 서상호 설명 ○ 비극 충견 의쏘슈고 이병조 설명 경성 장교통 전(電) 二三二六 우미관
13.08.17 (3) [독쟈구락부]	▲ 요시 엇던 연극쟝 더러 온 소문이, 날마다 나는딕, 그 쇼문을 들은닛가, 한두 가지 큰 일이 안이던걸이오, 귀샤에셔는, 그런 말도 못 들으셧셔요, 아모 말솜이 업스니, 웬일이야오 「탑보즈」
13.08.19 (3) 남부의 연극취체 / 맛당히 표가 잇셔야 될 일 / 남부 경찰셔의 명령으로	지나간 십륙일 밤브터, 남부경찰셔에서, 관니 각 일션인 연극쟝에, 순샤를 파송ᄒ야, 순사 보죠원이라도, 표가 업시 입쟝ᄒᄂ 경우에ᄂ, 명함을 밧고, 허입케 ᄒ며, 기외 무표 입쟝쟈를, 엄밀히 됴샤ᄒ 바, 쏘ᄒ 가칭 관리와, 가칭 신문긔쟈라 ᄒᄂ 쟈들을, 엄즁히, 형츌하엿다더라
13.08.20 (3) [독쟈구락부]	▲ 쏙 연극쟝이 파홀 쌔이면, 대문ㅅ간에, 의례히 셔셔 나오는 녀편네를, 조조히 샹고ᄒ다가, 싱각의 그럴쯧ᄒ, 계집이 나오면, 긔

―― 27) 스위스.

어코 뒤를, 슬슬 좃츠갓다오논, 밋친놈 하나히 잇다나, 세샹의 별 밋친놈도, 다 보겟더군 「통증싱」

13.08.23 (4)
〈광고〉

▲ 八月 二十三日 사진 전부 차환 ▲
○ 실사　대구어업(大口魚業)의 실황
○ 희극　매물(買物)의 실패
○ 정극　처녀의 심사　이병조 설명
○ 실사　안도왓쑤동물원
○ 비극　흥진비래(興盡悲來)는 고진감래　서상호 설명
○ 기술(奇術)　마술의 인륜(人輪)
○ 소극　장군과 병졸
△ 차간(此間) 십분 휴식 △
○ 탐정극　증서의 분실　서상호 설명
○ 실사　쏘두가시(市) 전경
▲ 기타 수종 ▲
● 변사 등이 열심으로 설명ㅎ야 ㅈ미 잇게 귀람(貴覽)에 공(供)ㅎ겟습
경성 장교통
전(電) 二三二六
우미관

13.08.24 (3)
[독쟈구락부]

▲ 근일 연극쟝, 문간소무논 엇지 그리 울악부락ㅎ논지, 몰으겟셔, 도토록 홀 말도, 싹짜거리기 ㅎ니, 그게 무삼 낫분 짓들이야 「당ㅎ 쟈」

13.08.26 (3)
[독쟈구락부]

▲ 엇던 볏빈샹은 연극쟝에 안져, 구경을 ㅎ다가, 지담 부리논 광더가, 얼골 쌀흔 말을 ㅎ닛가, 무릅을 탁 치면셔, 죳타 소리를, ㅎ더라나 그 말에 조홀 것은, 무엇이야, 별 낫분 계집도 다 보앗셔 「가증싱」
▲ 일젼 밤 광무더 연극쟝, 샹등부인셕에셔논, 엇던 온나[28] 하나

히, 나무네[29] 병을, 압헤다 놋코 먹다가 엇더케 실수가 되야, 그 병이, 아러로 써러지며, 구경군의 갓은, 고만 박살이 되며, 나무네 병 벼락을 마져셔, 그 재 일＊ 분란이 잇셧더여, 쏙 연극쟝에셔, 동틱는, 녀편네가 션봉대쟝이란 말이아 「구경혼 쟈」

13.08.30 (3)
〈광고〉

▲ 八月 三十日 사진 전부 취환(取換) ▲

● 실사　견(犬)의 곡예

● 희극　시계옥(時計屋)의 결혼

● 실사　사슈부두히의 풍경

● 비극　불원신명(不願身命)

● 실사　비루구랏도시(市)

● 절도표류(絶島漂流) 로빈소－구루소－ 실화

● 실사　라인하반(河畔)의 절경

● 희극　오입쟝이 마＊＊가 혼뭇

▲ 차간(此間) 십분 휴식 ▲

시대극　헨리 삼세

● 기술(奇術)　암굴의 마슐

경성 장교통

전(電) 二三二六

우미관

13.09.02 (3)
광무디와
동챵학교

광무디 박승필(光武臺 朴承弼) 일힝은, 공익샹 열심으로, 각 수립 학교에 디호야 경비의 군졸호다는 말을 드르면, 반다시 연쥬회를 셜힝호야, 경비를 보죠홈은 모다 아는 바이어니와, 지나간 삼십일 일 밤에는, 동부 관녀, 동챵학교의 경비를 보죠호기 위호야, 연쥬 회를 셜힝호얏는디, 그 일힝의 열심혼 결과로, 다슈혼 찬성을 엇어셔, 당일 슈입이 구십여원에 달호얏는디, 집세 팔원만 졔호고 전 부를 긔부호얏슴으로, 그 학교에셔는 광무디 일힝에게 디호야, 무

─── **28)** おんな. '여자'라는 뜻의 일본어.

─── **29)** ラムネ(라무네). 일본식 레몬수.

한 감샤히 역인다더라

13.09.02 (3)
광무디의 긔념축하

현공 황금유원 안에서, 흥힝ᄒᆞᄂᆞᆫ, 광무디에셔ᄂᆞᆫ, 본일(구월 이일) 이 곳 광무디를 챵립ᄒᆞᆫ 지 오쥬년 긔념일인 고로, 미년 션례를 의지ᄒᆞ야, 공젼 졀후의 긔념 축하를 셜힝ᄒᆞᆫ다더라

13.09.05 (3)
극장 색마의 실패 /
연극쟝 지둙에
큰일 낫셔 / 이런
일이 한두 번이라고

경셩 북부 졍션방 익랑골(北部 貞善坊 盆洞) 거ᄒᆞᄂᆞᆫ, 함익경(咸益慶) 삼십일셰 된 사롬은, 지나간 삼일에, 쟝안샤 연극쟝에, 구경을 갓더니, 녀등셕에 안쟈 잇ᄂᆞᆫ, 남부 훈도방 립졍동(南部 薰陶坊 笠井洞) 거ᄒᆞᄂᆞᆫ, 홍셩녀 이십일셰 된 계집이 안쟈셔, 구경ᄒᆞᄂᆞᆫ 것을 보고, 꼿 ᄀᆞᆺ치 고흔 얼골에, 마음이 엇지, 흡모ᄒᆞ얏던지, 경구에ᄂᆞᆫ 마음이 업고, 그 녀ᄌᆞ를 바라보기만, 눈이 팔니여 잇스며, 속으로ᄂᆞᆫ, 그 계집을 엇더케 ᄒᆞ면, 불너다리고, 하로를 놀고 ᄒᆞ며, 마음에 간졀ᄒᆞ든 초에, 맛참 그 녀등셕에, 고셩녀라 ᄒᆞᄂᆞᆫ 알든 녀ᄌᆞ, 하나이 와셔, 구경흠을 보고 그 고셩녀를, 불너니여, 홍셩녀를 쇼기ᄒᆞ야 달나 홈이, 고셩녀ᄂᆞᆫ, 엇더ᄒᆞᆫ 슈단으로 쐬이엿던지, 홍셩녀를 달고, 밧그로 나와셔, 슐잔 료리 낫을 디졉ᄒᆞᆫ 후, 동침ᄒᆞ기를 쳥ᄒᆞ나, 홍셩녀ᄂᆞᆫ, 듯지 안이ᄒᆞ고, 뒤보러 간다ᄒᆞ고, 그 길로 ᄌᆞ긔의 집으로, 도주ᄒᆞ여 갓더라, 그러나 함익경은, 그 터ᄒᆞᆫ 일은, 조곰도 아지 못ᄒᆞ고 드러오기를, 기다리나, 도모지 쇼식이 업ᄂᆞᆫ 고로, 나죵에ᄂᆞᆫ, 도망홈인 줄 알고 즉시 홍셩녀의 집을, 초져가셔, 홍셩녀가 ᄌᆞ려고, 까러 노은, 이부ᄌᆞ리 속으로 드러가 눕고, 도라가려 ᄒᆞ자, 안이ᄒᆞᄂᆞᆫ 고로, 홍셩녀ᄂᆞᆫ 헐 일 업시, 잇흔날 시벽에, 동현 경찰분셔에 호소홈이, 동셔에셔ᄂᆞᆫ, 량방을 불너다가, 엄즁히 셜유방송ᄒᆞ얏다러라

13.09.05 (3)
[독쟈구락부]

▲ 각 연극쟝의 졍황을 보면, 우습구도 긔막힌 일이, 만치오만은, 고만 다 덥허두고, 데일 걱졍되ᄂᆞᆫ 것은, 남녀간 학싱들, 틈틈이 끼여안즌 것, 참 눈에 쌍심지가 올나와요, 각 학교의 쥬무ᄒᆞᄂᆞᆫ 이를, 단속 좀, 도뎌히 ᄒᆞ시오, 일향심홀 디경이면, 그 학싱의 셩

명과 학교의, 일홈ᄭᅵ지 됴사ᄒᆞ야, 세샹에 공포ᄒᆞ도록 ᄒᆞ겟슴이다
「긔탄싱」

13.09.06 (2)
〈광고〉

▲ 九月 六日 사진 전부 차환
○ 희극   역자(役者)의 실패
○ 실사   비루겐시
○ 희극   니쥬쟝
○ 실사   서전(瑞典)의 운하
○ 정극   선장의 양처.   이병조 설명
○ 실사   잠항수뢰실습의 경(景)
○ 가정극   사계지죄호(社界之罪乎).   서상호 설명
○ 실습   서전(瑞典) 도로두홧단
○ 희극   도쳐마다 낭퓌
▲ 차간(此間) 십분 휴식
○ 사극   서력(西曆) 일천팔백오년 十月 二十五日 영불전쟁 도라
후와투가 대해전
○ 마술   버슷의 독갑이
경성 장교통
전(電) 二三二六
우미관

13.09.13 (3)
〈광고〉

○ 九月 十三日 사진 전부 차환
▲ 실사   대리석의 일생
▲ 희극   졍든 님의 간 곳
▲ 실사   후란쯔후오투도시(市)
▲ 희극   지 잡ᄂᆞᆫ닷고 지랄
▲ 사극   바롬의 지ᄂᆞᆫ 곳
▲ 실사   슈가지나비아의 경
▲ 태서활극   용감ᄒᆞᆫ 청년의 나팔수
▲ 희극   음악의 밋친 어머니
▲ 차간(此間) 십분간 휴식

▲ 실사　동경 대홍수 참상의 실황

▲ 정극　소아의 애정

▲ 실사　우의(羽衣) 미인의 무(舞)

▲ 변사 등도 열심히 설명ᄒ야 자미잇게 어람(御覽)에 공(供)하ᄒ겟슴

13.09.18 (3)
극장과 가칭 기자 /
각 연극쟝의 가칭
신문긔쟈 / 연극을
주쟝ᄒᄂ 쟈의 쥬의

요ᄉ히, 소문을 드른 즉, 경셩닉 각쳐 연극쟝에, 혹은 신문긔쟈라 혹은 신문샤원이라 가칭ᄒ고, 무뢰잡류가, 셩군작당ᄒ야, 미야에 수십명식이나, 무료로 입쟝ᄒ며, ᄯᅩᄂ 힝픿가 잇다 ᄒᄂ, 원릭 연극쟝에셔, 신문긔쟈를, 무료로 허입ᄒᄂ 것은, 그 연극에 딕ᄒ야, 다쇼의 평론을, 신문에 발표ᄒ야, 긔능의 쟝단을, 평론ᄒ라ᄂ 쯧으로, 연극에 죵ᄉᄒᄂ 사롬들이, 특별히 무료로, 환영ᄒᄂ 바이요, 신문긔쟈라 ᄒᄂ 사롬은, 극히 근신ᄒ야, 가령 ᄌ긔 한 몸은 무료로, 입쟝ᄒ다 홀지라도, 여러 사롬을 다리고, 드러가ᄂ 일은, 업슬 것이어ᄂᆯ, 요ᄉ이 부랑ᄒ 탕ᄌ들은, 신문긔쟈ᄂ 의례히 무료로 입쟝ᄒ다ᄂ 말을 들엇ᄂ지 가칭 신문샤원이라 ᄒ야 입쟝ᄒ다가 혹시 ᄉ무원이 거졀ᄒᄂ 째ᄂ 노목질시ᄒ야 무리ᄒ 픠힝을 ᄒ고 ᄀ여히 드러가고 만다ᄂ 일이 잇셔, 진졍ᄒ 신문샤원의, 톄면을 손샹케 ᄒ니, 이것은 연극을 쥬간ᄒᄂ 쟈의, 쥬의치 안이ᄒ 연고이라 ᄒ겟고, ᄯᅩᄂ 김지리지의, 부랑잡류가, 신문샤원이라 가칭ᄒ고, 드러볼 째에, 만일 모호ᄒ 사롬이, 잇스면 그 당쟝에, 자셔히 진가를 됴사ᄒ여, 가칭이 발견된 째ᄂ, 즉시 췌톄경리에게 말ᄒ야, 증집케 하면, 연극쟝에도, 손해가 젹을 것이오, 신문샤원의 톄면도 손샹치 안이홀 것이오, ᄯᅩᄂ 그와 ᄀᆺᄒ 무뢰비의, 후일 징즘도 되여, 다시ᄂ 그러ᄒ 힝위를, 쓰지 못홀 터이니, 이ᄂ 진실로, 일거량득이니, 무숨 걱졍이 잇스리오, 일을 이러케 안이ᄒ고, 다만 누구던지, 신문긔쟈라 ᄒ면, 무료로라도 입쟝을 식히다가, 일 다 지닌 후에, 이러니 뎌러니 평론홈은, 도로혀, 연극ᄒᄂ 쟈의 실조가 안인가

13.09.20 (4)
〈광고〉

▲ 九月 二十日 사진 전부 차환

○ 실사　석공작업

○ 희극　고기샵에 도망

○ 소극　말고기 먹고 달이 되노라

○ 실사　백이의(白耳義)[30] 부랏시루부(府) 전경(全景)

○ 정극　아미릿가 광야의 싱긴 일

○ 실사　파-리시 동물원 구경

○ 정극　의외지(之) 결투

○ 실습　일로전쟁 대석교(大石橋)에셔 아군의 탈전(奪戰)

○ 소극　비란간 쟝임이 되야

(차간(此間) 십분 휴식)

○ 정극　마구다텐

○ 희극　광인의 휴일

○ 실사　북구의 동절 설경

경성 장교통

전(電) 二三二六

우미관

13.09.28 (3)
〈광고〉

◉ 九月 二十七日 사진 전부 차환

△ 실사　부르가리야국 경치

△ 희극　근안(近眼) 가정교사

△ 소극　적자(赤子)의 간 곳

△ 실사　덕국(德國)[31] 공병대 가교의 작업

△ 실사　부라수란도의 산곡(山谷)

△ 비극　풍전의 등화

△ 장절비극(壯絶悲劇)　야만인종의 연인

△ 실사　대서양 자동차 경주

△ 골계　고요흔 신혼여행

〔차간(此間) 십분 휴식〕

―― **30)** 벨기에.
―― **31)** 독일.

△ 소극　폭렬탄
△ 실사　서전(瑞典)³²⁾도 도루핫단
경성 장교통
전(電) 二三二六
우미관

13.09.30 (3)
[독쟈구락부]

▲ 동대문 안은, 광무디가 업셔진 뒤로, 히만 셔러지면, 쓸쓸ㅎ기가 한량 업고, 곳 됴흔 스랑을 일허바려, 셥셥ㅎ기가, 일을 더 업더니, 요스히 들으닛가, 이번에ᄂ 꼭 짓ᄂ다던가, 어셔 좀 지엇스면 「동대문 안 친구」

13.10.01 (3)
연극쟝에 졀도 포박

지나간 이십팔일 밤, 쟝안샤 연극쟝에셔ᄂ 엇던 형스 순사 하나이, 중등셕에, 입쟝ㅎ야, 모든 사름의 거동을, 쥬의시찰 즁 틱연히 안져, 구경에 잠심ㅎ고 잇던, 젊은 사름 한 명을, 잡아가지고, 풍우 곳치온 몰아가더라ᄂ딕, 츄후 소문을, 드르면 졀도범 됨이 분명ㅎ다더라

13.10.04 (3)
〈광고〉

● 十月 四日 사진 전부 차환
▲ 신사진 번조(番組) ▲
○ 실사　해와 륙(海와 陸)
○ 실사　소과(蘇科)의 식물
○ 골계　도젹놈의 황당
○ 실사　다라루닉의 생활
○ 영웅지(之)말로 이루바의 밀사
○ 실사　영황제 대관식 후 시중 순행(巡行)
○ 비밀폭로　혈헌의 한가쩌후³³⁾
○ 실사　오란다의 어촌

—— 32) 스웨덴.
—— 33) 손수건. 'handkerchief'의 일본어식 발음.

▲ 차간(此間) 십분간 휴식
○ 소극　졍돈 님과 도망
○ 실사　비행기
○ 비극　탐화의 말로
○ 실사　노투후이요로쥬
○ 희극　생명보험의 당위
○ 실사　서양곡예
경성 장교통
전(電) 二三二六
우미관

13.10.05 (3)
[독쟈구락부]

▲ 연극쟝에 계집과 스나희에, 씨구째 굿하는 못된 짓은, 쏙 권연 팔고, 차나 단니는, 고쓰까이,[34] 오히 놈으로 ᄒ＊셔, 별별 일이 다 싱기거던, 젼후 은밀＊ 심부름은, 그 남아 다 흔단말이야, 연극쟝 쥬무쟈는, 졍신 좀 밧싹 찰여셔, 단쇽 좀 ᄒ여야 될 걸, 공현히 「경고싱」

13.10.07 (3)
[독쟈구락부]

▲ 요ᄉ히 셔양 녀편네들이, 죠션 구연극쟝으로 도라단이며, 우ᄉ울만ᄒ, 노름노리ᄒᄂ 연극 모양을, 그리여 가ᄂᄃ 엇더케 속셩으로 그리ᄂᄌ 제법 형용이, 그럴쯧 ᄒ드러, 그것은 엇지 그려가ᄂᄌ 「구경군」

13.10.09 (3)
협률샤의 풍쇽괴란

진쥬(晋州)는, 근일 소위, 협률사(協律社)라 ᄒᄂ 것이, 드려와 연일 연극을, 개셜ᄒᄂᄃ, 소위 츈양이타령이니, 잡가니 ᄒᄂ 것을, 조곰도 기량홈이 업시, 음담퍼셜로 시종을 맛치ᄂᄃ, 음부탕조로 ᄒ야곰, 그 악습을 쟝앙케, 홈으로 유지쟈의 기란이 분능ᄒ다더라 (경남지국)

─── **34)** こづかい. '용돈'이라는 뜻의 일본어.

13.10.09 (3)
[독쟈구락부]

▲ 슈일 전에 구경터라던가, 연극쟝이라던가, 흐는 특등셕에, 엇더흔 하잇카라샹이, 당홍 져고리 입은, 그져 그럴듯흔 것을, 동부인흐야 가지고 와셔, 구경흐는 것은, 참더러워셔, 볼 슈가 잇셔야지 「인쳔 구경군」

13.10.11 (3)
〈광고〉

◉ 十月 十一日 사진 차환
○ 희극　짜막집기
○ 실사　견투의 실황
○ 실사　상부 이지부도의 경(景)
○ 활극　민인의 보슈
○ 실사　각셕 실경
○ 소극　주자벌성지광락(酒者伐性之狂藥)
○ 정극　위초요 비위초(爲楚요 非爲楚)
○ 실사　영황제 대관장(戴冠葬) 실황
○ 실사　서전(瑞典) 요롯시룬호
○ 실사　오– 수도 리야의 수난구조
○ 실사　기리샤의 풍경
○ 소극　충치
○ 탐정극　사이록구 호루무수
○ 희극　죽는디 지랄
○ 실사　밀봉의 사양(蜜蜂의 飼養)
경성 장교통
전(電) 二三二六
우미관

13.10.17 (3)
〈광고〉

▲ 十月 十八日브터 사진 전부 취환(取換)
● 실사　노루우이 해안어업
● 희극　존의 수욕(水浴)
● 희극　삼인용사
● 실사　서서양함(瑞西洋艦)의 생활
● 정극　소녀의 운명

- 영국황실 대관식과 관함식(觀艦式)
- 활극　처군(妻君)의 동정
- 실사　서반아의 투우
- 희극　불낫다 불낫다
- 탐정극　운슈 죠흔 부호
- 희극　지거광(芝居狂)
- 실사　부다펵수도시(市)
- 희극　동양에셔 생포한 야만인
- 실사　마래반도 토인의 생활

경성 장교통
전(電) 二三二六
우미관

13.10.21 (3)
[독쟈구락부]

▲ 동부 련동 등디에 사는 엇던 쟈는, 쪽 밤마다, 연극쟝에를 가면, 공연히 부인셕만 마조 건너다 보며, 젼후 부졍훈 힝동과 별별 괴란훈, 못된 짓은, 참으로 가증ᄒᆞ야 볼 수 업더여, 그 짜위 놈들 쎄문에, 물이 흐린단 말이야, 이 다음에, 또 그런 버르쟝이를 ᄒᆞ거든, 그 째는 용서치 안코 취톄경관의게, 말좀 홀걸「여러 번 목도훈 쟈」

13.10.22 (3)
[독쟈구락부]

▲ 요ᄉᆞ이 덕인이집네라는, 밀미음녀는, 밤마다 연극쟝을 단일 적마다, 힝동을 썩슈 샹스럽게 변ᄒᆞ야 가지고, 단인다는디, 입는 의복도 날마다, 갈마드려 입고, 단이는 모양도 썩 괴샹스럽게, 치마도 씻다, 인력거도 탓다 쟝옷도 씻다 ᄒᆞ고 단이는 거동은, 밤마다, 볼ᄉᆞ록 하도 이샹ᄒᆞ야, 그 니용을 알 슈가 잇셔야지「의심싱」

13.10.23 (3)
[독쟈구락부]

▲ 요ᄉᆞ이 돈이 말낫느니, 살기 어려우니, 별별 쇼리가 다 잇더구면, 연극쟝과 료리집을 좀 가보면, 조곰도 다를 것이 업시, 여젼ᄒᆞ단 말이야, 엇저면 고로지도 못훈지 알 수가 없셔「개탄쟈」

13.10.24 (3)
[독쟈구락부]

▲ 엇던 집 녀편네인지는 모르겟지마는, 밤마다, 복쇠을 가라차리고, 하로 거르지 안코, 쏙 쟝안샤 연극쟝에를, 드여셔는디, 구경은 죠곰도 안이흐고, 톄조운동을 흐는지, 흔시 안질 시 업시, 이곳그곳으로, 왓다갓다 흐다던가, 쟈셰히 드르닛가, 아둘을 일코, 화증이 나셔, 그러케 흔디여「목도흔 쟈」

13.10.25 (3)
〈광고〉

◉ 十月 二十五日 사진 전부 취환(取換)

● 실사　해도(海島)의 포획
● 희극　셋가처의 쑤라온
● 실사　아이연정(亞爾然丁)의 목쟝
● 희극　모생약(毛生藥)의 효과
● 실사　서양각력(西洋角力)
● 희극　비인(肥人) 구락부
● 탐정극　싸이록 콤쓰
● 실사　동물현(動物覘)
● 활극　교(巧)의 이면
● 희극　자동차 승＊(乘＊)의 몽(夢)
● 희극　호흡기병(呼吸器病)을 공흐는 인(人)
● 비극　벽력일성
● 희극　정력이 강흔 만인(蠻人)
● 기술(奇術)　마법사
● 활극　만인(蠻人)의 보은

경성 장교통
전(電) 二三二六
우미관

13.10.26 (3)
쟝안샤에도 신연극

그젓의 밤, 경성 즁부 쟝안샤 연극쟝에셔는, 죵리 흥힝흐야, 오는 죠션 구연극 리츈향가, 심영가, 박타령 등 연극을, 일졀 폐지흐고, 쟉금 위시흐야 일반남녀 광디놀이, 슌젼히, 신연극을 비와 가지고 한 번 츌연흐야, 일반의 환영을 밧을 쟉정으로, 무디에 나와셔, 츌연흐는, 젼후 범빅이 완젼치 못흐야, 별로 쟈미가 업슴으로,

일반관람쟈에, 비평이 잇다더라

1913년

13.10.28 (3)
눈물劇의 눈물場

임의, 게지훈 바와 굿치, 본지 일면에 게지흐야, 환영과 동졍이, 졀뎡(絶頂)에 이르러, 신문에 게지된 쇼셜의, 신긔록(新記錄)을 지은 「눈물」은, 이십오일부터, 이십칠일ᄭᆞ지, 슈동 연흥샤에셔 림셩구 일힝이, 밤마다 흥힝흐야, 젼무후무훈, 대셩황을 일우엇더라

▲ 만원, 만원   이십오일브터, 미일 힛도 셔러지기 젼에, 남녀관긱이, 답지흐야, 쳣막을 거둘 일곱시 경에ᄂᆞᆫ, 넓은 관람셕의 각등에, 다시ᄂᆞᆫ, 사롭 훈아 셜 슈 업슬 디경이오, 동힝흐ᄂᆞᆫ 도로가, 위흐야 막힐 디경인고로, 부득이, 입쟝권을 팔기를 뎡지흐얏스나, 오히려, 입쟝흐기를 요구흐ᄂᆞᆫ 손님이 만음으로, 츌입구를 닷는, 셩황을 일우어, 연흥샤 기셜훈 후, 혁신당 창립 후, 쳐음 보ᄂᆞᆫ 광경을 일우엇고

▲ 눈물, 눈물   쇼셜 「눈물」의 구경은 진실로 눈물이라 짝 업시 불샹훈 쳐쩌부인 모자의 비참훈 졍경에 디흐야ᄂᆞᆫ 동졍흐ᄂᆞᆫ 눈물을, 흘니지 안이흐ᄂᆞᆫ 이가 업고, 그 즁 부인셕은, 큰 련합 비읍쟝(悲泣場)을 이루엇ᄂᆞᆫ디, 그 즁에ᄂᆞᆫ 쏙 갓치 졂은 부인이, 다슈훈 면목을, 불게 흐고 늣겨가며 우ᄂᆞᆫ 이가 만코, 심지어, 붉은 슈건으로, 눈물을 씨셔, 얼골이 당홍으로 변훈 부인ᄭᆞ지 잇셔, 실로 눈물 연극은, 눈물로 구경흐ᄂᆞᆫ 듯 흐얏고

▲ 연긔, 연긔   당초ᄂᆞᆫ, 삼일 이외에 날ᄌᆞ를 연긔치 안이훌 예뎡이얏스나 미일 시간이 느짐을 인흐야, 문에셔, 도라간 이가, 슈쳔 명에 이르며, ᄯᅩᄂᆞᆫ 한 번 구경훈 이도, 몃칠 연긔흐기를, 간졀히 권훔으로, 부득이 이십팔일부터, 이십구일ᄭᆞ지, 잇흘 동안을 연긔흐고, 미일 본 신보 반익할인권은, 여젼히 사용흐며, 특히 이후에ᄂᆞᆫ, 다시 일ᄌᆞ를 연긔치 안이훌 터인고로, 아모조록, 일즉이 입쟝흐야, 다시 보기 어려운, 희한훈 연극을 구경치 못훈, 후회가 업기를, 바란다더라

13.10.28 (3)
[독쟈구락부]

▲ 광무디 연극쟝에셔ᄂᆞᆫ, 오ᄂᆞᆫ 삼십일일, 텬쟝졀 츅일 당일에ᄂᆞᆫ, 탑골공원에셔, 비우 일동이 흥힝흐야, 경츅의 ᄯᅳᆺ을 표흐고, 밤에ᄂᆞᆫ

일부분이, 데등힝렬에 참가ㅎ되, 본 연극쟝에셔는, 여젼히 흥힝ㅎ
답듸다 「일 구경군」

▲ 쟝안샤 연극쟝에셔는, 오는 텬쟝졀에, 데등경츅ㅎ기 위ㅎ야,
등 한 기를 불형으로, 썩 굉쟝ㅎ게 민들어, 무디판 우에 달앗는디,
그 비우 등의, 셩의도, 찬셩홀만 ㅎ거니와 그 등의, 긔묘홈은, 한
번 볼만홈듸다 「목도쟈」

<table>
<tr><td>13.10.29 (3)
쟝안샤에 무당 금지</td><td>지금 쟝안샤 연극장에셔, 흥힝ㅎ야 오는, 소위 무당노리는, 탕음
혼 가조와, 풍속샹 문란혼 거동이, 망유긔극홈으로, 일작 소관 북
부경찰셔에셔, 쥬무쟈를, 엄히 명령ㅎ야, 곳 금지케 ㅎ앗다더라</td></tr>
</table>

13.11.06 (3)
[독쟈구락부]

▲ 요ᄉ히, 젼황혼 것은 알 일이야, 각 연극쟝에를 가보면, 사롬
이, 아조 업는 모양이니, 부인셕은 더군다나, 짐쟝 쌔를 당혼고로,
밤마다 텅–뷔이는디, 그즁에 혹 온다는 계집들은, 모다, 남의 오

쟝 쎅여먹는 것들이야, 그 화샹들이야, 아모 걱정도 업슬 밧게
「연극쟝 디령군」

13.11.08 (3)
〈광고〉

▲ 十一月 八日 사진 전부 차환
○ 실사　이국(伊國) 군대의 상륙
○ 희극　돈군(君)의 인도인
○ 정극　과실의 유＊(遊＊)
○ 실사　파더- 주화보
○ 희극　전기당(電氣當)
○ 정극　양심의 가책
○ 실사　봉천의 모의＊(奉天의 模擬＊)
○ 희극　견(犬)의 탐정
○ 정극　유산의 보물
○ 희극　빈자의 일책
○ 정극　착념훈 사(着念훈 蛇)
○ 실극　앗다 발전소
경성 장교통
전(電) 二三二六
우미관

13.11.09 (3)
[독쟈구락부]

▲ 그젹게 낫에, 즁부 동구 안, 단셩사에셔, 샹량식을 지닉는딕,
사름도 쏨직이 모혓셧고, 젼후 낱낱이, 징 쟝고 소릭에 츔들을 덩
실덩실 츄며, 츅하를 ᄒ더라나 「구경훈 쟈」

13.11.09 (3)
〈광고〉

▲ 十一月 八日 사진 전부 차환
○ 신파비극　군도(軍刀)　상하 이권
○ 풍경　고본비야의 경(景)
○ 비극　박명(薄命)훈 미인
○ 희극　곤(困)훈 다더- 수
○ 교훈극　학군래몽(鶴軍來夢)

○ 희극 위험훈 임사(任事)
○ 비극 주의 죄상(酒의 罪上)-이권
○ 희극 취한 우마의 권(醉漢 牛馬의 卷)
○ 기타 수종
경성 장교통
전(電) 二三二六
우미관

13.11.13 (3)
[독쟈구락부]

▲ 요사히, 연극쟝에를, 가보면, 뎨일 가통훈 일이 잇던걸, 언의 학교 학성인지눈, 즈셰히, 몰으겟스나, 삼수명식 짝을, 지여 입쟝 호눈딕, 남이 알가 겁이 나셔, 일졔히 모즈도 벗고 들어가고, 쓰훈 교표도, 애최 감초이고 입쟝호니, 즈긔눈 감초이눈 듯호나, 남의 밤셔 알고, 우셔가며 손가락질들을, 구셕구셕이 호눈, 모양이니, 학싱의 즈격으로, 그게 무삼 짓이야, 이초에 구경을 가지를, 말던 지 홀 것이지, 고런 슈치가, 어딕 잇담「목도훈 즈」

13.11.16 (3)
뎨 이회의 활동관람

북부 경찰셔쟝 도야능이(道野能邇)씨의 쥬최로, 지난 토요일 오후 일시부터, 동대문, 셔대문, 수문 동각 분셔 일션인 경관등은, 각 각 그 가족을 딕동호고, 즁부 동곡 우미관, 활동사진을, 관람케 훈 일은, 임의 보도호얏거니와, 당일은 인원이 심히 만아셔, 능히 용 납지 못호게 되얏슴으로, 그 째에, 관람치 못훈 사롬은 작 십오일 토요, 오후 이시부터, 뎨 이회로 관람케 호얏다더라.

13.11.16 (3)
공쥬군의 식 연극쟝

츙청남도 공쥬군 읍닉에셔눈 시가의 번화호기를 도모호야, 그 곳 경찰셔예셔, 진력훈 결과로 동군 읍닉에 금강관(錦江館)이라 호눈 연극쟝을 건축호얏눈딕, 그 경비눈, 동군 닉 유지 인사의, 긔부금 으로, 일대 광걸훈 연극쟝이 셩립되얏눈딕, 탁셩식을, 본월 십륙 일부터, 삼일간 셜힝홀 터인고로, 경셩 닉의 유명훈 기싱, 롱쥬(弄珠) 도화(桃花) 록쥬(綠珠) 등 삼명과, 명챵 광딕 김봉(金鳳) 등이, 작 십오일, 뎨 일번 렬차로 공쥬를 향호야 출발호얏더라

13.11.20 (1)
〈광고〉

▲ 十一月 二十二日 사진 전부 차환

● 희극　취한의 월월(醉漢의 月越)

● 실사　이태리 안나호

● 희극　역차부의 몽(驛車夫의 夢)

● 태서활극　위기일발

● 희극　쓰셰의 일책

● 동＊의(同＊醫)의 신치료법

● 태서정극　주의 죄(酒의 罪)

● 희극　화학자의 오해

● 신파비극　취셜(吹雪)

경셩 장교통

전(電) 二三二六

우미관

13.11.20 (3)
참 못된
계집들이다

지작 십팔일 밤, 경셩 남부 황금유원 안, 광무디 연극쟝에서, 엇더한 이십셰 가량쯤 된 졂은 녀인 두명이 슐이 대취ᄒᆞ야 광언망셜을 쥬츌ᄒᆞ며 휘쥬야료 ᄒᆞ는 거동이, ᄌᆞ못 망측한 즁, 두명이 번가라가며, 토악질을 ᄒᆞ야, 더러온 닉암시가, 쟝뇌에 츙만ᄒᆞ얏슴으로, 모든 구경군들은, 코를 막아가며, 욕셜이 무쌍ᄒᆞ야, 일시ᄂᆞᆫ 혼잡한 샹티를 일운 바, 그 계집 두명은, 즉시 쫏쳐보닉엿다더라

13.11.25 (3)
영신단 연극을 뎡지

지나간 이십일일 밤, 경셩 남대문 밧, 남셩샤(南成社) 연극쟝에서, 신파연극, 영신단(英新團) 일ᄒᆡᆼ이, 흥ᄒᆡᆼᄒᆞᄂᆞᆫ 즁, 그 ᄌᆡ 맛참 집셰 ᄉᆡ둛으로, 집쥬인과, 셜봉익 스이에, 분징이 일어나셔, 오날 닉라커니, 뉘일 쥬마커니, 이곳치 고셩으로 닷홀 즈음에, ᄌᆞ연 좌셕이, 요란ᄒᆞ게 되야 그 ᄌᆡ 여러, 관람쟈들은, 일졔히 일어나셔 즁구난방으로 쩌드러가며 싸홈ᄒᆞ는 소릭에, 구경이 아조 ᄌᆞ미업다고, 각기 요란을 일으켜, 일쟝 슈라쟝(修羅場)이 되ᄂᆞᆫ 동시, 여러 곳으로부터, 팔미질이 쉬일 시 업시 쩌러져, ᄌᆞ못 불온한 샹티에 일으럿다가 취체 경관의 엄즁한 금지로, 겨우 무ᄉᆞ히 된 바, 쇼관 남부 경찰셔에셔ᄂᆞᆫ, 지나간 이십일일 밤부터, 연극흥ᄒᆡᆼ을 뎡지식이엿

다더라

13.11.26 (3)
[망원경]

재는 정히 연극쟝 벽우에 걸닌 시계가 열두시를 땅땅 치며 샹즁하등의 남녀 구경군들은 일졔히 이러나, 문이 매이게, 쑤역쑤역 나아가는디 그 즁, 엇던 별실마마 혼분은, 아모도 업시, 독힝으로 거름을 거러, 광무디 연극쟝을 등지고, 죵로편으로 향ㅎ야, 올나가는디, 밤은 이슥ㅎ야, 인젹은 고요ㅎ고, 만뢰는 구젹혼 즁, 사방의 각식 불비은, 졈졈 쇠잔ㅎ야 반짝반짝 ㅎ고, 일업시 짓는 기는 쉬일 시 업시, 콩콩컹컹 ㅎ는 소리에, 고독히 거름을 거러가는, 셔긔 마마로 ㅎ야곰, 공연히 무셔운 ᄆᆞᆷ이 이러나게 ㅎ며 ▲ 소름이 쥭쥭, 머리씃이, 줍볏줍볏 ㅎ야, 억지로 약혼 다리로, 급혼 거름을 지여, 광교 남쪽 쳔변으로 올나가는디 ▲ 엇더혼 사나희 혼 아히 뒤으로, 살몃살몃 디여셔, 쫏ᄎᆞ오는디 감안히, 무셔운 즁에, 겻눈으로 엿본 즉, 연극쟝 대문에셔브터, 줄곳 짜라오는 작쟈이라, 엇지혼 영문을 모르고, 그져, 급히 가기로만, 쥬쟝ㅎ는 동시 ▲ 그 쟈가, 슬젹 엽흐로 달녀오더니 「잠간 엿주어볼 말솜이 잇서요, 그런디, 딕이 어디이신디, 독힝으로 이러케, 젹젹히 가셔요」「누구신지는 모르겟지마는, 내 집은 무러셔 무엇ㅎ며, 독힝ㅎ는 것을 깁히 알아, 엇지ㅎ랴오, 조곰도 관계홀 것 업셔요」 ▲ 그 쟈는 작구 쫏차오며 「딕을 알 것 ᄀᆞᆺ흐면, 좀 슈고롭지마는, 모셔다드리기 위ㅎ야 엿주어본 말솜이야요」 ㅎ며, 슬슬 디여겨는지라, 가든 길을 멈츄고, 획– 도라셔셔 「이 셰샹이 엇*혼 셰샹이라고, 졊은 쳐디, 밋친 탕경으로, 눔의 집 녀편네를, 함부로 뒤를 쫏는담, 쌋싹 잘못ㅎ면, 온젼히 도라갈 수가 업슬터이니 ▲ 이국에, 가란말이야 춤, 어림업는 밋친 놈들이로군」 몇 마디 쥰졀혼 말에, 그 쟈는, 압뒤를 슬몃슬몃 도라보며, 이런 졔…[35]

13.11.29 (3)
쟝안샤에 도적 드러

지나간 이십륙일 밤, 언의 재인지는, 모로겟스나, 엇더혼 졀도가, 즁부 쟝대쟝동 쟝안샤 연극쟝에, 침입ㅎ야, 그 안에 잇는 비응규

—— **35)** 이후 부분은 지워져서 보이지 않음.

(裴應奎) 권연가가에, 잠을쇠를 열고, 드러가셔, 각종 물품을 몰수
* 절취ᄒ여 갓다는, 도난계(盜難屆)가 잇슴으로, 소관 경찰셔에
셔는, 목하 그 범인을, 엄즁히 수사 즁이라더라

13.11.29 (3)
[독쟈구락부]

▲ 단셩샤 연극쟝이, 미구에 락셩된다는디, 엇더케 모범된, 신파
연극이나 흐아, 잘 흥힝ᄒ야 쥬엇스면「이극가」

1913년

13.11.30 (3)
⟨광고⟩

▲ 十一月 二十九日 사진 전부 차환
● 희극　애견의 분실
● 실사　옥슈수호-도 비사고전(碑史古典)
● 희극　월야의 웅(月夜의 熊)
● 신파비극　성본인(性本人)
● 희극　*남자(*男子)에 일요일
● 활극　조장(組長) 비-루의 참회
● 실사　미국 고적의 풍경
● 희극　죡ᄒ의 작난
▲ 차간(此間) 휴식
● 군사극　분투격전 무사지예(奮鬪激戰 武士之譽)
● 희극　신마록대장 난폭지권(新馬鹿大將 亂暴之卷)
● 비극　라마익대(羅馬翼隊)
● 마술　연화(烟火)의 마술
경성 장교통
전(電) 二三二六
우미관

13.12.02 (3)
⟨광고⟩

우미관 11월 30일자와 동일

13.12.03 (3)
⟨광고⟩

우미관 11월 30일자와 동일

13.12.04 (1)
〈광고〉

우미관 11월 30일자와 동일

13.12.04 (3)
[독쟈구락부]

▲ 금죠각 갓흔 돈으로 표 사가지고, 구경흐려 연극쟝에 드러가는 구경군은, 다 맛찬가진디, 돈 좀 젹게 닉이는 하등셕이라고, 안질 자리도 업는 즁, 압헤는 혹시 즁등으로 드러갈가, 겁이나, 텰망을 억는 동아줄로, 셕가리를 미여놋는다, 별별 구박은 다흐고도, 엄동셜한에, 란로 한아 안 피여쥬니, 우리 돈은, 돈이 안이고 무슨 사금파리인 줄 아는지, 졍작 돈 쥬는 사롬은, 그러케 링디를 흐고, 동젼 한 푼 안 닉고, 허입권으로, 통힝흐는 사롬은, 샹등셕으로 모시고, 불도 쯧쯧이 피여쥬니, 이런 불평흔 디가 어디잇소, 후홀디 박흐고, 박홀디 후흐야도, 분슈가 잇지 「불평긱」

13.12.05 (3)
[미일구락부]

▲ 어졔, 독쟈구락부에 쇼개흐신 불평긱의 투서는, 참 상쾌흐옵디다, 연극쟝에셔, 하등셕에 란로 안 피고, 텰망으로나, 셕가리로 압을 막는 것도, 분흐지마는, 뎨일 안이쯉고 괘ㅅ심흔 것은, 샹등긱의게는, 굽실굽실흐누, 소무원들이 하등긱의게는, 조곰만 흐면, 눈을 부라리며, 호령이 나오니, 그러셔야 엇의 연극쟝 하등에, 구경 드러가겟셔요 「동감싱」

13.12.05 (3)
〈광고〉

우미관 11월 30일자와 동일

13.12.06 (3)
〈광고〉

▲ 十二月 六日 사진 전부 차환
● 실사　유과(乳菓)의 제조
● 희극　이혼의 신청
● 실사　우이루수의 여행
● 신파비극　창령한 송록(蒼令흔 松綠)
● 희극　지무의 악희(惡戲)
● 실사　육군 비행기 대회
● 분투격전무사지예(奔鬪激戰武士之譽)

● 희극 강호 자
● 성극(聖劇) 좃시후 형제
● 정극 가련흔 형매(兄妹)
● 실사 삼인곡예
● 정극 추부(醜婦)
● 실사 대승양(大勝孃)의 국기
경성 장교통
전(電) 二三二六
우미관

13.12.07 (4)
〈광고〉

우미관 12월 6일자와 동일

13.12.09 (3)
〈광고〉

개관 일주년 기념
본월 팔일브터 십이일ᄭ지 각등 반액
사진은 최신 기이흔 것을 택홈
중부동곡
우미관
전화 二三二六번

13.12.09 (4)
〈광고〉

우미관 12월 6일자와 동일

13.12.10 (2)
〈광고〉

우미관 12월 9일자 3면과 동일

13.12.10 (3)
〈광고〉

우미관 12월 6일자와 동일

13.12.11 (3)
〈광고〉

우미관 12월 6일자와 동일

13.12.12 (3) 〈광고〉	우미관 12월 6일자와 동일
13.12.13 (3) 〈광고〉	◉ 十二月 十三日 사진 전부 차환 ● 희극　취한의 일대(醉漢의 一對) ● 소극　쌉인형 ● 희극　억지 치료법 ● 태서가극(泰西伽劇)　심지영(心之影) ● 실사　닥싸홈 ● 태서활극　용부(勇婦) ● 소극　신나는 문사(文士) ● 태서비극　추풍각(秋風閣) ● 희극　박물관의 몽(夢) ● 태서정극　심산지 비밀(深山之 秘密) ● 소극　어리셕은 대장지(大將之)편 ● 실사　북해도 역관(曆官) 장의(葬儀)의 실황 ● 비극　유지(遺志)의 관철 경성 장교통 전(電) 二三二六 우미관
13.12.14 (3) 〈광고〉	우미관 12월 13일자와 동일
13.12.16 (3) 〈광고〉	우미관 12월 13일자와 동일
13.12.17 (4) 〈광고〉	▲ 광무디　박승필(朴承弼) 일힝은 구연극으로, 흥힝ᄒᄂ는 즁, 류식 류션의 묘묘훈 승무와, 산옥옥엽의, ᄉ랑가 판소리에 만댱 갈치를 일우는 즁이라고

13.12.18 (3)
[연극과 활동]

▲ 장안샤 김지종(金在鍾) 일힝은 그도 쏘흔 구연극으로 흥힝ᄒ
ᄂ딕, 심경슌의 가야금과, 쵸향의 독챵 판소리ᄂ 참 드를만ᄒ고
로, 요ᄉ이 ᄀᆺ치, 치운 밤에도, 구경군이 답지ᄒ다고

▲ 연흥샤 쳥년단 황치샴(黃致三) 일힝은 풍속에 뎍당ᄒ, 신파연
극을, 믹야 실디로 흥힝ᄒᄂ딕, 쥠미도 잇슬 쑨외라 모든 비우의,
한슉흔 졍도ᄂ 한 번 층찬홀만ᄒ다고

▲ 우미관 활동샤진은 믹일 쥬일마다, 참신 긔발ᄒ, 샤진을 밧고
아, 믹야 영ᄉᄒᄂ 즁인딕, 가히 모범홀 샤진도, 만커니와 그 즁 태
셔비극에, 츄풍각이라ᄂ 사진이, 더욱 ᄌ미잇고, 불만ᄒ다고

13.12.18 (4)
〈광고〉

우미관 12월 13일자와 동일

13.12.19 (3)
[연극과 활동]

▲ 우미관 활동사진은 틱셔비극 심지영(心之影) 기타를 영ᄉ

▲ 황금관 활동ᄉ진 즁 신파대비극 마셩녀(魔性女)를 영ᄉ 즁

▲ 제일대정관 활동ᄉ진 즁 신파극 월빅(月魄)이라ᄂ ᄉ진을 영ᄉ

▲ 제이대정관 활동ᄉ진 불여귀(不如歸)

13.12.19 (3)
〈광고〉

▲ 十二月 二十日 사진 전부 차환

● 실사 이태리 시시리도(嶋)의 진염(震炎)

● 희극 비-루군(君)의 독갑이

● 희극 다엄은 무어무어

● 신파비극 일장춘몽

● 실사 비행선

● 태서정극 수부의 랑(水夫의 娘)

● 희극 리면의 리면

● 태서인정극 무정한 연애

● 희극 소공의 악희(小供의 惡戲)

● 태서활극 당금(唐錦)

● 희극 나가셔 다시 오ᄂ 사위

● 희극 이샹흔 방안

경성 장교통

전(電) 二三二六

우미관

13.12.20 (3)
[연극과 활동]

▲ 우미관　활동샤진은, 샤진 전부를 밧고아 영샤 중, 신파비극
일장츈몽(一場春夢)을 영샤

▲ 황금관　활동샤진은, 륙군특별대연습실황, 기타를 영샤

▲ 제일대정관　활동샤진은, 티셔활극 히젹션(海賊船) 기타 영샤

▲ 제이대정관　활동샤진은, 티셔대활극 소녀의 탐정(小女探偵)
극을 영샤

13.12.20 (4)
〈광고〉

우미관 12월 19일자와 동일

13.12.21 (3)
[연극과 활동]

▲ 우미관　활동샤진은, 티셔인정극 뮤정훈 련이(無情戀愛) 기타
샤진

▲ 황금관　활동ᄉ진은 셰말로 인ᄒ야 그젹게 밤부터 휴면

▲ 제일대정관　활동ᄉ진은 희극 일야신샤(一夜紳士) 기타 ᄉ진

▲ 제이대정관　활동ᄉ진은 대비극 비참훈 결혼(悲劇結婚)을 영ᄉ

13.12.21 (4)
〈광고〉

우미관 12월 19일자와 동일

13.12.23 (5)
[연극과 활동]

▲ 우미관　활동샤진 영ᄉ

▲ 황금관　활동샤진

▲ 제일대정관　활동샤진 각종 영ᄉ

▲ 제이대정관　활동샤진 영ᄉ 즁

| 13.12.23 (5) 〈광고〉 | 우미관 12월 19일자와 동일 |

13.12.24 (3)
[연극과 활동]
▲ 우미관　터서활극 당금(唐錦) 기타 샤진
▲ 황금관　활극 츙견의 활동(忠犬活動) 기타 샤진
▲ 제일대정관　지수츙졍기(志士沖貞介) 기타 샤진
▲ 제이대정관　실수 삼인곡예(三人曲藝) 기타 샤진

13.12.24 (3)
〈광고〉
우미관 12월 19일자와 동일

13.12.25 (3)
[연극과 활동]
▲ 우미관　희극 이샹혼 방안 기타 샤진
▲ 황금관　활극 녀쟝문(女將門) 기타
▲ 뎨일대정관　셔셔국의 경치 기타
▲ 뎨이대정관　이티리 만국 비힝대회(飛行大會) 기타

13.12.25 (3)
〈광고〉
우미관 12월 19일자와 동일

13.12.26 (3)
[연극과 활동]
▲ 우미관　희극 쇼공악희(小供惡戱)
▲ 황금관　형수 고심담(刑事 苦心談)
▲ 뎨일대정관　진명순양함 진슈식(榛名巡洋艦 進水式)
▲ 뎨이대정관　희극 강력, 흡인긔(吸引器)　기타 사진 영수

13.12.26 (3)
〈광고〉
△ 十二月 二十七日 사진 전부 차환
● 실사　청산사범학교 운동회
● 희극　＊자(＊者)의 실패
● 신파비극　자지광(子之光)
● 실사　동해도 기차 여행
● 태서비극　조＊(朝＊)

● 희극 독신구의 결투
● 태서비극 단말마
● 실사 쏘리기의 재목 운반
● 희극 마누라를 잘 구혼다
● 희극 알고 보면 산사롬
● 태서비극 가애(可哀)혼 소녀
경성 장교통
진(電) 二三二六
우미관

13.12.27 (3)
[연극과 활동]

▲ 우미관 희극 「알고보면 산사롬」 기타 샤진 영수
▲ 황금관 터서미담 쇼녀에 면화(小女電話) 기타 샤진
▲ 뎨일대정관 대활극 삼분간(三分間) 기타 샤진 영수
▲ 뎨이대정관 정극 용맹심(勇猛心) 기타 영수

13.12.27 (3)
〈광고〉

우미관 12월 26일자와 동일

13.12.28 (3)
[연극과 활동]

▲ 우미관 실수 「코씨리」에 지목 운반 기타 수진 영수
▲ 제일대정관 신파비극 죄의 命(罪의 명) 기타 샤진
▲ 제이대정관 신파비극 암흑야(暗黑夜) 기타 각종
▲ 황금관 신파비극 편남파(片男波) 기타 샤진 영수

13.12.28 (3)
〈광고〉

우미관 12월 26일자와 동일

每日申報

【1914년】

太子健

英國官中에候爵

奪鐘打身의老爺

沒落昇의復完成

城의滕容扶斯榮考

伊國伯爵夫人
姦夫殺害公判

藝壇一百人

리한경 （李漢卿）　서상호 （徐相浩）

公告

京城地方法院

研精堂書籍部主

十字病院

夜間診察

猪牛皮
牛油

1914 년에도 〈연극과 활동〉, 〈연예〉, 〈연예계〉 등 별도의 난을 통해 각 연극장과 상설 활동사진관의 동정과 프로그램이 정기적으로 소개되었는데, 그 대상이 되었던 활동사진관은 우미관, 제일대정관, 제이대정관, 황금관 등 모두 4곳이었다. 한편, 우미관은 이와는 별도로 1주일 주기로 상영 프로그램을 자세히 소개하는 광고를 지속적으로 실었다.

1월 17일자에는 단성사가 1913년 7월 이후 신축에 들어갔는데 드디어 낙성했다는 소식과 기생의 공연 및 기타 연회를 상연하는 연극장으로서 좋은 설비를 갖추었음을 알리는 기사가 게재되었다.

1914년에 극단 관련 기사로는 2월 4일자 3면의 혁신단 임성구의 자선사업, 2월 6일자 3면의 장안사 김재종 일행의 앵도(櫻島)폭발 이재민을 위한 자선연주회, 2월 11일자 3면의 혁신단의 앵도폭발 이재민을 돕기 위한 자선연주회, 2월 15일자 3면의 광무대 박승필 일행의 앵도폭발 자선연주회, 3월 13일자 3면의 혁신단의 자선연주회, 5월 9일자 3면의 광무대 조산부양성소를 위한 특별연주회 등 자선사업이나 자선연주회 소식을 특별히 소개하는 기사가 눈에 많이 띈다. 한편 1914년에는 그해 다시 활동을 시작한 문수성에 대한 소식이 여러 차례 소개되었다. 2월 24일자 3면, 3월 13일자 3면, 3월 19일자 3면, 4월 1일자 3면, 6월 8일자 3면 등의 기사가 문수성의 활동 소식을 알리고 있다.

2월 13일자 기사는 천연색 활동사진이 발명되어 일본 오사카에서 곧 소개되고 조선에도 들어올 것이라고 소개하였다.

3월 후반부터는 〈독쟈긔별〉이라는 독자투고란이 마련되어, 연극장이나 활동사진관에서 일어났던 독자들의 여러 경험과 소소한 사건이 생생하게 전해지게 되었다. 이 가운데 주를 이루었던 것은 극장에서 불미스럽거나 좋지 않은 행동을 보이는 관객이나 변사에 관한 이야기였다.

4월 12일자 기사는 일본 황태후 서거 소식과 함께 이로 인해 각 연극장이 근신 상태에 들어가 일시적으로 공연과 상영이 중단되었음을 알렸다. 5월 29일자 3면 광고란에는 평양에서 가무기좌라는 영화 상영 광고가 처음으로 실렸으며 6월 6일까지 약 1주일간 별도의 광고가 실리거나 〈연극과 활동〉란에 상영이 소개됨으로써 지속적으로 그 존재를 알렸다.

6월 3일 3면에는 서울 구리개에서 일본인들을 상대로 활동사진을 상영해오던 제이대정관이 조선인 변사를 초빙하는 등 조선인을 상대로 하는 상영관으로 새롭게 개편된다는 소식이 실렸다. 6월 2일부터 제이대정관은 별도의 광고를 주기적으로 내보냈는데, 특이한 점은 조선인 변사의 이름을 명기함으로써 조선인 전문 상영관이라는 점을 강조했다는 것이다. 변사로서는 김덕경과 최병룡이라는 이름이 보인다. 또 6월 9일자 3면 〈근고(謹告)〉란은 우미관의 조선인 변사로서 관객들에게 인기 있던 서상호를 제이대정관으로 초빙한다는 소식을 전하며 관객들의 답지를 주문하였다. 이후로 광고란에는 우미관과 제이대정관의 활동사진 상영 광고가 주기적으로 실렸는데, 여기에는 변사의 이름이 명기되곤 하였다. 그런데 그 가운데 제이대정관의 주임변사로 광고에 소개되던 서상호는, 특별한 소식 없이 7월 23일자 1면 이후 계속 우미관의 변사로 이름이 실리게 되었다.

6월 9일자 3면 및 6월 11일자 3면에는 〈예단일백인(藝壇一百人)〉이라는 별정란을 통해 조선에서 활동하는 유명한 예인 100명 가운데 98번째 인물로 변사 김덕경이, 100번째 인물로 변사 서상호, 이한경이 소개되었다.

11월 3일자 3면의 〈연희〉란에는 인천에서 표관이라는 새로운 상설활동사진관이 개관식을 갖고 흥행하기 시작했다는 소식이, 11월 7일자 3면에는 낡고 오래되어 지난 8월부터 사용금지 처분을 당한 연극장 연흥사가 10월 29일자로 또 허가를 받지 못하게 되었다는 소식이 전해졌다. 12월 8일에는 조선연초주식회사가 신제품 다기의 판매를 촉진하기 위해 다기의 빈 담뱃갑 15매와 활동사진관 입장권 1매를 교환해준다는 광고가 크게 실렸다. 특약을 맺은 활동사진관으로는 제일대정관, 제이대정관, 황금관, 우미관 등 4곳이었다. 이는 12월 12일, 12월 17일, 12월 20일, 12월 23일 등 5차례에 걸쳐 광고되었다. 12월 27일 2면 광고란에는 '대광고(大廣告)'라는 제목으로 평양에서 평안극장이 새롭게 활동사진관으로 개관하여 상영을 개시한다는 소식이 소개되었으며, 12월 29일자 4면에도 동일 광고가 실렸다.

14.01.01-제2 (1) 〈광고〉	근하신년 경성 황금유원 내 조선 구연극 원조 광무대 박승필 일행
14.01.01-제7 (1) 〈광고〉	근하신년 一月 一日브터 五日까지 오일간 주야흥행홈 중부 동곡 우미관 (전화 二三二六번)
14.01.01-제9 (1) 〈광고〉	근하신년 경성 중부 동구내 조선구파연극원조 장안사 김재종(金在鐘) 일행
14.01.03 (4) 〈광고〉	우미관 1913년 12월 26일자와 동일
14.01.05 (1) 〈광고〉	우미관 1913년 12월 26일자와 동일
14.01.05 (3) **황금관의 대혼란 /** **황금관의 큰** **야단이 나 /** **그것도 또훈** **활동샤진**	*작 삼일 하오 아홉시쯤되야, 경성 남부 황금유원 안, 황금관(黃金舘)에셔 활동샤진을, 한참 주미잇게, 빗춰이는 즁, 샹즁하등에 남녀 관람쟈가, 비샹히 다수에 달흐야, 주못 셩황을, 일우엇는디, 그 쌔 엇지 된 일인지, 여러 구경군을 디하야, 지금은 활동샤진을, 다 맛치인고로, 다시 계속흐야, 시로 영사홀터이니, 모다 나아가셔, 다시 표롤 스가지고, 입쟝 관람흐라 흐는고로 다슈흔, 너디인 관람쟈논, 별안간 격분*샹틱로, 일제히 일어나, 아호셩을 질러가며 하로 밤에 표갑 두 번씩 밧는 것은 쌔가라고 이구동셩으로 쎠드러가며, 일쟝 풍파가, 일어논 즁 뒤죽박죽이 되야 일변 다라

나눈 빗에 일변 아아 소릭가 황금관집이 써나게 되엿고 밧그로브 터는, 돌팔미가 비오듯ᄒ야 털집웅으로 써러지는 소리는 심히 위험ᄒ 스틱에 일우는 * 시 소관 남부 경찰셔에서는 일반경관이 츌쟝ᄒ야, 취톄 순사와 홈쯰, 극력 진무ᄒ 결과로 다힝히 무스ᄒ얏다더라

14.01.07 (3)
〈광고〉

우미관 1913년 12월 26일자와 동일

14.01.08 (3)
[연극과 활동]

▲ 우미관　신파극　ᄌ지광(子之光)　기타 스진
▲ 황금관　복수미담(復讎美談)　기타 스진
▲ 데일대정관　활극, 데에수병(弟手柄)　기타 스진
▲ 데이대정관　활극, 신마록대쟝(新馬鹿大壯)　기타 스진

14.01.08 (3)
〈광고〉

우미관 1월 3일자와 동일

14.01.09 (3)
[연극과 활동]

▲ 우미관　신파비극　죠로(朝露)　기타 스진
▲ 황금관　구극　풍신슈길일디긔(豊臣秀吉一代記)　기타 스진
▲ 데일대정관　활극　공녀의 훈(工女勳)　기타 스진
▲ 데이대정관　활극　인도인명예(印度人名譽)　기타 스진

14.01.10 (3)
[연극과 활동]

▲ 우미관　희극　부인의 경관(婦人警官)　기타 스진
▲ 황금관　비힝 ᄌ전거(飛行自轉車)　기타 스진
▲ 데일대정관　졍극　보속탐졍(寫石探偵)　기타 스진
▲ 데이대정관　탐졍명담(探偵名譚)　기타 스진

14.01.10 (3)
〈광고〉

▲ 졍월 十日 사진 전부 차환
● 희극　기-쑤의 입욕

● 희극　도야지가 나의 재산
● 희극　화상지녀(華想之女)
● 태서가극(泰西俚劇)　구의 장(救의 腸)
● 희극　부인의 경관
● 태서정극　어가의 람(漁家의 嵐)
● 실사　가축병원
● 신파비극　일편단심
● 태서정극　희랍의 만풍(蠻風)
● 희극　과실일격(一擊)
● 태서활극　용감훈 신부
● 희극　나의 좌셕
● 태서정극　천벌의 배제(配劑)
경성 장교통
전(電) 二三二六
우미관

14.01.11 (3)　　▲ 우미관　실스　가축병원(家畜病院)　기타 샤진
[연극과 활동]　▲ 황금관　정극　인에운녕(人運命)
　　　　　　　　　　▲ 뎨일대정관　실스　불국긔병련습(佛國騎兵練習)　기타 샤진
　　　　　　　　　　▲ 뎨이대정관　실스　이급[1]의구젹(埃及舊跡)　기타 샤진

14.01.11 (4)　　우미관 1월 10일자와 동일
〈광고〉

14.01.13 (3)　　▲ 우미관　터셔정극　희랍만풍(希臘蠻風)　기타 스진
[연극과 활동]　▲ 황금관　실스　「샤루치니」에＊　기타 스진
　　　　　　　　　　▲ 뎨일대정관　희극　스진기사(寫眞技師)　기타 스진
　　　　　　　　　　▲ 뎨이대정관　희극　쑤련스 금요일　기타 스진

―― **1)** 이집트.

14.01.13 (4) 〈광고〉	우미관 1월 10일자와 동일
14.01.14 (3) [연극과 활동]	▲ 우미관 틔셔활극 용감혼 신부(勇敢新婦) 기타 스진 ▲ 황금관 활극 협부옥(挾婦玉) 기타 스진 ▲ 데일대정관 활극 밍화(猛火) 기타 스진 ▲ 데이대정관 활극 렛-도 기타 스진
14.01.14 (4) 〈광고〉	우미관 1월 10일자와 동일
14.01.15 (2) 〈광고〉	우미관 1월 10일자와 동일
14.01.15 (3) [연극과 활동]	▲ 우미관 신파비극 일편단심(一片丹心) 긔타 스진 ▲ 황금관 졍극 인의 운명(人運命) 긔타 스진 ▲ 데일대정관 희극 야도에 동졍(夜盜同情) 긔타 스진 ▲ 데이대정관 대활극 단명(短命) 긔타 스진
14.01.16 (3) [연극과 활동]	▲ 우미관 틔셔졍극 어가의 풍(漁家의 風) 기타 샤진 ▲ 황금관 신파비극 령의 음(鈴의 音) 기타 샤진 ▲ 데일대정관 신파비극 명(命) 기타 샤진 ▲ 데이대정관 희극 셔의 소동(鼠의 騷動) 기타 샤진
14.01.16 (3) 〈광고〉	우미관 1월 10일자와 동일
14.01.17 (3) 신축낙성혼 단성사	경셩 즁부 동구안에 잇는, 연극쟝 단셩샤를 헐고, 시로 짓눈다 홈 은, 이젼에 여러번, 긔지한 바, 작년 七월에, 역스를 시작ᄒ야, 임 의 집 건츅은 다 맛치고, 구뎍 안에 니부 슈셩ᄭ지, 젼혀 맛칠터이

1914년

라는디 간 수가, 일빅륙십팔 간에, 무디가 삼십이 간이오, 관람쟈의 명원이, 일천 명이오, 던긔 등이, 합 일빅오십 긔오, 안은 일본 세도, 밧갓 정면은, 셔양 셰도인디 일이등셕은, 젼부 다다미를 짜랏고, 하등셕도, 쟝교우에, 안져보게 되얏스며 기타 여러 가지 구죠와 쟝식이, 조션의 연극쟝으로논 젼도에 데일이 되겟스며, 구력 졍월 초하로날브터, 기셩의 연쥬회로, 첫 번 무디를 연다더라, 총 건츅비 일만일쳔 원

14.01.17 (3)
[연극과 활동]

▲ 우미관 활극 용감흔 신부(勇敢흔 新配婦) 기타 샤진
▲ 황금관 티셔비극 광녀(狂女) 기타 샤진
▲ 데일대졍관 졍극 대비힝가(大飛行家) 기타 샤진
▲ 데이대졍관 골계 심야의 회식 기타 샤진

14.01.17 (3)
〈광고〉

一月 十七日 사진 전부 차환
● 희극 디인난
● 희극 이샹흔 핫쏨
● 활극 원적(怨敵)
● 졍극 이혼
● 활극 청엽음(靑葉蔭)
● 희극 이것도 좀 좃소
● 비극 구사득일생
● 대활극 춘구(春駒)
● 실사 모범육아소
● 졍극 춘셔일몽(春宵一夢)
● 태셔대탐졍극 사이록구 호루무스 구사(九死)의 대탐정
경성 쟝교통
전(電) 二三二六
우미관

14.01.18 (1) 〈광고〉	우미관 1월 17일자와 동일
14.01.18 (3) [연극과 활동]	▲ 우미관 정극 리혼(離婚) 기타 스진 ▲ 황금관 활극 호즈의 결투 기타 스진 ▲ 데일대정관 실스 금번잉도폭발대참상(櫻島爆發慘狀) 기타 스진 ▲ 데이대정관 정극 지나인도의＊＊(支那印度＊＊)＊＊
14.01.20 (3) [연극과 활동]	▲ 우미관 희극 디인난(待人難) 기타 ▲ 황금관 구극 우던천법계방(隅田川法界防) 기타 ▲ 데일대정관 신파 비밀의 고정호(秘密의 古井＊) 기타 ▲ 데이대정관 활극 단명(短命) 기타 샤진
14.01.20 (4) 〈광고〉	우미관 1월 17일자와 동일
14.01.21 (1) 〈광고〉	우미관 1월 17일자와 동일
14.01.21 (3) [연극과 활동]	▲ 우미관 희극 이샹호 하품 기타 ▲ 황금관 잉도폭발실황 기타 ▲ 데일대정관 실스 잉도폭발샹황연쥬희 ▲ 데이대정관 희극 긔발호 광고집 기타 스진
14.01.22 (3) [연극과 활동]	▲ 우미관 활극 원적(怨敵) 기타 ▲ 황금관 구극 불동의 문치(不動의 文治) 기타 ▲ 데일대정관 구극 조안일긔(朝顔日記) 기타 ▲ 데이대정관 잉도폭발실황 기타 스진

14.01.22 (4) 〈광고〉	우미관 1월 17일자와 동일

14.01.23 (3) [연극과 활동]	▲ 우미관 모범육ㅇ소(模範育兒所) 기타 ▲ 황금관 웅변(雄辯) 기타 ▲ 데일대정관 실샤 동양의 제례(東洋의 祭禮) 기타 ▲ 데이대정관 정극 은인(隱忍) 기타 ㅅ진

14.01.23 (4) 〈광고〉	▲ 一月 二十四日 사진 전부 차환 ● 희극 백치의 광태 ● 희극 수교자(手巧者) ● 실사 정말(丁抹)[2] 황제 대관식 ● 희극 황당흔 ㅅ ● 태서활극 서미기질(西米氣質) ● 인정극 애견의 씐쑤 ● 소극 십년공부가 허사 ● 미국남북전쟁 *문(*聞) 용감흔 여장부 ● 소극 소아의 일칙 ● 실사 동경신정의 대화(東京神田의 大火) ● 태서활극 이은보은(以恩報恩) 경성 장교통 전(電) 二三二六 우미관

14.01.24 (3) [연극과 활동]	▲ 우미관 정극 츈구(春駒) 기타 ▲ 황금관 신파비극 잔흔 면영(殘흔 面影) 기타 ▲ 데일대정관 염원인과 말(*原人과 馬) 기타 ▲ 데이대정관 신파비극 신야긔촌(新野崎村) 기타 샤진

―― **2)** 덴마크.

1914년

14.01.24 (3)
〈광고〉

우미관 1월 23일자와 동일

14.01.25 (3)
[연극과 활동]

▲ 우미관   실ᄉ   잉도폭발참샹(櫻島爆發慘狀)   기타
▲ 황금관   희극   사입옥(仕立屋)   기타 ᄉ진
▲ 뎨일대정관   군ᄉ극   녀국ᄉ탐졍(女國事探偵)   기타 ᄉ진
▲ 뎨이대정관   활극 후작부인   기타 ᄉ진

14.01.25 (4)
〈광고〉

우미관 1월 23일자와 동일

14.01.27 (3)
구세수(舊歲首)의
연극과 활동

▲ 연흥샤   혁신단 림셩구 일힝(林聖九 一行)은 본신보 연지쇼셜 논물극(淚劇) 대대뎍 흥힝
▲ 광무뎌   박승필(朴承弼) 일힝은 구연극 춘향가(春香歌) 무동(舞童) 가야금(伽倻琴) 옥엽(玉葉)의 승무(僧舞) 등 각죵을 흥힝
▲ 쟝안샤   김지죵(金在鐘) 일힝은 구연극 심쳥가(沈靑歌) 희션의 판소리(海仙의 獨唱) 졔비타령(燕의 打鈴) 우슘거리 등, 기타를 흥힝
▲ 단셩샤   초삼일브터 기싱연주회(妓生演奏會)를 기연
▲ 우미관   활동샤진 태셔활극 이은보은(以恩報恩) 미국남북젼쟁의 녀쟝부(女丈夫) 쇼극 십년공부가 허ᄉ, 기타 각죵을 영ᄉ
▲ 황금관   활동샤진 잉도대폭발(櫻島大爆發) 태셔졍극 웅변(雄辯) 신파비극 잔혼 면영(殘혼 面影) 기타 각죵을 영ᄉ
▲ 뎨일대졍관   실ᄉ 동양의 졔례(東洋의 祭禮) 활극 밀어사(密漁師) 구극 죠안일긔(朝顏日記) 각죵을 영ᄉ
▲ 뎨이대졍관   희극 긔발호 광고옥(奇拔호 廣告屋) 졍극 은인 신파극 신야긔촌(新野崎村) 기타 활동샤진을 영ᄉ

14.01.27 (4)
〈광고〉

우미관 1월 23일자와 동일

14.01.28 (3) **[연극과 활동]**	▲ 광무디 구연극 옥중화, 련향의 승무, 옥엽의 판소리, 아진소리의, 신기량호 이팔가 기타, 오늘 낮부터, 동대문 안에셔 쓰름 기최 ▲ 단셩샤 본일 밤부터, 광교 기싱 연주회를, 흥힝흔다는디, 션유락, 줄풍류 셔민안락무 기타 연예 ▲ 우미관 희극 쇼으의 일척 실샤 명말황데디관식 기타 ▲ 뎨일대졍관 졍극 용부의 뎨탐졍 긔담 기타 영소 ▲ 뎨이대졍관 졍극 이광 신파비극 가면대활영극 예의탐졍 기타 소진 ▲ 御成座(남셩샤) 신파연극 연미단 일힝의 신파극 흥힝
14.01.28 (4) 〈광고〉	우미관 1월 23일자와 동일
14.01.29 (3) **[연극과 활동]**	▲ 우미관 희극 빅치의 광디 슈교조 실샤 동경신년의 대화 기타 ▲ 뎨일대졍관 신파비극 명예탐졍 기타 샤진 ▲ 뎨일대졍관 신파비극 명예탐졍 기타 샤진 ▲ 황금관 희극 피즈 구극 원산잉련보일긔 잉도대폭발샹황 기타
14.01.29 (3) 〈광고〉	우미관 1월 23일자와 동일
14.01.30 (3) **단셩샤 불청결과** **엄유(嚴諭) /** **연극쟝이 졍호지 못** **호다고 / 안지묵을** **불너 엄즁히 셜유**	작이십구일 오젼 십시경에, 북부 경찰셔에셔, 단셩샤 주무쟈, 안지묵(安在黙)을 호출호야, 엄즁히 셜유호기를 샤롬이 답지호야, 혼잡을 극호는 가온디 질셔가 문란호고, 분요가 막심호며, 쪼호 쳐소가, 청결치 못호야, 위싱샹 방히가 젹지안은 즉, 오날밤부터, 극히 쥬의호야, 변쇼도 청결히호고, 구경군들이 혼잡혼 샹티를 일우지 안토록, 일층 단속호라고, 엄유 방숑호얏다더라

14.01.30 (3) [연극과 활동]	▲ 우미관 활극 에긔질뎌쟝부 기타 ▲ 황금관 희극 피쟈쾌남아 기타 스진 ▲ 데일대정관 정극 용부히련별 기타 스진 ▲ 데이대정관 비극 가련명예탐정 기타

14.01.30 (4) 〈광고〉	一月 三十一日 사진 전부 차환 ▲ 희극 아투쑤스 산상의 어리셕은 ᄌ ▲ 희극 자칭 최면술 ▲ 희극 크고 큰 승리 ▲ 태서정극 소장책사(少壯策士) ▲ 태서활극 위초요비위조(爲楚요非爲趙) ▲ 희극 견과 골(犬과 骨) ▲ 차간(此間) 십분 휴식 ▲ 희극 고요흔 야밤 ▲ 태서활극 목동의 성실 ▲ 소극 신구가(新舊衝) 경성 장교통 전(電) 二三二六 우미관

14.01.31 (3) [연극과 활동]	▲ 우미관 ᄌ칭 최민술 고요흔 야밤 기타 ▲ 황금관 터서비극 빅인마 잉도대폭발 샹황 기타 ▲ 데일대정관 활극 진샹조의 경정 젼항 기타 ▲ 데이대정관 신파비극 * 면이광 기타

14.01.31 (4) 〈광고〉	우미관 1월 30일자과 동일

14.02.01 (3) [연극과 활동]	▲ 우미관 희극 빅치의 광티 수교 기타 ▲ 황금관 희극 피쟈 정극 쾌남아 긔타

▲ 뎨일대졍관   졍극 용부의 뎨희련벌   기타
▲ 뎨이대졍관   신파연극 연미단 일힝 오늘밤부터 졍지

14.02.01 (4)
〈광고〉

우미관 1월 30일자와 동일

14.02.03 (3)
눈물 연극의
부인회 셩황

지나간 일월 삼십일일 슈동 연흥샤에셔 힝훈 본샤 쥬최의 부인애
독쟈 눈물 연극 관람회의 샹황이라 어린 ㅇ히 쇼년 부인 누른 옷
붉은 옷 푸른 옷 흰 옷 남자위풍 차죠바위 트레머리 한데 셕겨 울
며 우스며 리약이 ㅎ며 담비 먹는 형형식식의 녀인국이라

14.02.03 (3)
[연극과 활동]

▲ 우미관   희극   황당훈 스 쇼아의 일칙   기타
▲ 황금관   희극   피쟈 쾌남ㅇ   기타
▲ 뎨일대졍관   활극   가인의 졍탐긔담   기타

14.02.03 (3)
〈광고〉

우미관 1월 30일자와 동일

14.02.04 (3)
림셩구의 조션소업

비곱하도 먹을 것 업고, 몸 츄어도 입을 것 업고 거쳐홀 쳐소도 의
탁홀 친족이 다 업는 것은, 가련훈 어린 거지들이라, 슈동 연흥샤
에셔, 미일 흥힝ㅎ는, 혁신단 쥬임 림셩구는, 이 여러 가지가, 신
구셰히가 박구여온, 셰샹 사룸이, 모다 시옷을 돕겁게 입고, 됴흔
음식을 비불니 먹고, 시히를 질길 해에 유독 어린 ㅇ히들은 담 모
동이에 긔한을 부르지짐을 불샹히 넉여 금번에 다수훈 금젼을,
앗기지 안코, 시가슴으로, 바지 동옷 삼십여벌을, 만드러, 삼십여
명의 거지에게, 입혓슴으로, 거지의 깃거워홈은 물론, 여러 사룸
들이 만히 칭찬ㅎ다더라

14.02.04 (3)
유일단의 됴흔 평판

신파극 유일단(唯一團) 일힝의 연극에 딕흔 됴흔 평판은, 경향에 임의 뎡흔 물론이 잇닉바, 작년 셰말부터, 대구(大邱)에셔, 수십일을 흥힝ᄒ야, 비샹흔 환영을 밧앗고, 그후 부산(釜山)으로 나려가 초량좌(草梁座)에셔, 믹일 흥힝ᄒᄂ 즁, 일반 인ᄉ가 극히, 그 일힝을 환영ᄒᆞ고, 심히 그 연극을 찬셩ᄒ야, 밤마다 만원의 셩황을 일운다닉딕, 특히 대구와 부산은, 신파연극이라ᄂ 것이, 쳐음인고로, 그 토디의 사름은, 한층 더 귀이히 녁이며, 일힝의 기예를 칭찬흔다더라

14.02.04 (3)
[연극과 활동]

▲ 우미관　졍극　쇼장칙ᄉ 고요흔 이밤　기타
▲ 황금관　탐졍형ᄉ 교훈　기타
▲ 뎨일대졍관　졍극　염대흉셕기심　기타
▲ 뎨이대졍관　북야의 슉누 녀우의 위물　기타

14.02.04 (4)
〈광고〉

우미관 1월 30일자와 동일

14.02.05 (2)
〈광고〉

우미관 1월 30일자와 동일

14.02.05 (3)
[연극과 활동]

▲ 황금관　뎨일대졍, 뎨이대졍관　활동사진

14.02.06 (3)
앵도폭발
(櫻島爆發)과
장안샤 / 잉도의
동포를 구졔코져 /
쟝안샤에셔
조션 연주회

금번 닉디 잉도폭발에 딕ᄒ야, 각쳐로부터 유지쟈와 밋, 기타 샤회에셔, 련속히 의연금을 모집ᄒ야, 특별히 긔부ᄒᄂ 일은, 일반이 모다 아ᄂ 바이어니와, 이즈음, 경셩 즁부 동구안, 쟝안샤(長安社) 김지종 일힝(金在鐘 一行)의, 특별흔 열심으로, 일졔히 발긔ᄒ야, 오늘밤부터, 러일밤ᄭ지 량일간, 잉도폭발 조션연주회를 열고, 슈입금을 긔부흔다더라

14.02.06 (3) [연극과 활동]	▲ 우미관 황금관 데일대정 데이대정관　활동수진 영수
14.02.06 (4) 〈광고〉	◉ 二月 七日 사진 전부 차환 ● 희극　결혼축야(結婚祝夜) ● 신파비극　종향(鍾響)　상하 이권 ● 희극　지미의 형제 ● 실시　루-쥬비루드 대통령 ● 희극　호종건곤목수(壺種乾坤木手) ● 태서정극　소아의 간곳 ● 희극　어리셕은 대장 씐기지편 ● 태서활극　광야의 춘(春) ● 희극　호디루의 침디 ● 태서비극　만부의 화몽 ● 희극　삼미 광고 경성 장교통 전(電) 二三二六 우미관
14.02.07 (3) [연극과 활동]	▲ 우미관 황금관 데일대정관 데이대정관　활동수진 영수
14.02.08 (1) 〈광고〉	우미관 2월 6일자와 동일
14.02.08 (3) [연극과 활동]	▲ 우미관 황금관 데일대정관 데이대정관　활동수진 영수
14.02.10 (3) [연극과 활동]	▲ 우미관 황금관 데일대정관 데이대정관　활동수진 영수

14.02.10 (3) 〈광고〉	우미관 2월 6일자와 동일

14.02.11 (3)
앵도참재
(櫻島慘災)와
혁신단 / 잉도의
샹호 동포를 위히 /
혁신단에셔도
조션연쥬회

본월 십일일브터, 잇흘 동안은, 슈동 연흥샤, 혁신단 림셩구 일힝이, 니디 잉도와, 동북 디방 지앙을, 맛난 이민을 위흐야, 조션연쥬회를 셜힝흐야, 슈입금을, 그 디방에 긔부혼다는딕, 연극의 예제(藝題)는, 본샤에셔, 련지흐던 쇼셜 쟝한몽(長恨夢)이라 흐니, 그 디방 인민의게, 동졍을 표흐는, 일반인스는, 물론 다수히 관람흐겟스며, 또는 쇼셜계에, 환영을 밧던 쟝한몽을, 구경코져 흐는 사름도, 볼쇼흐리니, 본 십일일 밤에는, 연흥샤의 관람쟈가, 문이 메이는 대셩황을 일우리라고 예측흐겟더라

14.02.11 (3)
장안사 일행의
특거(特擧) /
김지종 일힝의
긔특한 일

경셩 즁부 동구안 쟝안사에셔 잉도 폭발에 디한 조션연쥬회를 긔최혼 말은 임의 게지혼 바어니와, 총무 김지죵 일힝(金在鍾 一行)은 그날 슈입금 이십원을 슈합흐야, 동북구쥬이지민(東北九州罹災民)에 참샹을 구조코져, 작일 본샤로 보닉고, 젼숑흐야, 달나흐얏슴으로, 그 긔특홈을, 찬양치 안는 쟈가 업더라

14.02.11 (3) [연극과 활동]	▲ 우미관 황금관 뎨일대정관 데이대정관 활동스진 영소

14.02.11 (3) 〈광고〉	우미관 2월 6일자와 동일

14.02.13 (3)
천연색의 활동사진
/ 텬연싴 활동샤진
의 발명 / 미국에 죠
션도 나올 모양

활동샤진계에셔, 항샹 유의흐던, 텬연식 활동샤진이, 근일에 발명되야, 구미 각국에는 두셔너 가지가 잇으나, 그 빗이 십분 션명치 못흐야, 희미혼 곳이, 만흔딕, 이번에 영국 「고로슈-무」 회샤에셔 발명혼 것은 한아도, 그런 결뎜이 업고, 비용도 만히, 들지 안이흐는고로, 요스이 그 샤진의 평판이, 심히 됴화, 일본 동경, 산즁샹회(山中商會)에셔는, 그 회샤로부터 권리를 양슈흐야, 긔스를 고빙흐야, 샤진의 제조 방법을 연습흐며, 명랑혼 곳에셔, 영샤흐는,

활동샤진의 권리도, 영국 「쥬-루」 회샤에셔 엇엇슴으로, 텬연식
활동샤진이 되여, 본월 십일부터, 대판 즁좌(中座)라ㅎᄂᆞᆫ 연극쟝
에셔, 흥힝ᄒᆞᆫ다ᄒᆞ니, 불일간에 죠션 디방에도 그 샤진이 나갈듯ᄒᆞ
다더라(대판구일발우(大阪九日發郵))

14.02.13 (3)
[연극과 활동]

▲ 우미관 황금관 뎨일대정관 뎨이대정관   활동ᄉᆞ진 영ᄉᆞ

14.02.13 (3)
〈광고〉

▲ 二月 十四日 사진 전부 차환
● 희극   상*(箱*)
● 희극   적속옷
● 희극   기록차(奇綠車)
● 태서비극   애아의 소안(愛兒의 笑顔)
● 태서활극   이인열녀
● 희극   신 어리셕은 ᄌᆞ 구리스마스 편
● 태서활극   인도인의 원한
● 태서정극   문경지교(刎頸之交)
● 마술   독갑이 작난
경성 장교통
전(電) 二三二六
우미관

14.02.14 (3)
[연극과 활동]

▲ 우미관 황금관 뎨일대정관 뎨이대정관   활동ᄉᆞ진 영ᄉᆞ

14.02.14 (4)
〈광고〉

우미관 2월 13일자와 동일

14.02.15 (3) 광무대도 연주회 / 잉도 폭발과 조선연쥬회 셩힝 / 광무디에도 리일밤 브터 흥힝	경셩 남부 황금유원 안에셔, 흥힝ᄒᄂᆞᆫ, 광무디 박승필 일힝(朴承弼 一行)은, 명일밤브터, 조선연주회를, 대대뎍 기최ᄒ고, 그 날 슈입ᄒᆫ 돈을, 전부 긔부ᄒ기로, 결뎡ᄒ얏다ᄂᆞᆫ디, 이에 디ᄒ야, 비우단 리형슌(李亨順) 김인호(金仁浩) 죠양운(趙良云) 등 기타와, 안진소리의, 강진(康津) 히쥬(海州) 산옥(山玉) 옥엽(玉葉) 등의 특별ᄒᆫ 공익과 조션심으로, 각기 발론ᄒ야, 조긔 월급 즁, 반익(半額)을, 긔부ᄒ기로 결뎡ᄒ고, 맛나ᄂᆞᆫ 사름마다, 극구 찬성을 마지안음으로, 모다 칭찬ᄒᄂᆞᆫ 소리가, 쟈쟈ᄒ다더라
14.02.15 (3) [연극과 활동]	▲ 우미관 황금관 뎨일대졍관 뎨이대졍관 활동ᄉ진 영ᄉ
14.02.15 (4) 〈광고〉	우미관 2월 13일자와 동일
14.02.17 (3) [연극과 활동]	▲ 우미관 황금관 뎨일대졍관 뎨이대졍관 활동ᄉ진 영ᄉ
14.02.17 (3) 〈광고〉	우미관 2월 13일자와 동일
14.02.18 (3) 광무대 이재의연금 / 환난 샹구의 특별 ᄒᆫ 연쥬회 / 광무디 일힝의 긔특ᄒᆫ ᄉ업	임의 게지ᄒᆫ 바 지나간 십륙일 밤, 경셩 남부 황금유원 안에셔, 흥힝ᄒᄂᆞᆫ, 광무디 박승필 일힝(朴承弼 一行)의, 잉도폭발에 디ᄒᆫ, 조션연쥬회를 기최ᄒᆫ 결과 금 이십 이원 삼십 오젼을 작일 일본샤로 보닉고 그 디방으로 젼ᄒ기를 의뢰ᄒ얏더라
14.02.18 (3) [연극과 활동]	▲ 우미관 황금관 뎨일대졍관 뎨이대졍관 활동ᄉ진 영ᄉ
14.02.18 (4) 〈광고〉	우미관 2월 13일자와 동일

14.02.19 (3) [연극과 활동]	▲ 우미관 황금관 데일대정관 데이대정관 활동스진 영소
14.02.19 (4) 〈광고〉	우미관 2월 13일자와 동일
14.02.20 (3) [연극과 활동]	▲ 우미관 황금관 데일대정관 데이대정관 활동스진 영소
14.02.21 (3) [연극과 활동]	▲ 우미관 황금관 데일대정관 데이대정관 활동스진 영소
14.02.21 (3) 〈광고〉	◉ 二月 二十一日 사진 전부 차환 ▲ 희극 비관(匕官)의 장식 ▲ 태서활극 산령의 운무 ▲ 신파희극 축음기 ▲ 실사 나이야가라 폭포 ▲ 태서비극 묘창해지일표(杳蒼海之一票) ▲ 태서활극 결초지보(結草之報) ▲ 태서정극 오비이락 ▲ 태서정극 시역전세지사(是亦塵世之事) ▲ 희극 백의의 독갑이 ▲ 희극 해수욕의 일수(一睡) 경성 장교통 전(電) 二三二六 우미관
14.02.22 (1) 〈광고〉	우미관 2월 21일자와 동일
14.02.22 (3) [연극과 활동]	▲ 우미관 황금관 데일대정관 데이대정관 활동스진 영소

14.02.24 (3)
문수성의
우방광(又放光) /
문슈셩 일힝이
또 나온다니 /
신파연극계의
다힝호 소식

죠션에는 원리 연극이라ㅎ는 것이 업고 다만 음란픠속ㅎ다 홀만호, 구연극(광디소리, 무동, 츈향이노름)이 미미ㅎ게 남아잇슬 뿐이러니 근일에 일으러셔는 신파연극이라는 것이 각쳐에 싱겻스나 혹은 영업을 목뎍ㅎ며 혹은 남의 흉너를 너임에 지닉지 못ㅎ야 진실호 신연극의 취미를 가진 단톄는, 보기 어렵더니, 젼＊에 문슈셩 일힝(文秀星 一行)이라ㅎ는 단톄는, 이것을 기탄히 녁이고 또는 창션징악의 목뎍으로, 문예샹 취미잇는 사룸 긔인이 모여, 열심으로 원각샤 안에서, 흥힝ㅎ던 즁, 지졍의 군졸홈을, 인연ㅎ야, 부득이 즁지홈을 면치 못ㅎ얏스나, 그 단톄의 니용＊ 흥샹 헛터지지 안이ㅎ고, 모혀잇서 시긔의 도러ㅎ기를 기다리던 즁 이번에 신스 오귀영(吳龜泳) 최긔용(崔基龍) 량씨가 분연히 출두ㅎ야 다수호 주본금을 너여놋코 문슈셩 일힝을 다시 일으키기로 결심하고 모범뎍 연극을 셜힝혼다는디, 그 단톄 즁에 인원 등은 모다 너디 류학싱으로 각 젼문학교를, 졸업호 인스인디, 너월 초싱부터는, 연극을 시작혼다 ㅎ니, 죠션에서 가위 연극이라 일을만호 것은, 이졔야 비로소 한아를 보게 되얏다고 일반이 긔망호 바이라ㅎ며 또는 그 단톄의 날로 흥왕ㅎ야 쟝릭의 성공을 빈다더라

14.02.24 (3)
[연극과 활동]

▲ 우미관 황금관 데일대졍관 데이대졍관　활동亽진 영亽

14.02.24 (4)
〈광고〉

우미관 2월 21일자와 동일

14.02.25 (3)
쟝안샤의 긔념 연극

즁부 쟝이쟝ㅅ골에 잇는, 쟝안샤 연극쟝에는, 젼후 명챵이 모혀, 구연극을 흥힝홈으로, 밤마다 셩황을 일우더라, 오날은 그 연극쟝의, 일쥬년 긔념일인고로, 긔념을 굉쟝히 거힝키 위ㅎ야, 수십 일 젼부터, 쥰비ㅎ여 오던 터인디, 심졍슌(沈＊淳)의 가야금과, 김봉문(金奉文)의 판소리며, 금홍과, 히션(錦紅 海仙) 두 계집아히의, 각종 소리로, 관람쟈의 흥미를, 일층 더ㅎ게 ㅎ고져, 각기 쥰비ㅎ고 잇는 즁이라ㅎ니 오날밤 쟝안샤의 구경은 쟝관일듯

14.02.25 (3)
혁신단의 학교 연쥬

즁부 수동, 혁신단 림셩구 일힝(林聖九 一行)의 공익샹 열심은, 사롬마다 아는 바어니와, 즁부 뎐동, 수립즁동야학교(中東夜學校)의, 경비 군졸ᄒ다는 말을 듯고, 이셕히 녁여, 리일밤에는 그 학교 연쥬회를 연다더라

14.02.25 (4)
〈광고〉

우미관 2월 21일자와 동일

14.02.26 (3)
[연극과 활동]

▲ 우미관 황금관 뎨일대졍관 뎨이대졍관　활동수진 영사

14.02.26 (4)
〈광고〉

우미관 2월 21일자와 동일

14.02.27 (3)
연극쟝을 야학교로
아는가 / 연극쟝과
남녀학생

연극이라 ᄒᄂ 것이, 잘ᄒ고 보면, 민지 기발이라던지, 풍긔교졍에 디히야, 얼마큼 유익ᄒ 덤이 잇다하겟스나, 신구연극을 물론ᄒ고 오ᄂᆯ날 우리 죠션의, 소위 연극쟝이니 활동샤진관이니 ᄒᄂ 것은, 샤회에 디ᄒ야, 쳔빅가지의 폐ᄒᄂ 잇슬망졍, 일호반뎜의 리익은 업다라 ᄒ지며, ᄒᆞᆫ말로 싸쌔트릴진딘, 일반 음부탕ᄌ의 딕합실(待合室)이라 ᄒ겟스니, 아모리 싱각ᄒ야도, 남녀간, 젹이 지각이 잇는 쟈는 결코 발을 더려놋치 못홀 곳이라고 단언ᄒ겟도다

이에 디ᄒ야 범샹호 보통 남녀라도, 그러홀지어놀, ᄒ움을며 남녀를 물론ᄒ고, 학싱의 신분인가, ᄯᅩ호 지금이 언의 쌔인고, 일반학싱의 학년시험(學年試驗)이라, 다른 쌔와 달나, 물 쥬여먹고 아무됴록 공부를 열심으로 ᄒᆞ야, 졸업홀 학싱은 졸업을 ᄒ고, 진급(進級)홀 학싱은 진급을 ᄒ야, 남의 뒤를 셔지 안토록 ᄒᄂ 것이, 학싱 ᄌ긔의 본분이오 ᄯᅩ호 부형과 교수의 희망홈이 안인가

그러ᄒᆫ딘, 근일 각 연극쟝과 밋 활동샤진관의 졍황을 시찰ᄒ던지, 혹 소문을 듯던지 ᄒ면, 학싱이 삼분의 이(三分二)는 된다ᄒ겟스니, 연극쟝을 무슴 야학교(夜學校)로 아는가, 그러호 즁에 엇던 학싱은, 모ᄌ의 교표(校票)를 쎄고 드러가며, 엇던 학싱은 학싱모ᄌ를, 버셔닉리고, 보통 모ᄌ를 밧고아 쓴 쟈도 잇슨 즉, 이와ᄀᆞᆺ치

낫분 학성이 어디 잇는가, 학년시험에 락뎨(落第)도 관계치 안코,
우등에 참예치 못홈도, 관계치 안이ᄒ야가며, 열심으로 그와ᄀᆞ치,
못된 구덩이에 참여코져 홈은 진실로 무슴 심쟝인가

그 즁에도, 녀학성(女學生)이 죵죵 셕겨잇슨 즉, 져간의 핍진호 니
용은, 참아 학성된 쟈에게 더ᄒ지 안코, 대강 만드러 경계ᄒ노니,
남녀간 학성된 여러분도, 십분 경셩ᄒ려니와, 일반 교육가(敎育
家)와 밋 학부형(學父兄)들은 십분 주의ᄒ시오

14.02.27 (3)
[연극과 활동]

▲ 우미관 황금관 뎨일대졍관 뎨이대졍관 활동ᄉ진 영사

14.02.27 (4)
〈광고〉

▲ 二月 二十八日 사진 전부 차환

● 실사 체육운동회
● 희극 여권확장
● 태서활극 토인의 집합
● 소극 명인의 *사(*師)
● 신파비극 이인처(二人妻)
● 태서정극 대*(隊*)과 신사
● 희극 여우편부
● 태서비극 모자의 진정
● 명호(鳴呼)의 우인랑

경성 장교통

전(電) 二三二六

우미관

14.02.28 (3)
[연극과 활동]

▲ 우미관 황금관 뎨일대졍관 뎨이대졍관 활동ᄉ진 영사

14.02.28 (4)
〈광고〉

우미관 2월 27일자와 동일

14.03.01 (3) [연극과 활동]	▲ 우미관 황금관 데일대정관 데이대정관　활동스진 영수
14.03.01 (4) 〈광고〉	우미관 2월 27일자와 동일
14.03.03 (3) [연극과 활동]	▲ 우미관 황금관 데일대정관 데이대정관　활동스진 영수
14.03.03 (4) 〈광고〉	우미관 2월 27일자와 동일
14.03.04 (2) 〈광고〉	우미관 2월 27일자와 동일
14.03.04 (3) [연극과 활동]	▲ 우미관 황금관 데일대정관 데이대정관　활동스진 영수
14.03.05 (3) [연극과 활동]	▲ 우미관 황금관 데일대정관 데이대정관　활동스진 영수
14.03.05 (4) 〈광고〉	우미관 2월 27일자와 동일
14.03.06 (3) [연극과 활동]	▲ 우미관 황금관 데일대정관 데이대정관　활동스진 영수
14.03.06 (4) 〈광고〉	● 三月 七日 사진 전부 차환 ● 희극　나타한 자(懶惰한 者) ● 신파비극　꾕이시려 ● 태서활극　의부의 분노 ● 희극　독국음악(獨國音樂) ● 태서활극　부(父)의 범죄

● 차간(此間) 십분 휴식
● 소극　경주자
● 실사　몬쏘나의 풍경
● 태서대활극　여군사
경성 장교통
전(電) 二三二六
우미관

14.03.07 (3)
[연극과 활동]

▲ 우미관 황금관 데일대정관 데이대정관　활동스진 영수

14.03.07 (4)
〈광고〉

우미관 3월 6일자와 동일

14.03.08 (3)
[연극과 활동]

▲ 우미관 황금관 데일대정관 데이대정관　활동스진 영수

14.03.10 (3)
[연극과 활동]

▲ 우미관 황금관 데일대정관 데이대정관　활동스진 영수

14.03.10 (4)
〈광고〉

우미관 3월 6일자와 동일

14.03.11 (3)
[연극과 활동]

▲ 우미관 황금관 데일대정관 데이대정관　활동스진 영수

14.03.11 (4)
〈광고〉

우미관 3월 6일자와 동일

14.03.12 (3)
[연극과 활동]

▲ 우미관 황금관 데일대정관 데이대정관　활동스진 영수

14.03.12 (4) 〈광고〉	우미관 3월 6일자와 동일

14.03.13 (3) **문수성은 금일** **시류광(始流光) /** **오놀밤브터** **문슈성 연극**	일젼브터, 죠션 신파연극 문슈셩 일힝(文水星 一行)이 다시 나와, 흥힝흔다ᄒᆞᄂᆞᆫ 말은 임의 보도ᄒᆞ얏거니와, 그 일힝은 본 십삼일부터, 연흥샤 연극장에서, 덕국토산(德國土産)이라ᄒᆞᄂᆞᆫ 예뎨로, 흥힝흔다던디, 그 일힝은 월여 동안이나, 쥬야로 힘을 다ᄒᆞ야, 연극을 연구ᄒᆞ얏을 뿐 안이라, 단원의 인물은, 모다 지식인이고, 품힝이 단정흔 사롬만, 모히여 잇ᄂᆞᆫ고로, 신파연극계에, 한 광치가 날 것이요, ᄯᅩᄂᆞᆫ 모범뎍 연극이, 이졔야 비로소 일반 이극가의, 환영을 살 줄로 짐작ᄒᆞ겟스며 모든 단원은 더욱 신즁흔 튀도를 가지고, 이왕의 엇덧던, 문슈셩의, 됴흔 일흠을, 헛도히 ᄒᆞ지 안키로 결심ᄒᆞ야 창션징악의, 일기 긔관이 되기로 주부흔다더라

14.03.13 (3) **혁신단의** **자션연주회 /** **것옷 히입히랴고** **연쥬회**	일젼브티 혁신단 림셩구 일힝(林聖九 一行)은, 인쳔 츅항사(仁川築港社)에 나려가셔, *종의 신파연극을, 흥힝흔 이러로, 대셩황을 일운다는디, 요ᄉᆞ이 림셩구 일힝의 발긔로, 오놀밤 조선연쥬회를 열고, 슈입ᄒᆞᄂᆞᆫ 금익으로써 인쳔항 각쳐로 도라단이는 거지 아히 십오명을 가리여 옷을 지어입히기 위ᄒᆞ야 대대뎍 흥힝흔다더라

14.03.13 (3) [연극과 활동]	▲ 우미관 황금관 뎨일대졍관 뎨이대졍관 활동ᄉᆞ진 영ᄉᆞ

14.03.13 (4) 〈광고〉	▲ 三月 十四日 사진 전부 차환 ● 희극 세탁 ● 희극 오반(午飯)의 초대 ● 태서비극 복수법 ● 대판(大阪) 매일신문 연재 동경 일일신문 연재 국지유방(菊池幽芳) 선생 원작 신파 백합자(白合子) 상중하 삼권 ● 태서비극 천고지한(千古之恨) ● 태서정극 장자의 애정

● 희극　처군(妻君)의 답장
경성 장교통
전(電) 二三二六
우미관

14.03.14 (2) 〈광고〉	우미관 3월 12일자와 동일
14.03.14 (3) [연극과 활동]	▲ 우미관 황금관 데일대정관 데이대정관　활동소진 영소
14.03.15 (2) 〈광고〉	우미관 3월 12일자와 동일
14.03.15 (3) [연극과 활동]	▲ 우미관 황금관 데일대정관 데이대정관　활동소진 영소
14.03.17 (3) [연극과 활동]	▲ 우미관 황금관 데일대정관 데이대정관　활동소진 영소
14.03.17 (3) 〈광고〉	우미관 3월 12일자와 동일
14.03.18 (3) [연극과 활동]	▲ 우미관 황금관 데일대정관 데이대정관　활동소진 영소
14.03.18 (4) 〈광고〉	우미관 3월 12일자와 동일

14.03.19 (3) **문수성 청춘극** **가일평(加一評) /** **잘ㅎ는 것은** **잘혼다ㅎ겟고 /** **못ㅎ는 것은** **못혼다 훌밧게**	요ㅅ이 이런 일, 사동 연흥샤에셔, 흥힝ㅎ는, 문슈셩 일힝(文水星一行)은, 기연혼 후, 날마다 만원되는, 셩황을 일우고 일반관긱의, 환영을 밧는 즁, 지작일 밤부터 흥힝ㅎ는, 청춘(靑春)이라 ㅎ는 예데를, 잠간 비평ㅎ건디, 여러 비우의 열심 연구혼 결과가, 과연 헛되지 안이ㅎ고, 막마다 셔투른 곳이 업스며, 더욱 니디 동경, 하슉(下宿)에셔, 류슉ㅎ는 류학셩과, 쥬인 로파와, 일본 기성의 동작은, 가위 그러홀 듯이 잘되얏스나, 뎡이라ㅎ는 녀학셩이, 남편을 츠자, 밀니 왓는디, 아모리 견일 인연을, 쎄이고즈 ㅎ는, 학셩의 무음일지라도, 뎡이와 셔로 슈작이 조곰 젹은 것이 유감이며 좃겨가는 뎡이의 슬허ㅎ는 표졍이 젹은 것은 결뎜이러라 또는 송진슈가 귀국ㅎ야 은힝에 단닐 쌔에도 그 집꼬지 뎡이가 아들을 다리고 갓는디, 송진슈의 표졍이 젹은 것은, 고소ㅎ고, 아들을 남편에게 맛기고 가는 졍이의, 슯흔 가슴이, 관긱의 눈에는, 별로히 감동되지 안이ㅎ는 것이 흠졈이며, 쯧막에셔 일본 기성이, 뎡이와, 송진슈의 인연을, 다시 미져주는 쌔에, 젼후 려력을 변호소에게, 즈셔히 말ㅎ지도 안코, 속히 두 사롬의 손을, 이어주는 것이, 젹이 셥셥혼 곳이러라, 그러나, 그 외에 여러 막은, 모다 신졍이 뭇고, 나무랄 곳이 엇스니, 대체 죠션에셔는, 처음보는 연극이라 ㅎ겟더라
14.03.19 (3) **[연극과 활동]**	▲ 우미관 황금관 데일대졍관 데이대졍관 활동소진 영소
14.03.19 (4) **〈광고〉**	우미관 3월 12일자와 동일
14.03.20 (3) **[연극과 활동]**	▲ 우미관 황금관 데일대졍관 데이대졍관 활동소진 영소
14.03.20 (3) **〈광고〉**	▲ 三月 二十一日 사진 젼부 차환 ▲ 히극 시골 단니는 비우 ▲ 히극 닉리와 밋도 ▲ 태셔비극 묘죵(墓鍾)

▲ 태서인정극　심야의 비극
▲ 신파희극　당세신사(當世紳士)
▲ 태서활극　단현지애(斷鉉之哀)
▲ 태서비극　음한탄성(飮恨呑聲)
▲ 실사　쥬이돈의 풍경
경성 장교통
전(電) 二三二六
우미관

14.03.21 (3)
[연극과 활동]

▲ 우미관 황금관 뎨일대정관 데이대정관　활동수진 영수

14.03.21 (4)
〈광고〉

우미관 3월 20일자와 동일

14.03.23 (3)
[연극과 활동]

▲ 우미관 황금관 뎨일대정관 데이대정관　활동수진 영수

14.03.23 (4)
〈광고〉

우미관 3월 20일자와 동일

14.03.24 (1)
〈광고〉

우미관 3월 20일자와 동일

14.03.24 (3)
[연극과 활동]

▲ 우미관 황금관 뎨일대정관 데이대정관　활동수진 영수

14.03.25 (3)
[연극과 활동]

▲ 우미관 황금관 뎨일대정관 데이대정관　활동수진 영수

14.03.25 (3)
〈광고〉

우미관 3월 20일자와 동일

14.03.26 (3) **[연극과 활동]**	▲ 우미관 황금관 뎨일대정관 뎨이대정관 활동수진 영수
14.03.27 (3) **[연극과 활동]**	▲ 우미관 황금관 뎨일대정관 뎨이대정관 활동수진 영수

14.03.27 (3)
〈광고〉

● 三月 二十八日 사진 전부 차환

▲ 최근 구주(歐州) 전토(全土)를 진해(震駭)케 호 유호국(乳虎國)의 적한(賊漢)이 파리 감옥을 탈감(脫監)호야 도주 은신호 바 당시 사이륙구 호루무스 이상의 수원(水畹)이 유(有)호 유명호 아이안 한드의 형사가 민활한 수단으로 삼＊월간 고심호 결과 적한을 포박하는 전무후무한 탐정극의

▲ 태서대활극 유호국(乳虎國) 서상호 설명
▲ 희극 자연
▲ 정극 회사원
▲ 신파희극 거진말
▲ 활극 인도양 권봉인(權奉仁) 설명
▲ 정극 부실(不實) 서상호 설명
▲ 희극 불사의(不思議)혼 안경
▲ 정극 유서
경성 장교통
전(電) 二三二六
우미관

14.03.28 (3) **[연극과 활동]**	▲ 우미관 황금관 뎨일대정관 뎨이대정관 활동수진 영수
14.03.28 (4) 〈광고〉	우미관 3월 27일자와 동일
14.03.29 (2) 〈광고〉	우미관 3월 27일자와 동일

14.03.29 (3) **[연극과 활동]**	▲ 우미관 황금관 뎨일대정관 뎨이대정관 활동스진 영스
14.03.29 (3) **[독자긔별]**	▲ 일젼밤 쟝안샤 부인 상등셕에셔, 엇던 베쏀샹이, 우산을 써러트리닛가, 즁등셕에 안졋던 쟈이 집어셔 올녀 보닉는딕, 그 볏빈 샹이, 밧으랴 ㅎ면 또 쎼앗고, 이리ㅎ기를 수추 ㅎ기 쌔문에 아조 스무원에게, 망신을 톡톡히 당합듸다, 그런 무례혼 놈이, 어딕 잇셔「통정생」 ▲ 광무딕 복구상은, 일간 호등학교를 위ㅎ야, 특별히 연주회를, 연답듸다, 참 고마워요「소문생」
14.03.31 (3) **[연극과 활동]**	▲ 우미관 황금관 뎨일대정관 뎨이대정관 활동스진 영스
14.03.31 (4) **〈광고〉**	우미관 3월 27일자와 동일
14.04.01 (1) **〈광고〉**	우미관 3월 27일자와 동일
14.04.01 (3) **문수셩의** **단장록(斷腸錄)** **흥행 / 문수셩에셔** **오는 스일부터 /** **본보 쇼셜** **단쟝록을 흥힝홈**	스동 연흥샤 안에셔, 츌연ㅎ는, 문슈셩 일힝(文秀星 一行)은, 기연혼 이후로 련일 셩황으로, 사롬의 환영을 밧으며 연극도 자미잇고, 고샹ㅎ게 ㅎ야, 칭찬을 밧는 터이러니, 본월 스일 밤부터는 본보의 련지ㅎ는 쇼셜 단쟝록을 기연홀 초로, 요스이 여러 비우는, 열심으로 공부 즁이라ㅎ니, 그날에 일으러는, 과연 다수혼 관람쟈가 잇스리라더라
14.04.01 (3) **[연극과 활동]**	▲ 우미관 황금관 뎨일대정관 뎨이대정관 활동스진 영스

1914년

14.04.02 (3) [연극과 활동]	▲ 우미관 황금관 데일대정관 데이대정관 활동소진 영소
14.04.02 (4) 〈광고〉	우미관 3월 27일자와 동일
14.04.03 (3) [연극과 활동]	▲ 우미관 황금관 데일대정관 데이대정관 활동소진 영소

14.04.03 (3)
〈광고〉

▲ 四月 四日 사진 전부 차환
우오돌 남작이 세상을 하직할 쩌의 여러 친척을 불너 유언일어지 (遺言日語之) 여식이(영양(令孃)이 당시 십일세라) 이십일세 되는 십이월 삼십일일 정오 십이시를 한ᄒ야 재산 전부 이백만원을 상속케 ᄒ되 만일 그 쩌를 당ᄒ야 녀식이 도주 우(又)는 사망지후(死亡之後)면 사제(舍弟) 쬬지에게 상속케 홀 시로다 유언ᄒ고 황천지객이 되니 사제 쬬지가 악심을 발기ᄒ야 질녀를 살해ᄒ고 재산을 강탈코자 일대 풍랑을 야기ᄒᄂ 전무후무의

● 대활극   이백만원의 재산   일만구천척 서상호 설명
● 실사   철공장
● 활극   용감혼 만녀(蠻女)
● 신파희극   졀문 부부
● 비극   정실(情實)
● 활극   범인의 도주
● 정극   계책

경성 장교통
전(電) 二三二六
우미관

14.04.05 (3) [연극과 활동]	▲ 우미관 황금관 데일대정관 데이대정관 활동소진 영소

14.04.05 (5) 〈광고〉	우미관 4월 3일자와 동일
14.04.07 (3) [연극과 활동]	▲ 우미관 황금관 예일대정관 예이대정관　활동수진 영수
14.04.07 (3) 〈광고〉	우미관 4월 3일자와 동일
14.04.08 (5) [연극과 활동]	▲ 우미관 황금관 예일대정관 예이대정관　활동수진 영수
14.04.08 (5) 〈광고〉	우미관 4월 3일자와 동일
14.04.09 (3) [연극과 활동]	▲ 우미관 황금관 예일대정관 예이대정관　활동수진 영수
14.04.09 (4) 〈광고〉	우미관 4월 3일자와 동일
14.04.10 (3) [연극과 활동]	▲ 우미관 황금관 예일대정관 예이대정관　활동수진 영수
14.04.10 (4) 〈광고〉	◉ 태서비극　하리스의 성효(成效) ◉ 태서활극　기수의 련(騎手의 戀) ◉ 태서활극　처의 동(妻의 働) ◉ 태서정극　친우 경성 장교통 전(電) 二三二六 우미관

1914년

14.04.11 (2) 〈광고〉	▲ 四月 十一日 사진 전부 차환 ● 희극　쇼아의 양성 ● 희극　조동츠 ● 활극　패일전(敗一戰) ● 정극　친우 ● 활극　기수의 연애 ● 비극　하리스의 성효 경성 장교통 전(電) 二三二六 우미관
14.04.12 (3) 수운(愁雲) 참담 / 황태후끠셔 승하 / 각 방면 근신 상틱	▲ 각 연극쟝의 근신　경셩닉 일션인 각 연극쟝은, 혹은 지작일, 혹은 작일부터, 유희ᄒᄂᆫ 오락을, 뎡지ᄒ고 문을 굿이 닷아, 이도 ᄒᄂᆫ 뜻을, 표ᄒ며 각 기인도, 극히 근신ᄒᆞ야, 셩의를 다ᄒ더라
14.04.15 (3) [연극과 활동]	▲ 우미관 황금관 뎨일대정관 데이대정관　활동ᄉ진 영ᄉ
14.04.16 (3) [연극과 활동]	▲ 우미관 황금관 뎨일대정관 데이대정관　활동ᄉ진 영ᄉ
14.04.16 (4) 〈광고〉	우미관 4월 11일자와 동일
14.04.17 (3) [연극과 활동]	▲ 우미관 황금관 뎨일대정관 데이대정관　활동ᄉ진 영ᄉ
14.04.17 (3) 〈광고〉	● 四月 十八日 사진 전부 차환 ▲ 희극　일인(一人) 친우 ▲ 정극　신요리번(新料理番) ▲ 소극　삽호 바롬

▲ 비극 연애의 쟁투

▲ 골계 오월(吳越)

▲ 비극 화일륜(花一輪)

▲ 활극 삼인랑(三人娘)

▲ 비극 파멸

▲ 신파비극 가련훈 모자

경성 장교통

전(電) 二三二六

우미관

14.04.18 (1)
〈광고〉

우미관 4월 17일자와 동일

14.04.18 (3)
[연극과 활동]

▲ 우미관 황금관 뎨일대정관 뎨이대졍관 활동ᄉ진 영ᄉ

14.04.19 (2)
〈광고〉

우미관 4월 17일자와 동일

14.04.19 (3)
[연극과 활동]

▲ 우미관 황금관 뎨일대졍관 뎨이대졍관 활동ᄉ진 영ᄉ

14.04.21 (3)
[연극과 활동]

▲ 우미관 황금관 뎨일대졍관 뎨이대졍관 활동ᄉ진 영ᄉ

14.04.21 (4)
〈광고〉

우미관 4월 17일자와 동일

14.04.22 (2)
〈광고〉

우미관 4월 17일자와 동일

14.04.22 (3) [연극과 활동]	▲ 우미관 황금관 데일대정관 데이대정관 활동수진 영수
14.04.23 (3) [연극과 활동]	▲ 우미관 황금관 데일대정관 데이대정관 활동수진 영수
14.04.23 (3) 〈광고〉	우미관 4월 17일자와 동일
14.04.24 (3) [연극과 활동]	▲ 우미관 황금관 데일대정관 데이대정관 활동수진 영수

14.04.24 (3)
〈광고〉

◎ 대정 三年 四月 二十五日 사진 전부 차환
一 희극   휴일
一 정극   청집회(晴集會)
一 인정극   시인 애정
一 활극   불운
一 정극   처녀복수
一 태서대활극   괴원(怪畹)   상하 이권 서상호 설명
경성 장교통
전(電) 二三二六
우미관

14.04.25 (2) 〈광고〉	우미관 4월 24일자와 동일
14.04.25 (3) [연극과 활동]	▲ 우미관 황금관 데일대정관 데이대정관 활동수진 영수
14.04.26 (3) [연극과 활동]	▲ 우미관 황금관 데일대정관 데이대정관 활동수진 영수

14.04.26 (3) 〈광고〉	우미관 4월 24일자와 동일
14.04.28 (3) [연극과 활동]	▲ 우미관 황금관 뎨일대정관 뎨이대정관　활동수진 영수
14.04.28 (3) 〈광고〉	우미관 4월 24일자와 동일
14.04.29 (3) [연극과 활동]	▲ 우미관 황금관 뎨일대정관 뎨이대정관　활동수진 영수
14.04.29 (3) 〈광고〉	우미관 4월 24일자와 동일
14.04.30 (3) [연극과 활동]	▲ 우미관 황금관 뎨일대정관 뎨이대정관　활동수진 영수
14.04.30 (4) 〈광고〉	우미관 4월 24일자와 동일
14.05.01 (3) **눈물연극의** **대성황 /** **눈물연극의** **눈물텬디**	일젼부터, 사동 연흥샤에셔, 문슈셩 일힝이 흥힝ㅎ는, 눈물연극은 초일에 관람쟈의 드러오는 것이, 구름갓치 모혀드러, 만원의 셩황을 일우엇스며, 작일 밤에도, 계속ㅎ야 흥힝하는디, 셕양 쌔부터, 사롬이 문압헤, 만히 모히여들며 쟝고 호젹 소리에, 눈물이 스스로 흐르는 듯, 눈물극이 과연 사롬의 눈물을, 쟈아니여, 권션징악에, 확실훈 효과가 잇겟다더라
14.05.01 (3) [연극과 활동]	▲ 우미관 황금관 뎨일대정관 뎨이대정관　활동수진 영수

14.05.01 (3) 〈광고〉	우미관 4월 24일자와 동일
14.05.02 (3) [연극과 활동]	▲ 우미관 황금관 데일대정관 데이대정관　활동소진 영소
14.05.02 (4) 〈광고〉	● 五月 二日 사진 전부 차환 ▲ 태서활극　목사 ▲ 희극　자칭 박사 ▲ 정극　회춘 ▲ 원극(怨劇)　무정 ▲ 인정극　파약(破約) ▲ 희극　태(態)의 오보리 ▲ 정극　류죄(流罪) ▲ 탐정극　후린시슈 ▲ 원극(怨劇)　해후 ▲ 실사　우이스곤신의 풍경 경성 장교통 전(電) 二三二六 우미관
14.05.03 (3) [연극과 활동]	▲ 우미관 황금관 데일대정관 데이대정관　활동소진 영소
14.05.03 (3) 〈광고〉	우미관 5월 2일자와 동일
14.05.05 (3) [연극과 활동]	▲ 우미관 황금관 데일대정관 데이대정관　활동소진 영소
14.05.05 (4) 〈광고〉	우미관 5월 2일자와 동일

14.05.06 (2) 〈광고〉	우미관 5월 2일자와 동일
14.05.06 (3) [연극과 활동]	▲ 우미관 황금관 데일대정관 데이대정관 활동소진 영수
14.05.07 (3) [연극과 활동]	▲ 우미관 황금관 데일대정관 데이대정관 활동소진 영수
14.05.07 (3) 〈광고〉	우미관 5월 2일자와 동일
14.05.08 (3) [연극과 활동]	▲ 우미관 황금관 데일대정관 데이대정관 활동소진 영수
14.05.08 (4) 〈광고〉	● 五月 九日 사진 전부 차환 ▲ 신파대비극 암두(巖頭)의 광란 ▲ 실사 소공(小供)의 양육 ▲ 희극 중의(仲誼) ▲ 활극 월영(月影) ▲ 정극 춘조(春潮) ▲ 희극 소방조합 ▲ 희극 산더우잇지 경성 장교통 전(電) 二三二六 우미관

14.05.09 (3) **광무대 조산부** **연주회 /** **광무뎌에 특별** **연쥬회 / 죠산부** **양셩소를 위히**	오날날 일반 부녀자의 난산(難産)을 구호ᄒ야, 볼소홀 셩명을 구조홈은, 일반이 아는 바와갓치, 죠산부양셩소라 ᄒ겟도다, 그럼으로 사회에서, 환영ᄒ고 보호ᄒ야, 각기 셩력을 표흔 결과, 이에 죠산부양셩쇼도, 이러 몃히간, 어려운 고샹을 무릅쓰고, 산파를 양셩ᄒ야, 우리 셩명의 지대흔 힝복을, 쥬는도다, 그러나 경비 군졸의 유감으로, 일반 직원의, 고심흠은 심히 기탄홀 비라 요ᄉ히 경셩 남부 황금유원 안에서 흥힝ᄒ는 광무뎌 쥬무쟈 되는 박승필 일힝의, 특별흔 공익과 조션심으로, *샹 기셕히 녁이여, 오는 십일일 밤(음력 십칠일)에 특별히 양셩소를 위ᄒ야, 연쥬회를 열고, 그날 슈입금 전부를, 긔부ᄒ기로, 작정ᄒ엿다흠으로 듯는 사롬마다 칭찬이 쟈쟈ᄒ다더라
14.05.09 (3) **[연극과 활동]**	▲ 우미관 황금관 뎨일대졍관 뎨이대졍관 활동ᄉ진 영ᄉ
14.05.09 (4) 〈광고〉	우미관 5월 8일자와 동일
14.05.10 (3) **[연극과 활동]**	▲ 우미관 황금관 뎨일대졍관 뎨이대졍관 활동ᄉ진 영ᄉ
14.05.10 (4) 〈광고〉	우미관 5월 8일자와 동일
14.05.12 (3) **[연극과 활동]**	▲ 우미관 황금관 뎨일대졍관 뎨이대졍관 활동ᄉ진 영ᄉ
14.05.12 (3) 〈광고〉	우미관 5월 8일자와 동일
14.05.13 (4) 〈광고〉	우미관 5월 8일자와 동일

14.05.13 (5) **[연극과 활동]**	▲ 우미관 황금관 데일대정관 데이대정관　활동〻진 영〻
14.05.14 (3) **[연극과 활동]**	▲ 우미관 황금관 데일대정관 데이대정관　활동〻진 영〻
14.05.14 (4) **〈광고〉**	우미관 5월 8일자와 동일
14.05.15 (3) **[연극과 활동]**	▲ 우미관 황금관 데일대정관 데이대정관　활동〻진 영〻
14.05.15 (4) **〈광고〉**	우미관 5월 8일자와 동일
14.05.16 (3) **[연극과 활동]**	▲ 우미관 황금관 데일대정관 데이대정관　활동〻진 영〻
14.05.16 (3) **〈광고〉**	● 五月 十六日부터 사진 전부 차환 ▲ 활극　용감호 인도인 ▲ 비극　모의 한(母의 暎) ▲ 정극　소아의 재판 ▲ 활극　선량호 경계 ▲ 가극　소아와 기혼자 ▲ 희극　아가(我家)가 제일 ▲ 실사　세계적 이구(理球) 시합 ▲ 신파희극　대정식화합약(大正式和合藥) 경성 장교통 전(電) 二三二六 우미관

14.05.17 (2) **〈광고〉**	우미관 5월 16일자와 동일
14.05.17 (3) **[연극과 활동]**	▲ 우미관 활동샤진 영수
14.05.19 (3) **[연극과 활동]**	▲ 우미관 활동샤진 영수
14.05.19 (4) **〈광고〉**	우미관 5월 16일자와 동일
14.05.20 (2) **〈광고〉**	우미관 5월 16일자와 동일
14.05.20 (3) **[연극과 활동]**	▲ 우미관 활동샤진 영수
14.05.21 (3) **[연극과 활동]**	▲ 우미관 활동샤진 영수
14.05.21 (3) **〈광고〉**	우미관 5월 16일자와 동일
14.05.22 (3) **유일단의 악배우 /** **연극이나 잘** **연구ᄒ지 안코 /** **거긔다가 협잡을** **ᄒ랴다가**	지나간 수월부터, 진쥬(晉州)에셔 흥힝ᄒ던, 신파연극 유일단(唯一團) 일힝은, 진쥬에셔 손히를 다수히 보고, 겨우, 려비를 쥰비ᄒ야, 삼쳔포로 가고, 일힝 즁 류졍필 김영근(柳正弼, 金永根) 두명은 진쥬에 잇셔, 짜로 진쥬 신파연극단을, 조직ᄒ다 ᄒ고, 여러 쳥년을 꾀여, 한 사롬 압헤, 공부ᄒᄂ 갑으로, 돈 십오원식을 니라ᄒ 수실이, 발각되야, 당국에셔 조세히 됴사ᄒ 즉, 젼연히, 여러 비우의, 려비를 엇기 위ᄒ야 힝ᄒ 슈단임으로, 그 두명을 불너다가 엄즁히 셜유ᄒ 후, 진쥬에 다시 잇지 못ᄒ게 ᄒ얏다더라

14.05.22 (3) **[연극과 활동]**	▲ 우미관 활동샤진 영수
14.05.22 (3) **〈광고〉**	● 대정 三年 五月 二十三日 사진 전부 차환 – 태서사극 나쏜니–노 소녀 – 태서정극 신호소(信號所) – 태서활극 데쑤데예스노 연인 – 동희극(同喜劇) 창이 좌석(窓이 座席) – 태서희극 급무(急務) – 태서정극 오월암(五月闇) – 태서비극 선도자 – 태서실사 헤스쎄아스 화산 – 태서무성극 화공의 몽상 경성 장교통 전(電) 二三二六 우미관
14.05.23 (3) **[연극과 활동]**	▲ 우미관 활동샤신 영수
14.05.23 (3) **〈광고〉**	우미관 5월 22일자와 동일
14.05.24 (3) **〈광고〉**	임시휴관 광고 소헌 황태후 폐하 어대상의(御大喪儀)에 취(就)하야 경도(敬悼)의 의(意)를 표ᄒ기 위ᄒ야 이십사, 이십오, 이십육일의 삼일간은 근 하 임시휴관ᄒ겟슴 경성종로 우미관

1914년

14.05.27 (3) **[연극과 활동]**	▲ 우미관 활동샤진 영소
14.05.27 (4) **〈광고〉**	우미관 5월 16일자와 동일
14.05.28 (3) **우미관** **순업대(巡業隊)의** **자상천답** **(自相踐踏)ᄒᆞᄂᆞ** **활극 / 활동샤진은** **잘 할 싱각 안코 /** **긔싱집만** **단인다고 큰 풍파**	지나간 스무 ᄉᆞ흔날 오후 여돌시 반경에 평양부 향청 뒤골, 보힝긔쥬 집쥬인 양뎡집(楊挺集)과 경성 우미관 활동사진부 순업더원(活動寫眞 巡業隊) 샤이에, 밥갑으로 싸홈을 시작ᄒᆞ야, 일쟝 풍파가 이러ᄂᆞᆫ 일이 잇ᄂᆞᆫ디, 그 원인을 드른 즉 ▲ 우미관 활동사진부 순업더ᄂᆞᆫ, 슈십일 젼에, 평양을 나려와 향청 뒤골에셔, 활동샤진ᄒᆞᄂᆞᆫ 동시, 그 쥬임 뎡운챵(鄭雲昌)과 변사 권참봉이란 자ᄂᆞᆫ 숙소를 셜시 당ᄉᆞ골 윤봉쳔(尹奉千)의 집에 뎡ᄒᆞ고 그 일힝 즁 리병조(李丙祚) 고샹인(高相仁) 산근무부(山根武夫) 세 명은, 젼긔 양뎡집의 집에셔 튜슉ᄒᆞ던 터인디, 지ᄂᆞᆫ간 스무잇흔날, 리병죠가, 몬져 써나, 경성으로 올나가ᄂᆞᆫ 재에, 그 밥갑은 ▲ 그 쥬임 뎡운챵이가 맛하 양뎡집에게 쥬마ᄒᆞ고 그 외 두 명의 밥갑도 역시, 뎡운챵이가, 모다 닉야 될 일인고로, 양뎡집은, 뎡운챵에게 이삼일 동안을 치근ᄒᆞ되, 죵니 쥬지 안이ᄒᆞ다가 이십오일밤에ᄂᆞᆫ, 뎡운챵이가, 권참봉과, 그 외 엇던 샤롬 한 명으로 더부러, 양뎡집의 집에를 왓스나, 돈은 쥬지 안을 형편인고로, 불평ᄒᆞᆫ 싱각이 나서, 밥갑을 니지 못ᄒᆞᄂᆞᆫ 쳐디에, 리일부터ᄂᆞᆫ ▲ 밥을 히줄 슈 업노라 ᄒᆞᆫ 즉, 뎡운챵과 갓치잇던, 권참봉이란 자가 그 쥬인의 말끗테, 대단히 분ᄒᆞ야, 쥬인을 치고져 ᄒᆞᆫ 즉, 쥬인은, 우리집에셔 류ᄒᆞᄂᆞᆫ 샤롬들에게, 밥갑 밧으랴 ᄒᆞᄂᆞᆫ디, 관계업ᄂᆞᆫ 자네ᄂᆞᆫ, 말ᄒᆞᆯ 필요가 업다 ᄒᆞ고, 서로 승강을 무수히 ᄒᆞ다가, 필경 쥬먹이 셔로 오고가ᄂᆞᆫ 재에 그 겻혜 잇던, 순업대 일힝은, 자긔들 편을 도아, 쥬인을 무슈 란타ᄒᆞ미, 쥬인은, 즉시 경찰셔로 고발을 긋더라, 그 즈음에, 순업더 일힝은, 셔로 싸흐기를 우리가 이번 평양에 와서 갑도 물지 못ᄒᆞ고 ▲ 이 망신당ᄒᆞᄂᆞᆫ 것은 쥬임 뎡운챵과 변ᄉᆞ 권참봉이 긔싱의 집에만 반ᄒᆞ야 단이노라고 돈을 다 업시ᄒᆞᆫ 까둙이오 이 두 샤롬을, 긔싱의 집으로, 유인ᄒᆞ기ᄂᆞᆫ 이놈 잇ᄂᆞᆫ 탓이라 ᄒᆞ고, 뎡운챵과, 함ᄢᅴ

왓던 엇던 자를, 무수히 구타ᄒᆞᄂᆞ 동시, 양뎡집의 고발을 인ᄒᆞ야
출장ᄒᆞᆫ 경관이, 현쟝에셔, 그 일ᄒᆡᆼ을 엄즁히 셜유ᄒᆞ고, 양뎡집의
밥갑은, 그 잇흔날, 여수히 쥬라ᄒᆞ얏다더라

14.05.28 (3)
[연극과 활동]

▲ 우미관　활동샤진 영수

14.05.28 (3)
〈광고〉

우미관 5월 16일자와 동일

14.05.29 (3)
[연극과 활동]

▲ 우미관　활동샤진 영수

14.05.29 (3)
〈광고〉

● 五月 二十七日브터 사진 전부 환체(換替)
▲ 태서비활극　운명의 파(波)(조류의 생활, 쏜군과 적자(赤子),
불란서의 식도(食逃))
▲ 구극　황목우우위문(荒木又右衛門)의 이권
▲ 태서활극　황야
▲ 신파비극의　우후의 월(雨後의 月), 미상송지조 일좌 십팔번
(尾上松之助 一座 十八番)
▲ 구극　사곡회담(四谷恢談)
평양 수하(壽河)
전(電) 삼공일
상설활동 가무기좌

14.05.29 (4)
〈광고〉

우미관 5월 16일자와 동일

14.05.30 (3)
[연극과 활동]

▲ 우미관　활동샤진 영수

1914년

14.05.30 (4) 〈광고〉	평양 가무기좌 5월 29일자와 동일 / 우미관 5월 22일자와 동일
14.05.31 (3) [연극과 활동]	▲ 우미관　활동샤진

14.05.31 (4)
〈광고〉

● 대정 三年 五月 三十日 사진 전부 차환
▲ 一 태서활극　광야의 광(光)
▲ 一 태서정극　소아의 성심
▲ 一 태서비극　친과 자(親과 子)
▲ 一 태서활극　사회의 이면
▲ 一 태서희극　하수의 엽사(獵師) 일
▲ 태서희극　고무인간
▲ 태서희극　공원기(空元氣)
▲ 一 실사 아불리가(亞弗利加)[3]의 ＊호 루스별트씨
경성 장교통
전(電) 二三二六
우미관

14.05.31 (4)
〈광고〉

평양 가무기좌 5월 29일자와 동일

14.06.02 (3)
[연극과 활동]

▲ 우미관　활동샤진

14.06.02 (3)
〈광고〉

우미관 5월 31일자와 동일
평양 가무기좌 5월 29일자와 동일

● 六月 三日
▲ 실사　가나태삼림(加奈太森林)

―― 3) 아프리카.

▲ 희극　근안(近眼)의 박사
▲ 골계　주준공격(酒樽攻擊)
▲ 정극　화차 분실
▲ 활극　암굴의 적(賊)
▲ 실사　어대장의(御大葬儀)
▲ 희극　모자의 주(主)
▲ 대활극　지교(指絞)의 탐정
변사 김덕경(金德經)
변사 최병룡(崔炳龍)
● 상설음악대 시중 초빙에 응흠
● 매일 오후 칠시 개관
● 일요 제일(祭日) 주야 이회
황금정
전(電) 一四三四
제이대정관

14.06.03 (3)
제이대정관
신면목 / 구리기
뎨이대정관에셔눈 /
슌젼흐 죠션인을
위히 활동

이왕, 구리개 고등연예관을, 뎨일대정관에셔 사드린 후, 일흠을 뎨이대정관(第二大正館)으로 곳치고, 활동사진을 영사흐는 즁이더니, 시세의 요구를 응흐야, 오늘날꺼지, 닉디인의 경영으로, 닉디인 변亽(辯士)꺼지 두고, 전업흐던 것을, 일테 폐지흐고, 죠션 사룸으로 흐야곰, 사진 설명을 흐게 흐야, 죠션인 전문(專門)으로 뎡흐고, 참신 긔발흔, 세계 인정풍속 등, 여러 가지 사진을 가져다가, 오늘밤부터, 시작흐다는디 오늘밤부터 亽흘 동안은, 입쟝료를 특별히 감흐야, 위층은 평균 십젼으로, 아래층은, 평균 오젼으로 흐다흐며, 젼덕경(全德經)[4] 최병룡(崔炳龍), 두 변亽의, 류챵쾌활흔 설명이, 잇슬터이라더라

14.06.03 (3)
[연극과 활동]

▲ 우미관　활동샤진 영亽
▲ 뎨이대정관　죠션인 젼문으로흐는 활동亽진 암굴 속의 도적

―――― 4) '김덕경(金德經)'의 오기로 보임.

지문범의 대탐정 기타
▲ 평양 가무기좌　모범뎍 활동스진

14.06.03 (4)　우미관 5월 31일자와 동일
　〈광고〉　제이대정관 6월 2일자와 동일

◉ 六月 一日브터 사진 전부 환체(換替)
▲ 실사　라마의 고지(古趾)
▲ 희극　담군의 쌔다 제조
▲ 실사　파리의 여학교
▲ 정극　병사의 희생
▲ 신파　암로(闇路)의 종
▲ 희극　御免ナサイ[5]
▲ 구극　근등중장(近藤重藏)
평양 수하
전(電) 삼공일
상설활동 가무기좌

14.06.04 (1)　우미관 5월 31일자와 동일
　〈광고〉　제이대정관 6월 2일자와 동일
　　　　　평양 가무기좌 6월 3일자와 동일

14.06.04 (3)　▲ 우미관　활동샤진
[연극과 활동]　▲ 데이대정관　모범뎍 활동샤진 영수
　　　　　▲ 평양 가무기좌　활동샤진 대영수

―― **5)** ごめんなさい. '미안합니다' 라는 뜻의 일본어.

14.06.05 (3) [연극과 활동]	▲ 우미관　활동샤진 ▲ 데이대정관　모범뎍 활동샤진 영수 ▲ 평양 가무기좌　활동샤진 영수
14.06.05 (4) 〈광고〉	우미관 5월 31일자와 동일 제이대정관 6월 2일자와 동일 평양 가무기좌 6월 3일자와 동일
14.06.06 (3) [연극과 활동]	▲ 우미관　활동샤진 ▲ 데이대정관　조션인의 젼문으로ᄒᆞᄂᆞ 모범뎍 활동샤진 영수 ▲ 평양 가무기좌　활동샤진 영수
14.06.06 (4) 〈광고〉	제이대정관 6월 2일자와 동일 ● 六月 六日 사진 전부 차환 ▲ 군사대활극　전첩(戰捷)　전오권 ▲ 신파비극　운간에 월(雲間에 月)　이권 ▲ 대활극　천군만마 황사의 산　이권 ▲ 무답검무(舞踏劍舞) ▲ 실사　악의 사양(鰐의 飼養) ▲ 인정극　위험신호등 ▲ 희극　그짓말로 잇섯다 ▲ 고몬회사　근시주보(近時周報) 경성 장교통 전(電) 二三二六 우미관
14.06.07 (3) [연극과 활동]	▲ 우미관　활동샤진 ▲ 데이대정관　조션인의 젼문으로ᄒᆞᄂᆞ 모범뎍 활동샤진 영수

1914년

▲ 평양 가무기좌   활동샤진 영수

14.06.07 (3)
〈광고〉

제이대정관 6월 2일자와 동일
우미관 6월 6일자와 동일

14.06.09 (3)
[연예계]

▲ 우미관   활동소진 영수
▲ 데이대정관   활동소진 후＊＊터수＊＊

14.06.09 (3)
[근고(謹告)]

우미관에셔 명셩이 ᄌ재ᄒ던 변수 셔상호를 금번 졔이대정관에 고빙ᄒ야 참신ᄒᆫ 소진과 동인에 웅셜호변으로써 관긱의 고람에 공코자ᄒ오니 졔위 쳠군ᄌᄂᆫ 젼비이고ᄒ시옵
황금졍 구리개
제이대정관

14.06.09 (3)
예단일백인
(藝壇一百人)(98)
김덕경(金德經)

활동샤진이라ᄒᄂᆫ 일흠이 죠션 디방에 슈입된 지가 불과 십여 년이라 미미ᄒᆫ 일기 쇼 부분에 지니지 못ᄒ더니 요ᄉ이 슈삼 년에 일으러ᄂᆫ 시셰를 죳ᄎ 활동샤진도 졈졈 발면되야 경셩 너에도 오륙쳐의 활동샤진관이 싱기엿고 그로 죳ᄎ 샤진 셜명ᄒᄂᆫ 변수도 비로쇼 싱기게 되얏슴이 시셰의 ᄌ연ᄒᆫ 일이라 이에 죠션인의 변수에도 김덕경이라 ᄒᄂᆫ 사롬이 신긔록을 지엇도다 김군은 쇼학교로브터 즁학 졍도ᄭ지 지니여 샹당ᄒᆫ 학식이 잇슬 뿐 안이라 본러의 수령이 됴흔 사롬으로 이십일 셰브터 각 활동샤진관으로 단이며 셜명의 직쳑을 맛하 류창ᄒᆫ 어조로 혹은 놉핫다 나졋다 연약ᄒᆫ 아녀ᄌ의 음셩도 지며 혹은 웅쟝ᄒᆫ 대쟝부의 호통도 능ᄒ야 보ᄂᆫ 사롬으로 ᄒ야금 비록 그림이 빗쵸이지만은 실디의 연극을 보ᄂᆫ 듯 ᄯ또ᄂᆫ 현쟝에셔 그 광경을 즉졉으로 당ᄒᆫ 것 갓치 감념이 되니 이ᄂᆫ 김덕경의 특이ᄒᆫ 쟝기가 안이면 능치못홀 일이라 근년은 이십소 셰이니 죠션의 변수가 이졔 완젼히 한 사롬이 싱기엿슴으로 일로 죳차 더욱 만히 나겟지만은 김덕경은 더욱 쟝러가 유

망ㅎ야 죠션 변소계에 첫지 손고락을 곱으리로다

14.06.09 (3)
〈광고〉

● 六月 十日 사진 전부 차환

무정훈 남편에게 이별롤 당훈 후로 박명 미인 이여옥 잣흔 탈 ㅎ
나롤 거나리고 부운 잣흔 이 셰샹에 동가식셔가슉 ㅎ단말가 막심
훈 고셩이여 슯흐다 금슈도 ㅈ식을 소랑ㅎ거날 하믈며 소롭이야
박명 미인이 탈ㅈ식을 화즁에셔 구ㅎ랴다가 ㅈ긔 쥭고 탈 살니니
모뇨 지졍이 이에셔 더훌쟈 어듸 쏘 잇스리요 눈물로 밋든 일편에
비극

◉ 태셔일대비극 모녀지정(母女之情) 전사권 팔천척
주임변사 서상호 차석 김덕경 설명
명탐정 사이록구 호루무스 이샹에 대탐정극의
◉ 태셔대활극 명탐정 화–론 상하 이권 최대장척
주임변사 서상호 단특설명(單特說明)
◉ 태셔정극 여암굴왕 상즁하 삼권 사천척
● 희극 기풍기(起風器)
● 희극 신부의 취환(取換)

황금정
전(電) 一四三四
제이대정관

우미관 6월 6일자와 동일

14.06.10 (3)
[연예계]

▲ 우미관 활동ㅅ진
▲ 데이대정관 활동ㅅ진 영소

14.06.10 (4)
〈광고〉

제이대정관 6월 9일자와 동일
우미관 6월 6일자와 동일

14.06.11 (3)
예단일백인
(藝壇一百人)
(100)
서상호(徐相旲)
리한경(李漢景)

륙년젼 경셩닉에 활동샤진관으로는 쳐음 셜시되엿던 고등연예관에셔 쳐음으로 샤진 셜명훈 변ᄉ로 고빙되야 일어와 죠션말로 물 흐르듯시 셜명ᄒ는 사롬은 아마 셔샹호가 첫지라 일카르리로다 본러는 부산 사롬으로 칠팔 셰브터 일본말의 소양이 잇더니 그후 닛디에 건너가 쇼학교로브터 즁학교ᄭ지 치르고 죠션으로 도라와셔는 경찰셔와 헌병디에 혹은 통역 혹은 슌사로 단이더니 신파 연극이 창셜되미 션미단(善美團)의 비우 노릇도 잠간 ᄒ얏고 지금은 데이대정관에 쥬임변ᄉ로 셜명ᄒ는디 말은 류챵ᄒ나 간혹 관긱의게 더ᄒ야 불경훈 어조가 잇는 것은 탄복지 안이 홀 곳이라 얼합시오 우미관 활동샤진관에 ᄭ치 잇든 변ᄉ 리한경(李漢景)도 여러히 셜명의 근고롤 닥다가 요ᄉ히는 평양 가무기좌(歌舞妓座) 활동샤진부에셔 쥬임변ᄉ로 잇셔 여러 관긱의 다대훈 환영을 밧는 즁이라 ᄒ니 셔샹호와 리한경은 막샹막하ᄒ는 죠션 활동계에 웅변가로 지목을 밧을만ᄒ겟도다

14.06.11 (3)
[연예계]

▲ 우미관 활동ᄉ진
▲ 데이대정관 활동ᄉ진

14.06.11 (4)
〈광고〉

제이대정관 6월 9일자와 동일
우미관 6월 6일자와 동일

14.06.12 (3)
[천리안]

▲ 재는 밤 열시가 되야 점점 연극쟝의 연극도 거의 맛쳐가고 오고가는 남녀 구경군의 발ㅈ최도 듬은듬은훈 재라 ▲ 광무디 샹등셕에셔 그 압헤 루나팍크 공원을 바라보고 잇는 쟈는 장셔방이라 그 공원안 인조로 된 산림 속으로 힛동힛동 ▲ 거름을 거려 산보ᄒ는 총치 앗씨를 보고 정신이 황홀ᄒ야 ▲ 셔로 건너다보고 눈우슴으로 정을 젼훈 후 부리낫케 ᄂ려가셔 공원표를 사가지고 드러가 여러 사롬이 알가모롤가 ▲ 아조 비밀ᄒ게 광무디로 드러가쟈는 입짓을 슬며시 ᄒ고 곳 ᄲᅱ여나와셔 광무디 표롤 열나셔 살 동안에 ▲ 총치 앗씨는 공원밧게 나와셔 종적이 업다 암만 찻다못

ㅎ야 갈팡질팡으로 ▲ 쏘 공원표를 사가지고 드러가셔 아모리 차
지나 아리마셍이라 ▲ 슬며시 분히 벌컥 나서 올지갈지 돈만 날기
가 돗치고 멀졍흔 사롭이 공연히 밋친 짓흔 일을 싱각ㅎ고 우둑허
니셔셔 가슴만 벌넝벌넝……

14.06.12 (4)   제이대정관 6월 9일자와 동일
〈광고〉   우미관 6월 6일자와 동일

14.06.13 (3)   ▲ 우미관   활동ㅅ진
[연예계]   ▲ 데이대정관   활동ㅅ진

14.06.13 (3)   제이대정관 6월 9일자와 동일
〈광고〉   우미관 6월 6일자와 동일

14.06.14 (3)   ▲ 우미관   활동ㅅ진
[연예계]   ▲ 데이대정관   활동ㅅ진

14.06.14 (4)   ● 당 六月 十三日브터 사진 전부 차환
〈광고〉   ▲ 신파비극   운간의 월(雲間의 月)   전이권
                     ▲ 대활극   천군만마 황사의 산   전이권
                     ▲ 활극   인의 적(人의 的)   전삼권
                     ▲ 인정극   위험신호등
                     ▲ 실사   마술의 미술사
                     경성 장교통
                     전(電) 二三二六
                     우미관

                     제이대정관 6월 9일자와 동일

14.06.16 (3) **[연예]**	▲ 우미관　활동ᄉ진 ▲ 데이대정관　활동ᄉ진 영ᄉ
14.06.16 (4) **〈광고〉**	제이대정관 6월 9일자와 동일 우미관 6월 14일자와 동일
14.06.17 (2) **〈광고〉**	우미관 6월 14일자와 동일 ● 당 六月 十七日 사진 전부 교환 ▲ 태서사회극　악몽　전삼권 육전적　주임변사 서상호 설명 ▲ 태서대활극　미묵대전쟁(米墨大戰爭)[6]　상하 이권 최대장척 차석변사 김덕경 설명 ▲ 태서대활극　귀탐정(鬼探偵)　전삼권 칠천척　주임변사 서상 호 득의(得意)의 설명 ▲ 정극　자동정 경조(自働艇 競漕) ▲ 일본실사　동해도(東海道) 명소 ▲ 희극　입퇴운녕(立退運命) 황금정 전(電) 一四三四 제이대정관
14.06.17 (3) **[연예]**	▲ 우미관　활동ᄉ진 ▲ 데이대정관　활동ᄉ진 영ᄉ
14.06.18 (3) **무부기(無夫妓)** **자선연주회 /** **평양의 문슈셩**	근일 평양 잉졍좌에는 경셩으로브터 죠션 연극 문슈셩 일ᄒᆡᆼ이 와 셔 각종 신연극을 흥ᄒᆡᆼ홈은 평양인ᄉ들에게 크게 환영을 밧는 바 이어니와 동 일ᄒᆡᆼ은 특히 평양인ᄉ들의 보지 못ᄒ든 본보에 게지

―――― **6)** 1846년의 미국－멕시코 전쟁.

ᄒ얏든 단쟝록과 기타 여러 가지 취미잇는 문뎨로써 리샹 잇게 흥
힝ᄒᄂ고로 일반 구경군 간에도 됴흔 평편이 쟈쟈ᄒ더라

1914년

14.06.18 (3)　　▲ 우미관　활동ᄉ진
[연예]　　▲ 뎨이대졍관　활동ᄉ진 영ᄉ

14.06.18 (4)　　● 대졍 三年 六月 十七日 사진 전부 차환
〈광고〉　　▲ 태서탐졍극　마인의 도(島)　이권 삼천척
▲ 신파비극　춘의 한(春의 恨)　이권 이천오백척
▲ 태서희극　인위(人違)
▲ 태서풍속극　스메인 기질
▲ 태서졍극　빈핍박사(貧乏博士)
▲ 태서실사　낙타와 마(馬)의 경쟁
▲ 태서희극　기한부 결혼
경성 장교통
전(電) 二三二六
우미관

제이대정관 6월 17일자와 동일

14.06.19 (3)　　▲ 뎨이대졍관　활동ᄉ진
[연예]　　▲ 우미관　활동ᄉ진

14.06.19 (3)　　우미관 6월 18일자와 동일
〈광고〉　　제이대정관 6월 17일자와 동일

14.06.20 (3)　　▲ 뎨이대졍관　활동ᄉ진
[연예]　　▲ 우미관　활동ᄉ진

14.06.20 (4) 〈광고〉	우미관 6월 18일자와 동일 제이대정관 6월 17일자와 동일
14.06.21 (3) [연예]	▲ 데이대정관　활동소진 ▲ 우미관　활동소진
14.06.21 (4) 〈광고〉	우미관 6월 18일자와 동일 제이대정관 6월 17일자와 동일
14.06.23 (3) [연예]	▲ 우미관　활동소진 ▲ 데이대정관　활동소진
14.06.23 (4) 〈광고〉	제이대정관 6월 17일자와 동일 우미관 6월 18일자와 동일
14.06.24 (2) 〈광고〉	● 대정 三年 二十四日 사진 전부 차환 ▲ 사극　명성의 휘(明星의 輝) ▲ 전쟁극　귤대대장(橘大隊長)　이권 삼천척 ▲ 비극　암한 영(暗한 影) ▲ 정극　부운(浮雲) ▲ 대활극　편완(片腕) 용사 ▲ 희극　비르트바지의 결혼 ▲ 실사　인도에 재(在)호 공식 결혼식 ▲ 실사　예기의 수용(藝妓의 手踊) 경성 장교통 전(電) 二三二六 우미관

● 당 六月 二十四日 사진 전부 교환
▲ 실사　진하(河)의 모운(暮雲)
▲ 소극　경업(輕業)의 광인
▲ 태서인정극　형제　전사권 칠천오백척　차석변사 김덕경 설명
▲ 태서대모험극　사자추격(獅子追擊)　전이권 최장척　주임변사 서상호 득의의 설명
▲ 태서활극　암흑훈 파리　전사권 팔천척　서상호 김덕경 교대설명
황금정
전(電) 一四三四
제이대정관

14.06.24 (3)
[연예]

▲ 데이대정관　활동소진
▲ 우미관　활동소진

14.06.25 (3)
[연예]

▲ 우미관　활동소진
▲ 데이대정관　활동소진

14.06.25 (4)
〈광고〉

우미관 6월 24일자와 동일
제이대정관 6월 24일자와 동일

14.06.26 (3)
[연예]

▲ 데이대정관　활동소진
▲ 우미관　활동소진

14.06.26 (4)
〈광고〉

● 대정 三年 二十四日 사진 전부 차환
▲ 사극　명성의 휘(明星의 輝)
▲ 전쟁극　귤대대장(橘大隊長)　이권 삼천척
▲ 비극　암한 영(暗한 影)

▲ 정극　부운(浮雲)
▲ 대활극　편완(片腕) 용사
▲ 희극　비르트바지의 결혼
▲ 실사　인도에 재(在)훈 공식 결혼식
▲ 실사　예기의 수용(藝妓의 手踊)
활동사진계의 대왕
▲봉의 단(烽의 舟)　사권 팔천오백척
변사 총출 설명
경성 장교통
전(電) 二三二六
우미관

제이대정관 6월 24일자와 동일

14.06.27 (3)　▲ 뎨이대정관　활동스진
[연예]　　▲ 우미관　활동스진

14.06.27 (4)　우미관 6월 26일자와 동일
〈광고〉　　제이대정관 6월 24일자와 동일

14.06.28 (3)　▲ 뎨이대정관　활동샤진
[연예]　　▲ 우미관　활동샤진

14.06.28 (4)　제이대정관 6월 24일자와 동일
〈광고〉　　우미관 6월 26일자와 동일

14.06.30 (1)　우미관 6월 26일자와 동일
〈광고〉　　제이대정관 6월 24일자와 동일

14.07.01 (3) **〈광고〉**	▲ 당 七月 一日 사진 전부 교환 ● 실사　호상의 반영(湖上의 反映) ● 골계　수기광(水氣狂) ● 태서활극　초일념(初一念)　상하 이권　주임변사 서상호 설명 ● 모험기담사극　고론부스 대륙발견　전삼권 최대장척 ● 희극　막구수의 기수 ● 태서대활극　처의 탐정(妻의 探偵)　상하 이권　서상호 설명 황금정 전(電) 一四三四 제이대정관 ▲ 七月 一日브터 사진 전부 차환 ● 태서대활극　랑의 고심(娘의 苦心) ● 태서인정극　고도의 화(孤島의 花) ● 신파비극　별눈 호(潮) ● 태서비극　설의 조(雪의 朝) ● 태서희극　오전 七시 ● 태서실사　해소(海瀟)의 참상 ● 태서희극　투수쎼루도 원(猿) ▲ 신잔부(新棧敷)에 낙성(落成)을 피로(披露)키 위ᄒ야 각등을 공히 반액으로 관람케 ᄒ읍 경성 장교통 전(電) 二三二六 우미관
14.07.02 (4) **〈광고〉**	제이대정관 7월 1일자와 동일 우미관 7월 1일자와 동일
14.07.03 (3) **[연예]**	▲ 뎨이대정관　활동ᄉ진 영수 ▲ 우미관　활동ᄉ진

1914년

14.07.03 (4)　　제이대정관 7월 1일자와 동일
〈광고〉　　　우미관 7월 1일자와 동일

14.07.04 (3)　　제이대정관 7월 1일자와 동일
〈광고〉　　　우미관 7월 1일자와 동일

14.07.05 (3)　　제이대정관 7월 1일자와 동일
〈광고〉　　　우미관 7월 1일자와 동일

14.07.07 (1)　　제이대정관 7월 1일자와 동일
〈광고〉　　　우미관 7월 1일자와 동일

14.07.08 (4)　　● 당 七月 八日 사진 전부 취환(取換)
〈광고〉　　　● 실사　이태리 살미가비 반도
　　　　　　　● 희극　니봉제(泥捧除)
　　　　　　　● 인정극　암흑세계　최대장척
　　　　　　　● 태서정극　암청수(岩淸水) 상하 이권 사천척
　　　　　　　● 태서대비극　생사의 경마　상중하 삼권 최대장척　주임변사
서상호 급(及) 차석 김덕경 설명
　　　　　　　● 태서대활극　지하실　상하 이권 오천척　주임변사 서상호 득
의 설명
황금정
전(電) 一四三四
제이대정관

● 七月 八日브터 사진 전부 차환
▲ 태서인정극　이개의 련(二個의 戀)
▲ 태서대활극　탐구자의 유산
▲ 태서정극　지연의 미(紙鳶의 尾)

▲ 신파비극　부인의 죄　상하 이권
▲ 태서희극　호기심
▲ 태서골계　광고이과(廣告利過)
▲ 태서실사　근시주보(近時週報)
▲ 일본실사　학생상업대회(學生相撲大會)
▲ 신잔부(新棧敷)에 낙성(落成)을 피로(披露)키 위ㅎ야 각등을 공히 반액으로 관람케 ㅎ옵
경성 장교통
전(電) 二三二六
우미관

14.07.09 (4)　　제이대정관 7월 8일자와 동일
〈광고〉　　우미관 7월 8일자와 동일

14.07.10 (4)　　제이대정관 7월 8일자와 동일
〈광고〉　　우미관 7월 8일자와 동일

14.07.11 (4)　　제이대정관 7월 8일자와 동일
〈광고〉　　우미관 7월 8일자와 동일

14.07.12 (2)　　제이대정관 7월 8일자와 동일
〈광고〉　　우미관 7월 8일자와 동일

14.07.14 (3)　　▲ 우미관　활동샤진 영수
[연예]　　▲ 데이대정관　활동스진 영수

1914년

14.07.14 (4) 〈광고〉	제이대정관 7월 8일자와 동일 우미관 7월 8일자와 동일

14.07.15 (3) 〈광고〉	제이대정관 7월 8일자와 동일

● 七月 拾五日브터 사진 전부 차환
● 태서대활극　천명　상하 이권
● 태서비극　형제
● 태서성비극(泰西聖秘劇)　로바도왕(王)
● 태서인정극　온정(溫情)
● 태서비극　걸식과 견(乞食과 犬)
● 태서희극　광고부(廣告夫)
● 태서실사　근시주보(近時週報)
● 태서희극　부의 등장(父의 藤杖)
경성 장교통
電 二三二六
우미관

14.07.16 (3) [연예]	▲ 데이대정관　활동샤진 각죵 영수 ▲ 우미관　활극 여러 가지 활동샤진 영수

14.07.16 (4) 〈광고〉	● 당 七月 十五日 사진 전부 차환

● 실사　고몬 근년(近年) 화보
● 희극　어리석은 남편
● 골계　귀의 유수(鬼의 留守)
● 태서사회극　녀의 반*(女의 半*)　전사권 칠천오백척　주임
변사 서상호 차석 김덕경 설명
● 태서정극　심의 금(心의 錦)　전삼권 육천척　주임변사 서상
호 설명
황금정

電 一四三四
제이대정관

우미관 7월 15일자와 동일

14.07.17 (4)
〈광고〉
제이대정관 7월 16일자와 동일
우미관 7월 15일자와 동일

14.07.18 (4)
〈광고〉
제이대정관 7월 16일자와 동일
우미관 7월 15일자와 동일(탐정극 사이로구 홀우무스를 첨가)

14.07.19 (3)
[연예]
▲ 데이대정관　활동샤진 영샤
▲ 우미관　태셔활극 각죵 활동샤진 영샤

14.07.19 (4)
〈광고〉
제이대정관 7월 16일자와 동일
우미관 7월 18일자와 동일

14.07.21 (4)
〈광고〉
제이대정관 7월 16일자와 동일
우미관 7월 18일자와 동일

14.07.22 (4)
〈광고〉
제이대정관 7월 16일자와 동일
우미관 7월 18일자와 동일

14.07.23 (1)
〈광고〉
▲ 당 七月 二十二日 신사진 전부 차환
● 실사　미국　나이야가라폭포
● 태서정극　모녀의 결심　상하 이권 삼천척

● 태서비극　련(戀)의 맹수　전이권 사천척
● 태서활극　응의 우풍(鷹의 羽風)　최대장척
● 촬영비 팔십만원 상해보험 일백만원을 투(投)ᄒ야 수십량의 객
차와 二대의 기관차를 분파미진(分破微塵)에 쇄(碎)ᄒ 경천동지의
대참래(大慘來)
● 태서대활극　기차의 대충돌　전삼권 오천척
황금정
電 一四三四
제이대정관

▲ 칠월 二十二日 사진 전부 차환
● 태서탐정대활극　속편 제이 사이록구 호루무스
● 태서기담　마녀　상하　이권 삼천오백척
● 태서활극　목동　서상호 설명
● 태서활극　선전(宣戰)　서상호 설명
● 인정극　인도단(印度團)　최대장척
● 희극　건강광
● 실사　진수식
경성 장교통
電 二三二六
우미관

14.07.24 (3)
연흥샤의 형뎨 연극
/ 연흥사「형제」
연극

샤동 연흥샤에서는 슈일 후 본보에 련지되야 만텬하의 큰 환영을
밧던 신쇼셜 형뎨(兄弟)를 갓고 연극을 홀차로 방금 준비 즁이라
더라

14.07.24 (3)
〈광고〉

제이대정관 7월 23일자와 동일
우미관 7월 23일자와 동일

14.07.25 (1) 〈광고〉	제이대정관 7월 23일자와 동일 우미관 7월 23일자와 동일
14.07.25 (3) [연예]	▲ 우미관　어졔밤부터 단셩샤에셔 일주일간 활동을 ᄒ기로 츌쟝ᄒ야 말ᄒᄂᆫ 스진ᄭᆞ지 영소 ▲ 뎨이대정관　긔차의 대츙돌되ᄂᆞᆫ 스진과 긔타 여러 가지 티셔 활극으로 밤바다 영소
14.07.25 (3) **뎨이대정관의** **시 사진**	뎨이대정관에셔ᄂᆞᆫ 어졔밤부터 긔차대츙돌(氣車大衝突)이라ᄂᆞᆫ 사진을 영소하ᄂᆞᆫ 즁인뒤, 그 닉용은 미국인 긔관슈가 잘못ᄒ야 긱차와 긔관차가 모다 ᄭᅵ여셔 분쇄되며 일대 수라쟝을 일우ᄂᆞᆫ 쳐음보ᄂᆞᆫ 스진이라더라
14.07.26 (3) 〈광고〉	등장 이래 대호평을 박득(博得)ᄒᆫ 대사진 촬영비 팔십만원 상해보험 일백만원 ◉ 위험 * 위험 * 기차대충돌 십수량의 객차와 二대의 기관차를 분파미진(分破微塵)에 쇄(碎)ᄒᆫ 일대참사 황금정 (동현(銅峴)) 제이대정관
14.07.26 (3) 〈광고〉	제이대정관 7월 23일자와 동일 우미관 7월 23일자와 동일
14.07.28 (3) [연예]	▲ 우미관　어졔밤부터 단셩샤에셔 일주일간 활동을 ᄒ기로 츌쟝ᄒ야 말ᄒᄂᆫ 스진ᄭᆞ지 영소 ▲ 뎨이대정관　긔차의 대츙돌되ᄂᆞᆫ 스진과 긔타 여러 가지 티셔 활극으로 밤마다 영소

1914년

14.07.28 (4) 〈광고〉	제이대정관 7월 23일자와 동일 우미관 7월 23일자와 동일

14.07.29 (4)
〈광고〉

● 당 七月 二十九日 사진 전부 차환
▲ 실사　불국(佛國) 가스단 해안
▲ 소극　기기묘약(奇奇妙藥)
▲ 태서정극　천연색사진　낭욕(狼慾)　상중하 삼권
▲ 희극　보비의 중재(仲裁)
▲ 태서대활극　귀탐정(鬼探偵) 속편　신문기고(新聞記考)의 탐
정 상중하　삼권 육천척
황금정
電 一四三四
제이대정관

우미관 7월 23일자와 동일

14.07.30 (4)
〈광고〉

우미관 7월 23일자와 동일
제이대정관 7월 29일자와 동일

14.08.01 (3)
[연예]

▲ 우미관　쟝졀쾌졀흔 태셔대활극 태셔탐졍 대영소
▲ 뎨이대정관　신문긔쟈의 정탐극 수진과 긔타 여러 가지 터셔
활극으로 영소

14.08.01 (3)
〈광고〉

림시 특별 대사진 광고
최근 구쥬 젼토을 진동케 흔
태서탐정 대활극　이상흔 별정(別邸)　전사권 팔천척
주임변사 서상호 설명
긔타 샤진 슈종 긔타 사진 수칭(數稱)
경성 장교통

電 二三二六
우미관

제이대정관 7월 29일자와 동일

14.08.02 (4)　　　제이대정관 7월 29일자와 동일
　〈광고〉　　　　우미관 8월 1일자와 동일

14.08.04 (3)　　　▲ 우미관　팔천척 되는 대탐정 샤진 기타
　[연예]　　　　　▲ 데이대정관　긔쟈 정탐 스진 터셔활극 스진 영수

14.08.04 (3)　　　수십만 독자를 열광케 ᄒ던 매일신보 연재소설 「형제」
　〈광고〉　　　　그 갓치 소설로만 애독ᄒ고ᄂ 오히려 부족ᄒ 감상이 유(有)ᄒ여 ᄒ
　　　　　　　　　시ᄂ 「형제」를 실지로 관람ᄒ오실 호기회가 래(來)ᄒ얏도다
　　　　　　　　　금七月 四日브터 사동 연흥사에셔
　　　　　　　　　공전절후의
　　　　　　　　　대연극 「형제」 전십장(全十場)
　　　　　　　　　매일 오후七時브터 개연(開演)
　　　　　　　　　사동 연흥사 정극단(正劇團) 일행 백(白)

14.08.04 (4)　　　제이대정관 7월 29일자와 동일
　〈광고〉　　　　우미관 8월 1일자와 동일

14.08.05 (3)　　　● 당 八月 五日 사진 전부 차환
　〈광고〉　　　　대정관에 신기록을 파(破)ᄒ 대사진
　　　　　　　　　여하(如何)ᄒ 여강적(女强賊)? 여하ᄒ 귀탐정(鬼探偵)?
　　　　　　　　　◉ 태서무류(泰西無類) 대활극　여강적 녀지고마
　　　　　　　　　전사권 팔천오백척

● 기타 사진 소극 정극 종종(種種)
황금정
電 一四三四
제이대정관

우미관 8월 1일자와 동일

14.08.06 (3)
[연예]
▲ 우미관　팔천척되는 대탐정 사진 기타
▲ 데이대정관　녀귀탐정 스진 틱셔활극 스진 영수

14.08.06 (4)
〈광고〉
우미관 8월 1일자와 동일
제이대정관 8월 5일자와 동일

14.08.06 (4)
[독자긔별]
▲ 죠선에 쇼위 구연극이라는 것 좀 업시쥬지 안나 연극쟝이 안이라 음부탕조의 딕합소라도 홀 만히여 우리집 조식도 연극쟝에 다니더니 고만 놀아낫셔요 열모에 한모 쓸딕업는 구연극 좀 업시쥬지 안음닛가 「한한생(恨嘆生)」

14.08.07 (4)
[독자긔별]
▲ 즁부 수동 연흥샤에셔 귀보에 련지 쇼셜 형뎨 연극을 혼다기에 좀 가셔 보앗지요만은 흐기도 참 잘도흐고 실디의 형상이 쏙 그릴 뜻 흐던걸이오 구경흐는 사롬의 참고거리도 젹지 안습되다

14.08.07 (4)
〈광고〉
제이대정관 8월 5일자와 동일
우미관 8월 1일자와 동일

14.08.08 (3)
[연예]
▲ 우미관　팔천척 되는 대탐정 샤진 기타
▲ 데이대정관　녀귀탐정 스진 틱셔활극 스진 영수

14.08.08 (4) **〈광고〉**	우미관 8월 1일자와 동일 제이대정관 8월 5일자와 동일
14.08.09 (3) **[연예]**	▲ 우미관 티셔대활극 대탐정 샤진 기타 ▲ 데이대정관 녀귀탐정 수진 티셔활극 수진 영수
14.08.09 (4) **〈광고〉**	우미관 8월 1일자와 동일 제이대정관 8월 5일자와 동일
14.08.11 (3) **〈광고〉**	제이대정관 8월 5일자와 동일 우미관 8월 1일자와 동일

1914년

14.08.11 (4)
[독자긔별]

▲ 일전에 우미관 활동수진을 좀 가셔 보앗지요마는 안된 것이 한 두 가지가 안입듸다 쪽 십분 휴게라 ᄒ엿지마는 다른 곳보담 시간이 대단 지리ᄒ 것 갓고 또는 수진 밧고기 젼에 ᄒ던 수진을 또 밧고 온 뒤에 영수를 또 ᄒ며 변수가 셜명홀 씨에 나마익기[7]ᄒ 말이 퍽은 만허요 셜명이나 ᄒ지안코 구경군을 딕하야 권고와 경계를 식히니 그 쥬져넘은 것이 어듸 잇단 말슴이오 아무죠록 주의ᄒ야 ᄒ라고 경고 좀 식히여 쥬시옵쇼셔 여상 그럴 것 갓흐면 또 젹어 보닉오리다 (관극생)

14.08.12 (3)
[연예]

▲ 우미관 티셔대탐정 금강셕 샤진 기타
▲ 데이대정관 녀대강적 수진 티셔활극 수진 영수

14.08.12 (3)
〈광고〉

우미관 8월 1일자와 동일

——— **7)** なまいき. '건방지다' 라는 뜻의 일본어.

14.08.12 (4) 〈광고〉	● 래 八月 十二日 사진 전부 차환 ● 실사　구미 근년(近年) 화보 ● 소극　신병의 입영 ● 골계　돈륜(敦倫)[8] 견물・가면비파(伽眠琵琶) ● 태서인정극　재호명호(財乎命乎)　전삼권 육천척 최장척 ● 태서대활극　해군중위　최대장척 ● 태서정극 천연색사진　괴몽(怪夢)　상하 이권 최장척 황금정 電 一四三四 제이대정관
14.08.13 (3) [연예]	▲ 우미관　티셔대탐정 금강석 샤진 기타 ▲ 뎨이대정관　녀대강적 탐정 기타 영사
14.08.13 (4) 〈광고〉	우미관 8월 1일자와 동일 제이대정관 8월 12일자와 동일
14.08.14 (1) 〈광고〉	○ 八月 十五日 사진 전부 차환 천외기상장절비색(天外奇想壯絶悲絶)호 ◉ 태서대활극　지문(指紋)의 탐정　상중하 전삼권 오천척 주임변사 서상호 득의의 설명 o 기타 정비활극(正悲活劇) 수종 경성 장교통 電 二三二六 우미관 제이대정관 8월 12일자와 동일

―――　8) 倫敦('런던'의 한자식 표기)의 오식인 듯하다.

14.08.14 (5) [연예]	▲ 우미관　티셔대활극 지문탐정　삼권은 리일밤부터 셔상호 셜명 긔타 ▲ 뎨이대정관　활극　지물이냐 목슘이냐　스진 긔타 영스
14.08.15 (1) 〈광고〉	우미관 8월 14일자와 동일 제이대정관 8월 12일자와 동일
14.08.18 (3) 〈광고〉	우미관 8월 14일자와 동일 ● 래 八月 十七日 신사진 대제공 ▲ 태서기담　삼백년　전삼권 삼백년 이전의 비밀혼 보상(寶箱)은 여하히 발견홀시 ▲ 군대대활극　천군만마　전이권 시절병견도(時節柄見逃)치 못홀 일품 ▲ 파천황 모험극　비밀사명(秘密使命)　전삼권　왕비의 비밀! 대신의 간모(奸謀)! 비행가(飛行家)의 사명! 의문의 수식(首飾)! 비행기, 자동차 기차의 경쟁 하(何)가 승리? ● 기타 사진, 골게 수종이 有홈 황금정 電 一四三四 제이대정관
14.08.19 (4) 〈광고〉	우미관 8월 14일자와 동일 제이대정관 8월 18일자와 동일
14.08.20 (4) [독자긔별]	▲ 엇던 활동샤진관 변사들은 매일 싸홈만 ᄒ더니 구태나 흔 사름이 자퇴를 힛습듸다 그려 그리롤 말고 귀샤에서 경계 좀 식이십시요 「광폭자(廣幅者)」

1914년

14.08.21 (4) 〈광고〉	우미관 8월 14일자와 동일 제이대정관 8월 18일자와 동일
14.08.22 (4) 〈광고〉	우미관 8월 14일자와 동일 제이대정관 8월 18일자와 동일
14.08.23 (3) [연예]	▲ 우미관 대활극 지문탐정 기타 녀군수 탐정 영수 ▲ 데이대정관 대활극 황후어수 천군만마 기타 샤진 영수

14.08.23 (3)
〈광고〉

구주 열국(列國) 대동란 발발전 삼십일 동안 불국(佛國) 군사탐정의
대활동……참군국(軍國)의 일대사(一大事)
◉ 독국(獨國) 멧드 포대의 일대 비밀   전삼권 오천척
주임변사 서상호 득의의 독설명(獨說明)
◎ 기타 정비활극(正悲活劇) 수종
경성 장교통
電 二三二六
우미관

제이대정관 8월 18일자와 동일

14.08.24 (2)
〈광고〉

● 來 八月 二十四日 사진 전부 차환
● 出낫네出낫네 어대겸(御待兼)의 대사진 出낫네
구주전란 화보 제일착
◉ 군사탐정   간첩   전삼권
● 독일의 국사탐정 국경에서 불군(佛軍)롤 위흐야 발견흐니 과히
사명을 숫케 홀가 삼권 사천척 견설명(見說明)홈
기타 사진, 정극, 활극, 종종(種種)
황금정
電 一四三四

1914년

제이대정관
우미관 8월 23일자와 동일

14.08.25 (3)
〈광고〉

우미관 8월 23일자와 동일
제이대정관 8월 24일자와 동일

14.08.26 (3)
〈광고〉

우미관 8월 23일자와 동일
제이대정관 8월 24일자와 동일

14.08.27 (4)
〈광고〉

우미관 8월 23일자와 동일
제이대정관 8월 24일자와 동일

14.08.28 (4)
〈광고〉

우미관 8월 23일자와 동일
제이대정관 8월 24일자와 동일

14.08.29 (4)
〈광고〉

● 八月 二十九日브터 영사ᄒᆞᄂᆞᆫ 대사진
이태리 안쑤로지오 회사의 일대 걸작
◉ 공중지(空中之) 대활극　천마(天馬)　상중하 삼권 오천척
영사 시간 약 二시간 ……등장배우 천육백여인……촬영비용 사
만오천원……비행기 경기구(經氣球) 수대……주임변사 서상호 독
설명(獨說明)
▲ 기타 정비극(正悲劇) 수종
경성 장교통
電 二三二六
우미관

제이대정관 8월 24일자와 동일

| 14.08.30 (4) 〈광고〉 | 우미관 8월 29일자와 동일
제이대정관 8월 24일자와 동일 |

14.08.31 (6)
[독자긔별]

▲ 아— 요시 활동수진관에서 셜명 부스럭이나 흐다는 변수들 보면셔 눈 싱각에 그럿케 흐는 것이 더업는 영광으로 아는 게야 무슴 큰 벼살ᄌ리로 아는지 참 구역이 나고 안이쏘아 죽겟던걸 그 짜위 나마익기들이 어딕 잇단 말솜이오 의례히 구경군에게 무례흔 말 흐기롤 여반쟝으로 합듸다 귀사에셔는 도모지 감안 두심닛가「질문생」

14.09.02 (3)
[연예]

▲ 우미관　어졔밤브터 틔셔대활극 텬마 삼권 셔샹호 셜명 긔타 각종
▲ 뎨이대정관　군수탐정 간첩 삼권 긔타 졍비극 각종 영수

14.09.02 (3)
〈광고〉

당 八月 三十日 사진 전부 차환
伊太利 이티리 회사 대걸작
○ 대모험 대활극　화염의 열차　삼권
● 맹렬흔 추적……기차비승(汽車飛乘)……자동차 추적……기차 자동차 대경쟁……기관차의 고장……과연 발화……염염(炎炎)한 대염(大焰)……화중(火中)의 대활동……초열지옥……맹대중(猛大中) 수천의 객(客) 여하(如何)훌가……근래의 대사진
기타 사진, 골계, 정극, 비극물 種種
황금정
電 一四三四
제이대정관

우미관 8월 29일자와 동일

14.09.03 (4) 〈광고〉	우미관 8월 29일자와 동일 제이대정관 9월 2일자와 동일
14.09.04 (4) 〈광고〉	○ 九月 三日브터 영사하는 대사(大寫) ◀ 천마 이상의 일대(一大) 사진 ▶ ◀ 천외기상(天外奇想) 장절쾌절비절(壯絕快絕悲絕) ▶ ◎ 대모험 대활극　맹호　상중하 삼편 팔천척 주임변사 서상호 설명 △ 기타 정활비희극(正活悲喜劇) 수종 경성 장교통 電 二三二六 우미관

● 九月 三日브터 특별대사진 제공
▲ 구주 대전쟁 최초의 대사진
◉ 공중의 대격전 지상의 대혈전　선전(宣戰)　천연색 삼권
● 오색문제파열(墺塞問題破裂)…독대불(獨對佛)선전포고…동원령 강하(降下)…불포병대 전진…독불기병충돌…불비행기폭(爆)투하…독진지(獨陣地)의 대낭패…경기구 비행선 와사폭발(瓦斯爆發)…천공(天空)의 대격전…지상의 대혈전…
◎ 화염의 열차는 대호평에 대ㅎ야 당분간 차가(差加)ㅎ겟슴
황금정
電 一四三四
제이대정관

14.09.05 (3) 〈광고〉	우미관 9월 4일자와 동일 제이대정관 9월 4일자와 동일
14.09.06 (1) 〈광고〉	우미관 9월 4일자와 동일 제이대정관 9월 4일자와 동일

14.09.07 (2) 〈광고〉	우미관 9월 4일자와 동일 제이대정관 9월 4일자와 동일
14.09.08 (4) 〈광고〉	우미관 9월 4일자와 동일 제이대정관 9월 4일자와 동일

14.09.09 (4)
〈광고〉

● 당 九月 八日브터 사진 전부 교환
▲ 미국 바이오구라호 회사 걸작
◉ 군사대활극   포로   전삼권
▲ 대호평에 대ᄒ야 당분간 차가(差加)홈
◉ 공중의 대격전 지상의 대혈전   선전(宣戰)   전삼권
● 기타 사진 골계 정극물 種種
황금정
電 一四三四
제이대정관

우미관 광고 9월 4일자와 동일

14.09.10 (3) 〈광고〉	우미관 9월 4일자와 동일 제이대정관 9월 9일자와 동일
14.09.11 (4) 〈광고〉	우미관 9월 4일자와 동일 제이대정관 9월 4일자와 동일

14.09.12 (4)
〈광고〉

● 당 九月 十一日브터 사진 전부 차환
▲ 금춘(今春) 당관(當舘)에셔 대호평을 박득(博得)ᄒ야 십일간 만
원을 연속혼 천마(天馬)의 속편이 래(來)홈
◉ 파천황 대활극   제이천마   전사권

▲ 불국 파테회사 대걸작
◉ 태서대비극　고향　전삼권
● 기타 사진 소극물 종종(種種)
황금정
電 一四三四
제이대정관

● 九月 十二日 사진 전부 차환
▲ 영국 비오스곱 회사의 작
◉ 태서대활극　질투　전삼권 오천척
주임변사 서상호 설명
● 기타 정비활희극(正悲活喜劇) 수종
경성 장교통
電 二三二六
우미관

14.09.13 (4)　　우미관 9월 12일자와 동일
〈광고〉　　제이대정관 9월 12일자와 동일

14.09.15 (4)　　우미관 9월 12일자와 동일
〈광고〉　　제이대정관 9월 12일자와 동일

14.09.16 (4)　　우미관 9월 12일자와 동일
〈광고〉　　제이대정관 9월 12일자와 동일

14.09.17 (3)　　● 당 六月 拾六日브터 사진 전부 차환
〈광고〉　　▲ 불국 파테- 회사 대걸작
　　◉ 대모험 대활극　창흔(創痕)　전삼권
　　▲ 당관(當舘) 개명 일주년의 축(祝)으로 제공

◉ 기술(奇術)과 마술의 실연 대여흥
● 태서정극　여왕의 수식(首飾)
● 태서소극　대정(大正) 백년후
● 골계　스혼의 간조(間遭)
● 실사　영국 경마대회
황금정
電 一四三四
제이대정관

우미관 9월 12일자와 동일

14.09.17 (4)　▲ 그젹게 광무딕 부인 상등셕 한 모퉁이에셔 엇던 너편네가 쏭을
[독자긔별]　누엇는딕 그것이 발각되여 조긔 남편의게 쌈을 현접벽 쎨듯ᄒᆞᄂᆞᆫ
모양 참 볼 수 업셔 그게 무슴 모양이야「목격자」

14.09.18 (3)　제이대정관 9월 17일자와 동일
〈광고〉　우미관 9월 12일자와 동일

14.09.18 (3)　제이대정관 9월 17일자와 동일
〈광고〉

■ 八月 十九日브터 사진 전부 차환
◉ 군사대활극　재차일전(在此一戰)
상하 이편 삼천오백척
주임변사 서상호 설명
● 기타 정비활희극(正悲活喜劇) 수종
경성 장교통
電 二三二六
우미관

14.09.20 (4) [독자긔별]	▲ 그젹긔 밤에 하도 심심ᄒ기에 광무딕롤 좀 갓더니 앗다 나죽겟다 ᄒ던 옥업이가 다시 무덕에 나와셔 소리롤 ᄒᄂ딕 참 다시 보히던 걸이오 반갑기도 ᄒ고 「관극생」
14.09.20 (4) 〈광고〉	제이대정관 9월 17일자와 동일 우미관 9월 19일자와 동일
14.09.22 (4) 〈광고〉	제이대정관 9월 17일자와 동일 우미관 9월 19일자와 동일
14.09.23 (4) 〈광고〉	제이대정관 9월 17일자와 동일 우미관 9월 19일자와 동일
14.09.24 (3) [연예]	▲ 뎨이대정관의 일독전징 二十三日브터 경셩 황금뎡 뎨이대정관에셔ᄂ 일독전징 첫긔별(日獨戰爭第一報)이라ᄂ 활동샤진을 구경식히ᄂ딕 샤신을 박인 것인고로 연극과 ᄀᆺ치 ᄌ미스럽지ᄂ 안이ᄒ나 교쥬만과 밋 일본 군딕의 힝동 등이오 그 외 북히의 영국대히전도 잇셔 믹우 쟝쾌ᄒ다더라
14.09.24 (3) 〈광고〉	● 당 九月 二十三日브터 사진 전부 차환 ▲ 일독전쟁 화보 제일보 ◉ 실사 일독대전쟁 ● 교주만(膠州灣)에셔 제국함대 급(及) 용산(龍山) 상륙군 실황 ◉ 실사 북해에셔 영독대해전 ● 기타 태서대활극 보험기담(保險奇談) 「절해(絶海)」 전사권물 황금정 電 一四三四 제이대정관

1914년

우미관 9월 19일자와 동일

14.09.26 (1)

〈광고〉

● 九月 二十五日 사진 전부 차환

◉ 태서사외사전(泰西史外史傳)　로빙후-드　상중하 전삼권 주

임변사 서상호 담임

○ 기타 정활비희극(正活悲喜劇) 수종

경성 징교통

電 二三二六

우미관

● 당 九月 二十五日브터 특별대사진 제공

◉ 실사　세계대전쟁

● 아르사스 주(洲)에셔 불독(佛獨)대격전

● 노국(露國)　기병대의 진군

● 북해에셔 영독대해전 등……………

◉ 실사　동아(東亞)의 전황

● 각국 황제폐하

● ○○에셔 오육해군(吾陸海軍)의 활동……………

황금정

電 一四三四

제이대정관

14.09.26 (4)

[독자긔별]

▲ 광무디에셔는 계집ㅇ희 십여명을 모와노코 우슘거리 신연극을 가라친다는디 사룸을 더 뽑지 안슴닛가 져 한 사룸만 귀사에서 쇼 기ᄒᆞ야 쥬십시오 (일동기(一童妓))

14.09.27 (4)

〈광고〉

우미관 9월 26일자와 동일

제이대정관 9월 26일자와 동일

14.09.28 (4) 〈광고〉	제이대정관 9월 26일자와 동일 우미관 9월 26일자와 동일
14.09.29 (4) 〈광고〉	제이대정관 9월 26일자와 동일 우미관 9월 26일자와 동일
14.09.30 (3) **[연희화류 (演戱花柳)]**	▲ 광무디 녀우비의 신연희 셔울 황금유원 안에서 흥힝ᄒᆞᄂᆞᆫ 광무디 박승필 일힝에셔ᄂᆞᆫ 요ᄉᆞ히 계집ᄋᆞ히 십여명을 모와 신연희 우슙거리를 비와 가지고 그젹쎄 밤브터 비로소 흥힝ᄒᆞ엿다ᄂᆞᆫ디 관람쟈도 비상히 만엇고 쏘한 만흔 갈치를 밧앗다더라

14.09.30 (3) 〈광고〉	● 당 九月 三十日브터 사진 전부 차환 ● 불국전쟁여문(佛國戰爭余聞) ◉ 군사대활극 전우 전삼권 육천척 ▲ 련의 쟁(戀의 爭)……결투……국교(國交)파열……척후의 사명……대격전……적의 포로……도주……전우의 신체(身替)……중위(重圍)롤 탈(脫)함……요격……대승리!! ● 기타 실사, 소극, 정극, 활극 種種 황금정 電 一四三四 제이대정관 ● 九月 二十九日브터 특별대흥행 조선활동사진계의 기록을 파(破)홀 봉절대사진 ◉ 건곤(乾坤)의 대비극 지축의 대활극 マグダ[9] 전칠권 일만이천척 주임변사 서상호 설명 ● 기타 정희극(正喜劇) 수종

—— 9) 마구다.

경성 장교통

電 二三二六

우미관

14.10.01 (4)
〈광고〉

우미관 월 30일자와 동일

제이대정관 9월 30일자와 동일

14.10.02 (1)
〈광고〉

제이대정관 9월 30일자와 동일

우미관 월 30일자와 동일

14.10.03 (2)
〈광고〉

제이대정관 9월 30일자와 동일

우미관 월 30일자와 동일

14.10.04 (3)
[연희화류
(演戲花柳)]

▲ 우미관의 「마구다」 성황   경성 즁부동곡 우미관에셔 요ᄉ이 ᄆᆡ일 구경식히ᄂᆞᆫ 「마구다」라ᄂᆞᆫ 셔양 사진은 본릭 셔양에 유명ᄒᆞᆫ 활동사진으로 ᄉ실이 비상히 ᄌᆡ미잇슴으로 ᄆᆡ일 구경ᄒᆞᄂᆞᆫ 사ᄅᆞᆷ이 만타더라

14.10.04 (3)
〈광고〉

제이대정관 9월 30일자와 동일

우미관 9월 30일자와 동일

14.10.06 (3)
[연희]

▲ 광무ᄃᆡ 박승필 일ᄒᆡᆼ은 요ᄉ히 밤마다 구연희ᄅᆞᆯ ᄒᆞᆫ 뒤에 신연희ᄅᆞᆯ 시작ᄒᆞ야 남녀 구경군이 ᄆᆡ우 환영ᄒᆞ야 밤마다 만원이라ᄂᆞᆫᄃᆡ 지료ᄂᆞᆫ 잇흘만에 한 번식 간다더라

14.10.06 (4)
〈광고〉

우미관 9월 30일자와 동일

● 당 十月 五日브터 사진 전부 차환
◉ 실사　대전란화보
각국군　＊ 황군의 출정……노국(露國) 비행선의 정찰……오육해군(吾陸海軍)의 활동………
◉ 군사대활극　여군사 탐정
천변만화 기(其) 기발호 행동은　전육권 일만여척의 사진이 현(顯)홈
● 기타 정활비극(正活喜劇) 등 數種種
황금정
電 一四三四
제이대정관

14.10.07 (3)
〈광고〉

제이대정관 10월 6일자와 동일

十月 七日브터 임시특별대사진
이태리 아구니라 회사 대걸작
◉ 태시사계(社界)대활극　비밀지하실
전오권 주임변사 서상호 설명
◉ 태서비극　운명의 수(手)
최대장척 최종태(崔鍾泰) 설명
기타 정비활극(正悲活劇) 수종
경성 장교통
電 二三二六
우미관

14.10.07 (4)
[독자긔별]

▲ 한참 소식이 업던 혁신단 림셩구는 니디에 갓다온 후 썩 굉장히 ᄒ야볼 작뎡으로 지금 단셩샤 집을 운동ᄒ다나요 어차피 김지종은 죽을 디경이던걸 엇더튼지 언의 편이 먼져 엇을ᄂ지ᄂ 몰으겟스나 은근히 셔로들 싸홈ᄒᄂ 꼴이 더욱 장관이랍듸다 「일배우(一俳優)」

14.10.08 (4)
[독자긔별]

▲ 요亽히 연극쟝에 별 물건이 다 잇습듸다 망건 쓰고 감투에 갓쓴 화상 셰 명이 쪽 축을 지여 밤마다 연극쟝으로 단이며 구경은 안이ㅎ고 부인셕만 치여다보고 비평ㅎ는 꼴은 참 괘심히셔 못 보겟셔요 쓰거온 형샹을 못 보아셔 그리ㅎ는가 보아요「비목자(比目子)」

14.10.08 (4)
〈광고〉

제이대정관 10월 6일자와 동일
우미관 10월 7일자와 동일

14.10.09 (4)
[독자긔별]

▲ 향자의 귀보 독쟈긔별에 난 것도 보앗지요만은 구연극을 합쳐야 되리라고 말삼훈 뒤로 나도 고딕ㅎ고 잇더니 그젹긔브터 굿티나 단셩샤가 광무딕로 합쳐가지고 썩 잘합듸다요 인졔는 구경홀만 ㅎ겟던걸이요「관극생」

14.10.09 (4)
〈광고〉

제이대정관 10월 6일자와 동일
우미관 10월 7일자와 동일

14.10.10 (3)
[연희]

▲ 구연희의 대련합 다만 광무딕 박승필(朴承弼) 일힝과 단셩샤 리흥근(李興根) 일힝과 각각으로 흥힝ㅎ던 구연희는 졈졈 시계롤 좃차 합쳐셔 ㅎ기로 작뎡ㅎ고 일젼부터 단셩샤 일힝이 광무딕로 합ㅎ야 흥힝ㅎ는딕 밤마다 만원의 셩황이라더라
▲ 혁신단 림셩구 일힝은 이번에 닉디로부터 건너와셔 단셩사에셔 젼보다 일층 참신훈 신연극을 오날밤부터 쳐음으로 기연훈다더라

1914년

14.10.10 (4)
〈광고〉

제이대정관 10월 6일자와 동일
우미관 10월 7일자와 동일

14.10.11 (4)
〈광고〉

제이대정관 10월 6일자와 동일
우미관 10월 7일자와 동일

14.10.13 (1)
〈광고〉

제이대정관 10월 6일자와 동일

● 十月 十二日브터 우미관의 일대 사진
불국(佛國) 에구러루 회사 전무후무의 대걸작
태서여국사(泰西女國事)탐정극　쑤로뒤아 후편
전사권 팔천척 주임변사 서상호 등의 설명
향쟈 모 활동사진 상셜관에서 대환영을 밧던 태서대활극 여국사
(女國事) 탐정보담 십배백배나도 조흐며 영경(英京) 론돈 활동사
진상셜관에셔 오십일간 만원(滿員)호 사진은 이 사진밧게 또 업심
니다
경성 장교통
電 二三二六
우미관

14.10.14 (4)
〈광고〉

우미관 10월 13일자와 동일

● 당 拾月 拾三日브터 사진 전부 차환
■ 전주 당관(當舘)에서 대호평을 박득(博得)호 여군사탐정 속편
▲ 현대 무비(無比) 신수(神愁) 귀곡(鬼哭) 대탐정극
◉ 괴부(怪婦) 부로데아 속편
● 이태리 안부로지오 회사 대작
◉ 태서기극(泰西奇劇)　유령탑　전삼권 육천척
■ 기타 대활극 급전직하
▲ 정극　광산사(鑛山師)의 처

▲ 배도저지관(杯到底地舘)에서 관람치 못홀 특별 사진을 제공ᄒ
웁나이다
황금정
電 一四三四
제이대정관

14.10.14 (4)
〈광고〉

혁신단이 그동안 폐연ᄒ옵은 단장이 니디에 문명호 연극을 시찰
ᄒ기 위ᄒ야 폐언ᄒ얏습다가 이쥬일 젼에 본단쟝이 니디로부터
풍쇽상에 모든 지료와 니디 유명호 ＊구로 지작일브터 동구 안 단
셩샤에셔 긔연ᄒ얏ᄉ오니 젼보다 일층 본 혁신단을 익고 찬셩ᄒ
시와 다슈 니림ᄒ심을 복망ᄒ옵ᄂ이다
신파원죠 혁신단 일힝 쥬임겸 단장 林聖九

14.10.15 (1)
〈광고〉

제이대정관 10월 14일자와 동일
우미관 10월 13일자와 동일

14.10.16 (3)
기생연주회와
사회의 풍기 /
기싱연쥬회에
디ᄒ야

기싱이라는 것은 우리 인싱에 디하야 필요ᄒ고 유익호 것인가 필
요치 안코 유익지 안이호 것인가 무르면 모든 사ᄅ이 사ᄅ에게 유
익지 못ᄒ고 필요치 안이호 것이라 디답홀 것이오 기싱이란 것은
그디로 둘 것인가 폐홀 것인가 무르면 누구던지 말ᄒ되 폐지ᄒᄂ
것이 올홀 것이다 말ᄒ리라 그러나 세상 사ᄅ이 모다 이 필요치
안코 히롭고 폐ᄒᄂ 것이 맛당ᄒ다 ᄒᄂ 기싱이 오늘날ᄭ지 우리
샤회에 남아 잇슴은 우리 사회의 졍도가 아직 기싱을 젼혀 폐지홀
디경ᄭ지 ＊니지 못호 ᄭ둙이오 쏘는 외국과 갓치 부인이 아모 연
회에던지 참예ᄒᄂ 풍습이 업는고로 ᄌ연 사회의 교졔에 잔치ᄅ
하던지 ᄒ면 좌셕의 광치도 너이기 위ᄒ야 졀믄 녀ᄌ되는 ᄭ둙으
로 이 기싱을 불너셔 그 지조를 사 보는 것인 즉, 엇더호 사ᄅ의 말
은 기싱이라는 것은 우리 싱활에 조금도 필요홀 것이 업시 량가ᄌ
뎨홀 버려노흘 뿐인 즉 맛당히 기싱을 엄금ᄒ야 모다 업시버려ᄂ
것이 됴타 쥬쟝ᄒ나 만일 이 기싱이라는 것을 쫄디에 폐지ᄒ면 쏘

혼 이에 따라 여러 가지 시로운 폐희가 싱길터인 즉 졸연히 업시기
도 어려운 것이라 그러면 기싱이라는 것은 샤회에 뎌하야는 큰 히
독물이오 또혼 졸디에 업시디도 못홀 것이면 엇더케 이롤 쳐치홈
이 가홀가 그 방법은 기싱으로 ᄒ야곰 다만 이젼에 허락ᄒ야 쥬엇
던 그 안에서 져의들이 엇더케 ᄒ던지 활동ᄒ랴 ᄒ는 것은 이롤
막지 안이치 못홀 것인 즉 그 영업은 져희는 안이홀 지언졍 두호
나 붓도다 줄 것은 안이라 련약혼 몃십 명의 계집들이 무엇을 ᄒ
리오 싱각ᄒ지만은 그 무리의 힝동이 우리 사회에 직졉으로 리히
롤 밋치는 일이 만흔 즁 뎨일 쥬의홀 바는 쇼위 기싱의 연쥬회라
몃히 이러로 죠션에 연극쟝이라는 것이 싱긴 후 기싱 연쥬회이니
심지어 식쥬가 연쥬회이니 연극쟝 안에 이롤 공변되이 열고 몃분
의 입쟝료로 져의들 젼례의 가무 지조와 얼골을 왼 세샹에 다 광
고ᄒ야 아모조록 져의의 영업을 번챵케 ᄒ고져 ᄒ는 바 그 히독이
실로 한두 가지가 안인 즁 가쟝 현져혼 것 몃가지를 드러 말ᄒ건
더 ▲ 졀후가리는 히독 졀후에 뎌한 히독이라 홈은 기싱 연쥬회
는 항용 졍초이나 샴사월 꼿 필 ᄯᅢ 록음머리나 혹은 팔구월 달 밝
은 밤 단풍머리 등 사람의 마음이 공연히 흥쑹맘쑹 ᄯᅢ 오롤 ᄯᅢ라
이러혼 ᄯᅢ에는 아모던지 이목의 문견에 마음이 ᄭᅳᆯ리기 쉬운더 기
싱 연쥬회는 쏙 이러혼 시긔롤 타셔 여는 고로 심지가 미명혼 졂은
사ᄂᆷ들이 뎐긔불에 돗오보이는 무더 밋* 나와 여러 졂은 계집이
아양ᄌ리로 춤츄며 노러ᄒ는 것을 보면 고만 안목이 황홀ᄒ고 심
지가 들쩌셔 화류계에 반ᄒ는 일이 만흐니 이것이 졀후를 가리는
히독이라

▲ 보죠금 감쳥ᄒ는 히독 기싱 연쥬회가 열리면 소위 기싱 압흐로
긔부금을 것는 한 죵류의 악습이 잇셔 여러 기싱은 각기 졔 일흠으
로 긔부금을 만히 것어보기롤 셔로 닷호아 돈푼이나 잇슬듯혼 져
의 친혼 남ᄌ를 향ᄒ야 돈을 긔부ᄒ야 달나고 다랑귀롤 쒸며 조르
나니 남ᄌ되야셔 사랑ᄒ는 기싱이 간쳥하는 것을 안드롤 수 업다는
허탄혼 ᄆᆞᆷ으로 기싱 보죠금 거터줄 돈을 변통ᄒ랴 삼지 ᄉᆞ방으로
쎌쎌거리며 도라단이는 일이 극히 만흐니 이 또혼 히독이라

▲ 부녀의게 뎌한 히독 량가의 부녀는 평시에 기싱을 엇어보지
못ᄒ다가 연쥬회를 혼다는디 구경을 가셔 시시톄되는 기싱의 의복
도 보고 ᄌᆡ긔 알지 못ᄒ던 단쟝법이라던지 옷입는 것을 유심히 보

아 모다 이롤 본쓰랴 ᄒ니 이러훈 화려훈 것을 본쓰랴 ᄒᄂᆫ 허영심
(虛榮心)으로 인ᄒ야 여러 가지 불미훈 일이 싱기ᄂᆞ니 이 기싱연쥬
회ᄂᆞᆫ 량가의 ᄌ뎨에게 딕ᄒ야 큰 ᄒ독을 ᄭ칠 ᄲᅮᆫ 안이라 량가의 녀
ᄌ에게ᄭ지 심히 아름답지 못훈 영향을 밋치게 ᄒᄂᆫ 것이라

▲ 닉디인과 다른 ᄉ정 닉디인들은 기싱이 갓금 연쥬회롤 열어
적적훈 화류계에 활발훈 기샹을 엇고져ᄒ나 이 연쥬회ᄂᆞᆫ 사회에
딕ᄒ야 그다시 ᄒ독도 ᄭ치지 안이ᄒ며 ᄯᅩᄂᆫ 구경ᄒᄂᆫ 사롭도 다만
ᄒᆫ낫 구경거리로 싱각ᄒᄂᆫ 외에 ᄌ긔가 돈을 드러가며 반ᄒᄂᆫ 약
훈 ᄆ음은 가시지 인고 ᄯᅩᄂᆫ 죠선에 딕ᄒ야 죠선 사롭은 본토 사롭
이오 일본 사롭은 식민(植民)훈 빅셩이라 고로 식민디에 딕ᄒ야 식
민을 번창케 홈에ᄂᆞᆫ 화류계롤 번챵케 홈이 유익훈 덤도 잇ᄂᆞᆫ 고로
이롤 허락홈이나 죠션 기싱의 연쥬회ᄂᆞᆫ 이와 ᄉ정이 미우 다르며
ᄯᅩ훈 그 ᄒ독도 비샹히 큰 것이라

▲ ᄌ선 연쥬회라ᄂᆞᆫ 것 쇼위 기싱이 엇의 경비롤 보조ᄒ나니 엇
의다 무엇을 긔부ᄒ나니 아름다운 일흠(美名) 아러에 연쥬회롤 여
ᄂᆞᆫ 일이 잇스니 이ᄂᆞᆫ 기싱이 무슨 ᄌ션심이 잇셔셔 그런듯ᄒ나 실
상은 공용히 일흠만 팔고 졔반 경비라고 져 챠지홀 돈은 다 ᄭ이이
고 나죵에나마 몃푼이던지 주ᄂᆞᆫ고로 쇼위 보죠 밧ᄂᆞᆫ다는 쟈는 신
셰만 공연히 지고 실샹을 싱각ᄒ면 기싱연쥬회ᄂᆞᆫ 빅가지 ᄒᄂᆫ 잇
셔도 한 가지 리ᄂᆞᆫ 업ᄂᆞᆫ 것이라 츠츠 기싱연쥬회들을 열랴 훈다ᄂᆞᆫ
말을 드르며 당국쟈에게 한 마듸 권고롤 ᄒᄂᆫ 바이라

14.10.16 (3) 〈광고〉	제이대정관 10월 14일자와 동일 우미관 10월 13일자와 동일
14.10.17 (3) 〈광고〉	제이대정관 10월 14일자와 동일 우미관 10월 13일자와 동일
14.10.19 (2) 〈광고〉	제이대정관 10월 14일자와 동일 우미관 10월 13일자와 동일

14.10.20 (4) 〈광고〉	사진차환광고 ● 十月 十七日브터 영사 ▲ 태서대활극 생명의 자동차 전오권 일만이천척 설명자 주임변사 서상호 ● 十九日브터 영사 ▲ 태서대활극 대탐정 전이권 사천척 설명자 최종태 경성 장교통 電 二三二六 우미관 제이대정관 10월 14일자와 동일
14.10.21 (1) 〈광고〉	● 당 拾月 二十日브터 사진 전부 차환 ▲ 금춘(今春) 당관(當舘)에서 대호평을 박득(博得)흔 귀탐정 부라 온의 속편(제삼천마 (第三天馬)) ◉ 태서대활극 공중 부라온 전삼권 칠천척 ◉ 실사 구주대전쟁 ● 기타 태서정극 연화희(蓮華姬) 삼권 ● 태서사극 자유의 익(翼) ● 실사 골계물 종종(種種) 황금정 電 一四三四 제이대정관 우미관 10월 20일자와 동일
14.10.22 (6) 〈광고〉	우미관 10월 20일자와 동일 제이대정관 10월 21일자와 동일

14.10.22 (7) 〈광고〉	축 신축낙성 경성 종로 활동사진 상설관 우미관 電 二三二六
14.10.23 (3) 〈광고〉	우미관 10월 20일자와 동일 제이대정관 10월 21일자와 동일
14.10.24 (2) 〈광고〉	축 신축낙성 경성부 황금정 이정목 황금유원내 광무대 박승필 일행 조선 구연극 매야(每夜) 흥행 참신개량찬예다대(嶄新改良贊譽多大)
14.10.24 (5) 〈광고〉	제이대정관 10월 21일자와 동일 ● 十月 二十四日 사진차환 ◉ 태서활비극　금색선　전오권 일만척 ◉ 태서대활극　대탐정　전이권 사천척 경성 장교통 電 二三二六 우미관
14.10.24 (7) 〈광고〉	축 신축낙성 신파연극원조 혁신단 일행 임성구 우미관 10월 24일자와 동일 제이대정관 10월 21일자와 동일

14.10.25 (6) 〈광고〉	우미관 10월 24일자와 동일

● 당 拾月 二十七日브터 사진 전부 차환

▲ 미증유의 최대장척 사진 래(來)홈 이*(以*) 백년전의 구주대전란

14.10.27 (5) 〈광고〉	

◉ 고금영걸(古今英傑)　나쓰레온 대제 일대기　전십권 일만팔천척

▲ 태서대활극　대탐정 기담

◉ 백림(伯林)비밀탐정기담　호조(虎組)　전삼권 육천척

기타 사진 골계물 종종(種種)

황금정

電 一四三四

제이대정관

14.10.28 (3) 〈광고〉	우미관 10월 24일자와 동일 제이대정관 10월 27일자와 동일

14.10.28 (4) [독자긔별]	▲ 이번 우미관에서 영수ᄒᆞᄂᆞᆫ 스진 즁 다섯 권 금싁션은 참 활비극입듸다요 구경군도 만코요 한 번 구경홀만 ᄒᆞ여요 「관객」

14.10.29 (4) 〈광고〉	우미관 10월 24일자와 동일 제이대정관 10월 27일자와 동일

14.10.30 (4) 〈광고〉	제이대정관 10월 27일자와 동일

● 당 十月 三十一日 사진차환광고

일대 전쟁은 개시되믜 신출귀몰의 모험적 행위ᄂᆞᆫ 구미 인심을 진해(震駭)케 혼 괴용자(怪勇子)

◉ 대모험 대활극　전광석화　전삼권 오천오백척

1914년

◉ 태서사외사전(泰西史外史傳) 에리샤베스 여왕 전삼권 오천척
● 기외(其外) 진사진(珍寫眞) 종종(種種) 영사
경성 장교통
電 二三二六
우미관

14.10.31 (3)
각 연예장과 본보
독자의 특별우대 /
각 연극장과
우리 신문 보는
이의
반갑으로 구경

일긔는 초초 셔늘ㅎ고 단풍은 소산에 붉어 놀기 됴흔 가을이 임의 도라왓것만은 각쳐에셔 돈 업다는 소리에 그젼 갓흐면 밤마다 가득 가득 손이 드러올 각 연극쟝에도 손이 덜 드러가기가 쉬어 각기 주긔의 연극쟝에 손을 만히 쓸고져 그 영업주들은 잇는 힘 싱각나는 계칙을 다ㅎ야 셔로 경징ㅎ는 모양은 완연혼 한정 정판이라 첫 번에 먼져

■ 만고영걸 나폴뉸 대뎨의 일대긔이라 외로온 셤 미쳔혼 집에 탄싱혼 무명의 한 쳥년으로 지금으로부터 빅년젼 구라파 텬디를 진동ㅎ던 만고의 대영웅 대호걸 「나폴레온」 대뎨의 고싱ㅎ던 시죠로 법국 황뎨가 되야 셔양 각국을 벌벌 쩔게 ㅎ던 득의 시닉와 한만코 눈물 만흔 그의 말로롤 유루업시 박인 사진은 실로 현금 쳥년의 한 교훈이 될 것이오 영웅을 슝상ㅎ는 쟈의 한 번

■ 안이보지 못홀 샤진이라 젼부가 열권 일만팔쳔척의 큰 샤진을 우리 미일신보의 독쟈는 입쟝료 반갑으로 구경홀 수가 잇고 그 외에 덕국 셔울 빅림의 비밀탐뎡긔담이라는 주미잇는 사진과 우슘거리 경치 등의 샤진이 잇스며 변샤 김덕경(金德經)의 셜명은 뎨이 대정관의 한 쟈랑이라 또 동곡 우미관에셔는 엇더혼 샤진을 엇더케 가지고 경징을 ㅎ는가 삼십일일 밤부터 빗쵸이는

■ 대모험대활극 뎐광셕화(電光石火)는 셰 권 오쳔오빅 척의 긴 샤진으로 구라파의 큰 젼징을 비경삼아 한 명 괴남쟈의 긔이 대담혼 힝동이 셔양 각국의 인심을 놀닉인 신츌긔물의 소실을 션명혼 샤진으로 관긱의 눈압헤 황홀케 ㅎ며 셔양 스긔에 유명혼 쳔긔에 긔귀혼 녀즈 「엘리샤쎄스」 녀황이라는 오쳔 척의 샤진도 그 다졍혼 녀황과 쥬위에 여러 가지 주미 잇는 소실은 활동샤진에 용이히

■ 엇어보지 못홀 됴흔 품이오 그 외에 더ㅎ야 변소 셔샹호(徐相昊)의 우렁찬 셜명은 관긱의 가슴을 시원ㅎ게 홀 것으로 두 활동

샤진의 경징은 실로 쟝관이오 광무뒤의 련합 연쥬는 쏘흔 죠션 지금의 명챵명우롤 한 무뒤 안에 모라너흔 듯흔데 흥샹 독쟈롤 위ᄒᆞ는 우리 미일신보샤가 엇지 독쟈의 이 구경에 디흔 편리롤 계고치 안이홀 리가 잇스릿가

14.10.31 (3)
〈광고〉

제이대정관 10월 27일자와 동일
우미관 10월 30일자와 동일

14.11.03 (3)
[연희]

● 인천 활동샤진관의 셩황　인천 수명에 신츅 중이던 샹셜 활동샤진관 표관(瓢舘)은 지나간 삼십일에 비로소 젼부롤 쥰셩ᄒᆞ고 부닉에 닉외국 유지 신수 삽빅여명을 표관으로 초딕ᄒᆞ야 셩대흔 기관식을 거힝흔 후 일긔 쳥랑흔 삼십일일 텬쟝 졀츅일 졍오브터 활동샤진을 시작ᄒᆞ얏ᄂᆞ딕 밤마다 만원의 대셩황이라더라

14.11.03 (3)
〈광고〉

● 당 拾一月 三日브터 사진 전부 챠(差)
● 대서양 횡단 항로기선 내의 대춘사(大椿事)
◉ 태서활비극　맹화선(猛火船)　전사권 팔천척
▲ 구주전란여문(餘聞)
◉ 군사탐정 대대활극　폭렬탄　전삼권
▲ 구토(歐土)롤 진해(震骸)ᄒᆞᄂᆞ
◉ 탐정기담 대활극　맹탐정　전삼권
황금정
電 一四三四
제이대정관

우미관 10월 30일자와 동일

14.11.04 (3)
〈광고〉

우미관 10월 30일자와 동일
제이대정관 11월 3일자와 동일

14.11.05 (3) 우미관 10월 30일자와 동일
〈광고〉 제이대정관 11월 3일자와 동일

14.11.06 (4) 우미관 10월 30일자와 동일
〈광고〉 제이대정관 11월 3일자와 동일

14.11.07 (3) 경성부 인소동에 잇는 연흥샤(演興社) 연극쟝 집은 집이 넘어 오
연흥샤 허가 작쇼 리고 짓기룰 잘못 지어 여러 사롬을 슈용ᄒ기 뎍당치 못홈으로 지
나간 팔월브터 그 집을 쓰지 못ᄒ게 홈은 경성 사롬이 다 아ᄂᆞᆫ 바
어니와 지난 달 이십구일 일ᄌ로 경무총쟝은 그 쇼유쟈 슈표교
신태휴(申泰休)에게 디ᄒ야 연흥샤의 허가룰 작쇼혼 일이 작일 관
보로 발포ᄒ얏슨 즉 쏘 허가룰 시로 엇지 못ᄒ면 다시 집을 고쳐
짓지 못ᄒ리라더라

14.11.07 (4) 우미관 10월 30일자와 동일
〈광고〉 제이대정관 11월 3일자와 동일

14.11.08 (2) 제이대정관 11월 3일자와 동일
〈광고〉

● 十一月 七日 사진 전부 차환
◉ 신파탐정 대활극　흑안경(黑眼鏡)　전삼권 오천척
◉ 태서대활정극　분격돌진(奮擊突進)　상하 이권　삼천오백척
주임변사 서상호가 열심히 설명ᄒ와 귀람(貴覽)에 공(供)홈
경성 장교통
電 二三二六
우미관

14.11.10 (4)　　우미관 11월 8일자와 동일

〈광고〉　　　　제이대정관 11월 3일자와 동일

14.11.11 (4)　　우미관 11월 8일자와 동일

〈광고〉

● 당 拾一月 拾日브터 사진 전부 차(差)

● 외외(畏畏)훈 영국황제폐하 어천람지영(御天覽之瑩)을 사(賜)홈

◉ 태서대비극　부의 정(父의 情)　전삼권 최장척

● 불국(佛國) 에구테아 회사 대걸작

◉ 탐정기담 대대활극　귀곡의 보(鬼谷의 寶)　전삼권 육천척

● 오-마-기 걸작 원명 니리얏도

◉ 군사대활극　열화의 전(戰)　상하 이권

기타 사진 골계물 종종(種種)

황금정

電 一四三四

제이대정관

14.11.12 (4)　　제이대정관 11월 11일자와 동일

〈광고〉　　　　우미관 11월 8일자와 동일

14.11.13 (1)　　제이대정관 11월 11일자와 동일

〈광고〉

● 十一月 十四日 사진 전부 차환

◀ 비불능견(非不能見)의 이대 사진 ▶

◉ 군사대대활극　불과 독(佛과 獨)　전이권 삼천오백척

◉ 군사탐정대활극　독탐(獨探)　최대장척

● 기외(其外) 진사진(珍寫眞) 수종

경성 장교통

電 二三二六

우미관

14.11.14 (4) **〈광고〉**	제이대정관 11월 11일자와 동일 우미관 11월 13일자와 동일
14.11.15 (1) **〈광고〉**	제이대정관 11월 11일자와 동일 우미관 11월 13일자와 동일
14.11.17 (4) **[독자긔별]**	▲ 이번 우미관에셔 영소ᄒᄂ는 활동사진은 참 볼만ᄒ던 걸이오 쏙 군소탐졍 대활극으로만 구경을 식히ᄂ는디 사롬도 엇지 만흔지요 「광극생(狂劇生)」
14.11.17 (4) **〈광고〉**	제이대정관 11월 11일자와 동일 우미관 11월 13일자와 동일
14.11.18 (3) **황금정 분서(分署)** **에셔도 부랑자** **대청결 / 황금뎡** **분셔와 부랑쟈 /** **위션 여셧 명을** **구류즁**	임의 개지훈 바 각 경찰셔에서 차례로 관닉 부랑자들을 져져히 잡아 징치혼다는 말은 일반이 다 아는 바어니와 작금 닉로 황금뎡 경찰분셔에셔도 일반 형소의 대활동으로 관닉 부랑쟈들과 각 계집의 집 기타 일뎡혼 직업 업시 각쳐로 비회ᄒᄂ는 쟈들을 죠소 즁인 디 지나간 열엿시 날 밤 부랑자 잡는 뎨일착으로 광무딕(光武臺) 연극쟝에 가셔 시찰ᄒ던 즁 거쥬는 조세히 알수는 업스나 박츈퇵(朴春澤) 윤영긔(尹永基) 죠츈셩(趙春成) 리즁근(李重根) 등 여셧 명은 항샹 직업도 업시 각석 쥬가집이나 연극쟝으로 도라ᄃᆞ니며 부인셕이나 치어다보고 비평ᄒᄀ와 죵죵 힝위 과당혼 일이 비일비지 홈으로 미양 쥬목ᄒ다가 이번 대졍결 쳐음에 잡아 징치ᄒ기로 그 여셧명을 슈식ᄒ던 즁 이 쟈들은 광무딕 연극쟝에 가셔 슌사라 가칭ᄒ고 쟫들쟫들 도라ᄃᆞ니는 것을 그젹의 밤에 일병 잡아 황금뎡 경찰분셔로 인치혼 후 지금 엄즁히 죠소 즁이라더라

14.11.18 (3)
〈광고〉

우미관 11월 13일자와 동일

● 당 十一月 十七日브터 사진 전부 차환
▲ 아불리가(亞弗利加)의 만지(蠻地)롤 배경흐고 수두(樹頭)의 사자롤 사용된 촬영흔 대모험극
◉ 대모험 대활극　백수의 왕　전삼권 최장척
▲ 불국(佛國) 파테 회사 근작
◉ 태서대활극　탐정의 고심　전삼권 육천척
○ 기타 사진, 희극, 골계물 종종(種種)
황금정
電 一四三四
제이대정관

14.11.18 (4)
[독자긔별]

▲ 일젼밤 엇던 연극쟝에눈 잇던 젊은 하이칼라 한 아히 샹등에 안져 구경을 흐다가 경관에게 됴사ᄭ지 당흐더라나요 지금 이째에 한 만히 단이다가눈 에구 참 무서워……「연극실혀生」

14.11.19 (1)
〈광고〉

우미관 11월 13일자와 농일
제이대정관 11월 18일자와 동일

14.11.20 (4)
〈광고〉

우미관 11월 13일자와 동일
제이대정관 11월 18일자와 동일

14.11.21 (4)
〈광고〉

제이대정관 11월 18일자와 동일

● 十一月 二十一日브터 전부 차환
▲ 비불능견(非不能見)의 삼대 사진 ▼
◉ 태서대활극　충렬한 군마(忠烈흔 軍馬)　전삼권 사천척
◉ 군사정극　장관의 명령　최대장척

1914년

◉ 인정대활극 결사보은 최대장척
경성 장교통
電 二三二六
우미관

14.11.22 (3) 우미관 11월 21일자와 동일
〈광고〉 제이대정관 11월 18일자와 동일

14.11.22 (4) ▲ 데이대정관에셔 변스 견습ᄒᄂ 조고마ᄒ 사롬 한아ᄂ 스진에
[독자긔별] 딕ᄒ 셜명은 그리 못ᄒ다고 홀 슈 업스나 조곰 졍망ᄒ게 탈이야 스
진이 빗초이믈 ᄯ라 ᄒ지ᄂ 안코 젼후가 현란ᄒ야 즁의 량식이 아
조 업던걸이오 좀 이런 것은 닉여주셔야 쥬의가 되겟셔요 「이문
생(耳聞生)」

14.11.23 (2) 제이대정관 11월 18일자와 동일
〈광고〉 우미관 11월 21일자와 동일

14.11.25 (4) 제이대정관 11월 18일자와 동일
〈광고〉 우미관 11월 21일자와 동일

14.11.26 (4) 제이대정관 11월 18일자와 동일
〈광고〉 우미관 11월 21일자와 동일

14.11.27 (3) ● 당 拾壹月 二十五日브터 사진 전부 차환
〈광고〉 ◉ 불국(佛國) 파테 회사 고심 걸작 천연색
▼ 공중은 아유(我有)라??
◉ 장절쾌절 공중왕 전오권 일만척

▼ 귀탐정 쑤라운의 전편(全編)

◉ 탐정대활극　지주소조(蜘蛛巢組)　전삼권 오천오백척

■ 기타 사진, 골계물 각종 ■

황금정

電 一四三四

제이대정관

우미관 11월 21일자와 동일

14.11.28 (4)　　● 十一月 二十八日 사진 전부 차환
〈광고〉

이태리 악구이라 근래의 대걸작

◉ 태서대활비극　자작지얼(自作之孼)　전사편 일만척

주임변사 서상호 강연

◉ 태서대비극　암두의 비수(岩頭의 悲愁)　최대장척

○ 기타 진사진(珍寫眞) 수종

경성 장교통

電 二三二六

우미관

제이대정관 11월 27일자와 동일

14.11.29 (3)　　제이대정관 11월 27일자와 동일
〈광고〉　　　우미관 11월 28일자와 동일

14.12.01 (4)　　교우국기(交又國旗) 이권 오천척 외 우미관 11월 28일자와 동일
〈광고〉　　　제이대정관 11월 27일자와 동일

14.12.02 (4)　　우미관 11월 28일자와 동일
〈광고〉　　　제이대정관 11월 27일자와 동일

14.12.03 (3)
〈광고〉

◉ 當 十二月 二日브터 사진 전부 차환

▼ 어각순(御各馴)의 부라운 탐정의 대활약

◉ 대모험 대활극 탐정왕 전삼권 육천척

비행기와 기차의 경쟁……기관차와 객차의 분리……기차로 비행기에 비승(飛乘)……급행열차와 이두마차의 충돌……화약제조공장의 폭발 등……

▼ 불국(佛國) 파테 회사 대걸작 천연색

◉ 태서활극 흑조(黑鳥) 전사권 팔천척

◉ 기타 사진, 희극, 골계물 각종

황금정

電 一四三四

제이대정관

● 十二月 二日브터 사진 전부 차환

이태리 악구이라 근래의 대걸작

◉ 태서대활비극 자작지얼(自作之孼) 전사편 일만척

주임변사 서상호 강연

◉ 태서대비극 암두의 비수(岩頭의 悲愁) 최대장척

◉ 태서대활극 성지참극(城趾慘劇) 진삼권 칠천척

○ 기타 진사진(珍寫眞) 수종

경성 장교통

電 二三二六

우미관

14.12.03 (4)
[독자긔별]

▲ 나는 광무디에 가셔보면 민 나종관에 검홍이 셩쥬푸리 수심가 희쥬난봉가가 뎨일 조와요 나 혼주만 그런 줄 알앗더니 구경군이 모다 갈치롤 합듸다그려 검홍이만 나오면 아조 야단이던걸이오 「갈채생」

14.12.04 (4)
〈광고〉

제이대정관 12월 3일자와 동일
우미관 12월 3일자와 동일

14.12.05 (4) 〈광고〉	제이대정관 12월 3일자와 동일

● 十二月 五日브터 사진 전부 차환
◉ 군대대활극 성지참극(城趾慘劇) 전삼권 칠천척
◉ 탐정대활극 비밀의 계획 전삼권 육천척
◉ 활비극 일진의 람(一陣의 嵐) 최대장척
○ 기타 사진 수종
경성 장교통
電 二三二六
우미관

14.12.06 (4) [독쟈긔별]	▲ 광무더에셔는 져번 니디 동북 구쥬 져히에 디ᄒᆞ야 하로밤 연쥬 ᄒᆞᆫ 돈 이십여원을 보닌 ᄭ둛으로 그 회총지 송방씨가 감소쟝을 보 니엿디요 그러셔 야죠 죠와라고 일반 광디들을 모다 모혀노코 감 샤ᄒᆞᆫ 말을 ᄒᆞ고 아죠 질거워 ᄒᆞ얏디요 「극장소사(劇場小使)」

14.12.06 (4) 〈광고〉	제이대정관 12월 3일자와 동일 우미관 12월 5일자와 동일

14.12.08 (4) 〈광고〉	● 무료활동사진과 무대동양(無代同樣)의 권련초(捲煙草)

신제양절(新製兩切) 삭그 다-기-
정가 근(僅)히 금이전(金貳錢)에 발매홈에 대ᄒᆞ야 기(其) 순량(純
良)ᄒᆞᆫ 품질과 가(價)의 저렴ᄒᆞᆫ 사(事)와 확신으로셔 애연가 각위
(各位)에 제공ᄒᆞᄂ터이올시다
취(就)ᄒᆞ야 다-기-
의 전도(前途)를 시(視)ᄒᆞ기 위ᄒᆞ야 본년(本年) 내 좌기 방법으로셔
공대(空袋) 십오매롤 지래(持來)ᄒᆞ시ᄂᆞ 이에게는 활동사진 절부(切
符) 일매식(一枚式)을 진정(進呈)ᄒᆞ오니 즉(卽) 다-기-를 매(買)ᄒᆞ
시며 활동이 무료로 관람되오며 저활동(著活動)이 자미(滋味)잇ᄂᆞ
가치가 무(無)하시거던 편히 무대연초(無代煙草)를 득(得)홀 사(事)

가 유(有)홈니다

상대유행(尚大流行)의 바라다이스 대전성(大全盛)의 호와이도고

스모스 급(及) 다루마 동양(同樣)으로 교환ᄒ옵니다

조선연초주식회사

신제품 다-기- 공대 십오매와 입장권 일매

바라다이스 공대 십오매와 입장권 일매

호와이도고스모스 공대 십오매와 입장권 일매

다루마 공대 육매와 입장권 일매

특약활동사진 ● 제일대정관 ● 황금관 ● 제이대정관 ● 우미관

공대교환소

황금관 전(前) 택＊(澤＊) 연초점

제일대정관 전 지전(池田)연초점

제이대정관 전 림(林) 연초점

우미관 전 의전(擬田)연초점

종로통 사정목 전 김두흥(金斗興) 상점

본정 오정목 전 정본(釘本) 商店

우미관 12월 5일자와 동일

● 가경(可驚)모험대활극

◎탐정왕

● 자일양일중(玆一兩日中)에 업셔지오

황금정

電 一四三四

제이대정관

<table>
<tr><td>14.12.09 (3)
〈광고〉</td><td>제이대정관 12월 8일자와 동일
우미관 12월 5일자와 동일</td></tr>
<tr><td>14.12.10 (3)
연극 즁에 대소동</td><td>구연극 김봉문 일힝(金鳳文 一行)은 미일밤 인천 축항샤에서 셩황
으로 흥힝ᄒᄂᆞᆫ 즁 지나간 팔일 오후 열시가량은 되어 별안간 뎐긔</td></tr>
</table>

불이 쩌지며 쟝님 셰계가 되엿난고로 밋층에셔 관람ᄒ든 빅여명
은 아우셩 소리롤 질으며 셔로 밀치고 닷토아 나가랴ᄒ고 삼층 이
층에 잇든 남녀 이빅여명은 연극쟝 안에 불이 난 줄 알고 대경ᄒ
야 죽기 한ᄒ고 밋층으로 쮜여 니리는쟈도 잇고 일시는 비샹히 쇼
요ᄒ얏ᄂ딕 불 씐 씨닭은 그 집 쥬인 김봉호가 뎐긔료(電氣料) 여
러날 치를 닉지 안이ᄒ 씨둙으로 뎐긔 회샤이 아모 말 업시 갑작
이 씐 연유라더라

14.12.12 (3) 〈광고〉	● 拾二月 十二日 사진 전부 차환 ◎ 태서정극 청록귀(靑綠鬼) 전사권 팔천척 주임변사 서상호 설명 ◎ 태서대활극 연구(硏究) 상하 이권 삼천오백척 ◎ 태서인정극 소아기도(小兒祈禱) 최대장척 경성 장교통 電 二三二六 우미관 제이대정관 12월 10일자와 동일 조선연초주식회사 12월 8일자와 동일
14.12.13 (4) 〈광고〉	제이대정관 12월 10일자와 동일 우미관 12월 12일자와 동일
14.12.15 (4) 〈광고〉	제이대정관 12월 10일자와 동일 구주전란여문(余聞)활극 용감호 밀사 최대장척 외 우미관 12월 10 일자와 동일
14.12.16 (4) 〈광고〉	제이대정관 12월 10일자와 동일 우미관 12월 15일자와 동일
14.12.17 (4) 〈광고〉	조선연초주식회사 12월 8일자와 동일 우미관 12월 15일자와 동일 제이대정관 12월 10일자와 동일
14.12.18 (4) 〈광고〉	우미관 12월 15일자와 동일 제이대정관 12월 10일자와 동일

14.12.19 (1) 〈광고〉	◉ 拾貳月 十七日브터 사진 전부 차환 ▲ 세계대동란여문(余聞) ▼ ◉ 태서대활극 최후의 진영 전삼권 최장척 ▲ 일영노불(日英露佛) 신각국(新各國) 위원의 ▼ ◉ 대모험가극(伽劇) 북극탐험 전이권 최장척 ▲ 미묵전쟁여문(米墨戰爭余聞) ▼ ◉ 태서활극 국기의 하풍(下風) 최대장척 ◉ 기타 사진 희극물 각종 황금정 電 一四三四 제이대정관 ◉ 拾貳月 拾九日 사진 전부 교환 ◉ 태서정비극 고압선 상중하 전삼편 칠천척 ◉ 태서활극 사자사(獅子使) 최대장척 ◉ 태서인정극 애정승리 상중하 칠천척 ◉ 기타 수종 경성 장교통 電 二三二六 우미관
14.12.19 (4) [독쟈긔별]	▲ 요시 우미관에눈 전보다 샤진도 월슈히 낫고 변수들도 극히 쥬의ᄒ야 구경군 마음에 맛도록 설명을 잘ᄒ야 주눈 ᄭᄃᆰ으로 아—참 사룸이 펵은 만흔 게야 「이문생(耳聞生)」
14.12.20 (4) 〈광고〉	우미관 12월 19일자와 동일 조선연초주식회사 12월 8일자와 동일 제이대정관 12월 19일자와 동일

1914년

14.12.22 (4) 우미관 12월 19일자와 동일
〈광고〉 제이대정관 12월 19일자와 동일

14.12.23 (3) ◉ 拾二月 二十三日브터 사진 전부 차환
〈광고〉 ◉ 태서정극 단애의 련(斷崖의 戀) 최장척
◉ 태서인정극 오해 상하 이권 사천장(四千長)
◉ 태서활극 운명의 변천 상하 이권 최장척
기타 사진 골계물 각종
● 명년브터 특히 사진 선발의 각육일회(各六日回) 재(再) 전부 차
환ㅎ야 관람에 공(供)ㅎ겟슴
황금정
電 一四三四
제이대정관

우미관 12월 19일자와 동일
조선연초회사 12월 8일자와 동일

14.12.24 (4) 우미관 12월 19일자와 동일
〈광고〉 제이대정관 12월 23일자와 동일

14.12.25 (3) ◉ 拾貳月 拾九日 사진 전부 교환
〈광고〉 ◉ 태서정비극 고압선 상중하 전삼편 칠천척
◉ 태서활극 사자사(獅子使) 최대장척
◉ 군사활극 대돌격 전이권 사천여척
◉ 기타 수종
경성장교통
電 二三二六
우미관

제이대정관 12월 23일자와 동일

14.12.26 (3) 〈광고〉	◉ 拾貳月 二十六日 사진 전부 교환 ◉ 태서탐정대활극 괴운(怪雲) 전사편 팔천여척 주임변사 서상호 득의의 설명 ◉ 태서인정극 죄의 자(罪의 子) 삼천여척 ◉ 태서활극 애마의 보은 최대장척 ◉ 기타 수종 차(此) 삼대사진을 물실호기(勿失好機)ㅎ시옵 경성장교통 電 二三二六 우미관 제이대정관 12월 23일자와 동일
14.12.27 (2) 〈광고〉	대광고 첨원갈망(僉員渴望)ㅎ시던 본극장을 준립(竣工)ㅎ고 본월 삼십일 야(夜)브터 개시ㅎ얏ᄉ오니 륙속관람(陸續觀覽)ㅎ심을 복망(伏望) 평양 남문통 이정목(침동(砧洞)) 상설활동사진 평안극장(平安劇場) (전화 六二二번)
14.12.29 (3) 〈광고〉	우미관 12월 26일자와 동일 제이대정관 12월 23일자와 동일
14.12.29 (4) 〈광고〉	제이대정관 12월 23일자와 동일 우미관 12월 19일자와 동일 평안극장 12월 27일자와 동일

每日申報 【1915년】

□女學校에 對호 世人의 誤解

處女의 投井

丁抹國人의 自殺

團成社燒失

可憐을 枕榎小裝

臘月晦日에 殺妻

1915년에도 기사의 중심은 대개 공연장 및 공연단체에 관한 내용이었으며, 활동사진 관련 내용은 주로 광고를 통해 소개되었다. 1월 1일, 신년이 되어 광고를 게재한 곳은 우미관과 제이대정관, 광무대였다. 평양의 평안극장이 1월 5일자 3면에 극장을 준공하여 전년 12월 30일부터 활동사진관으로서 개관한다는 내용의 광고를, 중앙기독교청년회가 4월 15일 1면이나 4월 27일 3면에 환등회를 개척한다는 내용의 광고를 싣기도 하였지만, 활동사진 상영 관련 광고 대부분은 우미관과 제이대정관의 것이었다. 그나마도 4월 14일을 마지막으로 제이대정관의 활동사진 광고는 자취를 감추었고 이후 활동사진 광고란은 우미관이 독점하게 되었다. 1915년의 경우 활동사진 광고란의 이름이 따로 있었던 것은 아니며, 활동사진 광고는 주로 3면이나 4면에 극장별로 실렸다. 게재 주기는 2~3일에서 7~8일 정도로 느려졌고 활동사진 수는 하나에서 서넛으로 줄었으며, 작품별 길이는 수천 척에서 만여 척으로 늘어났다.

극장 관련 기사는 사건, 사고, 지적, 비판에 관한 설명과 논설이 주를 이루었다. 1월 30일자 3면은 단성사를 예로 들며 공연시간을 지키지 않고 관객이 차기를 기다리거나 당일 입장하지 못한 관객에게는 불법으로 좌석의 등급을 올려주는 연극장 및 활동사진관의 행태를 비판하였다. 2월 14일자 3면은 음력 정월을 맞아 광무대, 단성사, 우미관, 제이대정관 등 구경할 만한 연극장을, 2월 18일 3면은 인천의 활동사진관인 표관이 조선인 관객을 위해 일본극을 빼버리고 서양극을 중심으로 활동사진을 상영하여 대성황을 이루었다는 내용을 소개하였다. 6월 29일자 3면에는 광무대 연극공연의 소음을 못 참고 근처 주민들이 관할경찰서에 공연정지에 관한 탄원서를 제출하였다는 소식이, 8월 11일자 3면에는 단성사의 우대권을 위조하여 팔던 사람이 잡혔다는 소식이 전해지기도 하였다.

1915년은 단성사 건물이 화재로 소실되었던 해이기도 한데, 2월 19일 3면, 3월 17일 3면 등에서 이와 관련된 내용을 상세히 확인할 수 있다. 9월 10일 3면의 경우 박승필 일행의 광무대 공연개시 7주년 기념행사에 관한 기사를 담았다. 연극장 및 활동사진관에 대한 취체를 다룬 글들도 눈에 띈다. 9월 3일자 3면은 당국에서 풍기문란을 일으키는 활동사진에 대한 취체를 보다 엄중히 한다는 내용을, 9월 9일자 3면은 관객석의 남녀구별 및 풍기문란 취체를 위해 경성 본정경찰서가 엄밀히 취체한다는 내용을 다루었다. 한편 1915년 대대적으로 개최되었던 조선물산공진회(朝鮮物産共進會)와 활동사진 관련 기사도 9월 10일자 3면, 9월 16일자 3면, 10월 8일자 3면 등에 실렸는데, 특히 10월 8일자 기사의 경우 공진회 대성황을 기념하기 위해 총독부가 일본의 닛카쓰(日活)의 간사이(關西) 촬영소 기사를 초빙하여 공진회장 및 조선왕실을 촬영한다는 내용을 소개하였다.

극단 관련 기사도 가끔 쓰였는데, 신파극단인 혁신단의 연극 〈눈물〉 흥행에 관한 내용이 대부분을 차지하였다. 2월 24일 3면에는 2월 19일부터 인천 축항사에서 흥행 성공을 이루었다는 소식이, 7월 9일 3면에는 진주에서 흥행하여 성황을 이루었다는 소식이, 11월 24일 4면에는 이날부터 경성 단성사에서 흥행하기로 하였다는 소식이 전해졌다.

1915년에도 〈독쟈긔별〉이라는 독자기고란을 통해 연극장 및 활동사진관 등에 관한 일반인들의 글이 적잖게 투고되었고, 한편으로는 가끔씩 〈붓방아〉, 〈희더쇼식〉 등의 란을 통해 이와 관련된 단편소식들이 실리기도 하였다. 여기에는 활동사진의 내용에 대한 설명으로부터 상영편수 착오, 변사의 공연자세, 관객의 관람태도에 대한 지적, 그리고 단성사 화재 및 수리에 이르기까지 다양한 글들이 담겨졌다. 특히 4월 13일자 2면의 〈붓방아〉는 4월 15일부터 제이대정관이 조선인 변사 체제를 없애고 일본인 위주로 변경함으로써 우미관이 경성에 있는 조선인 대상의 활동사진관으로 자리하게 되었다는 내용을 소개하였다.

15.01.01 (3)
〈광고〉

근영신년(謹迎新年)
경성부 관철동
활동사진 상설관
우미관
전화 二三二六번
정월 흥행으로 一月 一日브터 五日끼지 오일간 주야 흥행ᄒ겟습

15.01.01-第七(2)
〈광고〉

● 당년 一月 一日의 대사진 제공
◉ 공중의 대활극　맹취호(猛鷲號)　전삼권 육천척
◉ 태서대비극　험애비잠(嶮崖悲慘)　전삼권 최대장척
◉ 태서대활극　포연탄우(砲烟彈雨)　전이권 최대장척
기타 실사, 골계, 정극 등 각종
황금정
電 一四三四
제이대정관

15.01.01-第七(2)
〈광고〉

● 대정 四年 一月 一日 사진 전부 차환
◉ 태서대활비극　이백만원의 재산　전오편 일만여척
작춘(作春) 대호평을 박득(博得)ᄒ던 대사진 저반강호(這般江湖)
애활(愛活) 제신사(諸紳士)의 청구를 의ᄒ야 특별히 재차(再次) 본
일브터 영사
◉ 태서탐정대활극　대폭발　전삼편 육천척
◉ 실사　구주전란화보
경성장교통
電 二三二六
우미관

15.01.01-第七(3)
신년과 연극장

▲ 광무디　박승필(朴承弼) 일힝은 젼보다 더욱 기량ᄒ야 오날
밤부터ᄂᆞᆫ 신구연극을 흥힝ᄒᆫ다ᄂᆞᆫ딕 ᄌᆞ미가 만히 잇서서 볼만ᄒ
다ᄒ며

▲ 우미관　참 신셩명훈 특별대스진되는 이빅만원 지산이라는 것 기타 스진을 뎨공ㅎ야 갈치를 밧을 작뎡이오
▲ 뎨이대정관　신년을 당ㅎ야 특별히 됴흔 스진으로 구경을 식힐 작뎡인디 즈미 잇눈스진이 만타더라

15.01.03 (4)
〈광고〉

우미관 1월 1일자와 동일
제이대정관 1월 1일자와 동일

15.01.05 (1)
〈광고〉

우미관 1월 1일자와 동일
제이대정관 1월 1일자와 동일

15.01.05 (3)
〈광고〉

대광고
첨원갈망(僉員渴望)ㅎ시던 본 극장을 준립(竣工)ㅎ고 객월(客月) 三十日 야(夜)브터 개시ㅎ얏스오니 륙속관람(陸續觀覽)ㅎ심을 복망(伏望)
평양 남문통 이정목 (침동(砧洞))
상설활동사진관
평안극장 (전화 六二二번)

15.01.07 (1)
〈광고〉

◉ 당 一月 七日브터 사진 전부 차환
△ 이태리 이라다 회사 걸작
◉ 태서기담　일직선　전삼권 육천척
△ 미국 아메리간 회사 근작
◉ 태서대활극　최후의 전(戰)　전이권 최대장척
◉ 기타 실사, 골계, 정극 共種種
황금정
電 一四三四
제이대정관

15.01.07 (1) 〈광고〉	우미관 1월 1일자와 동일
15.01.07 (4) 〈광고〉	평안극장 1월 5일자와 동일
15.01.08 (3) **[연희계일별]**	**몽외생(夢外生) (투서)** 신년 시히의 여러 가지 홀 말이 만흐나 나는 죠션의 소위 연예라는 것을 문데로 삼아 대강 말ㅎ고져 ㅎ노라 이젼에 죠션에는 연예라는 명목이 모도지 업고 항샹 논다는 것이 노리ㅎ는 계집들만 불너다가 즁가를 주고 아참으로보터 져녁 ㅅ지지 한 ㅅ재 흥미를 취홀 ㅅ름이오 여간 원만흔 사롬들은 아모리 놀고 십허셔 돈의 다쇼롤 싱각ㅎ고 감히 엄두도 못너이며 사롬마다 만족히 듯지 못홈을 유감히 녁여 쏫퓌고 일란풍화흔 ㅅ재에 혹 엇던 곳에셔 이러이러흔 계집이 가셔 논다ㅎ면 엇더케 ▲ 노름노리에 질기던지 심지어 쟝ㅅ흐는 사롬ㅅ지라도 하로 휴업이라도 ㅎ고 좃초가셔 구경을 ㅎ고 도라와셔는 세샹에 처음보는 구경으로 입에 춤이업시 ㅈ랑ㅎ던 싱각을 ㅎ면 그ㅅ재 연극한 아이라도 잇셧던덜 그 ㅅ재 영업쥬는 허리쯰 쯘을 글넛슬티이라 그럼으로 연예라는 것이 아죠 적막ㅎ야 세샹사롬의 오락긔관이 업셧고 쏘흔 그ㅅ재는 풍조가 열니지 안코 지식이 박약흔 탓으로 감히 연극쟝 한아 지을 엄두가 나지 안턴 터이라 그 ㅅ재에 뎨일 세샹사롬의 ㅅ랑거리로 이곳져곳에셔 닷호아 불너다가 노리 듯고져 ㅎ던 쟈는 홍도 진주 보비라는 세 계집이라 이 계집들의 노리라면 아죠 그만으로 알 ㅅ재오 아모리 다른 것이 잇다홀지라도 소용이 업슬 ㅅ재임으로 한낫 류힝ㅅ가 잇셔 홍도의 베ㅅ자락이오 보비의 기타령이라ㅎ며 그 외에 죠금 잘 논다는 것이 광더를 불너다가 춘향가 일판으로 판쇼리 듯는 것이 뎨일 잘논다는 것이라 그ㅅ재의 호젹 부는 쇼리도 져윽이 귀ㅎ야 ▲ 쏫 피고 달 밝은 밤에 바람을 짜라 쳐량히 부는 소리를 들어도 세샹의 쏘 다시 업는 소리로 알고 풍류남아의 무한흔 흥미를 도옴은 물론 심지 미뎡흔 남쟈라도 심혼이 표량ㅎ야 엇졀 줄 모르던 바이라 연극이라ㅎ는 것은 사롬의 희로이락을 직졉으로 동케

ᄒ며 여러 가지로 감념이 나게 ᄒᄂᆫ 것이라 엇던 사롬을 물론ᄒ고 연극이라ᄂᆫ 것을 실혀홀 쟈— 어디잇스리오마ᄂᆫ 다만 흥취의 욕심 으로 그쟤만 볼 ᄲᅮᆫ이오 그 본바로ᄡᅥ 그 리치를 궁구ᄒ고 헤ᄋᆞ릴진 디 반다시 스사로 ᄭᅢ닷ᄂᆫ 리익도 젹지안겟고 ᄭᅮ짓고 본바들것과 칭찬홀 것도 만흔 것이라 보ᄂᆫ 쟈ᄂᆫ 이러타시 보기를 질겨ᄒ고 흥 치를 취홀 젹에 셔울 시문안 대궐 압 근쳐에 협률샤(協律社)라ᄂᆫ

▲ 연희쟝이 시쟉ᄒ야   경성의 유명ᄒᆫ 관기 수십명과 젼라도 광 디 김창환(金＊＊)[1]…쳐음이라 만셩 남녀로유를 물론ᄒ고 히가 지기 젼에 그 대문 압헤 산 ᄀᆞᆺ치 모혀 드러가기 닷호아 표를 사ᄂᆫ 디 좀쳬 슈로 살 슈도 업고 좀쳬 슈로 구경홀 슈도 업스며 일변 안 에셔ᄂᆫ 질탕ᄒᆫ 풍류와 노리 츔이 ᄌᆞ지러지미 더욱 마암이 요동ᄒ 야 좌졍우측으로 구경ᄒ고 나온 쟈이면 입마다 모다 버려지고 됴 와라고 칭찬ᄒᄂᆫ 소리ᄂᆫ 귀가 압하 들을 슈 업던터이라 이럼으로 그 뒤를 이어 경셩 동구안 지금 쟝안샤 터에 삿갓집 모양으로 지 어노은 연회쟝이 잇셧스니 다만 노리ᄒ고 츔만 츄면 됴흘 줄 알고 다른 연구력은 업던 터이라 그럼으로 말이 연회쟝이오 실샹은 란 쟝판이나 다름이 업셧스나 젼에도 보지 못ᄒ던 것이 잇셔 한 쟤 오락 긔관은 넉넉홈으로

▲ 밤마다 인산안히   를 일우어 리익도 볼소ᄒ얏ᄂᆫ디 쳐음에ᄂᆫ 그런 ᄆᆞᄋᆞᆷ을 닉지도 못ᄒ다가도 한 번 남이 본보기를 ᄒ야 노으면 ᄎᆞ례로 뒤를 니어 일어나ᄂᆫ 법이라 그쟤에 한미면긔회샤 시디의 미국 사롬 골불안의 스업으로 활동샤진과 환등 시작이 쳐음되여 더욱이 이것을 보고 놀나옴을 익의지 못ᄒ얏스니 그쟤에 비로소 연극이라ᄂᆫ 명ᄉᆞ가 류힝되얏고 연극열도 비로소 흥감된 터이라 그 뒤로 광무디가 셜립되고 단셩샤가 ᄎᆞ례로 일어난 후 쟝얀샤와 연흥샤가 잇셧ᄂᆫ디 그쟤 신파연극이라고ᄂᆫ 비로소 쟝안샤에셔 시 작ᄒᆞ미 쳐음 보고 듯ᄂᆫ 것임으로 쳣날은 구경군이 만엇스나 그 뒤 평판은 모다 ᄌᆞ미가 업다 ᄒ며 됴션 구극의 질탕ᄒᆫ 음악과 가무만 질겨ᄒ야 긔어코 유지치 못ᄒ얏스나 ᄎᆞᄎᆞ로 시디를 좃차 변쳔이 잇던지 문슈셩(文秀星) 혁신단(革新團) 유일단(唯一團) 기타 각종 의 신파연극이라ᄂᆫ 것이 발싱ᄒ얏더라

―― **1)** 2열가량 지워져서 보이지 않음.

15.01.08 (4)　　우미관 1월 1일자와 동일
〈광고〉　　　　제이대정관 1월 7일자와 동일

15.01.09 (3)　　제이대정관 1월 7일자와 동일
〈광고〉

15.01.09 (4)　　우미관 1월 1일자와 동일
〈광고〉

15.01.10 (4)　　제이대정관 1월 7일자와 동일
〈광고〉　　　　우미관 1월 1일자와 동일

15.01.12 (3)　　제이대정관 1월 7일자와 동일
〈광고〉　　　　우미관 1월 1일자와 동일

15.01.13 (1)　　◉ 壹月 十三日브터 사진 전부 차환
〈광고〉　　　　◉ 모험기이대대활극　혈서의 편(便)　전삼권 육천척
　　　　　　　　◉ 태서활극　오분의 혼(五分의 魂)　전이권 사천척
　　　　　　　　◉ 태서정극　련과 염(戀과 焰) 최대장척
　　　　　　　　기타 실사, 희극물 각종
　　　　　　　　황금정
　　　　　　　　電 一四三四
　　　　　　　　제이대정관

　　　　　　　　■ 一月 十一日 사진 차환
　　　　　　　　◉ 태서탐정대활극　소굴의 묘계(妙計)　전사권 팔천여척
　　　　　　　　광폭 맹수와 곳치 중역(重役)‥‥‥기차 중 독부(毒婦)‥‥‥가련
　　　　　　　　아(可憐兒)의 혐의‥‥‥군대의 출동‥‥‥진행 중 열차 내 기발
　　　　　　　　혼 도적‥‥‥탐정의 활동‥‥‥소굴 내 악한의 집합‥‥‥정리
　　　　　　　　(偵吏)의 묘계‥‥‥불사의(不思議)의 시계‥‥‥지하실에셔 포

박 등 신변기발(神變奇拔)의 탐정극
기타 활비극물 각종
경성장교통
電 二三二六
우미관

15.01.14 (4)	제이대정관 1월 13일자와 동일
〈광고〉	우미관 1월 13일자와 동일

15.01.15 (4)	제이대정관 1월 13일자와 동일
〈광고〉	우미관 1월 13일자와 동일

15.01.16 (4)	제이대정관 1월 13일자와 동일
〈광고〉	우미관 1월 13일자와 동일

15.01.17 (1)	제이대정관 1일 13일자와 동일
〈광고〉	

■ 一月 十六日 사진 차환
● 태서대활비극　질투지염(嫉妬之焰)　전삼권 육천여척
● 태서인정극　조홍엽(蔦紅葉)　전이권 사천척
경성 장교통
電 二三二六
우미관

15.01.17 (4)	▲ 단성샤를 일간 열고 리홍근의 경영으로 다시 구연극을 흥힝흔
[독쟈긔별]	다는디 한아라도 느는 것은 됴치만은 어츠피 나올 바에 환영밧을
	만흔 연극을 ㅎ얏스면 됴겟던걸이오「전문생(傳聞生)」

1915년

15.01.19 (2)   우미관 1월 17일자와 동일
〈광고〉   제이대정관 1월 13일자와 동일

15.01.20 (3)   제이대정관 1월 17일자와 동일
〈광고〉   우미관 1월 13일자와 동일

15.01.21 (3)   우미관 1월 17일자와 동일
〈광고〉

◉ 壹月 貳拾日브터 사진 전부 차환
◉ 태서대활극　사출(思出)의 ランプ[2]란푸　전삼권 육천척
◉ 종군촬영　구주대전란실황
◉ 탐정활극　증거의 흔적　전삼권 육천척
기타 실사, 희극물 각종
황금정
電 一四三四
제이대정관

15.01.22 (4)   제이대정관 1월 21일자와 동일
〈광고〉   우미관 1월 13일자와 동일

15.01.22 (4)   ▲ 그젹의 밤 뎨이대정관에 죽엽이라는 계집이 상등에 안져 구경
[독쟈긔별]   을 ㅎ눈디 엇던 리주ᄉ란 작기와 갓치왓습듸다 그려 그런디 구경
                   은 안이ㅎ고 쏙 그 컴컴ᄒ 즁에셔 사롬 상고ㅎ기에 고기가 왓다갓
                   다ㅎ던걸 그러도 고모양이야 「방관자」

——— 2) 램프.

15.01.23 (4)	제이대정관 1월 21일자와 동일
〈광고〉	
	▲ 一月 二十三日 사진 전부 차환
	● 태서탐정대활극　악마의 안(眼)　전사권 팔천여척
	경성 장교통
	電 二三二六
	우미관
15.01.24 (3)	우미관 1월 23일자와 동일
〈광고〉	제이대정관 1월 21일자와 동일
15.01.26 (3)	우미관 1월 23일자와 동일
〈광고〉	제이대정관 1월 21일자와 동일
15.01.27 (3)	우미관 1월 23일자와 동일
〈광고〉	
	◉ 壹月 貳拾六日브터 사진 전부 차환
	● 태서사회극　악연　전삼권 육천척
	● 태서대활극　수의 력(水의力)　최대장척
	● 태서정극　람후의 광(嵐後의 光)　상하 이권 사천오백척
	기타 실사, 골계 각종
	황금정
	電 一四三四
	제이대정관
15.01.28 (4)	제이대정관 1월 27일자와 동일
〈광고〉	우미관 1월 23일자와 동일

1915년

15.01.29 (3)
〈광고〉

우미관 1월 23일자와 동일
제이대정관 1월 27일자와 동일

15.01.30 (3)
불법의 단성사
일행 / 관긱을
모욕ㅎ는 연극단 /
감언리셜로 사롬을
쐬여 모아 들이는
소긔 슈단

경성 북부 파죠교에 잇는 단성샤 연극쟝에셔는 일젼부터 그 연극을 셜힝ㅎ야 일반관람쟈를 환영혼다는더 그 영업의 방침은 엇더혼 니용인지 죠셔히 알기 어려우나 작작 이십팔일 겨녁에도 역시 호젹과 쟝고와 졔금으로 귀가 압푸도록 오후 여섯시 째부터 췌군ㅎ기롤 시작ㅎ야 관람쟈를 모흐는 즁 원근의 구경꾼은 치운 일긔롤 무릅쓰고 ㅅ방에셔 모히여, 일이샴등의 표롤 사가지고 입쟝ㅎ는더 째는 일곱시라 그째부터 드러오는 사롬이 두어시간이나 막이 열니기를 고디ㅎ엿더니 비로소 여덟시 반이나 되야
▲ 관긱이 빅여명에 일음을 보고 막을 여는더 죠곰아한 계집ㅇ희의 승무 한 번을 보이고 난후 쥬무혼다 칭ㅎ는 김지죵(金在鍾)이라 ㅎ는 쟈이 휘쟝을 것고 나아와 셜명ㅎ되 오늘은 일긔도 치웁고 밤도 임의 느져가니 여러 손님은 도라가셧다가 리일 다시 오시면 더욱 쟈미잇는 것으로 흥힝ㅎ며 오늘 그져 가시는 손님 여러분쇠는 입쟝권을 하등은 즁등으로 즁등은 샹등으로 샹등은 특등으로 일졔히! 밧고 드릴터이오니 그런 줄 아시고 표는 문압헤 가셔 각각 밧고 와 가지시기롤 바롬니다 ㅎ고 휘쟝 안으로 도로 드러갓는더 여러 구경ㅎ던 사롬들은 홀 일 업시 공연혼 시간만 보니다가
▲ 뒤통슈를 치고 도라갓스나 욕셜이 심ㅎ얏고 그츄ㅎㅎ야 알아 보앗슬 뿐 안이라 연극ㅎ는 쟈들의 힝동을 슯혀보건더 극히 가통혼 일이 잇스니 원러 그 연극장은 시로히 흥힝을 시작홀 째에 져의들의 니용으로 결졍ㅎ기를 입쟝쟈가 빅명 이샹이 되지 못ㅎ는 째에는 결코 흥힝치 안이ㅎ고 관긱은 돌녀보니여 그 잇흔날 오게 혼다 ㅎ니 그와 ㄳ치 편리혼 쟝ㅅ가 어더 잇스리오 진쇼위 쟈유 힝동이라 사롬이 만흐면 연극을 ㅎ고 사롬이 젹으면 뎡지ㅎ야 사롬오는 것을 보아가지고 흥힝여부롤 결뎡ㅎ랴 ㅎ면 관긱은 사롬으로 더졉지 안이홀 뿐 안이라 호거 작러를 임의로 ㅎ야 경성 시민은 단성샤 일긔 연극장의 지비를 밧는 사롬으로 그와ㄳ치 쳔ㅎ게 보앗는지 알 슈 업는 일이며 이는 단지 경성 시즁 사롬들을 모욕홀 뿐 안이라 일긔

▲ 사긔뎍 영엽이라 일카를 수 잇스니 그와 굿흔 힝동으로 련일 사룸을 모왓다가 다시 보니고 ᄒ야 이삼일을 거듭ᄒ면 사룸의 슈효가 만을 것인고로 한 번 왓다 표를 가지고 도라간 사룸은 그 표를 무엇에 쓰리오 돈을 그디로 니여바리기 앗가운 고로 ᄌ연히 그 잇흔날은 다시 연극쟝으로 가고 말 것이니 이와 굿치 간악흔 계교를 희롱ᄒ야 관긱을 릉모ᄒ고 지물을 속이여 쎄아슴은 가히 증계홀 일이라 만일 그날 엇더흔 상치가 잇셧던지 흥힝치 못홀 경우가 되면 당연히 입쟝권을 돈으로 밧고아 쥬는 것이 올을 일이여날 삼ᄉ셰의 유아를 달니이듯이 등슈룰 올니여 쥬마ᄒ고 사룸을 꾀여 보니는 것은 어듸셔 나온 버르쟝이며 사긔영업(詐欺營業)이라 홈을 엇지면 ᄒ리요 근일 연극장이나 혹은 활동사진관에셔 손이 극히 젹게 드러오면 역시 단셩사와 굿치 간악교활흔 슈단을 혹시 쓰는 일이 잇다ᄒ는 즁 더구나 단셩사의 쇼위 표 사가지고 드러오는 손이 빅명에 챠지 못ᄒ면 의례히 흥힝을 안이ᄒ기로 ᄒ며 그 즁에도 돈을 도로 쥰다면 모르거니와 더구나 표를 한 등식 올려 쥰다 ᄒ는 것은 불법의 힝동이라고 물론이 쟈쟈ᄒ더라

15.01.30 (4)
〈광고〉

◉ 一月 三十日 사진 전부 차환
◀ 천하일품 ▶
▲ 태서탐정대활극 ▼
● 적구락부(赤俱樂部)   전사권 팔천여척
■ 기타 진사진(珍寫眞) 다수 영사
경성장교통
電 二三二六
우미관

제이대정관 1월 27일자와 동일

15.01.31 (3)
〈광고〉

우미관 1월 30일자와 동일
제이대정관 1월 27일자와 동일

15.02.02 (3) 〈광고〉	우미관 1월 30일자와 동일 제이대정관 1월 27일자와 동일
15.02.02 (4) [독쟈긔별]	▲ 엇던 만쏘샹은 밤마다 져녁밥 먹기가 늦다고 남촌 연극장에 가셔 쇼일을 흔다나 보아요 그 사롬이 누구야「조사생」
15.02.03 (3) 〈광고〉	우미관 2월 2일자와 동일 ◉ 貳月 壹日브터 사진 진부 차환 ■ ■ 태서대활극 용감흔 소녀 최대장척 전(全) ■ ■ 태서인정극 모형녀(模型女) 전삼권 육천척 ■ ■ 태서활극 분투 최대장척 ◉ 기타 사진, 정극, 가극(伽劇), 각종 황금정 電 一四三四 제이대정관
15.02.04 (3) 〈광고〉	제이대정관 2월 3일자와 동일 우미관 2월 2일자와 동일
15.02.05 (3) 〈광고〉	제이대정관 2월 3일자와 동일 우미관 2월 2일자와 동일
15.02.06 (3) 〈광고〉	제이대정관 2월 3일자와 동일 우미관 2월 2일자와 동일

15.02.06 (4)
[독쟈긔별]

▲ 요시 셩홍열이 심ᄒ다는듸 잘못 주의ᄒ다가 싱명 한아 일치 말고 국력 쥬의홀 일이야 엇더튼지 ᄋ희들은 연극쟝이나 활동샤진 굿흔 곳에 일절 보뇌지 말고 감긔들가 조심ᄒ오 「일의사(一醫師)」

15.02.07 (4)
〈광고〉

제이대정관 2월 3일자와 동일

◉ 二月 六日 사진 전부 차환
▲ 태서탐정대활극 ▲
◉ 최고의 법률　전삼권 육천여척
■ 기타 활극 정극 희극 사진 수종
경성 장교통
電 二三二六
우미관

15.02.09 (3)
〈광고〉

■ 당 貳月 八日브터 사진 전부 차환
◉ 영국 레지엔도 회사 특제
◉ 동양흥행 권리독점
■ 세계적 대탐정　전사권
■ 대사(大蛇)롤 사용ᄒ는 흉계⋯⋯⋯
■ 비행선과 급행열차⋯⋯⋯
■ 악한과 소년⋯⋯⋯
■ 백만원의 보옥(寶玉)⋯⋯⋯
◉ 기타 우등사진 수종
황금정
電 一四三四
제이대정관

우미관 2월 7일자와 동일

15.02.10 (1) 〈광고〉	우미관 2월 7일자와 동일 제이대정관 2월 9일자와 동일
15.02.11 (1) 〈광고〉	제이대정관 2월 9일자와 동일 우미관 2월 7일자와 동일
15.02.13 (3) 〈광고〉	우미관 2월 7일자와 동일 제이대정관 2월 9일자와 동일

15.02.14 (3)
구력(舊曆) 정초와
연희장 / 졍쵸와
구경갈 곳

음력의 시히를 마지며 경셩의 구경터는 한 번 면목을 밧구랴 ᄒᆞᆫ
괴석잇는 듯 ᄒᆞ더라 전황한 것과 족지 못흔 경졍으로 인ᄒᆞ야 쇠잔
ᄒᆞ고 쇠잔ᄒᆞ얏던 소위 죠션 구연극과 활동사진관은 지난 겨울에
로 음력 졍초가 도라오기를 고딕ᄒᆞ며 구경거리를 좃케 ᄒᆞ야 손님
의 말을 잡아슬랴고 궁리를 ᄒᆞ얏슬 뿐 안이라 한 가지 ᄌᆞ미잇는 일
은 경셩의 남편 북편에 각각 연극쟝과 활동샤진관이 한아식 잇셔
셔로 손의 만키를 닷호고져 ᄒᆞ는 고로 ᄌᆞ연 젼일보다는 좀 됴흔
것을 엇어볼 듯도 홀는지 엇지 ᄒᆞ얏던지 평일보다는 손님이 미우
만흘 터이닛가 졍초라는 것이 연극쟝에 딕ᄒᆞ야 더구나 고마운 새
이라
▲ 광무딕(光武臺) 박승필(朴承弼) 일힝은 구력졍초를 당ᄒᆞ야 일신
흔 연예로 대대뎍 흥힝흔다는딕 유명흔 강진(康津) 산옥(山玉)의 안
진소리와 산옥 옥엽(玉葉)의 판소리 륙ᄌᆞ박이 셩쥬풀이 무동 기타
평양슈심가 가야금이며 초ᄉᆞ흔날 낫부터는 ᄌᆞ미잇는 씨름회를 흔
다 ᄒᆞ며
▲ 단셩샤(團成社) 김지종(金在鍾) 일힝은 역시 구연예로 김홍(錦
紅)의 슈심가 난봉가와 열한 살 된 계집ᄋᆞ희의 승무 법고 기타 볼
만흔 것이 만타는딕 초잇흔날부터 씨름흔다 ᄒᆞ며 계속 기량 즁
▲ 우미관(優美館) 활동ᄉᆞ진관은 구력 졍쵸를 당ᄒᆞ야 특별히 함신
흔 ᄉᆞ진을 갈엇는딕 티셔탐졍대활극 심의 셤(心의 閃)과 ᄯᅩ 대활비
극 공즁의 비참ᄉᆞ(空中의 悲慘事) 기타가 만흔 모양인딕 이 ᄉᆞ진은

죠션에 처음 온 스진이라 ᄒ며
▲ 데이대뎡관(第二大正館)도 역시 참신ᄒ 스진으로 군ᄉ탐졍대활극 승리(勝利)와 ᄉ(死)라ᄂ 것 기타 진긔ᄒ 스진이 만흔디 모다 상쾌ᄒ 광경과 모양은 실디로 보ᄂ 것과 한 가지라더라

우미관 2월 7일자와 동일

당 구正月 一日브터 사진 전부 차환(당 二月 十四日브터)
이태리 이다라회사 대걸작
공전절후의 대활극 쑈로데아 이상의 사진 전오권 일만척
◉ 군사대탐정극　승리! 사?(勝利! 死?)
■군사대탐정 ■육군대장의 영양(令孃) ■중요서류와 폭렬탄 ■탐정의 고심 ■여양(女孃)의 경악 ■비행기 대추적 ■대서양 노류(怒流) ■비행기 상의 소녀 ■소녀의 대담 ■선화사(船火事) ■악한과 소녀
■ 쑈로데아 이상의 동(動)홈
● 기타 우등사진 수종
황금정
電 一四三四
제이대정관

우미관 2월 7일자와 동일
제이대정관 2월 14일자와 동일

제이대정관 2월 14일자와 동일
우미관 2월 7일자와 동일

▲ 연희장에ᄂ 큰 병통이 잇슴듸다 웨 남과 ᄀ치 가만히 안져셔 구경을 못ᄒ고 그 즁에셔 쎠드러가며 요동발광을 ᄒᄂ 것이 ᄌ미

인지 참혹홀 슈 업단 말이오 「개극생(慨劇生)」

**15.02.18 (3)
정초와 인쳔 연희쟝**

인쳔의 활동샤진 샹셜관 표관(瓢館)에셔는 음력 정초브터 특별히
죠션인 관긱을 위호야 샤진은 일본극을 쎄여바리고 온젼히 구쥬
젼쟝과 기타 쥬미잇는 희극 비극으로만 하로 두 번식 흥힝홀 뿐
안이라 변소도 다만 죠션인 변소로 호야곰 셜명호게 호얏슴으로
남녀로쇼 물론호고 희희락락 호야 엇지 만히 드리밀니는지 잠시
동안에 만원이 되여 시간 젼에 문을 닷는 대셩황을 일루엇고 오러
동안 조용호던 츅항소(築港社)에쇼는 인쳔 외리(外里) 사는 셔병의
(徐丙儀) 씨와 밋 영국인 슈삼인이 공익젹으로써 초잇흔날브터 동
셔 활동샤진을 영소혼다더라

**15.02.18 (3)
〈광고〉**

제이대정관 2월 14일자와 동일
우미관 2월 7일자와 동일

**15.02.19 (3)
극장 단셩사 소실 /
십팔일 시벽 셰시 /
쎠만 남은 단셩샤**

작 십팔일 시벽 셰시쯤 되야 음담훈 일긔에 바롬은 잔잔히 불동말
동호고 만뢰는 구젹호야 각쳐에 둙의 쇼리만 요란히 들리고 그럿
케 초져녁부터 칠팔빅명의 관긱이 터지게 드러안고 쑹당거리고
여러 가무지예를 흥힝호던 동구 안 단셩샤(團成社) 연희쟝은 젹막
호기 한량 업슬 째에 단잠도 일우지 못호고 놉흔 망디(望臺) 우헤
안져 소방으로 눈을 두루며 혹시 불 념려는 업나 호고 마음이 항
샹 편안치 못호고 잇는 창덕궁쇼방디(昌德宮消防隊) 쇼방슈는 폭
폭 졸니인 잠을 참아 즈지 못호고 경셩시 니외를 부감호며 솖히던
즁 별안간 동구 안 파죠교 근쳐로부터
▲ 화광이 죠곰식 빗치기 시작홈으로 쌀짝 놀나여 각쳐 쇼방디
로 면화롤 걸고 방향을 초지나 모다 한길곳치 치명치 못호고 갈팡
질팡 흐는디 대져 깁흔 밤 불이라는 것은 미양 갓갑고도 멀니 보
히는 법이라 그 째 그 연희쟝 안에셔 누어 즈고 잇던 비우 네명 즁
리창호(李昌浩)가 발견호고 대경호야 다른 비우들을 찌여가지고
류리창을 찌트리고 쒸여나옴이 이럼으로 창덕궁 쇼방디에셔는 급

히 출동ᄒ야 슈관챠(水管車)를 ᄯᅳᆯ고 라팔을 불며 경종쇼리롤 ᄯᅡ라 파죠교 근쳐를 당도ᄒ미 비로소 ᄯᅳᆺ도 안이ᄒ

▲ 단셩샤 연희쟝 으로부터 검은 연긔ᄂ 하날을 ᄶᅵ르ᄂ 듯 무럭무럭 일어나고 불길은 졈졈 밍렬ᄒ야짐을 본 파츌쇼에서도 즉시 북부경찰셔에 보고ᄒ야 다슈 셔원이 급히 출쟝ᄒ얏고 남대문 쇼방디 가쳐가 모혀들어 그 근쳐 소화젼(消火栓) 열고 일졔히 무ᄌ위를 들이디여 진화ᄒᄂ디 그 불은 발셔부터 그 안에셔부터 마ᄋᆷ디로 타오다가 모죠리 틔우고ᄂ 필경에 가득ᄒ 연긔와 펑챵ᄒ 불길은 통홀 길이 바이 업다가 밧갓ᄭᅵ지 범ᄒ야 쉬일시 업시 연소홈으로 일이 임의

▲ 느진 것을 한탄 용밍ᄒ 소방슈들은 일변 그 위험을 무릅쓰고 안으로 ᄯᅱ여들어가셔 그 안 무디ᄭᅵ지 범코져 ᄒᄂ 것을 극력 쇼방ᄒ 결과로 다힝히 젼쇼ᄂ 안 되얏스나 그 모양을 보면 젼쇼나 다를 것이 업시 네벽의 ᄶᅥ만 셧고 얼마동안 그 근쳐에ᄂ 강을 일우어 대쇼동이 되ᄂ 동시 더구나 연희쟝 집 지은 후로ᄂ 이번의 쳐음 불임으로 한참동안 일쟝 대혼잡은 이로 말홀 슈 업셧다 ᄒ며 손히ᄂ 목하 됴샤 즁이라ᄂ디

▲ 대기 불난 ᄭᅡ닭 은 그 안 샹등 엽방에셔 차 파ᄂ 쟈이 연극이 파ᄒ고 도라갈 쌔에 화로에 불을 즉시 ᄭᅳ지 안코 무심히 문을 잠그고 간 ᄭᅡ닭으로 그 불은 은연히 화로롤 다 틔여가지고 필경에 그 바닥 다다미에ᄭᅵ지 연쇼ᄒ야 것침 업시 사방 쥬위와 텬졍ᄭᅵ지 모죠리 탄 후ᄂ 나죵에 불길이 밧갓흐로 ᄯᅱ여나온 일이라ᄂ디 이 단셩샤 연희장은 경성에 다만 한 곳 잇ᄂ 시 연극쟝으로 그 젼 단셩샤를 허러바린 후 시로 건츅ᄒ기에 반년 이상의 셰월을 허비ᄒ고

▲ 일만원 이상의 건츅비를 드려 작년 일월에 비로쇼 공ᄉᆞ를 맛치고 작년 음력 졍월초잇흔날 비로쇼 무디롤 여럿스나 그 후 젼황ᄒ ᄭᅡ닭으로 집이 만히 비여 당초에 남의 빗으로 집을 지엇다가 비샹ᄒ 곤난을 당ᄒ야 문셔롤 이리져리 올겨잡힌다 엇지ᄒ다 여러번 풍파를 격다가 음력 작년 셧달에야 지금 흥ᄒᆡᆼᄒᄂ 구연희 일ᄒᆡᆼ의게 빌려쥰 지 몟칠이 못되야 이런 불의의 지앙을 당ᄒ얏다 ᄒ며 거긔셔 흥ᄒᆡᆼᄒ던 구연희 김지죵 일ᄒᆡᆼ은 일간 동구 안 쟝안샤(長安社)에셔 계속ᄒ야 흥ᄒᆡᆼᄒ다러라

15.02.19 (3)
〈광고〉

제이대정관 2월 14일자와 동일

◉ 二月 十四日 사진 전부 차환
◉ 태서탐정대활극　심의 황(心의 惶)　전사권 팔천척
◉ 태서대활비극　공중의 참사　전삼권 칠천척
■ 기타 활극 정극 희극 사진 수종
경성 장교통
電 二三二六
우미관

15.02.19 (4)
[독쟈긔별]

▲ 단셩샤야말로 참 신년정쵸에 운슈가 비식ᄒ거던 불이 나도 이만져만ᄒ게 낫셔야지오 함박 타바리다십히 ᄒ얏스니 참 남의 일이라도 가엽던 걸이오 「위문자」

15.02.20 (3)
〈광고〉

제2대정관 2월 14일자와 동일
우미관 2월 19일자와 동일

15.02.21 (3)
〈광고〉

▼ 二月 二十日브터 사진 교환
▲ 세계적 대사극 천하일품 ▼
◉ 종교적 대비극 군사적 대활극　전승(全勝)　전오편 일만여척
△ 전율(戰慄)홀 만호 봉절 대사진 활동사진계의 대왕……▽
◉ 기타 진사진 수종
경성 장교통
電 二三二六
우미관

▼ 당 二月 二十日브터 사진 전부를 차환홈
▲ 구주 대전쟁 여담(余談) ▼
◉ 군사활극　특별임무　전삼권 육천척
연합군 척후장교가 특별임무를 대(帶)ᄒ고 적의 수송열차를 파괴

ᄒ야 과연 기(其) 사명롤 전(全)흔 실전을 배경으로 흔 근래 희유
(稀有)의 대사진
◉ 태서활비극 역수(逆讐) 상하 이권
◉ 기타 사진 희극물 각종
황금정
電 一四三四
제이대정관

15.02.21 (4)
[독쟈긔별]

▲ 엇던 얼바롬 마진 화상은 신년정쵸에 연극쟝이 흥왕ᄒ다닛가
공연히 혀바닥이 밧싹 말나서 허욕에 춤을 츄가어며[3] 져도 좀 ᄒ
야본다고 구룡산 등디에서 낫연극을 흥힝흔다나 젼후 노름바지는
미일 경셩셔 사다가 흔다니 곳 리익이 남을걸 「비평생」

15.02.23 (1)
〈광고〉

제이대정관 2월 21일자와 동일
우미관 2월 21일자와 동일

15.02.24 (3)
혁신단과 인쳔 극쟝

신파연극 혁신단 림셩구 일힝(林聖九 一行)은 십구일브터 인쳔 츅
항사(築港社)에서 미일 흥힝ᄒ여 오는 바 오러동안 갈망ᄒ든 관긱
의 디찬셩을 밧어 디셩황인 모양이나 그 극장이 미우 협소ᄒ야 남
녀의 좌셕이며 상하등의 분별은 잇스나 오후 아홉시쯤 되면 의례
히 셔로 닷호아 드리밀이는 ᄶᄛ에 구경이 안이라 걱졍이고 셜명
ᄒ는 것은 하나 자세히 들을 슈 업는 상터이니 그리도 팔쳔여호
되는 쇼위 번화흔 인쳔 시즁에 위치와 건물이 상당흔 연극쟝이라
고는 죠션인 시가 즁으로셔 ᄒ아토 볼 슈 업슴은 실로 한심흠을
익이지 못홀네라

―― 3) '츄어가며' 의 오기로 보임.

15.02.24 (3)   우미관 2월 21일자와 동일
〈광고〉   제이대정관 2월 21일자와 동일

15.02.25 (3)   우미관 2월 21일자와 동일
〈광고〉   제이대정관 2월 21일자와 동일

15.02.26 (1)   우미관 2월 21일자와 동일
〈광고〉   제이대정관 2월 21일자와 동일

15.02.26 (4)   ▲ 단성사가 화지가 난 후로 김지종 일힝이 고만 쇼식이 업다더니
[독쟈긔별]   이번 북셔에셔 한 달 작뎡으로 연흥사를 허가ᄒᆞ야 쥬엇더요 그동
                  안 손희도 젹지 안엇슬걸「한광뎌」

15.02.27 (3)   ◉ 당 二月 二十六日브터 사진 전부 차환
〈광고〉   ◉ 태서탐정대활극 후의 활안(後의 活眼) 전삼권 팔천척
                  백작의 진객(珍客)…교외 산보의 재액(災厄)…백작의 경악…명탐
                  정 출장…부인의 행위…합원(合圓)의 수건…탐정포박…지하실
                  홍수…위기일발…탐정 대고심…악한 백작저(伯爵邸)에 재(在)…
                  계략과 계략…악한은 경관…풍야(風耶)아 우야(雨耶)아…
                  ◉ 태서사계극(社界劇) 지주(蜘蛛) 전이권 최장척
                  ■ 기타 사진 희극물 각종
                  황금정
                  電 一四三四
                  제이대정관

15.02.27 (4)   ▼ 二月 二十七日브터 사진 전부 교환
[독쟈긔별]   ◉ 종교적 대비극 군사적 대활극 전승 상하 이편 오천척
                  주임변사 서상호 득의의 설명

호호탕탕(浩浩蕩蕩)흔 상해에서 홀연 거선이 화염이 충천호니 만 선승객이 우왕좌왕호야 욕원생명(欲園生命)코즈 황망낭패(荒茫狼狽)호니 진시(眞是) 비극 중 비극이요 활극 중 활극이라 근근히 무선전신을 인호야 일루지망(一縷之望)을 득코저 호니 인인(人人)이 과연 어복장혼(漁腹葬魂)이 딀지 비자처(悲且凄)

◉ 태서비극 낙화랑적(落花狼籍) 최대장척

◉ 기타 진사진 수종

경성 장교통

電 二三二六

우미관

15.02.28 (3)
〈광고〉

▲ 우미관 활동샤진이 오눌부터 갈젹다는딕 젼에 보지 못호던 공중활극비의 불기타가 모다 볼만호딕요 그거 한 번 볼일이야 「일학생 (一學生)」

15.03.02 (1)
〈광고〉

제이대정관 2월 27일자와 동일
우미관 2월 27일자와 동일

15.03.03 (3)
〈광고〉

우미관 2월 27일자와 동일
제이대정관 2월 27일자와 동일

15.03.04 (3)
〈광고〉

우미관 2월 27일자와 동일
제이대정관 2월 27일자와 동일

제이대정관 2월 27일자와 동일
우미관 2월 27일자와 동일

1915년

15.03.05 (1) 〈광고〉	◉ 당 三月 四日브터 사진 전부 차환 ◉ 태서대활극　철석심(鐵石心)　최장척 ◉ 태서정극　명의 제(命의 際)　전이권 사천척 ◉ 태서대활극　원의 적(怨의 的)　최대장척 ▼ 기타 신사진 각종 황금정 電 一四三四 세이대정관 우미관 2월 27일자와 동일
15.03.06 (3) 〈광고〉	우미관 2월 27일자와 동일 제이대정관 3월 5일자와 동일
15.03.07 (3) 〈광고〉	제이대정관 3월 5일자와 동일 ● 三月 六日 사진 전부 교환 포연탄우실지(砲煙彈雨實之) 장절쾌절지(壯絕快絕之) 대사진 ▲ 구라파 대동란 ▼ ◉ 영불독 대격전　전삼권 육천척 ● 기타 진사진 수종 경성 장교통 電 二三二六 우미관
15.03.07 (4) [독쟈긔별]	▲ 우리 사회를 결단닉는 것은 연희장밧게 업슬 뜻ㅎ오 한 곳 오락긔관이 잇디야 음부탕즈 모아드는 연극장이오 그럿치 안으면 쥬스쳥투로만 미두몰신을 ㅎ니 이것은 쏙 엄졍훈 샤회의 제지가 업다고도 홀 슈 잇셔요 참 한심훈 일이올시다 「개탄생」.

15.03.09 (3)	제이대정관 3월 5일자와 동일
〈광고〉	우미관 3월 7일자와 동일

15.03.10 (4)	우미관 3월 7일자와 동일
〈광고〉	제이대정관 3월 5일자와 동일

15.03.11 (3)	우미관 3월 7일자와 동일
〈광고〉	

◉ 당 三月 十日브터 사진 전부 차환

◉ 태서활극　전풍(戰風)　전삼권 육천척

◉ 태서활비극　한의 자동차(恨의 自働車)　전이권 사천척

◉ 태서활극　상의 사명(象의 使命)　최장척

▼ 기타 사진 희극물 각종

황금정

電 一四三四

제이대정관

15.03.12 (4)	제이대정관 3월 11일자와 동일
〈광고〉	우미관 3월 7일자와 동일

15.03.13 (3)	제이대정관 3월 11일자와 동일
〈광고〉	우미관 3월 7일자와 동일

15.03.14 (4)	우미관 3월 7일자와 동일
〈광고〉	제이대정관 3월 11일자와 동일

1915년

15.03.16 (3)

〈광고〉

▼ 三月 十五日브터

□ 구라파 전란 대사진

◉ 군사탐정대활극　군신(軍神)　전삼편 칠천여척

이백만원 재산 이상의 대사진

경성 장교통

電 二三二六

우미관

▼ 三月 十六日브터 신사진 제공

사금상량폐하(賜今上兩陛下) 천람(天覽)

◉ 대모험 대기담　명마(名馬)　최대장척

명마의 전에 명마가 무(無)ᄒ고

명마의 후에 명마가 무(無)홈

부(父)는 백작의 일행을 수(隨)ᄒ야 맹수수렵(猛獸狩獵)의 원정 중 랑(娘)은 악한으로 인ᄒ야 독사의 아(牙)에 일명이 위독 모(母)는 광기와 여(如)히 애마에 가편(加鞭)ᄒ야 부(夫)를 추적ᄒ야 약을 구ᄒ고져 혼다 아불리가(亞弗利加) 내지의 암흑혼 심야 가공홀 화해(禍解)는 피녀(彼女)에게 박도(迫到) 명마의 용(勇)으로 주가(主家)의 위기는 구제되는 일견(一見) 통쾌 역(亦) 장절 모험극의 백미이라

▲ 기타 진사진 각종

황금정

電 一四三四

제이대정관

15.03.17 (2)

〈광고〉

우미관 3월 16일자와 동일

제이대정관 3월 16일자와 동일

15.03.17 (3)
단셩사 실화 공판 / 단셩샤 쥬인의 부친 실화죄로 지판소에

경셩부 슈은동 오십륙번디에 ᄉᆞᄂᆞᆫ 안셩범「京城府 授恩洞 五十六番地 安聖範」(六五)은 본년 이월 십칠일 하오 팔시에 단셩샤「團成社」 연극장 이층 한편 엽헤 방셕 화로 차 과ᄌᆞ 등 쇽을 버려두고 일반 구경군에게 공급ᄒᆞ던 터인ᄃᆡ 십칠일 밤 열한시가 넘어 연극이 파ᄒᆞᆫ 후 문을 잠글 ᄯᅢ에 그 안셩범의 매뎜「賣店」에ᄂᆞᆫ 불 잇ᄂᆞᆫ 화로를 드려노을 ᄯᅢ에 츙분히 ᄉᆞ지 안코 심샹히 드려노은 후 도라갓ᄂᆞᆫᄃᆡ 그 불은 은연 즁 졈졈 이러나 맛ᄎᆞᆷᄂᆡ 불ᄭᅩᆺ이 다다미에 븟흐며 연쇼되야 이월십팔일 ᄉᆡ벽 네시 반ᄭᆞ지 그 집 건물이 대부분 쇼실되야 손ᄒᆡ가 이쳔원에 이르럿슴으로 경셩디방법원 야뎐「野田」 검ᄉᆞ가 심리ᄒᆞᆫ 후 실화죄「失火罪」로 긔소되야 작 십륙일 공판을 열엇다더라

15.03.18 (3)
〈광고〉

우미관 3월 16일자와 동일
제이대정관 3월 16일자와 동일

15.03.19 (3)
〈광고〉

우미관 3월 16일자와 동일
제이대정관 3월 16일자와 동일

15.03.20 (3)
〈광고〉

우미관 3월 16일자와 동일

▼ 三月 十六日브터 신사진 제공
사금상량폐하(賜今上兩陛下) 천람(天覽)
◉ 대모험 대기담 명마(名馬) 최대장척
▼ 기타 진사진 각종
황금정
電 一四三四
제이대정관

1915년

15.03.21 (3)　　제이대정관 3월 20일자와 동일
〈광고〉　　우미관 3월 16일자와 동일

15.03.22 (3)　　▲ 三月 二十二日브터 신사진 제공 ▼
〈광고〉　　◎ 태서활극　충견(忠犬)　최장척
　　□ 태서대활극　련지하실(戀地下室) ……△ 전사권 팔천척 ▽…
　　◎ 군사전쟁극　대희생　대장척
　　□ 기타 진품 각종
　　황금정
　　電 一四三四
　　제이대정관

　　▲ 三月 二十二日브터 특별 대사진 영사
　　군신(軍神) 이상의 대사진
　　◉ 태서탐정대활극　성월단(星月團)　전삼권 육천척
　　동경 대판(大阪) 간 사백오십리 육군 비행가(飛行家) 대비행 실황
　　기다 진사진 수종 제공
　　경성 장교통
　　電 二三二六
　　우미관

15.03.24 (3)　　제이대정관 3월 22일자와 동일
〈광고〉　　우미관 3월 22일자와 동일

15.03.25 (3)　　제이대정관 3월 22일자와 동일
〈광고〉　　우미관 3월 22일자와 동일

15.03.26 (4)　　제이대정관 3월 22일자와 동일
〈광고〉　　우미관 3월 22일자와 동일

15.03.27 (3)
〈광고〉

제이대정관 3월 22일자와 동일

▲ 三月 二十七日브터 사진 차환
파천황의 이대 사진
◉ 독일군사탐정　생사지경　전삼권 칠천척
◉ 전사대활극　훈공(勳功)　전삼권 육천여척
기타 진사진 수종
경성 장교통
電 二三二六
우미관

15.03.28 (4)
〈광고〉

제이대정관 3월 22일자와 동일
우미관 3월 27일자와 동일

15.03.30 (1)
〈광고〉

우미관 3월 28일자와 동일

▲ 三月 二十八日브터 신사진 제공
□ 태서대활극　폭탄투하　……전삼권 칠천척……
천공(天空)이 폭폭(爆爆)ㅎ야 천주(天柱)가 좌(挫)ㅎ고 지축이 방렬
(方裂)코져 ㅎ는 수라장이 ㄴ 유유천공(悠悠天空)으로브터 정복ᄒ
용사의 득의(得意)ᄂ 만면에 충분ㅎ다 ㅎ고 처절쾌절ᄒ 대사진을
견(見)ㅎ랴면 본 대정관으로 래(來)ㅎᆸ
■ 기타 기발ᄒ 사진이 풍부
황금정
電 一四三四
제이대정관

15.03.31 (4)
〈광고〉

제이대정관 3월 30일자와 동일
우미관 3월 27일자와 동일

1915년

15.04.01 (3)
광대의 죠합 셜립

경성부 훈졍동 등디에 셜리흔 경셩구파비우조합「京城舊派俳優組合」은 그동안 당국에 쳥원승인된 후 지나간 이십륙일 경셩 광무디와 연흥샤 두 곳에 잇ᄂᆞᆫ 남녀 비우 일동과 기타 비우 등이 만히 모혀 장리에 리힝흐야 갈 ᄉᆞ무분쟝을 힝흐얏다ᄂᆞᆫ디 김챵환 리동빅은 션싱으로 조합쟝[4]은 쟝지욱 부조합쟝은 김인호 김봉이로 뎡흐얏고 기타 총무ᄂᆞᆫ 죠양운 한문필 등으로 ᄉᆞ찰은 곽쳔희로 모다 분장흔 후 장리에 아모죠록 졍신을 찰여 남의 치욕을 면흐고 잘 슈신흐야가미 죠합발젼의 긔쵸라고 강지욱의 셜명이 잇셔다ᄂᆞᆫ디 그 죠합 일톄 ᄉᆞ무의 장리ᄂᆞᆫ 이젼에 경험 만흔 윤병두가 분장흐야 본다더라

15.04.01 (3)
〈광고〉

제이대정관 3월 30일자와 동일
우미관 3월 27일자와 동일

15.04.02 (3)
황금졍 관내춘긔
종두 / 본월
이십일브터

황금뎡 경찰분셔에셔ᄂᆞᆫ 츈긔 종두「春期種痘」법을 관니 각 처에 디흐야 시힝홀 초로 그 날죠와 쳐소* 역을 녕흐얏다ᄂᆞᆫ디 본월 이십일은 황금뎡 일뎡목 무교뎡, 다옥뎡 남대문통 일뎡목, 삼각뎡에 디흐야 데이대정관 안에셔 홀 터이오 이십일은 황금뎡 이뎡목, 슈하뎡, 장교뎡, 슈표뎡에 디흐야도 동관 니에셔 힝홀 터이오 일십이일은 황금뎡 *뎡목, 동 ᄉᆞ뎡목, 립졍뎡, 림뎡, 쥬교뎡에 디흐야ᄂᆞᆫ 황금관 안에셔 홀 터이오 이십삼일은 황금뎡 오뎡목, 동 륙뎡목, 동 칠뎡목 초음뎡, **뎡, 광희뎡 일이뎡목, 방산뎡에 디흐야도 동관 안에셔 힝흔다더라

15.04.02 (4)
〈광고〉

제이대정관 3월 30일자와 동일
우미관 3월 27일자와 동일

―― **4)** '쟝' 의 오식으로 보임.

15.04.03 (4) **〈광고〉**	당 四月 三日브터 사진 전부 차환 정말국(丁抹國) 연네루스회사 일대 걸작 로오전쟁여문(露墺戰爭余聞) ㅁ 군사대활극　종군(從軍) ◉ 가공홀 지상의 대혈전…… ◉ 가경(可驚)홀 양중(洋中)의 대해전…… ◉ 율연(慄然)혼 공중의 대격전…… ■ 기타 사진 각종 황금정 電 一四三四 제이대정관 ▲ 四月 三日 사진 전부 변경 ■ 금시초견(今時初見) 희유(稀有)혼 대사진 ◉ 탐정대활극　명탐정 쩨리　상중하 삼편 ㅁ 기타 각종 경성 장교통 電 二三二六 우미관
15.04.05 (2) **〈광고〉**	제이대정관 4월 3일자와 동일 우미관 4월 3일자와 동일
15.04.05 (3) **[독쟈긔별]**	▲ 미양 우미관 샤진 셜명에 조리를 추져 그럴 듯 ㅎ게 ㅎ눈 것은 요즈음 최종태란 변수가 잘 ㅎ던걸이오 비극과 정극 굿흔 것은 아조 단벌이야 나의 평판쑨이 안이올시다 다 듯눈 ㅂ에 「경청자」
15.04.06 (4) **〈광고〉**	제이대정관 4월 3일자와 동일 우미관 4월 3일자와 동일

15.04.07 (3)
〈광고〉

제이대정관 4월 3일자와 동일

특별 대사진 차환 광고
▲ 四月 五日브터 영사
◉ 태서대활극　수적(讐敵)　전삼권 칠천척
강악비도(强惡非道)의 대악한은 자기의 비망(非望)을 성취코즈 살
타인지(殺他人之) 생명ㅎ고 차(且) 부인의 범조(範操)을 희롱ㅎ며
상래 유위(有爲)호 청년을 간악호 계교로 옥중에셔 신음케 ㅎ며
혹은 가옥에 방화ㅎ야 일조죄악(一朝罪惡)이 폭로되야 도주지(逃
走之) 도중 자동차가 폭발ㅎ야 층암절벽(層岩絕壁)에셔 추락ㅎ야
불면천벌(不免天罰)ㅎ니 기간(其間) 파란곡절은 비차참(悲且慘)ㅎ
야 견(見)ㅎ는 자로 전율(戰慄)케 ㅎ는 대사진
◉ 탐정대활극　명탐정 쎄리　상중하 삼편
▢ 기타 각종
경성 장교통
電 二三二六
우미관

15.04.08 (4)
〈광고〉

제이대정관 4월 3일자와 동일
우미관 4월 7일자와 동일

15.04.09 (4)
〈광고〉

당 四月 九日브터 신사진 제공
조선에셔 쳐음 보는 대사진
영불(英佛) 삼대 회사 종군촬영
◉ 영독전쟁　충렬(忠烈)　전삼권 칠천척
유사이래지(之) 대격전, 육(陸)에는 사십이 산포탄의 작렬 해(海)
에는 십사촌(十四吋)포의 폭파ㅎ는 전선을 치구(馳驅)ㅎ며 신(身)
에 중상을 부(負)ㅎ고 만사(万死)에 일생을 득(得)ㅎ야 수(遂)히 사
명을 수행홈 희희충렬(噫噫忠烈)
■ 기타 진물(珍物) 풍부
황금정

電 一四三四
제이대정관

특별 대사진 차환 광고
▲ 四月 五日브터 영사
◉ 태서대활극　수적(讐敵)　전삼권 칠천척
◉ 탐정대활극　명탐정 쩨리　상중하 삼편
□ 기타 각종
경성 장교통
電 二三二六
우미관

15.04.10 (4)
〈광고〉

제이대정관 4월 9일자와 동일
우미관 4월 9일자와 동일

15.04.11 (4)
〈광고〉

제이대정관 4월 9일자와 동일

● 四月 十日브터 사진 전부 차환
◉ 구주전란 군사대활극　급습　전사권 칠천여척
기타 진사진 수종 영사
경성 장교통
電 二三二六
우미관

15.04.13 (1)
〈광고〉

환등회
주제 영국 킨아다 경치
연술(演述) 구례구(具禮九)
일자 本月 十三日 화요 하오 팔시
중앙 기독교청년회 백

1915년

15.04.13 (3)
[붓방아]

▲ 오는 십오일브터는 경성 데이대정관이 일본사룸 손님을 본위로 곳치고 죠션사룸 변수를 업시 혼다는디 ▲ 데이대정관이 그러케 되면 죠션사룸이 구경갈 활동샤진관은 경성에 우미관 한아쑌이라 금후부터는 버리가 낫겟지 ▲ 그러셔 우미관 쥬인은 데이대정관 제도를 곳치는 보슈로 대정관 쥬인의게 한 달에 이빅원식 쥬마는 약죠를 ᄒᆞ엿다 ▲ 독장을 칠터이닛가 우미관 쥬인의게는 리익이 잇겟지만은 경정홀 사룸이 업다고 변변치 못혼 사진이나 작고 쓰러닉오면 그깃을 구경ᄒᆞ는 경성사룸의게는 참 가엽슨 일인걸

15.04.13 (4)
〈광고〉

제이대정관 4월 9일자와 동일
우미관 4월 11일자와 동일

15.04.14 (3)
〈광고〉

제이대정관 4월 9일자와 동일
우미관 4월 11일자와 동일

15.04.15 (1)
〈광고〉

환등회
주제 물리학 상상설(上霜雪) 이해
연술(演述) 백아혜(白雅惠)
일자 本月 十五日 목요 하오 팔시
중앙 기독교청년회 백

우미관 4월 11일자와 동일

15.04.16 (4)
〈광고〉

● 四月 十五日 사진 전부 차환
사천람(賜天覽)
◎ 대모험 대활극   구사일생   전삼권 육천여척
맹수 대수렵대…사자의 잠복…식살(喰殺)된 낙타…자매의 위험…
승마도립(乘馬棹立)…사자는 영양(令孃)을 식(喰)코홈…수백척 하
(下)의 하중(下中)에 추락…사순(飼馴)혼 표(豹)는 시(豺)와 격투…

대악(大鰐)은 교(咬)코져…사자군(群)의 추적…호외(戶外)의 후성
(吼聲)…구사에 일생…부자의 해후…………
◎ 사외사전(史外史傳) 대활극　암굴왕　전삼권 칠천척
● 본일브터 조선인 전문은 경성에셔는 본관쑨
경성 장교통
電 二三二六
우미관

15.04.17 (3)
〈광고〉

우미관 4월 16일자와 동일

15.04.18 (4)
〈광고〉

우미관 4월 16일자와 동일

15.04.20 (4)
[독쟈긔별]

▲ 그젹의 밤 광무디 샹등셕에셔 엇던 계집 한아히 술이 취ㅎ야
손벽을 치며 잘 혼다고 쎠들젹마다 모든 구경군도 그 계집을 치어
다보고 손벽을 쳐셔 한참동안 우슴판이 되얏답듸다 그 따위 계집
들은 그져 됴흔 뭉둥이로 한번 버릇을 가라쳣스면「참관생」

15.04.20 (4)
〈광고〉

우미관 4월 16일자와 동일

15.04.21 (4)
〈광고〉

우미관 4월 16일자와 동일

15.04.22 (4)
〈광고〉

▼ 四月 二十二日 사진 전부 차환
◉ 태서활극　소순간(消瞬間)　전삼권 칠천척
◉ 태서활극　침용(沈勇)　전이권 사천척
◉ 태서활극　어촌의 총성　최대장척
경성 장교통
電 二三二六

우미관

15.04.23 (4)
〈광고〉

우미관 4월 22일자와 동일

15.04.24 (4)
〈광고〉

우미관 4월 22일자와 동일

15.04.25 (4)
〈광고〉

우미관 4월 22일자와 동일

15.04.27 (3)
〈광고〉

환등회
주제 중화민국 풍경
연사 미국인 밉쓰
일자 本月 二十七日 화요 하오 팔시
중앙 기독교청년회 백

15.04.28 (4)
〈광고〉

우미관 4월 22일자와 동일

15.04.29 (4)
〈광고〉

우미관 4월 22일자와 동일

▲ 四月 二十七日 사진 전부 차환
◉ 대기담 대활극   천형(天刑)   전삼권 칠천척
◉ 절세의 영웅   만년의 내용(奈翁)   전이권 사천척
◉ 대비극   재생(再生)   최대장척
□ 기타 수종
경성 장교통
電 二三二六
우미관

15.04.30 (3) 〈광고〉	우미관 4월 29일자와 동일
15.05.01 (4) 〈광고〉	우미관 4월 29일자와 동일
15.05.02 (3) 〈광고〉	우미관 4월 29일자와 동일
15.05.04 (4) 〈광고〉	우미관 4월 29일자와 동일
15.05.05 (4) 〈광고〉	우미관 4월 29일자와 동일
15.05.06 (3) 〈광고〉	□ 五月 五日 사진 전부 차환 ◉ 군사대활극 워달의 대회전 전오편 일만여척 ◉ 국사(國事)탐정극 해적 전삼편 칠천척 ◉ 정극 비밀결사 전이편 삼천척 경성 장교통 電 二三二六 우미관
15.05.07 (4) 〈광고〉	우미관 5월 6일자와 동일
15.05.08 (4) [독쟈긔별]	▲ 지금 소동셔 출연ᄒᆞᄂᆞ 녀비우 금홍이가 이번 귀샤 금강산 탐승회에 짜라가게 되얏다지요 유람ᄒᆞ시ᄂᆞ 회원 졔군을 위ᄒᆞ야 드리기ᄂᆞ 넉넉홈니다 「일독자」

15.05.08 (4) 〈광고〉	우미관 5월 6일자와 동일

15.05.09 (4)
[독쟈긔별]

▲ 함동섭의 마마 지금 녀비우로 잇는 치란이는 기성셔 밀미음을 ㅎ다가 쎡도 쎡다히 못ㅎ야 먹고 고만 류치장 신세를 졋다는듸 밀미음뿐이 안이라 그 속에 별별 이상스러운 일이 만흔 모양이라나 아조 경쳣셔─「개성탐보생(開城探報生)」

15.05.11 (4)
[독쟈긔별]

▲ 긔젹쯰 공일놀 우미관에셔 낫에 활동샤진을 빗초일 쌔에 엇던 구경군이 셔상호더러 이놈아 ㅎ닛가 셔가도 마죠 욕을 ㅎ야 활동 스진은 간다보아라 ㅎ고 일쟝분요가 일어낫더러요 구경군이 셜영 그리 ㅎ다더리도 변스로 잇셔셔 손님의게 그런 무례흔 힝동이 어 듸 잇셔요 멱줄 듸로 너머가는 밥이 어듸셔나오는 줄을 모르고 「소문생」

15.05.11 (4) 〈광고〉	우미관 5월 6일자와 동일

15.05.12 (3)
〈광고〉

□ 특별 대사진 五月 十一日 영사
◉ 천사람(天賜覽)
대모험 대탐정 대활극 명마(名馬) 전오권 일만척
참 명마가 구(求)ㅎ다 유명흔 명마 물실차기전명(勿失此機雷名)은
관천하(冠天下)에 명마가 유현(愈現)이라
경성 장교통
電 二三二六
우미관

15.05.13 (3) 〈광고〉	우미관 5월 12일자와 동일

15.05.14 (4) [독쟈긔별]	▲ 요시 별별 못된 쟈가 만슙듸다 비우죠합으로 뎐화를 걸고 아모 기룰 쥬쇼 성명을 일너쥬고 급히 보니쥬면 쇼리롤 듯겟다고 흐는 ᄭ둙으로 그 말을 듯고 급히 보니쥬면 멀졍훈 거즛말이러요 모다 일러주는 집이 큼직훈 량반의 집뿐이라나 인력거 갑만 공연히 난 봉이 난듸요 「일배우(一俳優)」
15.05.14 (4) 〈광고〉	우미관 5월 12일자와 동일
15.05.15 (3) 〈광고〉	우미관 5월 12일자와 동일
15.05.16 (4) [독쟈긔별]	▲ 일젼밤 슈동 연흥샤 부인 샹등셕에는 엇던 빅남슈라는 무부기 라는듸 박팔쾌가야금 소리에 져졀로 흥이 나는지 됴타 쇼리룰 연 방ᄒᆞ야가며 츔을 다 츄더러요 그러셔 한참 볼만ᄒᆞ엿다던걸 그게 무슨 밋친 짓이야 기싱이란 그러겟지만은 「구경군」
15.05.16 (4) 〈광고〉	우미관 5월 12일자와 동일
15.05.18 (4) [독쟈긔별]	▲ 쇼위 비우죠합의 션싱이라는 김챵환과 또 그 ᄋᆞ달 부조합장 김 봉이 부쟈는 아모 말 업시 남원을 나려가셔 무슴 회사롤 쑴여가지 고 도라단이며 흥힝을 흔다고 아죠 동류간에 비평이 야단이야 죠 합 규측은 발셔브터 허러씌가 글너졋스닛가 나도 그와 ᄀᆞᆺ치 ᄒᆞ면 누가 말훌 터인가 「한광듸」
15.05.18 (4) 〈광고〉	우미관 5월 12일자와 동일

1915년

15.05.19 (4)
[독쟈긔별]

우미관에 경고홈 이번 영ᄉᄒᄂᄂ 명마라는 ᄉ진은 죠키는 조와 그러ᄒ나 젼 네편되는 것을 가장 다셧편이라고 광고를 ᄒ야ᄂᆺ코 마지막 ᄉᆺ맛칠 ᄯ에에 가셔는 구경군의 감졍을 산담 ᄉ실대로 ᄒᄂᆫ 것이 죠흔 줄 모르고 「일관객」

15.05.19 (4)
〈광고〉

■ 五月 十九日브터 사진 전부 차환
◉ 구주동란 군사활극   침입군(侵入軍)   이권 사천여척
◉ 태서대활비극   간불입발(間不入髮)   오권 구천척
◉ 태서비극   여곡마사   이권 삼천척
경성 장교통
電 二三二六
우미관

15.05.20 (3)
〈광고〉

우미관 5월 19일자와 동일

15.05.21 (3)
일본 갓던 기ᄉᆼ단

임의 긔지ᄒᆫ 니디 복강공진회「福岡共進會」에 불러 건너간 대구기ᄉᆼ단 일ᄒᆼ은 그 공진회에 가셔 죠션춤 각종으로 츌연ᄒ더니 지난 십팔일 입항ᄒᄂᆫ 일기환「壹岐丸」으로 일ᄒᆼ 십륙명이 부산에 도착ᄒ야 즉시 밤 열한시에 ᄯ에나는 렬챠로 대구에 환챡ᄒ얏다더라

15.05.21 (4)
〈광고〉

우미관 5월 19일자와 동일

15.05.22 (3)
임성구와 고아 /
대구에셔 흥ᄒᆼ 즁

혁신단 림셩구 일ᄒᆼ은 요ᄉ히 대구에 가셔 각종의 ᄌ미잇는 신파연극을 흥ᄒᆼᄒᄂᆫ 즁 지난 이십일과 작 이십일 량일간을 각 학교 학ᄉᆼ으로 한ᄒ야 갑 업시 관람을 ᄒ게 ᄒ엿고 그 외에도 미일신보 구독쟈에게는 특히 반익식으로 구경을 ᄒ게 ᄒ며 연극을 다 맛치고 ᄯ에나는 날에는 본보 구독쟈를 위ᄒ야 보통 십젼식으로 입장케 ᄒ다ᄂᆫ디 ᄉ월 팔일은 욕불가신에 샹당홈으로 대구 달셩공원에셔

동디무의 무탁흔 고아와 기타 극빈자 외 기걸쟈 등 슈십명을 불너 모으고 시로 지은 옷 한 벌식을 져져히 입힌 후 겹흐야 졈심밥까지 먹이엿슴으로 여러 사롭이 림셩구롤 미우 칭송흔다더라

15.05.22 (4)
〈광고〉

우미관 5월 19일자와 동일

15.05.23 (3)
〈광고〉

우미관 5월 19일자와 동일

15.05.25 (4)
〈광고〉

우미관 5월 19일자와 동일

15.05.26 (3)
〈광고〉

■ 五月 二十六日브터 사진 전부 차환
◉ 영국해군의 준비 최대장척
◉ 사회극 맹수의 이식(餌食) 전삼권 칠천척
◉ 활사극(活史劇) 미인의 복수 전이권 삼천여척
경성 장교통
電 二三二六
우미관

15.05.27 (3)
〈광고〉

우미관 5월 26일자와 동일

15.05.28 (1)
〈광고〉

우미관 5월 26일자와 동일

15.05.28 (2)
연예관과 낙찰

공진회협찬회 연예관 지명 입찰은 거(去) 二十五日에 집행흐얏눈디 기(其) 결과로 금 일만일천이백원인디 우시정(右市町) 재목상 (材木商) 굴내상회(堀內商會)에 낙찰흐얏눈디 건축 후눈 우(優)히 오백인을 용(容)흐기 족흐다더라

15.05.29 (4) 〈광고〉	우미관 5월 26일자와 동일
15.05.30 (2) 〈광고〉	우미관 5월 26일자와 동일

15.05.30 (3)
[희디쇼식]

▲ 기간 불탓던 단성샤＊ 다시 슈리롤 ᄒ얏스나 역소에 돈 적게 드리기롤 위쥬ᄒ야 불타기 전보다ᄂ 아죠 볼셩이 스나온 모양인 디 ▲ 광교 기싱연주회가 맛치며 연흥샤 일힝이 그리로 올마가랴 던 젼날 져녁 단성샤 쥬무 황모 연흥샤 집 관리쟈 쟝모 연흥샤 일 힝 즁 리모가 도박죄로 북부에 구류되야 ▲ 셰 군데에셔 일시ᄂ 비상히 안달을 ᄒ더니 다힝히 볼기만 맛고 방면되야 누구던지 보 면 「아모 일 업시 나왓쇼」ᄂ 좀 비위가 유ᄒ 모양 ▲ 그 일힝의 금 홍이ᄂ 슈진동 죠모가 오빅여원 드려 머리 언치ᄂ 바롬에 동구 안 큰 기와집으로 이스를 갓다 ᄒ고 ▲ 광무디에ᄂ 유명ᄒ 평양 난쟝 이가 왓다ᄂ디 익살도 부리고 요슐도 부리ᄂ 앙징ᄒ 모양에 첫 번 보ᄂ 샤ᄂ 포복절도ᄒ겟다 유명ᄒ 박팔괘도 밤마다 단성사에셔 가야금

15.06.01 (4)
〈광고〉

● 五月 一日 사진 전부 차환
◉ 태서대활극　일진의 람(一陣의 嵐) 전이권 사천척
◉ 태서탐정극　열루(熱淚)　전삼권 육천척
▽ 기타 진사진 수종
경성 장교통
電 二三二六
우미관

15.06.02 (1) 〈광고〉	우미관 6월 1일자와 동일

15.06.02 (4)
[독쟈긔별]

▲ 나는 갓금 활동사진관을 구경가면는 교졍홀 것 한 가지 잇더군 갓금 영사ㅎ는 것을 보면 변사들의 그릇 셜명ㅎ는 것과 실샹 풍속 괴란ㅎ는 사진이 더러 잇는 모양이야 「유식자」

15.06.03 (2)
〈광고〉

환등회
문제(問題) 영국 륜돈(倫敦) 경치
연술(演述) 영국인 츄올놉
일자 本月 三日 목요 하오 팔시
중앙 기독교쳥년회 백

15.06.03 (4)
〈광고〉

우미관 6월 1일자와 동일

15.06.04 (3)
[희디쇼식]

▲ 단셩샤는 당쵸에 지을 째부터 빗을 니여 지엇는디 그후에 예산과 슈입과 맛지 못ㅎ야 변리도 니이지 못ㅎ고 빗 우에 빗이 더ㅎ야 죽을 디경이더니 한 겁 더 불이 일어나 우는 얼골의 벌이살 ▲ 그러셔 필경은 그 치권자 되는 다방골 김의게로 젼부 쇼유가 모다 넘어가고 슈리도 김씨의 돈으로 ㅎ얏는디 그젼 쥬인도 손히여 김씨도 주연 손히가 젹지 안앗더라 ▲ 그런데 집을 슈츅흔 뒤에 김씨는 그젼 쥬인의게 보름 동안만 세를 쥬어먹으라 ㅎ얏는디 당초 불타기 젼에 흥힝ㅎ던 김지종 일힝은 그젼 쥬인의 한 달 치 셰젼을 미리 쥬엇슴으로 ▲ 돈을 도로 쥬던지 한 달을 흥힝ㅎ라던지 ㅎ여야 홀 터인디 서로 곳친 뒤에 셰젼이 올낫스니 보름만 흥힝ㅎ라 홈으로 김지종 일힝은 이젼 계약디로 시힝ㅎ주고 족이는 판에 이젼 쥬인 안지목이 도토리묵 빗이 되야 죽을 디경 ▲ 그러셔 김지종 일힝은 단셩샤에셔 흥힝홀 째 예명을 변경ㅎ야 동믹나가 흥힝흔다 ㅎ며

15.06.04 (4)
〈광고〉

우미관 6월 1일자와 동일

1915년

15.06.05 (4)
[독쟈긔별]

▲ 우미관 샤진 좀 기량ᄒ얏스면은 됴겟던걸 됴흔 것은 ᄒ지 안고
쏙 왼 낫분 것으로만 가져다가 ᄒ눈딘 일홈만 정탐ᄉ진이지 실상
보고 보면 아조 반디야 입장료ᄂ 쏘박쏘박 밧지만은 샤진 기량홀
줄은 꿈에도 싱각을 못ᄒᄂ 게야「희망자」

15.06.05 (3)
〈광고〉

우미관 6월 1일자와 동일

15.06.06 (1)
〈광고〉

우미관 6월 1일자와 동일

15.06.08 (3)
〈광고〉

환등회
문제(問題) 포왜재류동포(布哇在留同胞)의 실황
연술(演述) 영국인 최상호(崔相浩)
일자 本月 八日 화요 히오 팔시
중앙 기독교청년회 백

15.06.08 (4)
〈광고〉

■ 六月 八日브터 사진 전부 차환
◉ 태서대탐정극　수저의 마굴(水底의 魔窟)　전삼권 칠천척
◉ 태서대활비극　희동포(噫同胞)　전삼권 칠천여척
◉ 태서인정극　련에 암로(戀에 暗路)　전이권 사천척
▽ 기타 진사진 수종
경성 장교통
電 二三二六
우미관

15.06.09 (4)
〈광고〉

우미관 6월 8일자와 동일

15.06.10 (3) 〈광고〉	우미관 6월 8일자와 동일
15.06.11 (3) 〈광고〉	우미관 6월 8일자와 동일
15.06.12 (3) 〈광고〉	우미관 6월 8일자와 동일
15.06.13 (3) 〈광고〉	우미관 6월 8일자와 동일

15.06.15 (4)
〈광고〉

■ 六月 十四日 사진 전부 차환
◉ 태서모험대활극 준중의 인힐(樽中의 人詰) 전사권 팔천여척
◉ 태서군사대활극 시산혈하(屍山血河) 전삼권 육천척
◉ 태서탐정극 반사경 최대장척
경성 장교통
電 二三二六
우미관

1915년

15.06.016 (3) 〈광고〉	우미관 6월 15일자와 동일
15.06.17 (4) 〈광고〉	우미관 6월 15일자와 동일
15.06.18 (3) 〈광고〉	우미관 6월 15일자와 동일
15.06.19 (4) 〈광고〉	우미관 6월 15일자와 동일

15.06.20 (2) 〈광고〉	■ 六月 二十日 사진 전부 차환 ◉ 태서탐정대활극 괴남자 전이권 사천여척 ◉ 태서전쟁대비극 일탄우일탄(一彈又一彈) 전이권 사천여척 ◉ 태서군사대활극 대습격 전이권 사천여척 경성 장교통 電 二三二六 우미관
15.06.22 (4) [독쟈긔별]	▲ 셔울 변소 노릇ᄒ던 셔샹호란 쟉쟈는 그러도 못된 버릇을 버리지 안코 인천 표관으로 나려가서 잇는 동안에 엇던 계집들과 연의약지ᄒ는 모양이 참 가증ᄒ디요 이번에 ᄯ 쫏기여가면 어디로 갈고 진작이 우물귀신을 츠려라 응……「경고생」 ▲ 감안히 싱각ᄒ더라도 그럴 일이야 공진회 기최되기 안에 각 경찰의 활동으로 ᄯ 대청결이 될 듯 ᄒ던걸 이 째에 정신을 가다듬지 안으면 참 긔막힌나 「예언자」
15.06.22 (4) 〈광고〉	우미관 6월 20일자와 동일
15.06.23 (4) 〈광고〉	우미관 6월 20일자와 동일
15.06.24 (4) [독쟈긔별]	련일 귀보를 보온즉 부랑쟈 취톄가 쉬-된다지오 종로경찰셔장의 말 긔록ᄒ 것을 보닛가 참 무셔워요 밤이면 연극장의 모혀드는 부정ᄒ 무리들을 됴사ᄒ다지오 「가외생(可畏生)」
15.06.24 (4) 〈광고〉	우미관 6월 20일자와 동일

15.06.25 (3) 〈광고〉	우미관 6월 20일자와 동일
15.06.25 (4) [독쟈긔별]	▲ 혁신단 일힝이 우리 진쥬에 들어와 연극을 흔다는 말을 들으닛가 발셔 작년 무슨 신파연극이 나려왓슬 졔 셔방 잇는 기성들이 삿삿치 부정흔 일을 흐얏다는딕 엇더턴지 기성부터 미리 취톄흐야 노을 것이야 이번에 또 그리면 셩명을 젹어셔 귀샤에 보닉오리다 「진주일통신(晋州一通信)」
15.06.26 (3) **광딕의 골픽 노름**	경셩부 샤직동 삼십구번디 비우 노릇흐는 쥬영화「京城府 社稷洞 三十九番地 俳優 朱永化」(二十六)는 본월 이십일일 오젼 열한시에 오슈영「吳壽永」리진필「李震弼」이란 쟈와 함의 골픽를 가지고 한번에 오리식 쥬기로 작명흔 후 졍신 업시 노름들을 흐다가 힝슌 경관에게 잡혀 죵로경찰셔로 인치 됴〻흔 후 벌금 십원에 쳐흐얏더니 돈을 능히 밧칠 죡력이 업슴으로 즉시 구류 열흘에 쳐흐얏다더라
15.06.26 (4) 〈광고〉	■ 六月 二十六日 사진 전부 차환 ◉ 태서정극 충의(忠義)흔 맹수 전이권 사천여척 ◉ 태서활비극 모자의 해후 전이권 사천척 ◉ 태서인정극 상기(想起) 최대장척 ◉ 태서비극 설의 연로(雪의 戀路) 최대장척 경성 장교통 電 二三二六 우미관
15.06.27 (4) 〈광고〉	우미관 6월 26일자와 동일

1915년

15.06.29 (3)
광무디와 근쳐 사롭

경셩 황금뎡통 황금유원 안「京城市內 黃金町通 黃金遊園內」에 요
소이 「루나팍크」롤 밤마다 여러 스롭이 만히 가는디 그 엽 광무디
연극장이 잇셔 호적 등 구음악을 만히 울려 소요홈으로 그 근쳐
사는 사롭들은 협의ᄒ고 그 광무디의 흥힝을 금지ᄒ야 달나고 본
뎡 경찰셔에 탄원셔롤 뎨츌ᄒ얏다더라

15.06.29 (4)
[독쟈긔별]

▲ 우리 고을에는 혁신단 일힝이 들어와셔 연극을 흥힝ᄒ는디 ᄒ
기는 참 잘ᄒ지만은 구경군이 늣게 와셔 시간을 치워 못ᄒ는 것이
유감입듸다 「진주일통신(晉州一通信)」

15.06.29 (4)
〈광고〉

▼ 대정 四年 六月 二十八日브터
칠일간 무연기(無延期)…임시특별대흥행
□ 불국(佛國) 고−몬회사 특작품
◉ 탐정대활극 쥬−부(原名 후완쯔마) 전구편 삼십이권지내(之內)
▲ 본 특별 흥행에 한ᄒ야 관람료 일등 금오십전 이등 금삼십전
삼등 금십오전 소인은 각등 반액
경성 장교통
電 二三二六
우미관

15.06.30 (4)
〈광고〉

우미관 6월 29일자와 동일

15.07.01 (3)
〈광고〉

우미관 6월 29일자와 동일

15.07.02 (2)
〈광고〉

우미관 6월 29일자와 동일

| 15.07.03 (4)
〈광고〉 | 우미관 6월 29일자와 동일 |

15.07.04 (3)
[붓방아]

▲ 기성연쥬회 지난 뒤에 멧칠 동안 쓸쓸ᄒ던 단셩사에는 금일부터 김지종 일힝이 밤마다 구연희롤 흥힝ᄒ다고

15.07.04 (3)
〈광고〉

우미관 6월 29일자와 동일

15.07.06 (3)
〈광고〉

▼ 大正 四年 六月 二十八日브터
칠일간 무연기…임시특별대흥행
□ 불국(佛國) 고−몬회사 특작품
◉ 탐정대활극　쥬−부(原名 후완쓰마)　전구편 삼십이권지내(之內) (제이회) 삼편 육권
태서탐정활극 일만삼천척　귀박사(鬼博士)　전사권 팔천척
경성 장교통
電 二三二六
우미관

15.07.06 (4)
[독쟈긔별]

▲ 일전의 우미관 쥬인은 무슴 일인지 경찰셔에 가셔 셜유롤 밧더란 말이 잇셔요 그게 엇젼 일이야「의문생」

15.07.07 (4)
〈광고〉

우미관 7월 6일자와 동일

15.07.08 (4)
〈광고〉

우미관 7월 6일자와 동일

1915년

15.07.09 (3) **진주의 「눈물」** **연극 /** **본보 경남지국** **쥬최로**	진쥬에 혁신단 림셩구 일힝이 십여일 젼에도 드러와 연극을 흥힝 혼다 홈은 임의 본보에 계지ㅎ얏거니와 본월 삼일에 흥힝긔간이 만료되야 진쥬를 써나게 되얏ᄂᆞ디 본사 경남지국에셔 본보에 연 지혼 리하몽「李何夢」씨의 져작혼 「눈물」이란 소셜로 연극을 흥힝 ㅎ야 본보가 독ㅈ 급 기 가족 졔씨에게 관람케 홀 차로 동단으로 ㅎ야금 삼일간을 연긔케 ㅎ고 지국에셔ᄂᆞ 본보 독ㅈ 졔씨에게 관 람홀인권을 교부ㅎ야 본월 ᄉᆞ일 져역부터 눈물 연제로 기연ㅎ얏ᄂᆞ 디 관람남녀가 만장을 일우워 박슈갈치의 셩황을 뎡ㅎ얏다더라
15.07.09 (4) **〈광고〉**	우미관 7월 6일자와 동일
15.07.10 (3) **〈광고〉**	■ 七月 十日 사진 전부 차환 ◉ 태서대활극　비밀의 암실　전사권 팔천척 ◉ 탐정대활극　대독부(大毒婦)　전사권 팔천여척 경성 장교봉 電 二三二六 우미관
15.07.10 (4) **[독쟈긔별]**	▲ 구연극 김지죵 일힝은 그동안 문밧게셔 논다더니 구일 밤부터 단셩샤에셔 ㅎ게 되엿다나보지 그런디 볼 ㅈ미ᄂᆞ 젼보다 낫다나 보지오「소문생」
15.07.11 (1) **〈광고〉**	우미관 7월 10일자와 동일
15.07.13 (3) **〈광고〉**	우미관 7월 10일자와 동일

15.07.13 (4)
[독쟈긔별]

▲ 우미관 변亽 노릇ᄒᄂᆫ 누구ᄂᆫ 져의 맛하ᄒᄂᆫ 셜명이나 홀 일이지 웨 부인셕을 쐬쐬로 치어다보고 잘싱겻ᄂᆞ니 못싱겻ᄂᆞ니 인물평론을 ᄒᄂᆞ냐 말이야 그런 낫분 짓이 어듸 잇셔 아마 그젼 변亽의 듸롤 밧나보던걸 「관람자」

15.07.14 (3)
〈광고〉

우미관 7월 10일자와 동일

15.07.15 (3)
〈광고〉

우미관 7월 10일자와 동일

15.07.15 (4)
[독쟈긔별]

▲ 요亽이 각 연극장이 모다 미우 쓸쓸ᄒᆫ 모양입듸다 밤낫 이젼 것들만 가지고 우려먹으라 드닛가 그러ᄒᆫ 것이지 누구던지 특별ᄒᆫ 것 한 가지만 ᄒᆞ얏스면은 구경군이 ᄯᅩ 모혀들겟더구면 시로 눈 쓰일 것이 잇셔야 손님들이 가지 「한유자(閑遊者)」

15.07.16 (4)
〈광고〉

◉ 태서탐정활극 괴미인(怪美人) 젼삼권 육쳔쳑
◉ 태서대활비극 공즁의 비참 젼亽권 팔쳔쳑
◉ 태서졍극 증거의 사진 젼이권 亽쳔여쳑
구주젼란화(畵) 영국육해군의 활동 최대장쳑
경셩 장교통
電 二三二六
우미관

15.07.17 (4)
[독쟈긔별]

▲ 우리 챵원은 기싱죠합쇼롤 셜입ᄒᆞ고 기싱을 모집ᄒᆞ야 가무롤 가ᄅᆞ치ᄂᆞᆫ듸 숑국희, 감췌션, 최금쥬가 용모도 아름답고 기예가 일등이리요 우리 싀골도 얼마 안 잇스면 셔울 볼쥬여 지르게 될걸 「챵원통신」

15.07.17 (4) 〈광고〉	우미관 7월 16일자와 동일
15.07.18 (3) 〈광고〉	우미관 7월 16일자와 동일
15.07.18 (4) [독쟈괴별]	▲ 나는 요시 밤이면 일 업시 각 연극장을 시찰ᄒᆞᄂᆞᆫ디 활동사진이나 구연극장에ᄂᆞᆫ 모디 구경군이 희소ᄒᆞᆫ 모양이야 하로 경비 ᄲᅦ기도 어렵겟던걸 아마 부랑자 ᄎᆔᄐᆀ 바람인지 날이 더운 탓인지 몰으겟지마ᄂᆞᆫ 「시찰생」
15.07.20 (4) 〈광고〉	우미관 7월 16일자와 동일
15.07.21 (4) 〈광고〉	우미관 7월 16일자와 동일
15.07.22 (4) [독쟈괴별]	▲ 인천 활동샤진 표관에 잇ᄂᆞᆫ 변ᄉᆞ 노릇ᄒᆞᆫ다ᄂᆞᆫ 셔가ᄂᆞᆫ 셜명ᄒᆞᆯ ᄌᆡ면 아릭웃층을 훌터보며 ᄒᆞᄂᆞᆫ디 맛춤ᄂᆡ 디인 기싱인 듯ᄒᆞᆫ 미인이 눈에 ᄯᅴ엿던지 공연히 웃층으로 왓다갓다 ᄒᆞ며 모든 녀편네 엽헤 셔셔 어슬넝거리니 그런 낫분 쟈가 어듸 잇슴닛가 그리도 그 버르쟝이가 남어 잇더란 말이오 「인천 관람자」
15.07.22 (4) 〈광고〉	우미관 7월 16일자와 동일
15.07.23 (4) 〈광고〉	七月 二十三日 사진 전부 차환 ◉ 태서탐정극　여야우(女夜又)　전이권 사천여척 ◉ 태서활비극　공중자살　전이권 사천척 ◉ 태서활극　취괵(鷲摑)　최대장척 기타 진사진 수종

경성 장교통
電 二三二六
우미관

15.07.24 (4)
[독쟈긔별]

▲ 우리 통영극장에셔 혁신단 림셩구 일힝이 미일신보 련지 쇼셜 쟝한몽을 흥힝ᄒᄂ디 참 ᄌᆡ미가 잇셔요 그런디 부인셕을 잠간 보닛가 눈물 흘니ᄂᆞᆫ 것은 모다 츈한로골에 그럴듯흔 친구가 만터군 「통영관극생」

15.07.24 (4)
〈광고〉

우미관 7월 23일자와 동일

15.07.25 (4)
〈광고〉

우미관 7월 23일자와 동일

15.07.27 (4)
〈광고〉

우미관 7월 23일자와 동일

15.07.28 (2)
〈광고〉

우미관 7월 23일자와 동일

15.07.29 (3)
〈광고〉

우미관 7월 23일자와 동일

15.07.30 (4)
〈광고〉

◉ 태서탐정대대활극 폭렬탄 전삼권 삼천척
◉ 태서대활극 활전선(活電線) 전이권 사천척
◉ 태서정극 성충(誠忠) 전이권 사천척
◉ 구주전란사진 레쌔쑤 전몰 최대장척
경성 장교통
電 二三二六
우미관

1915년

15.08.01 (1) 〈광고〉	우미관 7월 30일자와 동일
15.08.02 (4) 〈광고〉	우미관 7월 30일자와 동일
15.08.04 (4)	● 광무디 박승필 일힝은 요소히 몃칠 안잇스면 시로 남녀비우의 련습훈 연극이 시작된다는디 사흘간은 다 보아야 된다 ᄒ며 한참 쇼식이 업던 명챵 치란「采蘭」이도 오날밤부터 광무디로 와셔 출연훈다는디 기량된 연극도 만코 주미잇는 것도 만히 잇다더라
15.08.04 (4) 〈광고〉	우미관 7월 30일자와 동일
15.08.05 (4) 〈광고〉	八月 五日 특별대사진 차환 독일 콘지엔다투회사 걸작 ◉ 웸프 대탐정극 인(人)인가 유령인가 전삼권 팔천척 ◉ 태서대활비극 염의 종(焰의 崇) 전삼권 육천척 ◉ 태서탐정극 의적 전이권 사천척 ◉ 태서군사극 대좌의 랑(娘) 최대장척 서중어례(暑中御禮)로 요금은 상(上)치 안이홈 경성 장교통 電 二三二六 우미관
15.08.06 (2) 〈광고〉	우미관 8월 5일자와 동일
15.08.08 (4) 〈광고〉	우미관 8월 5일자와 동일

15.08.10 (4) **〈광고〉**	우미관 8월 5일자와 동일

15.08.11 (3)
연극표를 위조

경성 황금뎡 삼뎡목 빅이십이번디 사는 빅갑길「京城 黃金三丁目 百二十二番地 白甲吉」(二十)은 지나간 륙월 십이일 오후 두시에 황금유원 압헤셔 변누셩이란 주를 디ᄒᆞ야 경셩직츅회사 견습싱「京城 織紐會社 見習生」으로 쥬션ᄒᆞ야 쥬마ᄒᆞ고 보증금으로 오십 젼을 ᄉᆞ취ᄒᆞᆫ 외에 보증셔에 씩을 도쟝 식인 돈이라 ᄒᆞ고 이십젼을 ᄉᆞ취ᄒᆞ얏고 ᄯᅩ 칠월 십이일에ᄂᆞᆫ 변두셩에게 광무디 구경을 식혀달나고 ᄒᆞ야 모시 두루마기 ᄒᆞᆫ아롤 ᄉᆞ십젼에 잡혀 구경을 식혀쥰 일 과 ᄯᅩ 지나간 ᄉᆞ월 즁에ᄂᆞᆫ 김지죵「金在鍾」의 흥힝ᄒᆞᄂᆞᆫ 단셩사 우디 권「優待券」 빅쟝을 인쇄업 ᄒᆞᄂᆞᆫ 김챵연「金昌演」에게 부탁ᄒᆞ야 위 죠를 ᄒᆞᆫ 후 스무 쟝은 한 쟝에 륙젼 혹은 오젼식에 직명ᄒᆞ야 젼죵 언에게 팔아버리고 그 남아지ᄂᆞᆫ 그 친구비에게 분급ᄒᆞᆫ 후에도 삼 십쟝을 위조ᄉᆞ용ᄒᆞᆫ 일이 탄로되야 죵로경찰셔에셔 잡아 취됴 후 팔일 경셩디방법원 검ᄉᆞ국으로 넘기엿다더라

15.08.11 (4) **〈광고〉**	우미관 8월 5일자와 동일

15.08.12 (4)
〈광고〉

◉ 태서대활비극　활지옥(活地獄)　전삼권 칠천척
◉ 태서정극　설원(雪冤)　전이권 사천척
◉ 태서전쟁극　미래의 장군　최대장척
경성 장교통
電 二三二六
우미관

우미관 8월 12일자와 동일

15.08.13 (4) 〈광고〉	우미관 8월 12일자와 동일
15.08.14 (4) 〈광고〉 15.08.15 (4) [독쟈긔별]	▲ 십삼일밤 우미관 변수 노릇ᄒᆞᄂᆞᆫ 최종터에게 편지 가지고 온 ᄋᆞ히가 잇ᄂᆞᆫ디 편지 수연은 늣게 가셔 어머니훈테 얼마나 걱졍드럿ᄂᆞ냐ᄂᆞᆫ 말과 편지 가지고 간 ᄋᆞ히 구경식히고 ᄀᆞ치 나려와 달나ᄂᆞᆫ 은근훈 편지이더라나 그러도 졍신을 못 찰이고 쥐ᄶᆞ리만훈 박봉으로 료리 먹고 무엇ᄭᆞ지 ᄒᆞ야준다지오 그 계집은 연경집이라는디 죵리 그리다가는 안될나 변수 노릇 고만ᄒᆞ고 십흔 게지 「통매생(痛罵生)」
15.08.15 (4) 〈광고〉	우미관 8월 12일자와 동일
15.08.17 (4) [독쟈긔별]	▲ 비우조합에셔는 요ᄉᆞ히 기량 츈향가를 연습ᄒᆞ야 가지고 공진회ᄉᆡ에 훌 작뎡이라는디 그젹게 단셩샤에셔 경셩에 잇ᄂᆞᆫ 비우들은 모다 모혀셔 실디 연습을 ᄒᆞ얏다나요 과연 볼만훌ᄂᆞ지요 「구경꾼」
15.08.17 (4) 〈광고〉	우미관 8월 12일자와 동일
15.08.18 (4) 〈광고〉	우미관 8월 12일자와 동일
15.08.19 (3) 〈광고〉	◉ 태셔졍탐활극　실종의 가(街)　전삼권 칠천척 ◉ 태셔활비극　주의 장첩(呪의 張帖)　전이권 사천척 기타 진사진 수종 경셩 장교통 電 二三二六 우미관

15.08.20 (4) 〈광고〉	우미관 8월 19일자와 동일
15.08.21 (2) 〈광고〉	우미관 8월 19일자와 동일
15.08.22 (4) 〈광고〉	우미관 8월 19일자와 동일
15.08.24 (3)	▲ 이번에 혼맛지 슈관에셔 스무ᄉ흔날부터 닷셰ᄂᆯᄭ지 츌연ᄒᆞᄂᆞᆫ 월로대부(越路大夫)라 칭ᄒᆞᄂᆞᆫ 쟈ᄂᆞᆫ 일본셔 뎨일가ᄂᆞᆫ 쇼리군이라 ▲ 그 쇼리ᄒᆞᄂᆞᆫ 것은 일본말로 「죠루리」라고 ᄒᆞᄂᆞᆫ 것인ᄃᆡ 죠션 광ᄃᆡ가 ᄒᆞᄂᆞᆫ 삼국지와 비슷ᄒᆞᆫ 것인ᄃᆡ ▲ 이것은 너디 구연극에 대단히 필요ᄒᆞᆫ 것이니 그 죠루리롤 잘ᄒᆞ고 잘못ᄒᆞᆫ 것이 연극에 큰 관계가 잇ᄂᆞᆫ지라 ▲ 그 죠루리의 ᄂᆡ용은 너디 슈쳔슈빅년 동안의 ᄉ긔를 장단에 맛쳐셔 민든 것이나 ᄃᆡ단히 고샹ᄒᆞᆫ 것이라 ▲ 월로ᄃᆡ부ᄂᆞᆫ 누가 쳥ᄒᆞ던지 훈번 가셔 그 쇼리를 ᄒᆞᄂᆞᆫ디 그 ᄉ례금이 젹어도 이빅원은 나리지 안니 훈다 ᄒᆞ며 ▲ 이번에 슈관에셔 ᄒᆞᄂᆞᆫ 것은 그 ᄉ룸이 됴션 구경 초로 온 것을 붓잡고 경셩 유디자가 특별이 간쳥ᄒᆞ야 승락을 엇은 결과인ᄃᆡ ▲ 그 입신의 쇼리롤 드르량으로 너디 사롭들은 인긔가 물쓸 듯 ᄒᆞ다더라
15.08.24 (4) [독쟈긔별]	▲ 여보 우미관 쥬인에게 경고홈 관람긱의 다쇼 여하ᄂᆞᆫ ᄉ진에 달녓는디요 ＊갈엇다ᄂᆞᆫ ᄉ진을 보면 별로 신통홀 것이 업고 모범홀 칭찬거리도 업셔셔 모다 구경갓던 것을 후회ᄒᆞᄂᆞᆫ 모양이니 즈금으로ᄂᆞᆫ 쥬의홀 일 「근고생(勸告生)」
15.08.24 (4) 〈광고〉	우미관 8월 19일자와 동일

15.08.25 (4) 〈광고〉	우미관 8월 19일자와 동일
15.08.26 (4) 〈광고〉	특특 대사진 八月 二十六日브터 제공 ◉ 전사(戰事)대활극 불국여첩(佛國女牒) 전삼권 칠천척 ◉ 태서대활비극 악재상(惡宰相) 전삼권 육천여척 ◉ 태서비극 위수형(僞手形) 전이권 사천척 기타 진사진 수종 경성 장교통 電 二三二六 우미관
15.08.27 (4) 〈광고〉	우미관 8월 26일자와 동일
15.08.28 (4) 〈광고〉	우미관 8월 26일자와 동일
15.08.29 (3) 〈광고〉	우미관 8월 26일자와 동일
15.08.29 (4) [독쟈긔별]	▲ 우미관은 요시 설명ᄒᆞᄂᆞᆫ 사롭들을 어디셔 불너오ᄂᆞᆫ지 벗셕는 모양인디 별로 낫달 것도 업고 셜명에 우루ᄉᆞ이5)만 ᄒᆞ거던 그 즁에 쥬임변ᄉᆞ 최죵터가 좀 나요 그런디 귀사의 경고 ᄒᆞᆫ번 당ᄒᆞᆫ 뒤로 이번 ᄉᆞ진은 좀 낫다고도 홀만ᄒᆞ여 「비평생」
15.08.31 (4) 〈광고〉	우미관 8월 26일자와 동일

---

5) うるさい. '시끄럽다' 라는 뜻의 일본어.

15.09.02 (2) 〈광고〉	九月 二日 사진 전부 차환 ◉ 태셔대활비극　목하암(目下闇)　전삼권 칠천척 ◉ 태셔정극　죄의 행위　전삼권 육천여척 기타 진사진 수종 경성 장교통 電 二三二六 우미관
15.09.02 (4) [독쟈긔별]	▲ 광무디에는 명챵 박츈지가 무디에 나와 출연ᄒᆞᆫ디 열흘 동안 돈도 밧지 안코 ᄒᆞ야준답듸다 그런디 각죵 노름 노리ᄂᆞᆫ 볼만ᄒᆞ던 걸「관람자」
15.09.03 (3) **활동샤진관의 취톄**	경성에 잇ᄂᆞᆫ 흥힝물 즁에 특히 활동샤진은 풍긔롤 문란「風紀紊亂」케 ᄒᆞᄂᆞᆫ 일이 심ᄒᆞ야 그 폐힌가 젹지 안음으로 지난번 당국에셔ᄂᆞᆫ 관긱셕을 남녀의 구별로 난ᄒᆞ아놋코 샹당히 취톄를 려힝ᄒᆞ얏ᄂᆞᆫ디 나히 십일세ᄭᅥ지의 쟈ᄂᆞᆫ 별로 계한을 ᄒᆞ지 안ᄂᆞᆫ다ᄂᆞᆫ디 즈금으로 취톄가 엄즁ᄒᆞ다더라
15.09.03 (4) [독쟈긔별]	▲ 나ᄂᆞᆫ 항샹 졀증되ᄂᆞᆫ 일이 잇셔요 각 연극장 대문 압흘 보면 걸샹 놋코 좌악 안자셔 여간 부인네들은 그 근쳐에 가셔ᄂᆞᆫ 셔먹셔먹ᄒᆞ거던 다른 것을 취톄 말고 그것 좀 취톄ᄒᆞ얏스면「매견생(每見生)」
15.09.03 (4) 〈광고〉	우미관 9월 2일자와 동일
15.09.04 (4) [독쟈긔별]	▲ 활동ᄉᆞ진관 긋치 풍긔문난ᄒᆞᆫ 곳이 업더니 이번에는 그 폐힌롤 업시기 위ᄒᆞ야 엄즁히 취톄ᄒᆞᆫ다지오 듯던 즁 고마운 일이야오「고마워싱」

1915년

15.09.04 (4)
〈광고〉

九月 二日 사진 전부 차환
◉ 군사대활극　소년사관(少年士官)　전삼권 칠천척
◉ 태서대활비극　목하암(目下闇)　전삼권 칠천척
◉ 태서정극　죄의 행위　전삼권 육천여척
기타 진사진 수종
경성 장교통
電 二三二六
우미관

15.09.05 (1)
〈광고〉

우미관 9월 4일자와 동일

15.09.05 (4)
[독쟈긔별]

▲ 단성사 김지종 일헝의 비우조합단은 이번 공진회에 들어가셔 실디 연습흔 기예를 낫 연극으로 한번 ㅎ야본더요 구연극으로는 한아라나 그런디 그 기량흔 연예롤 보랴고 밤마다 관람긱이 퍽은 만타나 보지오 「소문생」

15.09.07 (3)
〈광고〉

우미관 9월 4일자와 동일

15.09.08 (3)
공진회와
전주기(全州妓) /
공진회에 출연

전주예기조합에셔는 공진회에 츌연ㅎ기 위ㅎ야 갑반의 명기 향란, 룽쥬, 우슌, 월향, 하월, 룡운, 옥션, 치션, 옥쥬, 룽운, 쵸옥, 룡션의 열두명을 뽑아 가무와 밋 구연극은 한 달 이젼부터 련습ㅎ는 중이더니 이번에 쥰비가 다 되야 팔일 경에 츌발 샹경ㅎ다더라

15.09.08 (4)
〈광고〉

우미관 9월 4일자와 동일

15.09.09 (2)
〈광고〉

九月 二日브터 사진 전부 교환
◉ 태서활극　오해　전이권 사천여척

● 태서비극　수의 포(水의 泡)　전이권 사천척
● 태서인정극　토산여방(土産女房)　전이권 사천척
● 태서미담　구은(舊恩)
기타 진사진 수종 영사
공진회 개회 중에 주야 흥행
경성 장교통
電 二三二六
우미관

15.09.09 (3)
극쟝 풍긔 취톄

경성 본뎡경찰셔에셔는 그 관닉에 잇는 모든 활동샤진관과 극쟝
등을 엄밀히 취톄키 위ᄒᆞ야 죵릭로 활동샤진관 굿흔 것도 남녀가
구별이 업시 관람ᄒᆞ는 지ᄃᆞᆰ에 풍긔문란흔 일이 불쇼홈으로 이를
취톄키 위ᄒᆞ야 ᄌᆞ금으로는 구별을 뎡하고 당쵸에 문에셔부터 좌
우를 갈너 드러가게 ᄒᆞ며 쟝닉에도 남녀구별이 극히 엄즁ᄒᆞ야 것
다더라

15.09.10 (3)
연예관의 긔관

은 오젼 십일시로 ᄒᆞ고 오후부터 시작ᄒᆞ는 것ᄭᆞ지 낫에는 두초례
요 밤에는 일곱시부터 길비무악「吉備舞樂」과 활동샤진을 홀 터이
며 연예관의 츌연쟈는 안슌환 최샹돈 촌뢰, 뎡본「安淳煥 崔相敦
村瀨 釘本」의 네 리스의 진력으로 명긔 명챵과 유명흔 비우를 모
러올 모양이라 엇지 되얏던지 이 공진회 대회롤 축하ᄒᆞ고져 ᄒᆞ는
시민의 인긔는 대단ᄒᆞ야 각 뎡에셔는 진긔흔 물건을 만드러가지
고 관람쟈를 놀닉게 홀 계획으로 쥰비 즁이더라

15.09.10 (3)
광무디 긔념식

경성 황금유원에셔 흥힝ᄒᆞ는 광무디의 됴션 구연극 박승필 일힝
의 흥힝을 긔시ᄒᆞ 지 임의 일곱ᄒᆡ에 달ᄒᆞ야 금 십일이 시업긔념일
에 상당홈으로 당일 밤에는 남녀 명챵의 특별흔 가무로 셩디흔 긔
념식을 거힝ᄒᆞ야 일반관긱의게 관람케 흔다더라

15.09.10 (4) 〈광고〉	우미관 9월 9일자와 동일
15.09.11 (4) 〈광고〉	우미관 9월 9일자와 동일
15.09.12 (4) 〈광고〉	우미관 9월 9일자와 동일
15.09.14 (2) 〈광고〉	환등회 문제(問題) 법국(法國) 파리 경치 연술(演述) 신흥우(申興雨) 일자 本月 十四日 화요 하오 팔시 중앙 기독교청년회 백
15.09.14 (2) 〈광고〉	우미관 9월 9일자와 동일
15.09.15 (4) 〈광고〉	우미관 9월 9일자와 동일
15.09.16 (3) 극장과 관람물 / 공진회의 여흥장 / 각 연희장의 성황	◉ 공진회 가오며　각 연희장과 유흥쳐소는 정월과 꼿철이 일시에 온 모양이다 어나 곳이던지 만원의 대성황이라 공진회 안의 연예관, 기타 모든 흥힝쟝은 하로에 몃 초례식 괴명을 갈며 회쟝 이외의 연희장, 활동샤진관에서도 셔로 손을 쓸고져 대활동이라 ◉ 유명훈 기슐사　임의 보훈 바와 곳치 요슐과 긔슐로 일본에 예일이라는 텬승「千勝」의 일힝은 협찬회와 계약을 맛츄고 십월 십일부터 열흘 동안 연예관에서 수십종의 긔슐을 실연홀 터인더 협찬회에서 이 일힝을 열흘 동안 사 오는더 비용이 삼천여원이라 하며 ◉ 오젼 오후로 가무 연예관은 미일 오젼 오후로 갈나 일본기싱 두 조합, 죠션기싱 두 죠합에서 각기 돌려가며 각종 졍지가 잇고

밤에는 활동사진이 잇는디 십오일에는 활동사진 틈에 조선기성의
일본노리와 졍지가 잇다고 큰 평판이오
◉ 죠션연극관 셩황 홍횡장 구역의 죠션연극장에도 낮에는 광디
의 가곡이 잇는디 감창환, 리동빅의 립챵으로 손을 만히 쓸며 밤
에는 일곱시 반부터 시곡미인의 명지이라 미일 만원의 큰 셩황으
로 여러 가지 츔과 명지로 만히 멀리온 손님의 이목을 질겁게 ᄒ
는 모양이오
◉ 여러 곳의 여흥장 그 외에 말을 달니며 각식 지됴를 부리는
곡마관에 사롬이 더욱 만흐며, 시야 동물원에셔는 호랑이가 씨름
을 혼다고 사롬이 드리밀니며 미로관이라는 데는 거울이 엇지 만
흔지 모다 ᄌ긔 그림ᄌ에 헛갈녀 길을 일허바린다고 역시 만원이
계속되며 기타 불수의 관에도 셩황이오「디오라마」관도 일간 기
간혼다 ᄒ며
◉ 무료의 활동사진 협찬회셔 남편 너른 마당에셔는 밤마다 ᄌ
미잇는 활동사진을 빗초이고 일반입장자의게 무료로 관람케 ᄒ는
고로 밤마다 대셩황이라 디방의 관람쟈는 단톄로 이장ᄒ야 쳐음
보는 활동사진에 그 신긔홈을 감탄ᄒ는 것도 일대셩황이라
◉ 회장 이외의 연희장으로 말ᄒ면 동곡 우미관에셔는「인싱의
불, 비밀의 등디」라는 장쳑의 됴흔 사진에 각종 진품의 활동사진
을 영수ᄒ며 동구 안 단셩사와 황금유원 광무디에셔는 밤마다 각
종 구연희로 디방관긱의 환영을 밧으며 명동의 오락원에도 입쟝
쟈가 비상히 만터라

15.09.16 (4)
〈광고〉

◉ 九月 十六日 사진 전부 교환
一 태서대비극 인생의 춘(人生의 春) 전삼권 칠천척
一 태서활비극 비밀의 등대(秘密의 燈臺) 전삼권 칠천여척
◉ 기타 진사진 수종 영사
◉ 공진회 개회중은 주야 흥행홈
경성 장교통
電 二三二六
우미관

15.09.16 (부록)(4)
〈광고〉

◉ 九月 十六日 사진 전부 교환
◎ 태서대비극　인생의 춘(春)　전삼권 칠천척
◎ 태서활비극　비밀의 등대　전삼권 칠천여척
기타 진사진(珍寫眞) 수종 영사
공진회 개회중은 주야 흥행흠
경성 장교통
電 二三二六
우미관

15.09.17 (4)
[독쟈긔별]

▲ 우리 인천 항샤에는 림셩구 일힝이 나려와셔 ㅈ미잇는 각죵 신파연극을 흥힝ㅎㄴ딕 밤마다 만원이 된답니다 「仁川긔렬」

15.09.17 (4)
〈광고〉

우미관 9월 16일자(부록)와 동일

15.09.18 (4)
〈광고〉

우미관 9월 16일자(부록)와 동일

15.09.19 (4)
〈광고〉

우미관 9월 16일자(부록)와 동일

15.09.20 (3)
〈광고〉

우미관 9월 16일자(부록)와 동일

15.09.21 (3)
〈광고〉

우미관 9월 16일자(부록)와 동일

15.09.22 (1)
〈광고〉

우미관 9월 16일자(부록)와 동일

15.09.23 (6)
〈광고〉

◉ 九月 二十三日 사진 전부 교환
◎ 태서대비극　자번뇌(子煩惱)　전이권 오천척
◎ 태서정극　가임(家賃)　전이권 사천여척
◎ 태서활극　지안쎄온　최대장척
기타 진사진(珍寫眞) 수종 영사
공진회 개회중에는 주야 흥행홈
경성 장교통
電 二三二六
우미관

15.09.24 (3)
신창(新彰) 기생의
가무 / 야간에
출연ᄒᆞᆫ는 신창 기싱

시곡신챵조합 기싱 이십오명은 공진회 기회ᄒᆞᆫ는 오십일 동안은 공진회장 너에 잇는 죠션연극쟝「朝鮮演劇場」 안에셔 미일 흥힝ᄒᆞ 는더 오후 여덜시부터 열한시ᄭᅡ지 각항 졍지와 좌챵 립창을 ᄒᆞ야 여러 관람쟈의 귀와 눈을 유쾌히 ᄒᆞ야 미우 찬셩을 밧ᄂᆞᆫ더 그 즁 에도 더욱이 잘ᄒᆞ는 것은 치션(采仙)의 승무와 련심(連心)의 츈잉 젼(春鶯傳)이라 좌챵과 입창은 원러 시곡죠합 기싱의 특별히 능ᄒᆞᆫ 것으로 모다가 아는 바이어니와 졍지에 이르러도 근년에는 능난 ᄒᆞ게 되얏슬 ᄯᅮᆫ 안이라 이번 공진회에는 더욱 익숙ᄒᆞ고 화려ᄒᆞᆫ 품 을 보이고져 ᄒᆞᆫ는 마음으로 두어달 동안이나 련습ᄒᆞ얏슴으로 야 간에 여흥장을 구경ᄒᆞᆫ는 사름은 반다시 ᄒᆞᆫ번 구경홀 가치가 잇는 명가묘 무가 구비ᄒᆞ얏다더라

15.09.24 (3)
〈광고〉

우미관 9월 23일자와 동일

15.09.25 (4)
〈광고〉

우미관 9월 23일자와 동일

15.09.26 (4)
〈광고〉

우미관 9월 23일자와 동일

1915년

15.09.27 (4)   우미관 9월 23일자와 동일
〈광고〉

15.09.28 (1)   우미관 9월 23일자와 동일
〈광고〉

15.09.29 (4)   ● 九月 二十八日브터 특별 대사진 영사
〈광고〉   ◎ 태서대대활극 생중왕(生中王) 전삼권 칠천척
              우(右) 사진 특별물임으로 拾月 貳日에 한ᄒᆞ야 영사ᄒᆞ오니 쑥 내람
              (來覽)ᄒᆞ시오
              기타 진사진 수종을 관람에 공(供)홈
              경성 장교통
              電 二三二六
              우미관

15.09.30 (4)   ● 九月 三十日브터 사진 차환 광고
〈광고〉   ◎ 태서대대활극 생중왕(生中王) 전삼권 칠천척
              단 특별에 부(付)ᄒᆞ야 十月 二日에 한ᄒᆞ야 영사홈
              ◎ 태서대비극 무기(舞妓)의 의협 전사권 팔천척
              ◎ 태서탐정극 괴은행(怪銀行) 전삼권 오천척
              기타 진사진 수종
              경성 장교통
              電 二三二六
              우미관

15.10.01 (3)   ● 九月 三十日브터 사진차환광고
〈광고〉   ◎ 태서대대활극 수중왕(水中王) 전삼권 칠천척
              단 특별에 부(付)ᄒᆞ야 十月 二日에 한ᄒᆞ야 영사홈
              ◎ 태서대비극 무기(舞妓)의 의협 전사권 팔천척
              ◎ 태서탐정극 괴은행(怪銀行) 전삼권 오천척
              기타 진사진 수종

경성 장교통
電 二三二六
우미관

15.10.01 (3)
〈광고〉

● 대기술(大奇術)
● 대마술
송욱제(松旭齊) 천양사(天洋師) 출연
공진회 특별흥행
매일 오후 칠시 개장
토요 일요 대제일(大祭日)은 정오 개관
당 九月 二十五日브터
황금정
세계관

15.10.02 (4)
〈광고〉

우미관 10월 1일자와 동일

15.10.02 (4)
〈광고〉

세계관 10월 1일자와 동일

15.10.03 (3)
〈광고〉

우미관 10월 1일자와 동일

15.10.03 (3)
〈광고〉

세계관 10월 1일자와 동일

15.10.04 (4)
〈광고〉

◉ 十月 三日브터 대특별사진영사
◎ 태서대비극 운명(運命) 전삼권 육천척
◎ 태서활극 엄호 의무 최대장척
기타 정극 실사 골계 수종 영사
경성 장교통

電 二三二六
우미관

세계관 10월 1일자와 동일

15.10.05 (4)
[독쟈긔별]

▲ 황금유원 광무디에셔는 단톄 관람긱을 환영ᄒ기 위ᄒ야 입장료의 할인 디신에 「언문톄법」 한 권식을 주는디 가뎡에 필요ᄒ 책이라고 각디 인ᄉ가 비샹히 환영ᄒ며 연극도 미우 ᄌ미가 잇다고 미야 단톄 관긱이 답지ᄒ답듸다 「탑동생(塔洞生)」

15.10.05 (4)
〈광고〉

우미관 10월 4일자와 동일

15.10.05 (4)
〈광고〉

세계관 10월 1일자와 동일

15.10.06 (3)
〈광고〉

우미관 10월 4일자와 동일

15.10.06 (3)
〈광고〉

세계관 10월 1일자와 동일

15.10.07 (3)
〈광고〉

◉ 拾月 七日브터 대특별사진영사
◎ 구주전란 군사대활극 적의 비행기 전삼권 칠천척
十月 十二日로 한ᄒ야 영사홈
◎ 국사(國事)탐정극 집념의 사(蛇) 전삼권 육천척
◎ 탐정대활극 공중탐정 전이권 사천척
기타 실사 골계 사진 수종
경성 장교통
電 二三二六
우미관

15.10.07 (3) 〈광고〉	세계관 10월 1일자와 동일
15.10.08 (2) 〈광고〉	우미관 10월 7일자와 동일
15.10.08 (2) 〈광고〉	세계관 10월 1일자와 동일

15.10.08 (3)
활동화면 중의
공진회 / 공진회
샹황을 활동샤진
박어 / 렬도
연션 사롭의
게 구경식힘

공진회 대성황에 쓸는 듯흔 경셩을 긔념으로 박이기 위ㅎ야「총독 부렬도국」에셔 고빙흔 일본활동샤진쥬식회샤「日本活動寫眞株式會社」의 관셔촬영소「關西撮影所」 기쟈는 지나간 일일부터 대활동을 시작ㅎ얏더라 위션 공진회쟝 안 되는 각 진렬관은 물론이오 한원궁「閑院宮」 량뎐하 티림이 광경이며 신무문 밧 축하회의 젼경 갓흔 것을

▲ 젼부 화면에 박여　너엇더라　쏘 렬도 관샴 층루샹에셔 회쟝 너외룰 ᄂᆞ려다보고 가진 사롭들의 입쟝ㅎ는 혼잡흔 광경을 박인 것도 잇고 다음 이튼날에 창덕궁 비원 안에셔 리왕뎐하 동비뎐하와 한원궁 량뎐하쎄셔 소요ㅎ시는 광경을 박인 것도 있스며 쏘 여흥쟝에셔는 유명흔 기셩의 츔과 길비무「吉備舞」 등도 썩 잘 박앗다ㅎ고 쏘 사흔날에는 공진회쟝인 근졍뎐 근쳐에셔 경회루 샹의 죠션 털도 일쳔 마일 긔념 축하 광경을 박이엿다ㅎ더라

▲ 특히 쥬미잇슬 것　은 오일 졍오경에 비ㅎᆡᆼ긔 삼즁호가 경셩의 하놀을 나지막히 날으는 모양과 협찬회 여흥쟝 안의 광경인디 륙일은 쏘 룡산 련병쟝에셔 쟝쾌흔 미긔씨의 비ㅎᆡᆼ을 박이여 그 활주룰 시작ㅎ는 것부터 됴로 ᄂᆞ려오는 것ᄭᅥ지 션명히 박이엿고 쏘 이외에도 계속ㅎ야 죠션의 물식을 박인다는디 이런 것이 활동샤진으로 낫타나는 쌔에는 흥미가 만흘 것이라 샤진 기쟈는 말ㅎ야 왈 이번은 회쟝 안을 박이는 것뿐인 즉 경조 촬영부에셔 연극을 박이는 것과 ᄀᆞᆺ치 힘을 들지 안이ㅎ나 묵어운 긔계룰 들고 도라단이기에 이를 썻습니다

▲ 샤진 즁에는　한원궁 량뎐하의 영ᄌᆞ도 션명히 박히여 졋는디 특히 창덕궁에셔는 우연히 긔계의 바로 압흘 지나가신 고로 비샹

혼 대성공을 ᄒ얏습니다 또 리왕뎐하와 동비뎐하도 사진 속에는 대단히 잘 박히여져 기심니다 특히 축하회에셔는 ᄉ늬 총독과 산현 졍무총감이 만셰롤 부르는 모양이 대단히 잘 박히여져 잇셔요 인제 이 ᄉ진을 빗치우게 되면 죠션에 계신 어른들은

▲ ᄌ긔 얼골을 보는 일이 만을지요 필경 속으로 웃게 되실 줄로 싱각홈니다 그러ᄒ나 이 사진은 조션 렬도 연션의 여러 사룸들을 위문ᄒ기 위ᄒ야 이후 일기년 이닉에는 다른 곳에셔 영ᄉ치 못ᄒ게 되얏습니다 광영 잇는 대공진회를 긔념홈에는 극히 ᄌ미잇는 일로 싱각홈니다 촬영료요? 한 장에 오십젼식 밧습니다 이쳔척이면 일쳔원이여오 너무 리약이가 쟝척이 되야도 ᄌ미업슨즉 구만 두겟습니다

15.10.09 (4)
〈광고〉　우미관 10월 7일자와 동일

15.10.09 (4)
〈광고〉　세계관 10월 1일자와 동일

15.10.10 (3)
〈광고〉　우미관 10월 7일자와 동일
세계관 10월 1일자와 동일

15.10.12 (2)
〈광고〉　우미관 10월 7일자와 동일
세계관 10월 1일자와 동일

15.10.13 (2)
〈광고〉　우미관 10월 7일자와 동일
세계관 10월 1일자와 동일

15.10.14 (4)
〈광고〉　◉ 拾月 十四日브터 사진 전부 차환
◎ 태서활극　휘(輝)의 등대　전이권 오천척

◎ 태서대활비극　횡모(橫謀)　전삼권 육천척
◎ 태서모험기담　천녀(天女)　전이권 사천여척
기타 정극 비극 실사 수종 영사
경성 장교통
電 二三二六
우미관

세계관 10월 1일자와 동일

15.10.15 (4)　우미관 10월 14일자와 동일
〈광고〉　세계관 10월 1일자와 동일

15.10.16 (4)　우미관 10월 14일자와 동일
〈광고〉　세계관 10월 1일자와 동일

15.10.17 (1)　우미관 10월 14일자와 동일
〈광고〉　세계관 10월 1일자와 동일

15.10.19 (6)　우미관 10월 14일자와 동일
〈광고〉　세계관 10월 1일자와 동일

15.10.20 (4)　세계관 10월 1일자와 동일
〈광고〉

◉ 활동사진 영사광고
◎ 태서대활비극　횡모(橫謀)　전삼권 육천척
◎ 태서모험기담　천녀(天女)　전이권 사천여척
특별대사진 十月 十八日브터 제공
◎ 군사대활극　철벽돌파　전삼권 칠천척

기타 정극 비극 실사 수종 영사

경성 장교통

電 二三二六

우미관

15.10.21 (3)　　　우미관 10월 20일자와 동일

〈광고〉　　　　세계관 10월 1일자와 동일

15.10.22 (3)　　　十月 二十一日브터 사진 차환 광고

〈광고〉　　　◎ 태서활극　양상의 흑운(洋上의 黑雲)　전이권 오천척

◎ 태서정극　포의 향(砲의 響)　전이권 사천여척

◎ 태서대인정극　공중누각　전이권 사천척

一 군사활극 철벽돌파(삼권 칠천척) 영사는 二十二日에 한홈

기타 정극 실사 수종 영사

경성 장교통

電 二三二六

우미관

세계관 10월 1일자와 동일

15.10.23 (4)　　　우미관 10월 22일자와 동일

〈광고〉

15.10.24 (3)　　　우미관 10월 22일자와 동일

〈광고〉

15.10.26 (4)　　　사진 차환 광고

〈광고〉　　　◎ 태서활극　양상의 흑운(洋上의 黑雲)　전이권 오천척

◎ 태서정극　포의 향(砲의 響)　전이권 사천여척

◎ 태서대인정극　공중누각　전이권 사천척

二十三日브터 영사특별대사진
◉ 태서대대활극 　귀의 조(鬼의 爪) 　전삼권 칠천척
동경제국관 연일만원의 대사진
경성 장교통
電 二三二六
우미관

15.10.27 (4)
〈광고〉

우미관 10월 26일자와 동일

15.10.28 (4)
〈광고〉

우미관 10월 26일자와 동일

15.10.29 (4)
〈광고〉

十月 二十八日 사진 전부 차환
◎ 태서대탐정극 　사(死)의 계단 　전이권 오천척
◎ 구주전란군사극 　예(譽)의 훈장 　전이권 사천척
◎ 태서기담 　모(母)의 복수 　전삼권 오천여척
◎ 구주전란군사극 　시구적(是仇敵) 　최대장척
경성 장교통
電 二三二六
우미관

15.10.30 (4)
〈광고〉

우미관 10월 29일자와 동일

15.10.31 (2)
〈광고〉

우미관 10월 29일자와 동일

15.11.01 (4)
〈광고〉

우미관 10월 29일자와 동일

15.11.02 (4)　　　우미관 10월 29일자와 동일
〈광고〉

15.11.03 (4)　　　十一月 一日브터
〈광고〉　　　　특별대사진 제공
　　　　　　　◎ 태서군사탐정극　조국지위(祖國之爲)　전삼권 칠천척
　　　　　　　외(外) 군사극, 탐정극, 기담, 골계사진, 대사진 영사
　　　　　　　경성 장교통
　　　　　　　電 二三二六
　　　　　　　우미관

15.11.04 (2)　　　우미관 11월 3일자와 동일
〈광고〉

15.11.05 (4)　　　十一月 四日브터 사진 차환
〈광고〉　　　　一 태시군사활극　혈염지 국기(血染之 國旗)　전삼권 칠천척
　　　　　　　一 태서대비극　여랑남랑(女浪男浪)　전이권 오천척
　　　　　　　一 태서탐정극　유언장　전삼권 사천여척
　　　　　　　一 (특별대사진) 태서군사탐정극　조국지위(祖國之爲)　전삼권
　　　　　　　칠천척
　　　　　　　차분(此分) 영사 十一月 六日 한(限)
　　　　　　　경성 장교통
　　　　　　　電 二三二六
　　　　　　　우미관

15.11.06 (2)　　　우미관 11월 5일자와 동일
〈광고〉

15.11.07 (3)　　　우미관 11월 5일자와 동일
〈광고〉

15.11.09 (4) 〈광고〉	우미관 11월 5일자와 동일
15.11.10 (4) 〈광고〉	우미관 11월 5일자와 동일
15.11.11 (2) 〈광고〉	우미관 11월 5일자와 동일
15.11.12 (4) 〈광고〉	十一月 十一日브터 사진 차환 영사 一 태서대탐정극　흑귀(黑鬼)　전삼권 육천척 一 태서기담　소생(蘇生)　전이권 사천여척 一 태서대활극　광산왕　전삼권 칠천척 기타 정극, 희극, 실사 제공 경성 장교통 電 二三二六 우미관
15.11.13 (1) 〈광고〉	우미관 11월 12일자와 동일
15.11.14 (2) 〈광고〉	우미관 11월 12일자와 동일
15.11.16 (4) [독쟈긔별]	▲ 대정관 황금관에셔는 소오일 젼부터 즉위대례식 활동사진을 영사ᄒᆞᆫ더 우미관에셔는 여젼히 뎡탐사진으로 끠러나가는 모양이야요 입장료는 남과 갓치 밧으면서 사진은 씩걱이만 구경식이랴다가는 아모리 독판이라도 리익이 만히 못 남을걸 「철교생(鐵橋生)」

15.11.16 (4) 〈광고〉	우미관 11월 12일자와 동일
15.11.17 (4) 〈광고〉	우미관 11월 12일자와 동일
15.11.18 (3) 〈광고〉	우미관 11월 12일자와 동일
15.11.20 (4) 〈광고〉	우미관 11월 12일자와 동일
15.11.21 (2) 〈광고〉	우미관 11월 12일자와 동일
15.11.23 (4) 〈광고〉	一 태서비극　괴몽(怪夢)　전이권 사천여척 一 배서인정극　심과 심(心과 心)　전이권 사천척 一 태서정극　양심　최대장척 좌(左)ᄂ 특별대사진 二十二日브터 영사 一 구주전란군사대활극　대격전　전삼권 칠천여척 경성 장교통 電 二三二六 우미관
15.11.24 (3) 단셩샤에 혁신단	신파연극 혁신단 림셩구 일ᄒᆡᆼ은 그동안 각디를 도라단이며 슌회 흥ᄒᆡᆼ을 ᄒᆞ야온 이러 각쳐에셔 다대ᄒᆞᆫ 환영을 밧뎐바 이번 그 일ᄒᆡᆼ 은 경셩에 올나와셔 시로이 연구실습ᄒᆞᆫ 연극 각본을 널니 쇼기키 위ᄒᆞ야 이십ᄉᆞ일부터 동구안 단셩샤에셔 흥ᄒᆡᆼᄒᆞ기로 작뎡ᄒᆞ고 지 금 준비 중이라더라

15.11.24 (3)
〈광고〉

우미관 11월 23일자와 동일

15.11.25 (3)
〈광고〉

우미관 11월 23일자와 동일

15.11.26 (2)
〈광고〉

우미관 11월 23일자와 동일

15.11.26 (3)
[붓방아]

▲ 경성안 각 연극쟝에는 겨울바롬이 더 몹시 드리부러 아조 구경 군이 젹은 모양, 흥힝쥬는 엇더케 시 방법을 써셔 번챵케 홀 방칙 이 업슬가

15.11.27 (4)
〈광고〉

우미관 11월 23일자와 동일

15.11.28 (3)
[붓방아]

▲ 근 일년만에나 경성에서 흥힝ᄒ는 시둙인지 이십륙일 밤 단셩 샤의 혁신단 일힝 첫날은 참 만원의 대대셩황이더라
▲ 디방 순회 즁에 비우의 기예도 만히 느럿는 모양인디 림셩구는 「역시」가 너무 만타고 관긱의 리약이

15.11.28 (4)
〈광고〉

十一月 二十六日 차체(差替) 영사 광고
一 태서인정극 　질투의 과(果) 　전삼권 육천척
一 태서활극 　현명(懸命) 　전이권 사천척
一 태서탐정극 　탐정의 정 　최대장척
좌(左)의 특별대사진 二十七日브터 영사
태서정활극 　금의 승(金의 蠅) 　전사권 팔천척
경성 장교통
電 二三二六
우미관

15.11.30 (4) 우미관 11월 28일자와 동일
〈광고〉

15.12.01 (2) 우미관 11월 28일자와 동일
〈광고〉

15.12.02 (4) 우미관 11월 28일자와 동일
〈광고〉

15.12.03 (4) 우미관 11월 28일자와 동일
〈광고〉

15.12.04 (3) 十二月 二日 사진 전부 차환
〈광고〉 특별대사진
一 태서활비극 악한지 말기(惡漢之 末期) 전오권 이만여척
一 태서정극 최상 복수 전이권 사천척
一 테서비극 주지죄(酒之罪) 전삼권 오천여척
一 태서교훈극 초손(初孫) 최대장척
경성 장교통
電 二三二六
우미관

15.12.05 (1) 우미관 12월 4일자와 동일
〈광고〉

15.12.07 (2) 우미관 12월 4일자와 동일
〈광고〉

15.12.08 (2) 우미관 12월 4일자와 동일
〈광고〉

15.12.09 (4) 〈광고〉	우미관 12월 4일자와 동일
15.12.10 (4) 〈광고〉	우미관 12월 4일자와 동일

15.12.12 (2)
〈광고〉

十二月 十日 사진 전부 차환

一 태서군사탐정　전서구(傳書鳩)　전삼권 육천척

一 태서활극　오분혼(五分魂)　전이권 사천척

一 태서인정극　사회의 죄　전이권 사천척

一 전란여문(餘聞)　형매(兄妹)의 정　최대장척

경성 장교통

電 二三二六

우미관

1915년

15.12.14 (2)
〈광고〉

十二月 十二日브터 제공

一 태서탐정활극　생호장사호(生乎將死乎)　전삼권 육천여척

一 태서모험기담　지하의 철상(鐵箱)　전삼권 육천척

十二月 十四日브터 제공

一 태서인정극　탁류　전이권 사천척

一 태서 활극　승홍(勝鬨)　최대장척

개업 삼주년 기념ᄒ기 위ᄒ야 十三日브터 十七日ᄭ지 오일간 각등

반액으로 관람에 공(供)홈

경성 장교통

電 二三二六

우미관

15.12.15 (4)
〈광고〉

우미관 12월 14일자와 동일

15.12.16 (4) 〈광고〉	우미관 12월 14일자와 동일
15.12.17 (4) [독쟈긔별]	▲ 광무딕에셔는 일젼밤부터 박츈지 홍도 등 기타가 출연ᄒᆞ야 션소리 안진소리로 편을 갈나ᄒᆞᆫ다던가 그것도 한 번 구경ᄒᆞᆯ 만ᄒᆞ겟던걸 샤룸이 곳 맛히간다나보지 「소문생」
15.12.17 (4) 〈광고〉	우미관 12월 14일자와 동일
15.12.18 (2) 〈광고〉	十二月 十八日브터 一 태서활극 탐욕(貪慾) 전삼권 육쳔쳑 一 태서사회극 협소아(俠小兒) 전삼권 육쳔쳑 一 태서탐정극 女브라온 젼사권 육쳔여쳑 一 태서 정극 녹영(鹿影) 최대장쳑 경셩 쟝교통 電 二三二六 우미관
15.12.19 (3) 금야(今夜)브터 「눈물」극 / 혁신단 의 눈물 연극	지금 단셩사에셔 여러 가지 각본으로 미야 흥ᄒᆡᆼᄒᆞᄂᆞᆫ 혁신단 림셩구「革新團 林聖九」 일ᄒᆡᆼ은 요ᄉᆞ히 더욱 관롬긱의 흥미를 돕기 위ᄒᆞ야 이 ᄉᆞ히 관롬긱의 쳥구와 희망으로 본보에 련지되야 대환영을 밧고 연극으로 흥ᄒᆡᆼᄒᆞ야 대갈치를 엇은 「눈물」 쇼셜을 흥ᄒᆡᆼᄒᆞ야 달나는 말이 잇슴으로 그 일ᄒᆡᆼ에셔는 금십구일부터 이십일간 량일로 눈물극을 흥ᄒᆡᆼᄒᆞᆯ 터이라ᄂᆞᆫ디 그동안 고심으로 연습을 맛츄엇다더라

15.12.19 (4) 〈광고〉	우미관 12월 18일자와 동일
15.12.21 (3) 〈광고〉	우미관 12월 18일자와 동일
15.12.22 (3) 〈광고〉	우미관 12월 18일자와 동일
15.12.23 (2) 〈광고〉	우미관 12월 18일자와 동일
15.12.25 (3) 〈광고〉	우미관 12월 18일자와 동일
15.12.26 (3) **쌍옥루극** **(雙玉淚劇) /** **금일부터 단성사에**	신파연극 혁신단 림셩구 일힝은 거의 한 달 동안이나 단셩샤에셔 흥힝한 이러로 각쳐의 다대훈 환영을 밧아오ᄂᆞᆫ 결과 미야 셩황을 일우ᄂᆞᆫ 즁이라ᄂᆞᆫ디 이십륙일브터ᄂᆞᆫ 이왕 갈치를 밧던 본보 련지 쇼셜 쌍옥루를 스흘 동안 흥힝ᄒᆞ기로 작졍ᄒᆞ고 몃칠 젼브터 모든 비우가 열심히 연습ᄒᆞ얏다더라
15.12.26 (3) 〈광고〉	천하 일품 기상천외 명마(名馬) 이상 특별사진 대모험대활극 사(死)의 기수 전오권 일만칠천척 (◉ 우(右) 二十四日브터 제공) 태서탐정극 보석(寶石)의 행위 전삼권 육천척 태서정활극 공곡의 공음(空谷의 跫音) 전이권 사천척 (◉ 우(右) 이편 二十五日브터 제공) 경성 장교통 電 二三二六 우미관

1915년

15.12.28 (4)
〈광고〉

우미관 12월 26일자와 동일

15.12.29 (3)
〈광고〉

우미관 12월 26일자와 동일

每日申報 【1916년】

每日申報 【1916년】

▲露軍의 前進繼續

▲米對軍休養

▲遠征米軍休養

▲土國

▲獨軍損害를 被하고 退去

▲獨逸十六歲少年召集

支那風雲

段內閣과 政局의 分野

龍陸兩軍戰機熟

伍廷芳의 退職勸告

支那新內閣員

▲中央突破에

▲鑛務安協會

▲練習職人入港湖

▲在留少兵向本墻

▲今日出發의 軍隊

▲解大漁場發見

第九師團司令部의 出發

新嘗祭獻穀者

懸賞募集의 趣旨

御大禮謹寫活動寫眞地方巡業日程

京城日報 每日申報 兩社各支局主催

御大禮謹寫劇活動寫眞班謹寫

御大禮謹寫活動寫眞

御位禮의 大盛儀

永原
全州
木浦
大邱
釜山
仁川
群山
馬山
光州
鎭海
大田

每日申報京城日報 一個月無代進呈

現愛讀者에 對하야 各等三割引

每日申報 愛讀者의 特典

泰川水利通水

農業獎勵新施設

阪谷男一行入京

支店預金
金利率
內外藥種問屋

家庭內職生大募集

大邱春期令市將

大邱漢藥業組合

大邱銀

1916년에도 우미관이 활동사진 상영 광고를 주기적으로 게재하였는데, 2월 8일부터는 황금관도 정기 광고를 내보냈다. 또한 연극장과 활동사진관에서 벌어지는 여러 현상을 풍자하고 비판한 독자들의 투고도 〈독쟈긔별〉란을 통해 계속해서 실렸다.

1월 8일자 3면의 〈소아와 활동사진〉이라는 제목의 사설은 활동사진이 소아에게 미치는 영향을 분석하였으며, 1월 14일자는 풍기취체 활동사진 단속이 있을 것이라는 내용을 소개하였다.

2월 8일에는 광강상회(廣江商會)가 궐연초 판매 촉진을 위해 궐연초 빈 갑 20매나 실재 담배 한 갑과 활동사진 입장권 1매를 교환해준다는 광고를 실었고, 같은 날 2면 황금관 광고에는 변사 서상호가 새로 고빙되었다는 소식이 실렸으며, 2월 9일자 특별광고에는 낮에는 조선인 상대의 상영을 개시한다(밤에는 여전히 일본인 상대)는 내용이 전해졌다. 이밖에도 2월에는 활동사진에 관한 여러 정보 및 소식을 전하는 기사가 많았다. 2월 18일에는 종로 청년회관에서 활동사진을 상영한다는 광고성 기사기 실렸고, 2월 20일에는 우미관 변사 이병조와 여배우 간에 일어났던 사건을 전하는 기사가 게재되었으며, 2월 27일에는 미국 영화제작사에서 정한 특별한 입맞춤 규칙을 자세히 소개하는 글이 실렸다.

3월 23일에는 예성좌라는 새로운 신파 극단이 이기세에 의해 조직되었다는 기사, 3월 31일에는 예성좌 공연 내용을 소개하는 광고가, 4월 1일에는 이 극단의 공연 및 특별 관객에 대해 자세히 전하는 기사가 연이어 실렸다.

한편 4월 25일자 2면에는 일본 천황 어대례(御大禮)를 촬영한 활동사진을, 매일신보와 경성일보 주최로 조선 각지를 순회하며 상영한다는 기사가 상영 일정 및 장소와 함께 자세히 실렸다. 5월 4일자 광고성 기사는 종로 청년회관에서 〈쿼바디스〉를 특별 상영한다고 전하였고, 6월 22일자 기사는 특이한 활동사진 영사 사례로 미국 인디애나 주 호수에서 있었던 선상 활동사진 영사를 소개하였다.

6월 2일 3면에는 단성사에서 예성좌, 문수성, 혁신단이 합동으로 대대적인 신파연극을 공연한다는 소식이 게재되었으며, 6월 16일에는 이들이 조선신파합동공연회라는 이름으로 평양 가부기좌에서 6월 10일부터 성황리에 공연하고 있다는 기사가 실렸다.

한편 7월 15일부터 16일, 19일, 20일까지 모두 4차례에 걸쳐 게재된 〈보기에 놀라운 최신의 활동사진, 이렇게 박인다〉라는 제목의 기사는 활동사진에 관한 특별한 내용을 소개하였는데, 이 기사는 위험한 장면을 모형을 사용하여 특수하게 제작하는 방식, 촬영하기 힘든 야생의 장면을 촬영하는 방법, 위험한 장면을 특수한 방법으로 대신하지 않고 직접 연기하는 배우들의 사례 등을 자세히 소개하며 최신 활동사진 제작기법이나 관행 등을 전하였다. 8월 24일자 3면은 인천 활동사진관 표관에서 22일 밤 불이 나서 소동이 있었다는 소식을 전했으며, 8월 25일자 3면은 이 화재의 원인과 화재로 인한 손해 내용을 알렸다. 8월 27일에는 광무대가 8주년 기념을 맞아 특별공연을 한다는 내용의 기사와 광고가 실렸다. 8월 31일자 3면은 미국의 영화회사 뉴잉글랜드 무빙픽처에서 일본 사정을 소개하는 영화를 제작하는 차에 서울에도 들러 기생들의 춤과 복식, 종로와 남대문 일대 등 서울의 여러 풍경을 촬영한 사실이 소개되었다. 그리고 11월 10일자 3면에는 활동사진 기계 대여금을 치르지 않은 이유로 정운창이 김순교를 상대로 소송을 제기한 사건이, 12월 23일자 3면에는 기사에서는 변사 우정식이 생활 곤란으로 자살을 시도했으나 미수에 그친 사건이 소개되었다.

16.01.01 (2) 〈광고〉	근하신년 경성부 관철동 활동사진 상설관 우미관 전화 二三二六番 정월 흥행으로 一月 一日브터 五日間 주야흥행ㅎ겟습
16.01.05 (2) 〈광고〉	근하신년 경성부 황금정 황금관내 구파연극원조 광무대 박승필 일행
16.01.05 (4) 〈광고〉	**一月 五日브터 사진 전부 차환** 一 태서탐정기담　주지구시(呪之九時)　진사권 팔천척 一 태서모험극　사자후　선이권 사천척 一 태서대활극　중위의 탐험　전이권 사천여척 一 태서인정극　전우　전이권 사천척 경성 장교통 電 二三二六 우미관
16.01.07 (1) 〈광고〉	우미관 1월 5일자와 동일
16.01.08 (3) **소아와 활동사진**	활동사진이 소아교육에 다대호 영향을 급(及)ㅎᄂ 사(事)ᄂ 기왕으로부터 고려ㅎ던 바인딕 금회에 차(此)에 관호 각방면을 조사호 결과 일층 ▲ 사회의 주의를 야기홈이 가(可)혼 사(事)를 지(知)ㅎ게 되얏더라 조사의 제일착으로서는 경찰서에 의뢰ㅎ야 국내의 중요호 도회의 활동사진관의 수입장(數入場)ㅎᄂ 아동의 수여하(數如何)호 영화

가 아동의게 적합홀가 기세가량(幾歲假量)의 아동이 제일 다수이 입장ᄒᆞᄂᆞᆫ가 영화취체(取締) 등에 관호 경찰의 처치 등 조사ᄒᆞ고 일편으로 활동사진관에 직접소개ᄒᆞ고 ᄯᅩᄂᆞᆫ 소학교 교사의게 부탁하야 아동은

▲ 기세가량(幾歲假量)이 되면 관람ᄒᆞ라 왕(往)홀지, 모 보호자는 여하호 인(人)인가 조사ᄒᆞ얏노라, 유아를 포(抱)ᄒᆞ고 관람ᄒᆞᄂᆞᆫ 부인을 목격ᄒᆞᄂᆞᆫ 사(事)이 다(多)ᄒᆞ딕 여사(如斯)히 유년시에 활동사진에 다수히 입장ᄒᆞᄂᆞᆫ 것은 타 문명국에셔 견(見)치 못ᄒᆞᄂᆞᆫ 바라, 신호(神戶)[1] 모 소학교에셔 조사호 바를 거(據)호 즉 일천오백구십구명의 소아 중에 삼세 시(時)에 비로소 관람ᄒᆞ라 왕(往)호 자가 십명, 사세시(四歲時)의 자가 육십칠명, 오세시의 자가 이백오십삼명,

▲ 육세가 사백사십오명, 칠세가 사백육십사명, 팔세가 백팔십구명, 구세브터는 극히 소수이라 그라ᄒᆞ고 육백칠십사명은 기(其) 친부가 오백십명은 기(其) 자모(慈母)가 이백사십육명은 형제자매가 다리고 갓스며 조부모와 우인(友人)과 갓치 왕(往)호 자는 극소수오 부모의 다리고 간 것이 최(最)히 다수에 달ᄒᆞ얏더라 활동사진은 문명의 산물인 고로 차(此)를 선위이용(善爲利用)ᄒᆞ면 필경 다대호 호결과(好結果)를 득(得)ᄒᆞ겟스나

▲ 금일의 사회ᄂᆞᆫ 대개 악용ᄒᆞ고 잇는 고로 아동의게 반(反)히 해를 급(及)케 ᄒᆞᄂᆞᆫ 사(事)가 다(多)호 것이라 신체에 급(及)호 바를 견(見)호 즉 제일 공기가 악ᄒᆞ며 차(次)ᄂᆞᆫ 영화가 비상호 급속력으로 동(動)ᄒᆞᄂᆞᆫ 고로 시신경을 피곤히 ᄒᆞ고 ᄯᅩ호 기(其) 시간이 야간인 고로 수면방해가 되며 그 ᄲᅮᆫ 안이라 피로ᄒᆞ고 흥분ᄒᆞᄂᆞᆫ 고로 귀가호 후에도 즉시 취침치 못ᄒᆞ고 전염병에 리(罹)ᄒᆞᄂᆞᆫ 기회가 다(多)ᄒᆞ며 정신적 방면을 견(見)호 즉 대개 장성호 자(者)이 관람ᄒᆞ게 제작호 것인 고로

▲ 아동의게 아모 이익이 무(無)호 것은 갱언(更言)홀 필요가 무(無)호 바라 연(然)이나 흥행주로 언지(言之)ᄒᆞ면 일인(一人)이라도 관객을 다수되게 하기 위ᄒᆞ야 인간의 약점에 승(乘)ᄒᆞ야 호기심을 약(惹)코져 ᄒᆞᄂᆞᆫ 바 차(此)를 관람ᄒᆞᄂᆞᆫ 아동은 현시성(眩示性)이 비

―― 1) 고베.

1916년

상히 강호 고로 자기도 기(其) 영화중의 인물과 갓치 모방코져 ᄒ
야 향자(向者) 동경에셔 대판(大阪)ᄭ지 급행열차의 차량 하에 소
아가 은신ᄒ고 간 것도 활동사진에셔 엇은 암시에 기인ᄒ 것이오

▲ 사춘기에 재(在)혼 아동들은 성의 문제에 두뇌롤 지배ᄒᄂ 바
되야 기력면(其力面)의 사(事)롤 지(知)코져 ᄒᄂ 경향이 유(有)ᄒ되
여차(如此)혼 경우에 성욕을 자극ᄒᄂ 활동사진을 관람ᄒ게 되면
각종 수단을 학(學)ᄒ고 인ᄒ야 차(此)롤 실행코자 ᄒ니 실로 가공
홀 사(事)이로다 연(然)혼즉 어하히 ᄒ면 선용홈을 득(得)홀가 ᄒ면
위선(爲先) 활동사진관에 아동의 입장을 금ᄒ고

▲ 아동을 위ᄒ야ᄂ 일요일이나 토요일 오후에 특별 제작혼 교육
적 영화를 관람케 홈이나 여사(如斯)히혼 즉 시간이 단소(短少)혼
고로 신체정신 양방면에 적합홀지라 쏘 야간이 안인 고로 수면을
방해홀 사(事)도 무(無)ᄒ고 영사ᄒᄂ 화(畵)ᄂ 교육의 보조가 되야
실로 유익ᄒ게 되겟스니 부모ᄂ 기무가론(己無可論)이오 관찰측
(觀察側)에도 차점(此点)에 다대혼 주의롤 비(拂)홈을 절망(切望)ᄒ
노라(모 내지 의사, 대판)

16.01.08 (4) 〈광고〉	우미관 1월 5일자와 동일
16.01.09 (4) 〈광고〉	우미관 1월 5일자와 동일
16.01.11 (4) [독쟈긔별]	▲ 연극의 기량도 급ᄒ다 ᄒ려니와 뎨일 먼져 문간 파슈직이 슈무 들의 무례혼 버릇을 곳쳐야 될 줄로 성각ᄒᄂ 걸요 뎨일 가증혼 것은 그것이야 「통매자(痛罵子)」
16.01.11 (4) 〈광고〉	우미관 1월 5일자와 동일

16.01.12 (4)
〈광고〉

우미관 1월 5일자와 동일

16.01.13 (4)
〈광고〉

一月 十二日 사진 전부 차환

一 군사대활극　군신(軍神)　전삼권 칠천척

우(右) 특별대사진 一月 十五日짜지 사일간 영사

一 태서군사활극　제삼 쑤로데야　전삼권 칠천여척

一 태서정극 영어의 금(圇圇의 禽)　최대장척

一 태서대활극　괴미인(怪美人)　전사권 팔천척

右 十六日브터 영사홈

경성 장교통

電 二三二六

우미관

16.01.14 (3)
경성 풍기 취체 /
활동샤진의 단속

근시 활동사진이 세상에 밋치는 영향에 디ᄒᆞ야 종종 의론이 잇슴 으로 당국에셔는 쳐음부터 이에 디ᄒᆞᆫ 취례에 쥬의ᄒᆞ고 지금 경성 에셔는 임의 베푼 활동사진관외에 다른 곳에 신셜을 허가치 안옴 과 ᄯᅩ고 유락관「有樂舘」의 신셜이 잇스나 그는 황금뎡의 세계관의 폐업인 것을 이 방면에 옴김에 불과ᄒᆞ고 ᄯᅩ는 이 ᅙᅡᆫ 안이라 관람 셕 기타에 디ᄒᆞ야도 사회풍교상에 밋치는 악영향이 잇는 것은 엄 즁ᄒᆞᆫ 취례의 려힝을 ᄒᆞᆫ다는디 ᄌᆞ금으로 각 활동ᄉᆞ진관 기타 연극 장의 풍긔는 엄슉ᄒᆞ야지리라더라

16.01.14 (4)
〈광고〉

우미관 1월 13일자와 동일

16.01.15 (4)
〈광고〉

우미관 1월 13일자와 동일

16.01.16 (3)
〈광고〉

우미관 1월 13일자와 동일

16.01.18 (4) 〈광고〉	우미관 1월 13일자와 동일
16.01.19 (2) 〈광고〉	一月 十九日 사진 전부 차환 一 태서대활극　유사(類似)의 지문　전삼권 칠천척 一 태서사외사전(泰西史外史傳)　시성과 절부(詩聖과 節婦)　전삼 권 육천척 一 태서탐정대활극　시도니가(家)의 비밀　전삼권 육천척 一 태서대활극　질투의 과(果)　최대장척 경성 장교통 電 二三二六 우미관
16.01.20 (4) [독쟈긔별]	▲ 각 연극장에셔 배우등이 여하(如何)흔 유희를 연(演)ㅎ던지 둔 부만 전후좌우로 계속전요(繼續轉搖)ㅎ는 것은 절대로 엄중히 금 지ㅎ야 주시기를 취체(取締) 당국에 희망홉니다 「일목사(一牧師)」
16.01.20 (4) 〈광고〉	우미관 1월 19일자와 동일
16.01.21 (4) [독쟈긔별]	▲ 각 연극장에 신구파롤 물론ㅎ고 비우들의 엉덩이 짓을 ㅎ야 풍 속을 문란케 ㅎ니 취례 당국에 그리지 못ㅎ도록 엄금ㅎ야 주기를 바람니다 「희망생」
16.01.21 (4) 〈광고〉	우미관 1월 19일자와 동일
16.01.22 (4) 〈광고〉	우미관 1월 19일자와 동일

16.01.23 (1) 〈광고〉	우미관 1월 19일자와 동일
16.01.25 (3) 〈광고〉	우미관 1월 19일자와 동일
16.01.26 (4) 〈광고〉	우미관 1월 19일자와 동일
16.01.27 (4) 〈광고〉	一月 二十七日 사진 전부 차환 一 태서대탐정극 탐정의 폐성(吠聲) 전사권 팔천척 一 태서대활극 흑장속(黑裝束) 전삼권 육천척 一 태서모험극 맹수수(猛獸狩) 최대장척 기타 골계, 사진물 수종 경성 장교통 電 二三二六 우미관
16.01.28 (3) 〈광고〉	우미관 1월 27일자와 동일
16.01.29 (2) 〈광고〉	우미관 1월 27일자와 동일
16.01.30 (4) 〈광고〉	우미관 1월 27일자와 동일
16.02.01 (3) 〈광고〉	우미관 1월 27일자와 동일
16.02.02 (3) 연극도구를 달나고	경성 종로 육뎡목 이빅오십이번디 김지종「京城 鐘路 六丁目 二百五十二番地 金在鍾」은 경성 돈의동 장안샤 쥬인 김길션「京城 長安

1916년

社主 金吉善」을 들어 종로 결찰셔에 셜유원을 데츌ᄒ얏다는 닉용
을 드른 즉, 김지죵은 대졍 삼년분에 장안샤에셔 연극을 흥힝할
졔 연극에 ᄉ용키 위ᄒ야 종로 이뎡목 삼십팔번디 사ᄂᆞᆫ 쥬슈영「鐘
路 二丁目 朱壽永」에게 도구「道具」열한 가지를 초용ᄒ야 장안샤
에셔 쓰다가 쇠골 려힝을 ᄒ고 다시 올나와 리길션을 보고 그 도
구ᄅᆞᆯ 달나홈이 일향 주지 안코 업다홈으로 그 일에 디하야 츌급케
ᄒ야 달나고 호소홈이라더라

16.02.02 (4)
〈광고〉

우미관 1월 27일자와 동일

16.02.03 (4)
〈광고〉

二月 二日 사진 전부 차환
一 태서대탐정극　외교의 암운　전삼권 육천척
一 태서정극　죄지영(罪之影)　전삼권 육천척
一 태서대활극　암지도(闇之都)　전이권 사천척
一 태서비극　부운(浮雲)　전이권 사천척
경성 장교통
電 二三二六
우미관

16.02.04 (2)
〈광고〉

구력(舊曆) 신년의 광무대
正月 一初日브터 대개연
일류명창 「朴박春춘載재」 일힝의 각종 가무와 ᄋᆞ람다온 계집ᄋᆞ히
등의 「舞무童동」 기타 진취미(珍趣味)의 출연이 잇ᄉ온 중
初三日낫브터ᄂᆞᆫ 연례(年例)에 의ᄒ야
대상박회(大相撲會) 「큰씨름희」가 개설되야 한 번 보실만ᄒ 것이
만ᄉᆞ온디 년년이 ᄒ던 것보다는 특히 달으게 ᄒ오니 일차 내관(來
觀)ᄒ심을 앙망(仰望)ᄒ나이다
경성 황금유원
광무대

16.02.04 (3)
〈광고〉

우미관 2월 3일자와 동일

16.02.05 (3)
정초와 구경거리

▲ 혁신단　림셩구 일힝은 구력 졍초롤 당ㅎ야 젼일보다 일층 됴흔 각본으로 흥힝ㅎ다ᄂ디 첫날 예뎨ᄂ 텬셩 효심이라는 것으로 기연ㅎ다ㅎ며

▲ 광무대　박승필 일힝은 구연극을 흥힝ㅎᄂ디 박츈지 일힝의 가곡과 남녀비우의 출연 기타 무동이 잇고 ᄯ 삼일 낫브터ᄂ 씨름회롤 흔다ㅎ고

▲ 우미관　활동샤진을 젼부 가려바리고 장척 삼사편되는 태셔대탐졍극의 됴흔 샤진으로 영샤ㅎᄂ디 쥬야간 영샤흔다 ㅎ며

▲ 황금관　너디인 젼문의 활동샤진관이나 특히 구력 졍초에 죠션인을 ᄭ을 방칙으로 변ᄉ 셔샹호를 두고 구쥬젼징에 관흔 됴흔 샤진을 쥰비ㅎ야 낫에만 한ㅎ야 구경을 식이기로 ㅎ고 영샤 즁

16.02.05 (3)
〈광고〉

우미관 2월 3일자와 동일

16.02.06 (4)
〈광고〉

사진 차환 광고
특별대사진
一 태서탐정대활극　프로데야 속편　전사권 팔천척
우(右)ᄂ　＊者大歡迎(＊자대환영)을 수(受)ㅎ야 연일 만원의 대사진 금회 고객의 권고에 의ㅎ야 二日六日브터 영사
一 태서군사대활극　종군(從軍)　전사권 팔천척
一 태서국사극(泰西國事劇)　외교의 암운　전삼권 육천척
경성 장교통
電 二三二六
우미관

16.02.08 (1)
〈광고〉

■ 연초 공대(空袋) 교환 개정(改正)
폐상회 발매에 계(係)흔 권련초(捲煙草) 공대(空袋) 교환은 대정 五

年 二月 一日브터 좌(左)와 여(如)히 개정ㅎ얏슴
- 금강 공대 십매에 실물 일개 우(又)는 활동사진 입장권 일매
- 신대(神代) 공대 십매에 실물 일개 우(又)는 활동사진 입장권 일매
- 시라기 공대 이십매에 실물 일개 우(又)는 활동사진 입장권 일매
- 백원표 공대 이십매에 실물 이개 우(又)는 활동사진 입장권 일매
- 가부도 공대 이십매에 실물 이개 우(又)는 활동사진 입장권 일매
- 일원표 공대 이십매에 실물 이개 우(又)는 활동사진 입장권 일매
- 십원표 공대 이십매에 실물 이개 우(又)는 활동사진 입장권 일매
경성 대평통(大平通) 이정목 四シ角
공대 교환소
광강상회(廣江商會)

16.02.08 (2)
〈광고〉

○ 특별광고 ○
음력 정월쵸 일일브터 오일ᄭ지(낫만) 정오 십이시부터 기연ㅎ와
사진은 졔군이 모시기 원ㅎ시던 구쥬 젼장사진으로 죠션 변ᄉ계
에 명칭이 자자흔 서상호가 셜명ㅎ야 귀람에 공ㅎ오니 찬셩 리람
ㅎ시옵
영사사진목록
태서탐정대활극 성구락부(星俱樂部) 전삼권 칠천척
구주전쟁사진응용(應用) 서상호 설명
태서군사대활극 천구백십사년 전삼권 팔천척
서상호 설명
황금유원지내(地內)
황금관

우미관 2월 6일자와 동일

16.02.09 (3)
〈광고〉

○ 특별광고 ○
본관의 사진이 우수 션명흠은 강호 졔위 신사 ᄭ옵셔 임이 다 아
시는 바라 깅무가론이어니와 금반 특이 음력 졍쵸로부터 자금 위

시ᄒᆞ야 (다만 밤은 일본 셜명으로 홈) 나계만 전부 특별ᄒᆞᆫ 셔양사진으로 슈입ᄒᆞ야 죠션 변사계에 원죠 다년간 샹셜관에셔 졔위 신사에게 찬셩을 밧던 명칭이 쟈쟈한 셔상호를 고빙ᄒᆞ와 계군에 특의ᄒᆞᆫ 어죠로 셜명에 죵사케 ᄒᆞ오니 찬셩 리랍ᄒᆞ옵시기롤 복망홈
영사사진목록
태서탐정대활극　스다구라부　전삼권 칠천척
구주동란사진응용　서상호 셜명
태서군사대활극　천구백십사년　전삼권 팔천척
서상호 셜명
황금유원지내(地內)
황금관 (전화 二六三七번)

우미관 2월 6일자와 동일

16.02.10 (1)
〈광고〉

황금관 2월 9일자와 동일

16.02.10 (2)
〈광고〉

우미관 2월 6일자와 동일

16.02.11 (3)
〈광고〉

황금관 2월 9일자와 동일

16.02.11 (4)
〈광고〉

一 현대무비(現代無比) 신수귀곡(神愁鬼哭) 프로데야 속편　전사권 팔천척
一 구주동란전사극(戰事劇)　천구백십사년　전삼권 육천척
一 태서정극　미궁　전이권 사천척
一 태서비극　사면　전이권 사천척
경성 장교통
電 二三二六
우미관

16.02.13 (4) 〈광고〉	우미관 2월 11일자와 동일
16.02.15 (4) 〈광고〉	우미관 2월 11일자와 동일
16.02.16 (4) 〈광고〉	우미관 2월 11일자와 동일
16.02.17 (4) 〈광고〉	우미관 2월 11일자와 동일
16.02.18 (3) **청년회 활동사진**	금십팔일 오후 일곱시부터 종로 청년회관에셔 활동사진 참관회롤 열고 각죵의 션명혼 활동사진을 영사ㅎ야 일반의 관람에 이바지 홀터인디 회비는 보통 이십젼이오 청년회원은 반익이라더라
16.02.18 (4) 〈광고〉	二月 十七日브터 차체(差替) 一 태서사회극　천강(天綱)　전사권 팔천여척 一 태서활극　전시여문(戰時余聞)　전이권 사천척 一 태서비극　복면부인(覆面婦人)　전이권 사천척 一 태서정극　결심(潔心)　전이권 삼천여척 경성 장교통 電 二三二六 우미관
16.02.19 (3) 〈광고〉	우미관 2월 18일자와 동일

경성 종로통 이뎡목 활동사진관 우미관 변수 리병죠「李炳祚」에게 이월 십륙일 오후 한시 삼분에 우표도 안이 붓친 편지 혼장이 왓눈듸 리병죠는 수실을 몰라 벌금 륙젼원을 물고 편지 비봉을 쎼고 보니 수연 즁 흐얏스되 「리병죠씨 보십읍소셔 제번흐읍고 달음 안이오라 본 죠합에셔 주미잇눈 연극을 흐오니 틈잇눈 날 흔번 왕림흐야 쥬시기롤 고딕고딕흐읍나이다 연흐읍고 듯수온 즉 요수히 우미관 샤진이 미우 조타흐와도 져는 흔번도 가본 일이 업수읍기로 흔번 구경흐기롤 원흐오니 물안흐오나 구경 흔번 식혀 쥬시기롤 바람나이다 샹달흐올 말삼은 만수오나 이후에 피추 셔로 샹봉흐는 날 셔로 주미 잇게 리약이흐겟습기로 고만 샹닐흐읍나이다 즉 치란이라면 아실듯」 수연을 주셰히 본 즉 요수이 황금뎡 이뎡목 죠션관에셔 구연극흐는 녀비우 김치란이가 편지흔 것이 분명흔 터이라 십칠일 밤에 허복싱긴 리병죠는 수무롤 맛친 후 죠션관에 가셔 치란이롤 주셰히 안 후 연극 폐회 후 리병죠는 수실을 알고져 즁로에셔 치란을 무러 수실을 말흐랴다가 못흐고 치란이 집압헤ㅆ지 쫏차가셔 치란을 보고

▲ 편지 수실을 무른 즉 남편잇는 녀주에게 히야가시[2]롤 흔다고 고셩니질흐며 집안으로 드러가니 리병죠는 치란 셔방 함동셥이를 청흐야 수실을 말흔 즉 역시 그 남편되는 조도 우미관 변수로 야밤에 나무집 녀주 쏭문이롤 좃차 단이며 무삼 편지롤 가지고 히야가시롤 흐는야고 야단이 비샹흠으로 당시 리병죠는 분함을 익이지 못흐고 곳 동관 파츌소 경관에게 수실을 호쇼흔 즉 순샤는 치란과 함동셥을 호츌흐야 취죠 셜유흐는듸 남녀 셰명이 삼퇴극 형샹으로 어우러져 우슈운 편지롤 보니엿나니 안보니엿나니 변명흐는 모양을 보랴고 밤이 깁흠을 불구흐고 힝인이 파츌소를 에워싸앗더라

광무대 2월 19일자와 동일

—— 2) ひやかし. '놀림, 희롱'이라는 뜻의 일본어.

| 16.02.20 (4)
〈광고〉 | 우미관 2월 18일자와 동일 |

| 16.02.23 (1)
〈광고〉 | 우미관 2월 18일자와 동일 |

16.02.24 (3)
단셩샤 「눈물」극

단셩샤에셔 밤마다 흥힝ᄒᄂᆞᆫ 혁신단 일힝에셔는 금 이십ᄉᆞ일 밤부터 잇흘 동안 본지에 련지되얏던 소셜 「눈물」의 연극을 흥힝ᄒᄂᆞᆫ 젼희에 흥힝ᄒᆞᆫ 경험에 의ᄒᆞ야 출장 인물을 맛는 비우도 셩격에 맛도록 질뎡ᄒᆞ얏ᄉᆞᆷ으로 미우 취미가 잇겟더라

| 16.02.24 (3)
〈광고〉 | 우미관 2월 18일자와 동일 |

16.02.25 (2)
〈광고〉

二月 入四日브터 차체(差替)
一 태셔군사극　보국(母國)　전심권 육천척
一 태셔대탐정극　수져마굴(水底魔窟)　전삼권 육천척
一 태셔비극　초가자(初茄子)　전이권 삼천척
기타 사진 희극 수종
경셩 장교통
電 二三二六
우미관

| 16.02.26 (3)
〈광고〉 | 우미관 2월 25일자와 동일 |

16.02.27 (3)
비밀혼
접문(接吻)은
초회(初回)에
삼초간 / 미국
「피,오」회샤의
입 맛츄는 규측

활동샤진을 만히 박히는 법국과 이틱리는 요스이 전쟁에 골몰 중이오 목하에 각종 활동사진을 만히 박혀 그림을 제죠ᄒᆞᄂᆞᆫ 곳은 미국이 뎨일이라 그런디 이

▲ 활동사진 그림 속 에 쥬인공이 될 비우 즁에 젼문의 광디ᄂᆞᆫ 희로이락의 졍을 보이ᄂᆞᆫ 것이던지 기타 몸을 쓰ᄂᆞᆫ데 미우 경험이 잇ᄂᆞᆫ 고로 별로 샤진을 박히ᄂᆞᆫ 쥬인으로부터 쥬의ᄒᆞᆯ 것이 업지만은 이러ᄒᆞᆫ 활동사진의 비우 즁에ᄂᆞᆫ 샤진의 닉용을 짜라서 아조 활동사진 박히ᄂᆞᆫ데 경험이 업ᄂᆞᆫ 사롬을 고용치 안이ᄒᆞ면 안될 경우도 만ᄒᆞ니 젼례ᄒᆞ건디 연극의 쥬인공이 ᄌᆞ동챠에 지조를 잘 부려타ᄂᆞᆫ 활극이라던지 흑시 말을 험ᄒᆞᆫ 곳으로 달려 활극을 ᄒᆞ던지

▲ 비힝긔를 타고 고공 즁에서 위험ᄒᆞᆫ 지조롤 부려야만될 대활극을 박일 ᄯᆡ에ᄂᆞᆫ 비우ᄂᆞᆫ 안이오 말이나 ᄌᆞ동차이나 비힝긔를 잘 타ᄂᆞᆫ 사롬을 고용ᄒᆞᄂᆞᆫ 일이 만히 잇ᄂᆞᆫ디 이러ᄒᆞᆫ ᄯᆡ에ᄂᆞᆫ 이 속셩의 활동사진 비우가 무딕에서 ᄒᆞᄂᆞᆫ 수단을 알지 못ᄒᆞ고 더구나 셔양 사롬의 졍다온 레식에 업지 못ᄒᆞᆯ 입 맛츄ᄂᆞᆫ 묘리를 알지 못ᄒᆞ야 의외에 미우 긔괴ᄒᆞᆫ 사진이 되야 버리ᄂᆞᆫ 일이 간간 잇ᄂᆞᆫ 우예 풍긔 관계로 경찰의 문뎨도 이러나ᄂᆞᆫ 고로 요사이에 활동사진 그림을 제죠ᄒᆞ기로 유명ᄒᆞᆫ 「피,오-」회사에셔ᄂᆞᆫ 입맛츄ᄂᆞᆫ 규측이라ᄂᆞᆫ

▲ 긔긔묘묘ᄒᆞᆫ 규뎡 을 시로 만드러 활동사진 비우 등의게 발표ᄒᆞ얏더라 이 입맛츄ᄂᆞᆫ 규측이라ᄂᆞᆫ 것은 각죵의 입맛츄ᄂᆞᆫ 시간을 뎡ᄒᆞᄂᆞᆫ 것인디 시간 디신에 그림의 기리로 뎡ᄒᆞᆫ 것이 더욱 진긔ᄒᆞᆫ디 그림 한ᄌᆞ 박힐 동안을 시계의 일쵸로 알라ᄒᆞ얏더라 지금 이 입맛츄ᄂᆞᆫ 시간을 시계의 쵸슈로 계산ᄒᆞ야보면 먼져 남ᄌᆞ 비우에게ᄂᆞᆫ 쳐음에 졍든 사롬과 남몰리 비밀히 만나 입을 맛츄ᄂᆞᆫ데ᄂᆞᆫ 삼쵸 동안 둘지번 세지번으로 여러번 만나ᄂᆞᆫ

▲ 졍든 사롬과 맛츄 ᄂᆞᆫ데ᄂᆞᆫ 십오초 동안 혼인ᄒᆞᆫ 지 일년이 지난 후에 부부의 입맛츄ᄂᆞᆫ 것은 이십오초라ᄂᆞᆫ 시간을 오리 맛츄고 다셧히가 지ᄂᆞᆫ 후에ᄂᆞᆫ 륙초 동안 이십년 후에ᄂᆞᆫ 얼마동안 이던지 관계치 안코 계모이나 양모와 입맛츄ᄂᆞᆫ 데ᄂᆞᆫ 일쵸의 십륙분지오라 훔은 무슨 ᄭᆞᆰ인지 그리운 사롬의 편지라던지 그 사롬의게 관계가 되ᄂᆞᆫ 물건에 입을 맛츄거나 그리운 사롬에 향ᄒᆞ야 마음으로만 입을 맛츄ᄂᆞᆫ 영상을 ᄒᆞᆯ ᄯᆡ에ᄂᆞᆫ 륙십쵸 이상이라 ᄒᆞ며 다음에 녀ᄌᆞ 비우에게ᄂᆞᆫ 돈 만히 가진 아젓시와 입을 맛츄ᄂᆞᆫ데ᄂᆞᆫ 이십쵸, 구차

　　　　　　　　　　　　　　　　　　신문기사로 본 조선영화 1911~1917

호 아졋시에게는 겨우 일초 동안

▲ 남몰닉 입맛츄는　데는 그 쌔 소경을 따라셔 뎍당ᄒ게 변ᄒ고 손님에게 입맛츄는 데는 일쵸 동안, 사랑ᄒᄂ 즈녀의게 입맛츄는 시간은 한정이 업고 남편에게 입맛츄는 시간은 오초가량이라 훔은 참 진긔훈 규측이라 ᄒ겟더라

16.02.27 (3)
〈광고〉

우미관 2월 25일자와 동일

16.02.29 (4)
〈광고〉

우미관 2월 25일자와 동일

16.03.01 (3)
〈광고〉

一 태서탐정극　화중(火中)　전삼권 팔천척

一 태서대탐정극　수저마굴(水底魔窟)　전삼권 육천척

一 태서비극　초가자(初茄子)　전이권 삼천척

二月 二十六日브터 특별사신

一 대정(大正)대활극　대첨돌(大尖突)　전삼권 팔천척

경성 장교통

電 二三二六

우미관

16.03.02 (4)
〈광고〉

우미관 3월 1일자와 동일

16.03.03 (7)
「정부원
(貞婦怨)」의
초일(初日)/
오일밤으로 작뎡

삼일부터 흥힝ᄒ랴던 단셩샤의 「뎡부원」 연극은 준비를 유감업시 ᄒ고 쏘는 공부를 잘ᄒ기 위ᄒ야 다시 잇흘을 연긔ᄒ야 오일(일요) 밤부터 흥힝ᄒ기로 작뎡ᄒ고 방금 비우 일동은 주야로 열심 공부 ᄒᄂ 즁이오 무ᄃᆡ의 장식과 기타 졔구도 방금 일신 준비ᄒᄂ 즁이 더라

16.03.03 (8) 〈광고〉	三月 二日브터 특별사진 차환 一 태서대탐정극　화중지(火中之) 부라운　전삼권 팔천척 一 태서활극　수적(讐敵)　전삼권 팔천척 一 태서군사극　노예개방(奴隸開放)　전이권 삼천척 一 태서근대극　설의 근인(舌의 根刃)　전이권 삼천척 경성 장교통 電 二三二六 우미관 축 삼천호 기념 경성부 황금정 황금관내 구파연극원조 광무대 박승필 일행
16.03.04 (7) 〈광고〉	우미관 3월 3일자와 동일
16.03.05 (8) 〈광고〉	우미관 3월 3일자와 동일
16.03.07 (3) 〈광고〉	우미관 3월 3일자와 동일
16.03.08 (3) 〈광고〉	三月 八日브터 사진차환 一 태서탐정극　삼인형제(三人兄弟)　전삼권 칠천척 一 태서사회극　절망추락(絶望墜落)　전사권 팔천여척 一 태서활극　백면귀(白面鬼)　전삼권 칠천척 一 태서인정극　쌔리-노 기우(奇遇)　최대장척 경성 장교통 電 二三二六 우미관

1916년

16.03.09 (3) 〈광고〉	본뎍에서 그동안 날이 치운 ᄭᆞ닭에 휴연을 ᄒᆞ얏다가 팔일부터 다시 기연ᄒᆞ옵ᄂᆞᆫ 바 여러분이 아시ᄂᆞᆫ 바와 갓치 명챵 박츈ᄌᆡ「朴春栽」가 오날밤부터 츌연ᄒᆞ옵ᄂᆞᆫᄃᆡ 젼보다 특별ᄒᆞᆫ 기예가 만흔 즁에 홍도 ᄃᆡ신 안진쇼리롤 ᄒᆞ야 쳐음 듯ᄂᆞᆫ 노러가 만쇼오며 요ᄉᆞ히 시로 연구ᄒᆞ야 비흔 가무가 잇ᄉᆞ오니 특히 관샹ᄒᆞ심을 바라오며 ᄯᅩᄒᆞᆫ 남녀 비우도 슈효를 늘이고 대대뎍 기량 련습ᄒᆞᆫ 구극 각본으로써 여러분 관람에 뎨공ᄒᆞ옵니다

16.03.09 (4) 〈광고〉	우미관 3월 8일자와 동일

16.03.10 (4) 〈광고〉	우미관 3월 8일자와 동일

16.03.11 (4) 〈광고〉	우미관 3월 8일자와 동일

16.03.12 (4) 〈광고〉	우미관 3월 8일자와 동일

16.03.14 (4) 〈광고〉	우미관 3월 8일자와 동일

16.03.15 (4) 〈광고〉	三月 十四日브터 사진차환 一 태서군사대활극　전선통과　전삼권 칠천척 一 태서비극　심설(深雪)　전삼권 칠천척 一 태서사회극　남후의 광(嵐後의 光)　전이권 삼천오백척 기타 사진 희극 수종 경성 장교통 電 二三二六 우미관

16.03.16 (3)
쟝한몽극을 즁지

단셩사에셔 십삼일부터 흥힝ㅎ랴던 「쟝한몽」 연극은 ㅇ히될 어린 비우의 급흔 병으로 인ㅎ야 부득이 연긔롤 ㅎ고 혁신단은 얼마동안 휴연ㅎ기로 되얏더라

16.03.16 (4)
〈광고〉

우미관 3월 15일자와 동일

16.03.17 (3)
〈광고〉

우미관 3월 15일자와 동일

16.03.18 (4)
〈광고〉

우미관 3월 15일자와 동일

16.03.19 (4)
〈광고〉

우미관 3월 15일자와 동일

16.03.21 (3)
의쥬 심졍순 일힝

심졍순 「沈正淳」 일힝은 금월 십오일에 의쥬에 와셔 십칠일브터 신구연극을 흥힝ㅎ는디 츈향가 심쳥가는 물론 효렬가 「孝烈歌」 형 뎨의례가 「兄弟義禮歌」 부랑쟈 히싱금희가 등 기타 여러 가지 즈미 잇는 가곡을 난슉히 흥힝ㅎ는 고로 일반 관람쟈의 환영을 어더 미일 관람쟈가 삼ᄉ빅명에 달홀쑨더러 겸히 * 십칠일브터 이십일일 ᄭ지 기최ㅎ는 본보 독쟈 위로회가 잇셔 미일 독쟈 우디권을 가지고 입쟝ㅎ는 쟈가 무려 ᄉ오빅 명이라더라

16.03.21 (3)
〈광고〉

우미관 3월 15일자와 동일

16.03.23 (3)
신극단
예성좌(藝星座)의
조직성(組織成) /
처음 싱기는
조흔 신파연극단

죠선에 신파연극쟝이라ᄒᆞ는 것이 년젼부터 비로소 싱기엿스나 항상 완젼ᄒᆞᆫ 단톄가 잇슴을 보지 못ᄒᆞ고 기예도 슉달치 못ᄒᆞ야 미미 부진을 면치 못ᄒᆞ더니 요ᄉᆞ이 들은즉 젼 유일단(唯一團)쟝 리긔셰(李基世)씨가 져간에 여러 방면으로 고심 연구ᄒᆞ야 기슐 능란ᄒᆞᆫ 단원 수십인을 모집ᄒᆞ야 완젼ᄒᆞᆫ 연극단 ᄒᆞ나를 죠직ᄒᆞ얏는디 그 단톄의 일흠은 예셩좌(藝星座)라 ᄒᆞ고 오는 이십칠일부터 단셩샤에서 기막ᄒᆞᆫ다는디 각본의 져쟉과 무ᄃᆡ의 감독은 본러 예술과 문학샹 포유가 만히 잇는 윤교즁(尹敎重)씨가 담당ᄒᆞ얏고 일졔 ᄉᆞ무와 교셥에 디ᄒᆞ야는 원러 경험 잇는 리범구(李範龜)씨가 젼임ᄒᆞ야 연극계의 디발젼을 도모ᄒᆞᆫ다ᄒᆞ니 넷칠을 지나지 안이ᄒᆞ야 모범될 신파연극을 가히 보겟더라

16.03.23 (4)
〈광고〉

三月 二十二日브터 사진차환
一 태서인졍극　구의 사(鳩의 使)　전이권 사천오백척
一 태서군사활극　철왕(鐵王)　전이권 사천척
一 태서인졍극　영예　전이권 사천척
기타 사진 희극 수종
경셩 쟝교통
電 二三二六
우미관

16.03.24 (2)
〈광고〉

우미관 3월 23일자와 동일

16.03.25 (3)
〈광고〉

우미관 3월 23일자와 동일

16.03.26 (4)
〈광고〉

우미관 3월 23일자와 동일

16.03.28 (3) 〈광고〉	우미관 3월 23일자와 동일
16.03.29 (4) 〈광고〉	三月 二十八日브터 사진차환 一 태서국사대탐정극　천교(天橋)　전삼권 칠천척 一 태서인정극　인지적(人之的)　전이권 사천척 一 태서활극　인지교(人之橋)　전이권 사천척 기타 사진 희극 수종 경성 장교통 電 二三二六 우미관
16.03.30 (4) 〈광고〉	우미관 3월 29일자와 동일
16.03.31 (1) 〈광고〉	우미관 3월 29일자와 동일
16.04.01 (3) **극장의 풍긔 취톄 /** **발견ᄒ면 엄벌ᄒ다**	요ᄉ히 경셩닉 연극장 활동ᄉ진관의 샹황을 보면 폐히되ᄂ 일이 만히 잇다고도 홀만ᄒ 바 연극을 흥힝홀 새에 참혹ᄒ 것이나 ᄯ노ᄂ 외셜ᄒ 힝동을 ᄒ야 관긱의 악감정을 일으키ᄂ 일과 ᄯ오 관긱이 변ᄉ 기타 비우실에 츌입ᄒᄂ 일과 ᄯ노ᄂ 비우나 변ᄉ가 함부로 관람셕으로 츌입하ᄂ 등 풍쇽을 히케 ᄒᄂ 일과 ᄯ노ᄂ 남녀셕 간에 혼란ᄒ 일이라던지 동셕ᄒᄂ 일과 활동ᄉ진 변ᄉ로 풍쇽을 히케 ᄒᄂ 셜명ᄒᄂ 등이 잇스면 ᄌ금으로 소관 경찰셔에셔ᄂ 엄즁히 취톄ᄒ야 풍긔를 숙정홀 계획이라더라
16.04.01 (3) **금야(今夜)부터** **단장록(斷腸錄)** **광교 기생 총견**	동구안 단셩사닉에서 흥힝ᄒᄂ 신파 연극단 예셩좌「藝星座」 일힝이 금일 밤부터 본지에 게지되얏던 소셜 단장록「斷腸錄」을 연극으로 힝혼다 홈은 임의 보혼 바이라 일힝에셔ᄂ 여러 날 열심으로 연습혼 결과에 이 연극에ᄂ 다른 것보다 특별히 셩공홀 ᄌ신이 잇

(總見) / 기싱의 **쏫고리 션사**	다 ㅎ며 특히 이 날의 단셩샤에 한 광치를 더홀 것은 광교 조합 기싱 일동의 련합 관람이라 이 날 광교 죠합의 쏫ス고 나뷔ス흔 기싱 일동은 련합ㅎ야 손목을 익글고 입장ㅎ야 뎡흔 좌셕에 쏫밧을 수며 관람홀 터이오 그 뿐만 안이라 기싱 일동의 쏫다온 일흠으로 예셩좌 일힝의게 곱고 아롬다온 쇠고리를 줄 터인 즉 이 쏫고리는 이날 무디 압혜 장식ㅎ야 예셩좌 일힝과 광교 기싱의 영화로온 빗을 관긱의게 ᄌ랑ㅎ겟다더라
16.04.01 (3) 〈광고〉	우미관 3월 29일자와 동일
16.04.02 (2) 〈광고〉	우미관 3월 29일자와 동일
16.04.03 (4) 〈광고〉	우미관 3월 29일자와 동일
16.04.05 (4) 〈광고〉	우미관 3월 29일자와 동일
16.04.06 (4) 〈광고〉	四月 三日브터 사진차환 一 태서탐정대활극　흑운(黑雲)　전육권 일만삼천척 一 태서대활극　만부(蠻婦)의 특성　전삼권 육천척 一 역사적 실사(實寫)　상항(桑港)[3]의 변천　전오권 일만척 기타 사진 희극 수종 경성 장교통 電 二三二六 우미관

—— **3)** 샌프란시스코.

16.04.07 (3) 〈광고〉	우미관 4월 6일자와 동일
16.04.08 (4) 〈광고〉	우미관 4월 6일자와 동일
16.04.09 (4) 〈광고〉	四月 八日브터 사진 전부 차환 一 태서대탐정극 대지진 전삼권 칠천척 一 태서명견탐정(名犬探偵) 질풍(疾風) 전이권 사천여척 一 태서근대극 우(優)호 복수 전삼권 육천척 기타 사진 희극 수종 경성 장교통 電 二三二六 우미관
16.04.11 (2) 〈광고〉	환등회 문제 치아위생 급(及) 교육 연사 스와이룰네 일시 四月 十一日 화요 하오 팔시 중앙청년회
16.04.11 (4) 〈광고〉	우미관 4월 9일자와 동일
16.04.12 (4) 〈광고〉	우미관 4월 9일자와 동일
16.04.13 (4) 〈광고〉	우미관 4월 9일자와 동일

1916년

16.04.14 (1) 〈광고〉	四月 十三日브터 사진 전부 차환 一 태서군사대활극　해랑(海狼)　전사권 팔천척 一 태서교훈극　우의 정(友의 情)　전삼권 육천척 一 가극(伽劇)　혼의 주가(鬼의 住家)　전이권 삼천척 기타 사진 희극 수종 경성 장교통 電 二三二六 우미관
16.04.15 (4) 〈광고〉	우미관 4월 14일자와 동일
16.04.16 (4) 〈광고〉	四月 十五日브터 춘기특별대흥행 一 군사대탐정극　제삼 쑤로쬐아　전육권 일만삼천척 기실로 이것슨 천하 무비(無比)이라고 홀만홈 명마와 천미을 속(續)호 「쑤로쬐아」는 비홀 쩌 업는 세계적 군사대 탐정극 一 태서대활극　해랑(海狼)　전사권 팔천척 기타 사진 희극 수종 경성 장교통 電 二三二六 우미관
16.04.18 (4) 〈광고〉	연야(連夜) 만원의 一 군사탐정활극　제삼 쑤로쬐아　전육권 일만삼천척 아못조록 급속히 내관(來觀)호시오 지완(遲緩)호 시(時)는 만원이 되야 좌석이 업습니다 사진은 대특별 입장료는 보통 경성 장교통 電 二三二六 우미관

16.04.19 (4)
〈광고〉

우미관 4월 18일자와 동일

16.04.20 (4)
〈광고〉

우미관 4월 18일자와 동일

16.04.21 (3)
〈광고〉

연야(連夜) 만원의
一 군사탐정활극　제삼　쎠로씌아　전육권 일만삼천척
二十一日凡지만 영사ᄒ오니 실기(失期)치 말고 관람ᄒ시기 바르읍
경성 장교통
電 二三二六
우미관

16.04.22 (1)
〈광고〉

우미관 4월 21일자와 동일

16.04.23 (4)
〈광고〉

一 태서군사대활극　애국의 혈(血)　전사권 팔천척
一 태서탐정극　견(犬)의 탐정　전이권 사천척
一 태서활극　금광　전이권 사천여척
一 태서정극　호협(豪俠)　최대장척
경성 장교통
電 二三二六
우미관

1916년

16.04.25 (2)
어즉위례
(御卽位禮)의
대성의(大盛儀) /
어대례근사단
(御大禮謹寫團)
활동사진반
근사(謹寫)

객년(客年) 추동(秋冬)에 어거행(御擧行)ᄒ신 금상폐하 즉위식의 성의(盛儀)ᄂ 아등민국(我等民國)의 일반이 봉축ᄒ 만세불절(万歲不折)의 대성전이라 차(此) 천고한부(千古罕府)의 어성의(御盛儀)ᄅ 어대례근사단(御大禮謹寫團) 활동사진반에서 대례사(大禮使)로브터 특히 허가후 근사(謹寫)ᄒ 현소이어(賢所移御)의 로부(鹵簿)와 어대례(御大禮)에 관ᄒ야 동경, 경도로브터 행행(行幸) 환행(還幸)의 전부 급(及) 동서 양경(兩京) 시민봉축의 열성ᄒ 재선적자(在鮮赤子) 일반의 배관(拜觀)에 공(供)코져 ᄒ야 폐사(弊社)ᄂ 특히 국민배관회(國民拜觀會) 본부에 의촉ᄒ야 래(來) 二十六日로써 개최ᄒ야 수원을 제일착으로 ᄒ고 순차 남선(南鮮) 요지ᄅ 순행케 ᄒ기로 결(決)ᄒ얏ᄂ듸 기(其) 개최지 급(及) 일정은 좌(左)와 여(如)ᄒ

경성일보 매일신보 양사(兩社) 각 지국 주최
어대례근사단(御大禮謹寫團) 활동사진 지방순업 일정

◆ 수원 (二十六日 야간, 二十七日 야간)
◆ 인천 (二十七日 주간, 二十七日 주야)
◆ 대전 (三十日 야간, 一日 주간)
◆ 전주 (二日 야간, 三日 주간)
◆ 군산 (四日 야간, 五日 주간)
◆ 광주 (六日 야간, 七日 주간)
◆ 목포 (八日 야간, 九日 주간)
◆ 마산 (十二日 주야)
◆ 진해 (十三日 주야)
◆ 대구 (十四日 야간, 十五日 주간)
◆ 부산 (十六日 야간, 十七日 주야, 十八日 주야)

단 우(右) 일정은 예정인고로 실행상 (다소 변경을 유(有)ᄒᄂ지도 미기(未期)ᄒ)

경성일보 매일신보 애독자의 특전
여사(如斯)ᄒ 대성의(大盛儀) 남선(南鮮) 각 요지 항부(港府) 순업(巡業)의 활동사진 관(觀)에 대ᄒ야 아(我) 경성일보 매일신보 본래의 애독자 각위(各位) 급(及) 금회에 특히 구독코ᄌ ᄒ시ᄂ 각위에 대ᄒ야 다대ᄒ 편의가 유(有)ᄒ노니 즉
현 애독자에 대ᄒ야ᄂ 각등 삼할인으로 ᄒ야 우대ᄒᄂ 동시에 일

방(一方) 이등 입장권 사매 구입ᄒ시ᄂ 각위에 대ᄒ야ᄂ 하처(何處)에셔던지 희망ᄒ시ᄂ딕로
매일신보 경성일보 일개월 무대진정(無代進呈)ᄒ야 독지가 각위의 권고에 수(酬)응코ᄌ 홈이니 일반제언(一般諸彦)의 성의에 의ᄒ야 전기(前期) 각 순업지 개최에 당(當)ᄒ야ᄂ 육속(陸續) 만원의 대성황을 망(望)ᄒ노라

16.04.25 (4)
〈광고〉

우미관 4월 23일자와 동일

16.04.26 (2)

어즉위례의 대성의 / 어대례근사단 활동사진반 근사 4월 25일자와 동일

16.04.26 (3)
〈광고〉

우미관 4월 23일자와 동일

16.04.27 (4)
〈광고〉

우미관 4월 23일자와 동일

16.04.28 (4)
어대례(御大禮)
활동사진의 대환영
/ 일ᄌ를 변경ᄒ야

어대례활동사진 순업은 회상의 관계상 예뎡흔 일뎡을 변경ᄒ야 틱전「太田」에셔ᄂ 이십일 밤에 일회 영샤ᄒ고 이십구일은 쥬야 한 차례식 뎐만좌에셔 기회ᄒ기로 결뎡ᄒ얏더라 틱뎐은 삼십일에 전시가 다 성대흔 군긔졔롤 거힝홈으로 태뎐지국 쥬최 어대례비관 사진은 비상흔 환영을 밧어 학싱 오빅명의 단톄롤 위시ᄒ야 대성황이 될 모양이며 다음에ᄂ 전쥬인딕 삼십일 밤에 일회 기회ᄒ고 일일은 쥬야 두 차례를 기회ᄒ기로 확뎡ᄒ얏더라「틱뎐특뎐」

16.04.28 (4)
〈광고〉

우미관 4월 23일자와 동일

16.04.29 (4) 〈광고〉	■ 四月 二十八日브터 봉절특별대사진 一 태서의열담(泰西義烈談) 이인군조(二人軍曹) 전육권 만삼천 여척 ▲ 보은의 적성군우(赤誠軍友)의 교정(交情) 철석보다 견고ᄒ며 사(死)를 견(見)ᄒ기 태연 계모(鷄毛)의 경(輕)에 비(比)ᄒ는 의심용 담(義心勇膽)은 국가의 주석(柱石)됨에 불정(不疋)로다 관자(觀者) 감탄한 부지중 차신(此身)이 현처(現處)에 왕(枉)ᄒ 즐로 은(恩)홈 ◉ 기타 실사 정극 희극 수종 경성 장교통 電 二三二六 우미관
16.04.30 (3) 〈광고〉	우미관 4월 29일자와 동일
16.05.02 (2) 목포의 어대례(御大禮) 활동사진 배관회(拜觀會)	목포ᄂ 四五 양일간 주야 이회롤 상반좌(常磐座)에서, 경성일보 목포지국, 매일신보 전남지국 주최로 어대례(御大禮) 활동사진 배 관회(拜觀會)롤 거행ᄒ기로 결(決)ᄒ얏ᄂ더 어대전(御大典) 사진의 근사(謹寫)ᄂ 금회로써 효시라 ᄒ겟슴으로 부민(府民)의 배관 희망 자가 파(頗)히 다(多)ᄒ야 입장권 구입 신청자가 빈빈(頻頻)ᄒ며 우(又)ᄂ 고등심상(高等尋常) 급(及) 보통학교 생도단 약 천명을 위ᄒ야 주간 이회로 근사(謹寫)ᄒ기로 결정ᄒ야 각 반(班)의 준비 ᄂ 진보(進步)중이라더라(목포전(木浦電))
16.05.02 (4) 〈광고〉	우미관 4월 29일자와 동일
16.05.03 (3) 〈광고〉	우미관 4월 29일자와 동일

16.05.04 (2)
전주에 영사 성황

본사 전주지국의 주최에 계(係)혼 어대례 근사단(御大禮 謹寫團) 활동사진의 영사논 예보와 여(如)히 거(去) 三十日 一日의 전일(前日) 향(向)극장 전주좌(全州座)에셔 독자 급(及) 일반 내선(內鮮) 시민의 관람에 공(供)ᄒ얏논딕 호평을 박득(博得)ᄒ야 이천 유여(有餘)의 관객은 개제식(皆諸式)의 장엄홈에 감(感)ᄒ야 일종(一種) 경건의 념(念)이 기(起)홈과 여(如)ᄒ고 극히 정숙외(靜肅畏)에 종료롤 고ᄒ얏논딕 차일(此日)은 개만장(皆滿場) 입추의 여지가 무(無)ᄒ야 대성황을 정(呈)ᄒ고 초일에논 오후 一時부터 수비대 병사와 일반의 관객을 합ᄒ야 약 이백명 야간에논 삼백칠십여명 익(翌) 一日에논 전후 사회의 영사에 분(分)ᄒ야 일회논 보통교생 오백명 제이회 소학생 약 삼백오십 제삼회에논 동아분공장(東亞分工場)의 직공 위자회(慰藉會)로 약 삼백육십여명과 가족 등으로 충(充)ᄒ고 제사회논 야간에논 일반 관객 약 사백명의 입장자를 견(見)ᄒ얏더라

16.05.04 (3)
고상호 활동사진

본월 팔일 오후 여덜시부터 종로 청년회관에서 특별활동사진회를 열 터인딕 영사홀 사진은 세계에 유명호 소설 「쿠어바듸스」 죠션말로 ᄒ면 「어듸로 가나」 ᄒ논 것인딕 녯날 로-마 황데가 교회롤 릉모학딕ᄒ던 실샹으로 골즈를 삼아 파란의 대문호 「쇠. 키위치」씨가 다년 고심ᄒ야 뎌작혼 웅편이라 그 원작은 임의 십여 나라의 말로 번역되야 세상에 넓히 읽히우더라 이 소설의 ᄉ연을 활동사진으로 옴길 ᄯᅢ에 실로 이십만원의 비용을 던져 삼천여명 비우의 활동과 슈빅두의 ᄉᄌ와 쇼를 모라 실로 힘과 돈을 될 수 잇논딕로 만히 드리여 팔천척의 긴 사진으로 영ᄉ하기에 네시간 가량이나 허비혼다논딕 작년 봄에 청년회에서 영사ᄒ던 것보다 이천여척을 느리여 션악의 결과 여하를 목젼에 더욱 쇼연케 볼 수가 잇다ᄒ며 관람증은 한 쟝 삼십젼이라더라

16.05.04 (4)
[지방통신]

● 활동사진대성황(전주) 경성일보와 아사(我社) 주최의 활동사진은 거(去) 四月 三十日 병(並) 五月 一日 양일에 주야 이회로 거행ᄒ얏논딕 비상혼 성황으로 무사히 종료ᄒ얏다더라

16.05.04 (4) 〈광고〉	우미관 4월 29일자와 동일
16.05.05 (4) 〈광고〉	우미관 4월 29일자와 동일
16.05.06 (2) **목포의 어대례** **(御大禮)** **활동사진** **배관회(拜觀會)**	어대례 활동사진은 四日에 이회롤 개최ㅎ얏ᄂᆫ디 입장자가 천수백 명에 달ㅎ야 성황을 정(呈)ㅎ얏더라(목포전(木浦電))
16.05.06 (3) 〈광고〉	■ 五月 五日브터 특별대사진 구주동란 一 영로불독전쟁 실화 쾌남아 전사권 팔천척 비전론자(非戰論者)의 일(一) 노국(露國) 청년이 선전포고의 후 번 연(飜然)히 의용병이 되야 용감 분투ㅎ야 적전에 폭발약을 장치ㅎ 야 교량을 파괴ᄒ 대쾌전극(大快戰劇) 기타 정비극 실사 희극 수종 경성 장교통 電 二三二六 우미관
16.05.07 (3) 〈광고〉	우미관 5월 6일자와 동일
16.05.09 (2) **광주의 어대례** **(御大禮)** **활동사진회**	광주의 어대례 활동사진 배관회(拜觀會)ᄂᆫ 七八 양일에 개최ㅎ얏 ᄂᆫ디 주간은 군인학생이오 야간은 일반 보통인인디 개만원(皆滿 員)의 성황으로 극히 엄숙ㅎ얏더라(광주전(光州電))

16.05.09 (3) 〈광고〉	우미관 5월 6일자와 동일
16.05.10 (4) 〈광고〉	우미관 5월 6일자와 동일

16.05.11 (3)
매일신보 경성일보
각지국 주최 활동사
진 근사(謹寫)
순업(巡業) 일정

어대전(御大典) 활동사진

■ 대전 (九, 十 주야 十一日 주야)

■ 인천 (十二日 주야 十三日 주야)

■ 대구 (十四, 十五, 十六 주야)

■ 부산 (十七, 十八, 十九日 주야)

매일신보, 경성일보의 현구독자는 각등 삼할인 쑨 안이라 동시에
이등 입장권 사매 구입ᄒᆞᆫ 인(人)은 희망에 의ᄒᆞ야 양지(兩紙)중
일(一)을 일개월간 무대진정(無代進呈)

■ 대전=대전좌= (주간 오후 一時브터 야간 오후 七時브터) 번외
실사물 =
골계물= 서양기술(西洋奇術)
주최 경성일보, 매일신보 대전 일수(一手) 판매 소창신 * 포(小倉
新 * 舖)

16.05.11 (4) 〈광고〉	우미관 5월 6일자와 동일

16.05.12 (3)
매일신보 경성일보
각지국 주최 활동사
진 근사(謹寫)
순업(巡業) 일정

어대전(御大典)활동사진

■ 대구 (十四日 十五日 十六日 주야)

■ 부산 (十七日 十八日 十九日 주야)

■ 마산 (二十日 夜間 二十一日 주야)

■ 진해 (二十二日 주야)

매일신보, 경성일보의 현구독자는 각등 삼할인(三割引) 쑨 안이라
동시에 이등입장권 사매 구입ᄒᆞᆫ 인(人)은 희망에 의ᄒᆞ야 양지
(兩紙) 중 일(一)을 일개월간 무대진정(無代進呈)

■ 대구=금좌(錦座)= (주야 오후 二時브터= 군인 학생 단체 야간

오후 七時브터=일반공중관람)

번외 ■ 실사물 =골계물= 서양기술(西洋奇術)

주최 경성일보 대구지국 매일신보 경북지국

| 16.05.12 (4)
〈광고〉 | 우미관 5월 6일자와 동일 |

16.05.13 (4)
[급고(急告)]

十二, 十三 양일 아(我) 인천에셔도 어대전(御大典) 활동사진을 흥행ᄒ야 애독자 제언(諸彦)의 관람에 공(供)코저 ᄒ얏더니 사세(事勢)로 인ᄒ야 중지ᄒ얏기 조량(照亮)ᄒ시ᄋᆸ

매일신보 인천지국

16.05.13 (4)
〈광고〉

■ 五月 十二日브터 특별대사진

一 태서비극 금지리(錦之裏) 전사권 팔천척

一 구주전란 잠항정(潛航艇) 전삼권 칠천척

一 태서인정극 생한 금(生ᄒᆫ 金) 최대장척

기타 실사 희극 수종

경성장교통

電 二三二六

우미관

16.05.14 (4)
〈광고〉

우미관 5월 13일자와 동일

16.05.16 (1)
〈광고〉

우미관 5월 13일자와 동일

16.05.16 (3)
단성사의 혁신단

그동안 휴연ᄒ얏던 혁신단 림성구 일힝은 금 십륙일 밤부터 동구 안 단성사에셔 기연ᄒ고 휴연ᄒᆫ 소이에 연습ᄒ얏던 여러 가지 시 각본으로 밤마다 연뎨를 가라 흥힝ᄒᆫ다더라

16.05.17 (3) 〈광고〉	우미관 5월 13자와 동일
16.05.18 (4) 〈광고〉	우미관 5월 13자와 동일
16.05.19 (4) 〈광고〉	우미관 5월 13자와 동일
16.05.20 (4) 〈광고〉	■ 五月 十九日브터 一 모험활극　부지가(富之價)　전삼권 팔천척 一 태서대탐정극　흑진주　전이권 육천척 一 태서비극　천벌　전이권 육천척 一 태서탐정극　금(金)　전이권 육천척 기타 실사 희극 수종 경성장교통 電 二三二六 우미관
16.05.21 (3) 〈광고〉	우미관 5월 20일자와 동일
16.05.23 (4) 〈광고〉	우미관 5월 20자와 동일
16.05.24 (3) 〈광고〉	우미관 5월 20자와 동일

16.05.25 (3)
즉위예대성의
(卽位禮大盛儀)의
활동사진 /
서선요지
(西鮮要地)
애독자의 대복음

작추(昨秋) 거행의 어즉위식(御卽位式)은 국민의 보(普)히 봉축ᄒ는 바인디 어대례근사단(御大禮謹寫團) 활동사진반에셔 대사(大使)로부터 특히 허가를 득ᄒ야 근사(謹寫)호 현소이어(鉉所移御)로 시(始)ᄒ야 어대례에 관호 동경, 경도 양시(兩市)의 행행병선거(行幸並選擧)에 지(至)하기ᄭ지 전부 급(及) 동서 양시민(兩市民) 봉축의 열성을 재선적자(在鮮赤子) 일반의 배관(拜觀)에 공(供)ᄒ기 위ᄒ야 폐사ᄂ 특히 국민배관회 본부에 위촉ᄒ야 거(去)月 二十六日 수원 개최를 벽두로 ᄒ고 순차로 남선(南鮮) 각지를 순회근사(巡廻謹寫)ᄒ기로 ᄒ얏더니 대호평을 박(博)ᄒ고 연ᄒ야 전선각지(全鮮各地)의 애독자로브터 빈빈(頻頻)히 근영(謹映)을 희망ᄒ얏슴으로 금회 비로소 서선(西鮮) 각 요지에 대ᄒ야도 각 지국 판매소의 주최하에 근사(謹寫)ᄒ기로 ᄒ얏ᄂ디 기(其) 개최지 급(及) 일정은 여좌(如左)

매일신보=경성일보 양사 각 지국 주최

■■ 어대례 활동사진 순업 일정

■■ 개성 (개성좌) 二十八日 後 三時=군인학생　二十八日 後 八時=일반공중 / 二十九日 後 二時　二十九日 後 八時 = 일반공중

■■ 평양 (가무기좌(歌舞伎座)) 三十一日 後 二時=군인학생　三十一日 後 八時=일반공중　一日 後 二時=군인학생 / 一日 오후 八時=일반공중　二日 오후 二時=군인학생　二日 오후 八時=일반공중

■■ 신의주 (가무기좌) 四日 오후 二時=관위단체　四日 오후 八時=일반공중 / 五日 오후 二時=군인학생　五日 오후 八時=일반공중

■■ 진남포 (화산좌(花山座)) 七日 오후 二時=선인(鮮人)단체　七日 오후 八時=일반공중 / 八日 오후 二時=학생단체　八日 오후 八時=일반공중

입장료 일등 사십전 이등 삼십전 삼등 이십전

■■ 매신경일(每申京日) 애독자의 대특전

만세 불후(不朽)의 대성의(大盛儀) 서선(西鮮) 각요지 근사순업(謹寫巡業)의 활동사진 관람에 취(就)하야, 매일신보, 경성일보 연래(年來)의 애독자 각 위병(位並) 금회 신구독자(新購讀者) 되시ᄂ 각 위(各位)에 대ᄒ야 대특전이 유(有)ᄒ오

현 애독자 삼할인　신 구독자 신문 일개월 무대진정(無代進呈)이
니 즉 어대전(御大典) 활동사진 입장권 일등은 삼매 이등은 사매
삼등은 칠매도 하자(何者)던지 구입ᄒ시ᄂ 각위(各位)에 대ᄒ야ᄂ
매일신보, 경성일보 중 일종을 희망ᄃ로 일개월을 무대진정ᄒ야
독지가 각위의 권고에 수(酬)코져 ᄒ오니 원컨디 일반제언(一般諸
彦)의 구의(購意)에 의ᄒ야 전기(前期) 각 순업지 개최에 당ᄒ야 육
속(陸續) 입장ᄒ야 만원의 대성황을 정(呈)ᄒ기로 절망ᄒ노이다
매일신보
경성일보

16.05.25 (4)
〈광고〉

우미관 5월 20자와 동일

16.05.26 (4)
〈광고〉

우미관 5월 20자와 동일

16.05.27 (4)
〈광고〉

■ 五月 二十六日브터 특별대사진
一 현대무비(現代無比) 신수귀곡(神愁鬼哭)　푸로데아 전편(前篇)
전오권 일만여척
一 태서인정극　천마(天魔)　전삼권 칠천척
一 태서비극　함(檻)을 출(出)ᄒ 사자　전이권 사천척
기타 실사 희극 수종
경성 장교통
電 二三二六
우미관

16.05.28 (3)
기성에 잇흘 동안

본샤와 밋 경성일보 지국의 쥬최로 각디에 순업 즁인 어대래 활동
샤진「御大禮 活動寫眞」은 기간 남션 각디룰 순회영사ᄒ던 바 비상
ᄒ 환영 즁에 전부 순회룰 맛치엿고 이번에는 다시 이독쟈의 희망
을 짜러 셔션 각 즁요디에도 순회ᄒ 예뎡인디 기성에셔ᄂ 기성좌
「開城座」에서 이십팔일 오후 두시에 군인학생을 관람케 ᄒ고 동

일 오후 팔시와 이십구일 오후 두시 동 팔시에는 일반 공중에게
관람케 홀 터이라더라

16.05.28 (4)
〈광고〉
우미관 5월 27자와 동일

16.05.30 (4)
〈광고〉
우미관 5월 27자와 동일

16.05.31 (4)
〈광고〉
우미관 5월 27자와 동일

16.06.01 (4)
〈광고〉
우미관 5월 27자와 동일

16.06.02 (2)
평양 – 대전(大典)
활동 성황
금회 본사 주최로 평양에 도착된 어대례근사(御大禮謹寫) 활동사
진은 예정과 여(如)히 일작(日昨) 三十一日 오후 二時브터 가부기
좌에서 개최ᄒ얏난디 군인 급(及) 학생의 입장은 입추의 여지가
무(無)히 입장ᄒ얏스며 오후 八時브터는 관람ᄒ기 위ᄒ야 회집혼
인중(人衆)이 마견상특(磨肩相特)ᄒ야 개막 초일에 무전성황(無前
盛況)을 정(呈)ᄒ얏더라

16.06.02 (3)
신파 대합동 연극 /
금일부터 단셩샤에
죵뢰 됴션의 신파연극은 몃몃 단톄가 잇셔 갓득 수효가 젹은 비우
가 각 단톄로 난호이난 씨둙에 각 단톄에셔는 비우에 더ᄒ야 부죡
혼 념려가 잇던 바 이번에 처음으로, 대규모의 신파연극을 한 번
흥힝ᄒ야 보앗스면 죳겟다는 의론이 신파계에 이러나 의론이 합
ᄒ얏슴으로 예셩좌와 문수셩의 단톄에 요샤이 단셩샤에셔 흥힝
즁이던 혁신단 일힝과 합ᄒ야 모든 능난혼 비우롤 골라가지고 금
이일부터 단셩사에셔 신파대합동연극을 약 일쥬일 동안 흥힝하
기로 결뎡ᄒ얏는디 신파연극이 싱긴 뒤에 처음 계획이오 일류 비
우는 거의 다 모힌 모양인고로 신연극 죠아ᄒ는 사롬은 만히 관롭

홀 모양이더라

16.06.02 (4)
〈광고〉

우미관 5월 27자와 동일

16.06.03 (3)
〈광고〉

■ 六月 二日브터 특별대사진

一 군사대활극　철교사수　전삼권 칠천척

一 모험활극　귀곡지보(鬼哭之寶)　전삼권 칠천여척

一 태서활극　청년지(之) 개심(改心)　전삼권 칠천척

기타 실사 희극 수종

경성 장교통

電 二三二六

우미관

16.06.04 (4)
〈광고〉

우미관 6월 3일자와 동일

16.06.06 (3)
〈광고〉

우미관 6월 3일자와 동일

16.06.07 (4)
〈광고〉

우미관 6월 3일자와 동일

16.06.08 (4)
〈광고〉

우미관 6월 3일자와 동일

16.06.09 (3)
〈광고〉

우미관 6월 3일자와 동일

16.06.10 (3)
〈광고〉

六月 九日브터

一 태서탐정극　구지강(救之綱)　전이권 사천척

一 태서비극　횡연모(橫戀慕)　전이권 사천척
一 태서군사활극　상국의 념(想國의 念)　전이권 사천여척
기타 실사 희극 수종
경성 장교통
電 二三二六
우미관

| 16.06.11 (4)〈광고〉 | 六月 十日 특별대사진 |

16.06.11 (4)
〈광고〉

六月 十日 특별대사진
- ·태서모험대탐정극　묘루칸　전육권 일만삼천척
푸로데아, 후완도만의 비(比)가 안이라 대탐정대활극인디 구주제
국을 진해(震駭)훈 대흉한의 비약은 관자(觀者)로 ㅎ야곰 전율경
악유태연자실(戰慄驚愕唯呆然自失)홀 대사진
기타 활비극 실사 희극 수종
경성 장교통
電 二三二六
우미관

16.06.13 (3)
어대전(御大典)
활동사진

□ 원산 수석(壽席)에셔(十一, 十二, 十三日)
경성일보, 매일신보의 현 구독자는 각등 삼할인쑨 안이라 동시에
이등 입장권 사매 구입ㅎ시는 이의게는 어(御) 희망에 응ㅎ야 양
지(兩紙) 중의 일을 일개월 무대진정(無代進呈)
□ 번외(番外) = 실사물 = 골계물 = 서양기술(奇術) 등
주최 경성일보 원산지국 매일신보 원산지국

16.06.13 (3)
〈광고〉

우미관 6월 11일자와 동일

16.06.14 (3)
〈광고〉

우미관 6월 11일자와 동일

16.06.15 (3) 〈광고〉	우미관 6월 11일자와 동일
16.06.16 (3) **평양 신파 합동극**	죠션 신파연극계에 일흠이 놉은 예셩좌「藝星座」 혁신단「革新團」 기타 유명훈 여러 명이 련합ᄒ야 조선신파합동공연회「朝鮮新派合同公演會」라 명칭ᄒ고 본월 십일부터 평양 가부기좌「歌舞伎座」에 셔 참신훈 각본으로 흥힝ᄒᄂᆞ 련일 만원의 셩황을 일우더라
16.06.16 (4) 〈광고〉	우미관 6월 11일자와 동일
16.06.17 (1) 〈광고〉	六月 十六日브터 특별대사진 一 태서탐정극　사안(死眼)　전사권 칠천쳑 一 태서활비극　비밀의 보옥(寶玉)　전삼권 칠천쳑 一 태서정극　사기된 녀(捨棄된 女)　최대장쳑 기타 실사 희극 경성 장교통 電 二三二六 우미관
16.06.18 (4) 〈광고〉	우미관 6월 17일자와 동일
16.06.20 (4) 〈광고〉	우미관 6월 17일자와 동일
16.06.21 (1) 〈광고〉	견락(見落)치 물(勿)ᄒ라 애연가의 대복음 희망ᄒ시ᄂᆞ 활동사진이 무료로 보시오 대정관 황금관 우미관 용광관(龍光舘) 초일(初日) 공대(空袋) 십매 만복(萬福) 공대 이십매

1916년

어지참(御特參)ᄒ시면 각관 중 어희망(御希望)의 입장권 일매 진
정(進呈)ᄒ오
인환(引換)장소
◀ 조선연초주식회사 대리점 판창(板倉) 경성지점 ▶

16.06.21 (3)
〈광고〉

우미관 6월 17일자와 동일

16.06.22 (3)
활동사진의
선유(船遊) /
비우에셔 활동샤진

요사이 일긔가 차차 더웁게 되야 감안이 안졋셔도 쌈이 홀을 디경
이라 미양 이러ᄒ 재롤 당ᄒ야 사롬ᄆ다 싱각ᄒ는 바는 서늘ᄒ 것
이니 한 번 시연ᄒ 이약이롤 소기ᄒ리다 활동사진의 큰집이라ᄒ는
미국에셔는 큰집이라는 말을 듯는 이만큼 여러 가지가 발달도 되
얏스며 그 즁에셔도 작년 여름부터는
◇ 션샹 활동샤진 즉 비우에셔 활동샤진을 영사ᄒ기 시작ᄒ야 돈
만히 가진 사롬의 부인과 짜님들을 대단히 위로ᄒ얏스며 피셔 즁
에 심심ᄒ 줄을 모르고 지니게 ᄒ얏다ᄒ니 금년에도 필경 각쳐에
셔 류힝홀 것이라 이는 민 쳐음에 미국 「인뎨아나」쥬 「와와셰」호슈
에셔브터 시작되얏는디 비** 기는** 구십여쳑 **리와 **
*의 *이요 ᄉ십오 마력의 동력을 가젓스며 손은 팔백인을 수유
ᄒ는디 써늘ᄒ 「와와셰」 호슈 위람비는 간단없시 도러단이며 그
◇ 갑판우에셔는 ᄯᅩᄒ 간단업시 신긔ᄒ 활동샤진이 영사되는 고
로 졀문 남녀의 피셔킥들은 져녁만 되면 이 「와와셰」 호슈가으로
모여드럿다 ᄒ더라 ᄯᅩ 활동사진을 보면 그것만 늘 보는 것이 안이
라 한참 보다가 취미가 종감홀 것 ᄀᆞᆺᄒ면 졀문 양코들이 그 죠와
ᄒ는 츔을 시작ᄒ야 ᄉᆺ 위에셔 노는 나뷔 모양으로 셔늘ᄒ 바람에
◇ 옷을 날녀가면셔 펄펄 노니니 이로부터 「와와셰」 호슈가의
피셔킥이 밤 가는 줄을 모르고 달 ᄶᅥ러지는 줄을 모르게 되얏다더
라 션샹 활동사진의 이약이는 고만두고 보통 사진관의 셜비에 디
ᄒ야 한 가지 시 쇼문을 젼ᄒ리다 미국에셔는 어두운 샤진관 안에
를 드러가 부인 ᄌᆞ리가 엇더ᄒ 곳에 잇는가 이롤 차져닉는 방법이
공교ᄒ게 셜비되얏더라 경셩 안의 활동사진들로 말ᄒ면 그러ᄒ
셜비가 젼혀 업고 ᄯᅩ 안질 ᄌᆞ리로 말ᄒ야도 한 사롬이 쏙 한 자리

식 챠지ᄒ게 되지 안이 ᄒ얏스며

◇ 사룸이 만흘 썩에ᄂ 뒤에 가 샤룸 단일 길도 업시 느러스ᄂ 터인 즉 실상 별로 필요ᄒ지도 안이ᄒ나 셔양에셔ᄂ 의ᄌ ᄒ나에 한 사룸식 안ᄂ 쳐인 즉 낫갓치 밝은 길에셔 별안간 어둔 딕 드러가셔ᄂ 잠시간 곤난ᄒ며 물론 안닉인이 잇지만은 안닉자도 역시 알기가 어려운고로 이 불편홈을 업시ᄒ기 위ᄒ야 던긔 작용으로 사룸의 안고 안지 안이ᄒ 죠리롤 알게 ᄒ얏ᄂ딕 그 방법은 죠고만식한 던긔등을

◇ 관람셕 슈효와 그 차례딕로 켜놋코 각 좌셕과 통ᄒ야 사룸이 안즈면 쩌지고 안지 안이ᄒ면 쳐지게 만드러 노앗슴으로 그것만 보면 멧지 줄 멧지 죠리가 브여잇슴은 즉시 알게 되얏다ᄒ니 그 사진관의 셜비롤 이것만 보아도 가히 알겟더라

16.06.22 (4) 우미관 6월 17일자와 동일
〈광고〉

16.06.23 (4) 우미관 6월 17일자와 동일
〈광고〉

16.06.24 (3) 六月 二十三日브터 특별대사진
〈광고〉

세계최대걸작 제일이편 영사

대모험극의 대왕

명금(名金) 전십삼편 오십권

악마귀신과 여(如)한 흉적폭한(凶賊暴漢)과 분투역전(奮鬪力戰)ᄒ야 천신만고로 수차 사지에 함(陷)ᄒ얏스나 소(少)도 굴치안ᄂ 여걸은 과시(果是) 인(人)인가 신인가 관자(觀者)로 ᄒ야곰 황홀케 ᄒᄂ 대모험 대활극. 청컨딕 초편(初編)부터 내관(來觀)ᄒ사 기(其) 진상을 완미(玩味)ᄒ심을 복망(伏望)홈

기타 정극 희극 실사 등

경성 장교통

電 二三二六

우미관

16.06.25 (4) 〈광고〉

우미관 6월 24일자와 동일

16.06.27 (3) 〈광고〉

우미관 6월 24일자와 동일

16.06.28 (4) 〈광고〉

■ 당 六月 二十三日브터 제일이편 영사 세계최대걸작
▲ 대모험극의 대왕 명금(名金) 전십삼편 오십권 ………… ■ 당 六月 二十七日브터 특별대사진 ▲ 태서대모험극 하-도의 삼(三) 전부 삼십권내 육권 ………… 특별훈 명금과 공히 칭찬을 수(受)ᄒᆞᄂᆞᆫ 특별대사진이 당관에 현출(顯出)ᄒᆞ얏도다 모험전율처참홈이 극홈에 지(至)ᄒᆞ야ᄂᆞᆫ 관객으로 ᄒᆞ야곰 면면상고(面面相顧)ᄒᆞ며 간담을 한(寒)케 ᄒᆞᄂᆞᆫ 등 대대모험극 추주인속(追週引續)ᄒᆞ야 후편 영사
기타 정극 희극 실사 등
경성 장교통
電 二三二六
우미관

16.06.29 (3) 〈광고〉

우미관 6월 28일자와 동일

16.06.30 (4) 〈광고〉

우미관 6월 28일자와 동일

16.07.01 (1) 〈광고〉

● 六月 三十日브터
▲ 태서활극 웅비(雄飛) 전삼권 육천척 신(身)이 현궁귀족(顯宮貴族)에 재(在)홈을 불원(不願)ᄒᆞ고 아욕(我慾)을 충(充)ᄒᆞ고 공모ᄒᆞ야 왕녀를 고탑(高塔)에 유폐ᄒᆞ고 부하의 악부(惡婦)를 변장ᄒᆞ야 왕자에게 접근케 ᄒᆞ야써 재보를 탈취코져 ᄒᆞ나 비행선은 왕녀를 구조ᄒᆞ며 병사ᄂᆞᆫ 출동ᄒᆞ야 흉한을 추적ᄒᆞᄂᆞᆫ 등 장쾌훈 대활극
기타 정극 희극 실사 등

경성 장교통
電 二三二六
우미관

16.07.02 (4)
〈광고〉

우미관 7월 1일자와 동일

16.07.04 (4)
〈광고〉

우미관 7월 1일자와 동일

16.07.05 (4)
〈광고〉

우미관 7월 1일자와 동일

16.07.06 (3)
〈광고〉

▲ 六月 三十日브터 ……
▲ 태서활극 웅비(雄飛) 전삼권 육천척 …… ▲ 七月五일브터
특별대사진 …… 태서대모험극 하-도의 3 전부 삼십권 내(內)
육권 …… 속편이 쏘혼 출현(出顯)ㅎ야 해상의 대대적 활동과 기
차 자동차의 대충돌의 장절쾌절홈은 더욱더욱 교묘지역(巧妙之
域)에 진(進)ㅎ야가오니 청컨더 왕림고평(枉臨高評)ㅎ심을 복망(伏
望)홈
경성장교통
電 二三二六
우미관

16.07.07 (4)
〈광고〉

우미관 7월 6일자와 동일

16.07.08 (1)
〈광고〉

당 七月 五日브터
一 태서대모험극 하-도 제삼(第三) 전부 삼십권 내(內) 육권 상
장(上場)
속편이 쏘혼 출현(出顯)ㅎ야 해상의 대대적 활동과 기차 자동차의

대충돌의 장절쾌절홈은 더욱더욱 교묘지역(巧妙之域)에 진(進)ᄒ
야가오니 청컨더 왕림고평(枉臨高評)ᄒ심을 복망(伏望홈)
추주인속(追週引續)ᄒ야 영사홈
一 대모험극의 대왕   명금(名金)   전부 오십권내 사권 상장(上場)
속편이 ᄯᅩ 왓소? 져 여걸은 ᄯᅩ 과연 하여(何如)ᄒ 수단을 부릴가?
휘루무가 진(進)홀 ᄉᆞ로 장절ᄒ며 쾌절ᄒ고 기기묘묘ᄒ도다
청컨더 제군은 목견(目見)ᄒ신 후에야 기(其) 진가(眞假)로 가지(可
知)ᄒ리이다
추주인속(追週引續)ᄒ야 영사홈
경성 장교통
電 二三二六
우미관

16.07.09 (4)   우미관 7월 8일자와 동일
  〈광고〉

16.07.12 (4)   우미관 7월 8일자와 동일
  〈광고〉

16.07.13 (4)   七月 十二日브터
  〈광고〉   一 태서대모험극   하一도의 삼   제삼차 속편 전육권
더욱더욱 가경에 입(入)ᄒ니 자양(姉孃)은 횡연령(橫戀逞)ᄒ야 매
양(妹孃)을 고(苦)케 ᄒ며 혹은 스ᄉᆞ로 매양으로 변장ᄒ야 정인(情
人)을 현혹케 ᄒ며 대화재ᄂᆞᆫ 기(起)ᄒ고 추격도 ᄒ며 비행기 구조
도 되고 비행기에 탑승ᄒ야 급행열차로 추적ᄒ다가 기차중에 격
투ᄒᄂᆞ 대활극이 되도다 장쾌무비(壯快無比)ᄒ니 대모험극의 속
편을 내관(來觀)ᄒ시옵
경성 장교통
電 二三二六
우미관

16.07.14 (4)
〈광고〉

우미관 7월 13일자와 동일

16.07.15 (3)
··보기에 놀라온··
신최(新最)의 활동
사진··이러케 박인
다··(一)

요소이 경성 안 각 활동사진관에셔는 셔로 참신긔발흔 샤진을 영
사ᄒ고ᄌ 경징ᄒ며 구경ᄒ는 사름도 썩 신긔흔 것이 안이면 보랴
고도 안이ᄒ는 모양이라 그렷치만은 일반의 환영ᄒ는 사진일사록
만드는 회샤에셔는 곤난흔 것이니 위션 요젼 일본 활동사진 회사
에셔도 홍수의 참샹을 촬영코ᄌ ᄒ다가 활동 비우 한 사름이 진졍
흔 참샹을 연출ᄒ야 물 속 귀신이 되얏더라 요소히 이와ᄀᆺ치 활동
사진은 엇더흔 것을 물론ᄒ고 신긔ᄒ고 디규모가 안이면 보아쥬
지 안이흔다ᄒ게 되야셔는 여간 너더분흔 사진은 쇼용이 업시되
고 또 그럿타ᄒ야
▽ 늘 흔빅 샹ᄌ를 뒤쪽지에
▽ 붓치고 나셔기로 ᄒ야셔
는 비우가 목슘을 쎗넷식 가지고 단여도 안이될 것이라   이와ᄀᆺ
흔 사졍이 잇는고로 셔양에 유명흔 큰 활동샤진 회샤들은 무한히
싱각ᄒ다가 맛참니 간단ᄒ고 비교뎍 젹은 비용으로 박이고도 샤진
화면으로 보기에는 썩 굉장ᄒ게 보일 궁리를 ᄒ얏더라 례를 드러
말ᄒ건디 지금 한 곳에 련일 큰 비가 와셔 텰도 션로가 파괴되얏
는디 이러흔 형편을 아지 못ᄒ고 당장 「돈네루」 속으로셔 나오는
긔차가 젼 속력으로 진힝을 ᄒ다가 그 파괴된 곳에 당도ᄒᄌ 별안
간 션로 박그로 탈션되며 동시에 산에셔 문혀져 너려온 바위돌
우에 실니여
▽ 기차가 푹 어펴지며 깁흔
▽ 골 속으로 굴너 드러가는
광경이 잇다ᄒ면 안이 잇다고 홀 것이 안이라 실디로 잇는디 이를
엇더하게 촬영ᄒ나? 이러흔 일이라는 것은 물론 미리 알 수는 업
는 일이고 일이 잇슬 것 ᄀᆺ흐면 긔챠가 그러흔 곳에 갈 수는 업는
것이요 또 위연히 그러흔 경우를 맛낫다 홀지라도 활동사진 긔계
가 이러흔 째에 마음디로 잘되는 것은 안이라 그러ᄒ면 무슨 방법
이 짜로 잇슬터이지 암 그는 물론 잇다 져 유명흔 「파테-」회샤 ᄀᆺ
흔 디에셔는 종리 활동샤진에 쓰는 긔챠와 뎐챠가 잇셔셔 필요가
잇는 째에는 ᄌ긔 쇼유의 일뎡흔 곳에셔 그 렬차를 운뎐ᄒ야

▽ 츙돌되여라 타락되여라

▽ ᄒ고 악기는 긔셕도 업시

그러ᄒᆫ 것을 부스럿트리더니 근러에는 그와곳치 불경계되고 위험ᄒᆫ 일을 ᄒ지 안이홀지라도 그와 죠금도 다를 것 업는 화면을 만들게 되얏더라 그는 즉 졍교ᄒ게 만든 모형의 뎐챠와 긔차롤 안츌ᄒ야 극히 즁요ᄒᆫ 경우 이외에는 진졍ᄒᆫ 긔챠 뎐챠를 사용치 안이ᄒ고 이 모형 렴챠롤 척샹 우에서 운뎐ᄒ야 진졍ᄒᆫ 물건과 곳치 보이게 ᄒ얏디라 물론 이러ᄒᆫ 방법으로 사진을 박일 ᄯ는 기챠 뎐챠 ᄲᅮᆫ 안이라 비경되는 산과 들이며 삼림 가옥 ᄀᆺᆺ흔 것ᄭ지라도 실물과 다롤 것 입시 졍교ᄒ게 만드러 놋코 긔챠가 뎐복되야 타락될 ᄯ ᄭ지 척샹 밋헤 사롬이 숨어 잇셔 이를 부리게 ᄒᆫ는 것이라

▽ 이러ᄒᆫ 사진에 이번

▽ 에는 실질ᄒᆫ 긔챠롤 사용

ᄒ야 운뎐슈가 긔챠롤 부리는 것과 승긱들이 놀라서 소동ᄒ는 모양 등을 보이는 고로 척샹 우에서 박인 뎐복과 타락이 아죠 진실ᄒᆫ 샤실과 곳치 보이며 구경군의 가슴을 셔늘ᄒ게 ᄒ는 것이라 이러ᄒᆫ 사진이 근러 만히 건너와서 이것은 무슨 회사에서 몃 빅원을 드린 사진이라고 광고롤 하게 되니 ᄌ미잇지 안이ᄒᆫ가

七月 十二日브터

一 태서대모험극　하―도의 삼(三)　제삼차 속편 전육권

더욱더욱 가경에 입(入)ᄒ니 자양(姉孃)은 횡연령(橫戀逞)ᄒ야 매양(妹孃)을 고(苦)케 ᄒ며 혹은 스스로 매양으로 변장ᄒ야 정인(情人)을 현혹케 ᄒ며 대화재는 기(起)ᄒ고 추격도 ᄒ며 비행기 구조도 되고 비행기에 탑승ᄒ야 급행열차롤 추적ᄒ다가 기차중에 격투ᄒ는 대활극이 되도다 장쾌무비(壯快無比)ᄒ니 대모험극의 속편을 내관(來觀)ᄒ시읍

七月 十四日브터

一 태서모험극의 대왕　명보(名寶)　제삼차 속편 전사권

간일발(間一髮)의 흉검(凶劍)은 충복(忠僕)이 탈취ᄒ고 명보(名寶)는 재차 흉적의 장중지물(掌中之物)이 되다 마적 두령은 협부(俠婦)와 곳치 적의 소굴을 습격ᄒ야 료사(療寺) 지하실에서 격투를

시작ᄒᆞ니 기(其) 광경이야 실로 장쾌 지극ᄒᆞ도다 경천동지ᄒᆞᄂᆞᆫ 대
활극은 진실로 이것뿐

경성 장교통

電 二三二六

우미관

16.07.16 (3)
··보기에 놀라온··
신최(新最)의 활동
사진··이러케 박인
다··(二)

＊＊ᄒᆞᆫ 모형을 수용ᄒᆞ야 샤진을 박이ᄂᆞᆫ 전례로 말ᄒᆞ면 전회에 긔
록ᄒᆞᆫ 충돌 이외에 ᄶᅥ히 충신 긔ᄒᆞᆫ 것이 잇스니 그는 ᄒᆡ협ᄀᆞᆺ흔 곳에
잇ᄂᆞᆫ 요시를 공즁에서 ᄂᆡ려다보고 박이ᄂᆞᆫ 것이라 바다 우에 수쳑
의 경비함이 셔 잇ᄂᆞᆫ 모양은 물론이오 그 요시 안의 방비ᄭᅡ지 ᄌᆞ
셰히 보이며 공즁에ᄂᆞᆫ 덕국의 비힝긔가 ᄌᆞ유ᄌᆞ지로 비힝ᄒᆞ야 졍찰
을 ᄒᆞᄂᆞᆫ 광경ᄭᅡ지 보이ᄂᆞ니 젼징 즁에ᄂᆞᆫ 이러ᄒᆞᆫ 광경이 실ᄃᆞ로 잇
기도 홀터이나 이러ᄒᆞᆫ 실경을

▽ 활동사진으로 박이ᄂᆞᆫ 것

▽ 은 ᄯᅩᄒᆞᆫ 될 슈 업ᄂᆞᆫ 일이라

이도 ᄯᅩᄒᆞᆫ 젼긔차 충돌ᄀᆞᆺ치 모형으로 박이ᄂᆞᆫᄃᆡ 그 모형은 엇더ᄒᆞ
게 박이ᄂᆞᆫ 것인가ᄒᆞ면 위션 일평쯤되ᄂᆞᆫ 그릇에 물을 담아놋코 그
압헤 다량편으로 요시ᄅᆞᆯ ＊＊＊ ＊＊ 요시 모양으로 이루게ᄒᆞ고
그 위로부터 모형 비힝긔ᄅᆞᆯ ＊＊＊＊＊＊＊＊＊＊＊＊＊ 미여달
아 ᄆᆞ음ᄃᆡ로 ＊＊＊＊＊＊＊＊＊＊＊＊＊＊ᄒᆞᆫ편으로브터 선풍긔
ᄅᆞᆯ 사용ᄒᆞ야 바롬을 보내면 ＊＊＊＊＊이 밀며 비힝긔ᄂᆞᆫ 풀풀 날
니ᄂᆞᆫ 것이라 그러ᄒᆞ나 만일 비힝긔ᄅᆞᆯ 잘못 놀닐 ᄶᅢ에ᄂᆞᆫ 모형 비힝
긔ᄅᆞᆯ 운동ᄒᆞᄂᆞᆫ 모양이 발표되야 소용이 업ᄂᆞᆫ고로 이에ᄂᆞᆫ 비상히
쥬의ᄅᆞᆯ ᄒᆞ더라 이와ᄀᆞᆺ치 셔양 활동샤진 회사에셔ᄂᆞᆫ 모든 것을 간
편ᄒᆞ고도 신긔ᄒᆞ게 만들고ᄌᆞ 힘을 쓰더라 이러ᄒᆞᆫ 것은 사진의 일
부분을 박이ᄂᆞᆫ 모양이어니와

▽ 유시유종ᄒᆞᆫ ᄒᆞᆫ 사진을 만

▽ 들 ᄶᅢ에ᄂᆞᆫ 엇더ᄒᆞᆫ 슌셔로

만드ᄂᆞᆫ가 이것이 ᄯᅩᄒᆞᆫ ᄌᆞ미잇ᄂᆞᆫ 문뎨라 이왕에ᄂᆞᆫ ᄆᆡᆫ 쳐음에 각본
만드ᄂᆞᆫ 사롬이 각본을 만드러다가 활동회사ᄅᆞᆯ 주면 그 회사의 지
비인이 그 각본ᄃᆡ로 일일이 긔ᄉᆞ와 젼속 빈우ᄅᆞᆯ 지휘ᄒᆞ야 사진을
만드럿스며 일본에셔ᄂᆞᆫ 지금 그 모양으로 만드ᄂᆞᆫ 터이나 셔양회

사에셔는 인제 그와굿치 비교덕 다슈흔 비용을 드리지 안이흐기로 흐얏더라 례를 들건딕 아모 곳에 원매회가 잇다흐면 긔사가 가셔 그 광경을 박어오고 경마가 잇다흐면 경마롤 박이며 호슈낫다흐면 그것도 박이고 무도회가 잇다던지 연극이 굉장흐다던지 닥치는딕로 사진직료가 될 듯만흐면 다 박인뒤에 한 뭉텅이를 만드러다가 각본가를 쥬면 각본가 션싱님은 엇더흐게던지

▽ 쓰더 맛츄어셔 한 이샹흐

▽ 고 굉장흔 큰 사건을 만드

러 버리는 것이라 그럼으로 회사에셔는 별로 셜비도 흐지 안이흐고 공츌*도 비교덕 굉장흔 사건을 쓞이게 되는 것이라 그럼으로 사진을 보면 써셔 관람자로 흐야금 탄복케 흐는 곳이 업지 안이하며 이러흔 것이 일본이고 됴션에 건너오면 모회사에셔 멧빅명의 전속비우를 사용흐야 박인 큰 사진이라고 광고되는 것이라

16.07.16 (4)
〈광고〉

우미관 7월 15일자와 동일

16.07.18 (4)
〈광고〉

우미관 7월 15일자와 동일

16.07.19 (3)
··보기에 놀라온··
신최(新最)의 활동
사진··이러케 박인
다··(三)

혹 활동샤진을 보면 심산 궁곡 외에 깃드리지 안이흐며 놉흔 한을이 안이면 나르지 안이흐는 사나운 날짐싱들의 성활송텨롤 박인 샤진이 잇는딕 이러흔 것도 쏘흔 모든 외국 활동사진 회샤에셔 비상히 고심흐야 박인 것이며

▽ 영국에셔 유명흔 모흠 챨

▽ 영가 카—튼 이라ㄴ 사롬

은 항샹 호터리 디방에 츌장흐야 샤진을 박이는딕 이러흔 것은 진실로 위험흐야 ㅅ짝 잘못흐면 목슘이 간 곳 없는 것이라 위션 이러흔 것을 박이고ㅈ 흐면 멧칠이던지 심산궁곡에 드러가 도러단이다가 목뎍흐는 날짐싱을 보는 동시에 수쳔쳑되는 단안 절벽에 한 겹의 줄을 느리고 그 줄에 몸을 의지흐야 오르니리면서 한편으로 쥰비흐얏던 죠그마흔 활동사진 긔계롤 쓰니여 목뎍흐는 날짐싱

에게 멀니 향ㅎ고 그 나르는 모양을 박이기도 ㅎ며 혹은 그 시집
을 차져닉여 박이기도 하는 것이라 그럼으로 기사는 일등 직인이
줄 우에셔 살판이나 ㅎ는 모양으로 간을 죠리며 또 그만 몸이라
몸을 쓰지 못ㅎ면 도뎌히 쑴도 쑤어보지 못 홀 일이더라

▽ 이보다도 더 한층 위험흔

▽ 온 밍슈의 사진 박이는

것이라 동물원에셔 길으면 호랑이라 길드러가지고 돈 벌나 단이
난 밍수ㅊ흐면 그럿치도 안이ㅎ지만은 청＊ 펄펄 쒸는 호랑이나
사즈롤 산골에셔나 넓은 덜에셔 박이랴면 도뎌히 만치만은 비요
가 크지 못흔 담덩이를 가지고는 박이지 못홀 것이라 이삼년 젼에
영국 「멧샤-」회샤에셔는 ᄋ불리가 닉디에 드러가셔 큰소를 하나
만들어 놋코 그 가운딕에 기사가 드러안졋다가 갓가히 오는 밍수
샤진을 박이던지 이와ㅊ치 ㅎ야셔는 사진 긔계롤 마음딕로 쓰지
못ㅎ는 고로 여러 가지로 연구흔 결과에

▽ 지금은 풀나무 소이에

▽ 몸을 슙어가지고 사진을

박이기도 ㅎ얏더라 혹 위험흔 곳에 침입ㅎ야 풀속과 나무셥 속에
변장흔 의복으로 몸을 감츄고 밍수의 오기롤 기다리는 것인 즉 물
론 목슘은 ᄋ죠 닉여놋코 ㅎ는 것이라

16.07.19 (3)
〈광고〉

우미관 7월 15일자와 동일

16.07.20 (3)
‥보기에 놀라온‥
신최(新最)의 활동
샤진‥이러케 박인
다‥(四)

심산 궁곡에 깃드리는 사나은 짐싱을 샤진 박이는 것으로 말ㅎ면
박일 쌔에는 비상히 곤난ㅎ고 위험ㅎ나 보기에는 그다지 위험흔
일ㅊ지 안이흔 것이라 그러ㅎ나 미국 활동샤진 회사에서 박이는
것은 박이기만 위험흔 것이 안이라 활동샤진을 구경홀지라도 가
삼이 셔늘ㅎ게 ㅎ더라 원릭

▽ 미국의 활동샤진계는 이

▽ 수년 동안으로 비샹히 진

보되야 이왕 유명ㅎ다는 「파-테」회샤와 「고-몬」회사 등도 도뎌
히 짜러가지 못홀만큼 훌륭흔 사진을 만들게 되얏스며 더구나 구

쥬젼란 이후로 구라파 각 회샤의 활동비우 혹은 기사직공들이 젼디에 츌동ᄒ 고로 회샤에셔는 사롬이 부죡ᄒ야 곤난ᄒ게 된지라 이 긔회를 타셔 미국에셔는 훌륭ᄒ 사진을 각국에 수츌ᄒ며 일본 됴션에셔도 만히 오게 되얏더라 이 미국식 사진은 사진 속에다 각금 위험ᄒ 광경을 집어놋는 것이 특증이며 ᄯ 혼가지 미국 활동 샤진의 일반뎍 경향은 임의 긔록혼 구라파 각 회샤의 촬영방법과 ᄀᆺ치 모형을 사용치 안이ᄒ고 모든 것을 실디로 박이는 것이니 이러혼 결과로 미국의 사진 관람긱들은

▽ 어름어름 속임슈로 쑴이

▽ 는 사진을 아죠 쳐주지 안

이 혼다더라 그럼으로 미국에셔는 기샤와 비우로셔 죽을 곱의롤 몃번식 넘긴 사롬이 한 회샤에도 다수히 잇는디 혹은 진힝ᄒ는 긔관챠 압헤가 붓허디려셔 사진을 박이는 모험기사도 잇스며 혹은 큰 풍룬거 한편에 몸을 붓드러미고 빙빙 도라가면셔 사진을 박이는 슈도 잇고 ᄯ 세계에 유명혼 활동비우 「헤렌, 호롬쓰」양 ᄀᆺ흔 이는 비록 녀ᄌ의 몸일지라도 진힝 즁의 렬차 지붕에 올너 이 차에셔 져 차로 쒸여 신너기롤 식은 핏죽 먹듯 ᄒ며 ᄯ 싹거질은 듯 혼 ᄌ동 ᄌ젼거로 닉리 문지르는 등 긔막히는 일이 만터라

▼ 이 녀ᄌ의 지됴는 과연 탄

▼ 복홀 만혼 일이 만흐니 엇

더혼 ᄊᆡ에는 ᄌ동챠를 타고 졀벽으로부터 졀벽에 것너 쒸는 등 목슴을 앗기지 안이ᄒ며 보는 사롬으로 ᄒ야곰 진쌈이 흐르게 ᄒ는 디 ᄯ 이와ᄀᆺ혼 일을 안이ᄒ면 미국 샤롬들은 조곰도 ᄌ미잇시 알지를 안이혼다러라

16.07.20 (4)
〈광고〉

당 七月 十九日브터

一　태서대모험극　하-도의 삼(三)　제사차 속편　전육권
자양(姉孃)의 질투심은 재차 적의롤 생(生)ᄒ야 남장으로 기관차의 연락을 모(謀)ᄒ야 전차(前車)롤 추적하니 열차의 충돌을 피ᄒ랴고 고심하는 매양(妹孃)은 기지사경(旣至死境)이러라 야중진행(夜中進行) 도중에셔 마부의 연상(戀想)으로 매방(昧方) 동지의 암투가 개시ᄒ야 구조의 저격은 마(馬)의 일＊(逸＊)홈이 되니 위기

가 신(身)에 추(追)ᄒ다 폭풍우 중 폭민(暴民)의 습격은 권총으로 상투(相鬪)ᄒᄂᆞᆫ 대대활극을 연(演)ᄒ니 장절쾌절홈이 이 시위(是爲) 제일

七月 二十日브터
一 태서기담 미균마(黴菌魔) 전삼권
부호의 의학사(醫學士)ᄂᆞᆫ 선연(嬋姸)ᄒᆫ 영양(令孃)과 단지(單只) 二
＊이 일＊ 발명ᄒᆫ 전광미균(癲狂黴菌)과 혈정약(血精藥)의 이종은 재난의 기초가 되야 악생질(惡甥姪)의 련(戀)과 욕(慾)의 양도(兩道)ᄂᆞᆫ 친자에게 미균을 화용(和用)ᄒᆞ야 광인이 되게 ᄒ니 기(其) 악모(惡謀)ᄅᆞᆯ 관파(觀破)ᄒᆫ 남매ᄂᆞᆫ 양(孃)과 허혼(許婚)ᄒᆫ 청년과 협력ᄒᆞ야 고심 참담 구조에 진력ᄒ니 광자(狂者)와 악생질의 해결은 과연 여하홀가
경성 장교통
電 二三二六
우미관

16.07.21 (4)
〈광고〉
우미관 7월 20일자와 동일

16.07.22 (4)
〈광고〉
우미관 7월 20일자와 동일

16.07.23 (4)
〈광고〉
우미관 7월 20일자와 동일

16.07.25 (4)
〈광고〉
우미관 7월 20일자와 동일

16.07.26 (4)
〈광고〉
우미관 7월 20일자와 동일

1916년

16.07.27 (4) 〈광고〉	우미관 7월 20일자와 동일
16.07.28 (4) 〈광고〉	특별대사진 一 태서대모험극　하-도의 삼(三)　최종편 전육권 본편은 이의 최종이 되니 호상(互相) 활약도 역시 더욱 격렬을 극(極)ᄒ야 혹시(或時)는 결전ᄒ야 단안(斷岸)에 현명폭살(懸命爆殺)ᄒ랴 ᄒ며 혹시는 조교상(釣橋上)으로브터 추락빈사(墜落瀕死)ᄒ며 혹시는 자동차가 파괴홈으로 다수ᄒ 사자(死者)를 출(出)ᄒ고 혹은 권총으로 저격ᄒ랴는 순간에 벽력일성에 낙뢰로 인ᄒ야 횡사ᄒ니 참담의 극홈이여 오호라 기(其) 해결은 여하홀가 영화롤 견(見)ᄒ여야 종국을 가지(可知)로다 ● 기타 활비극 수종 영사 경성 장교통 電 二三二六 우미관
16.07.29 (1) 〈광고〉	우미관 7월 28일자와 동일
16.07.30 (4) 〈광고〉	우미관 7월 28일자와 동일
16.08.01 (3) 〈광고〉	우미관 7월 28일자와 동일
16.08.02 (1) 〈광고〉	우미관 7월 28일자와 동일
16.08.03 (4) 〈광고〉	우미관 7월 28일자와 동일

16.08.04 (3) 〈광고〉	八月 三日브터 고대호시던 一 태서모험극의 대왕　명보(名寶) 제사차 속편　전사권 一 태서활비극　유리(遺利)　전오권 기타 사진 희극 수종 경성 장교통 電 二三二六 우미관
16.08.05 (3) 〈광고〉	우미관 8월 3일자와 동일
16.08.06 (4) 〈광고〉	우미관 8월 3일자와 동일
16.08.08 (4) 〈광고〉	우미관 8월 3일자와 동일
16.08.09 (4) 〈광고〉	우미관 8월 3일자와 동일
16.08.10 (4) 〈광고〉	우미관 8월 3일자와 동일
16.08.11 (4) 〈광고〉	우미관 8월 3일자와 동일
16.08.12 (4) 〈광고〉	八月 十日브터 고대호시던 一 태서모험극의 대왕　명보(名寶) 제오차 속편　전사권 一 태서탐정희극　무성화약(無聲火藥)　전사권 기타 사진 희극 수종 경성 장교통 電 二三二六

1916년

우미관

16.08.13 (1)
〈광고〉　　　우미관 8월 12일자와 동일

16.08.15 (4)
〈광고〉　　　우미관 8월 12일자와 동일

16.08.16 (3)
〈광고〉　　　우미관 8월 12일자와 동일

16.08.17 (4)
〈광고〉　　　우미관 8월 12일자와 동일

16.08.18 (4)
〈광고〉　　　우미관 8월 12일자와 동일

16.08.19 (4)
〈광고〉　　　八月 十日브터 고대후시던
　　　　　　　一 태서모험극의 대왕　명보(名寶) 제육회　전사권
　　　　　　　一 태서정극　기람(磯嵐)　전삼권
　　　　　　　기타 사진 희극 수종
　　　　　　　경성 장교통
　　　　　　　電 二三二六
　　　　　　　우미관

16.08.20 (3)
〈광고〉　　　우미관 8월 19일자와 동일

16.08.22 (4)
〈광고〉　　　우미관 8월 19일자와 동일

16.08.23 (4) 〈광고〉	우미관 8월 19일자와 동일
16.08.24 (3) **인천 표관에셔 불**	인천 활동亽진 표관 「仁川瓢舘」은 지나간 이십이일 오후 팔시 사십분경에 亽진을 영亽하던 중 긔계실로부터 불이 일어나 긔관실은 전부 화염에 싸혓고 모든 관긱은 대혼잡을 일우엇는디 다힝히 그 긔관실이 벽돌로 지은 써문에 다른 데에는 연소치 안은 바 립쟝한 경관과 밋 근쳐 교번 샹비 쇼방디 등의 활동으로 관긱에 한 사롬의 부샹자가 업셧고 불은 아홉시경에 아조 써바렷다더라
16.08.24 (3) 〈광고〉	우미관 8월 19일자와 동일
16.08.25 (3) **소화된 활동샤진**	지ᄂ간 이십이일 밤 인천 활동亽진표관 「仁川瓢舘」 긔계실로부터 실화ᄒ얏스ᄂ 곳＊셔 큰일에 일으지 안엇다ᄂ 일은 전보에 계지ᄒ얏거니와 그 실화의 원인을 들은 즉 그 긔계실 죠슈 김로헌 「金魯憲」이란 자가 亽진을 가라씰 써에 아크등에 물 덥ᄂ 것을 이져바린 씨＊에 亽진에 옴겨 붓허 활동사진 휘름 이천쳑이 쇼실한데 딕ᄒ야 손히 가격은 亽빅원이ᄂ 된다더라
16.08.25 (4) 〈광고〉	우미관 8월 19일자와 동일
16.08.26 (3) **구파비우의 신연극**	경성 구파비우조합「京城舊派俳優組合」에셔ᄂ 이십오일부터 삼쥬일간 작뎡ᄒ고 단셩사에셔 연쥬회를 한다는디 구연극도 멋달 동안 연습ᄒ얏고 또 신연극도 흥힝ᄒ기로 작뎡ᄒ야 혁신단 비우와 합동으로 흥힝한다더라
16.08.26 (3) 〈광고〉	八月 二十五日브터 고대ᄒ시던 一 태셔모험극의 대왕　명보(名寶) 제칠차 속편 전사권

一 태서대탐정극　견(犬)의 대탐정　전오권

기타 실사 희극 수종

경성 장교통

電 二三二六

우미관

16.08.27 (3)
광무더 긔넘 연주

팔월 삼십일은 경성 황금유원 안에 잇눈 광무더「光武臺」의 팔주년 긔렴일임으로 당일은 긔넘의 즈축으로 신구파 연극을 특별히 ᄉ미잇도록 흥힝ᄒ고 다 맛친 뒤에ᄂ 다과로ᄡ 후더히 관긱을 더 접ᄒ다ᄒ며 그날 입쟝ᄒ 표ᄂ 다시 가지고 잇흔날 가면 무료로 관람케 ᄒ다더라

16.08.27 (3)
〈광고〉

광무대 팔쥬년 긔렴

양력 본월 삼십일(즉 음력 팔월 쵸이일)이 본더 팔쥬년 긔렴이온 고로 당일은 특별히 구극을 다 흥힝ᄒ오며 겸ᄒ야 계집ᄋ히들의 포복절도ᄒ 신파희극이 잇ᄉ오며 그 날 구경오신 표로 다시 잇흔 날 가지고 오시면 무료로 관람ᄒ시게ᄒ야 즈츅의 긔렴 츅ᄒ롤 ᄒ고져ᄒᄂ니다

光武臺 광무더

16.08.27 (4)
〈광고〉

우미관 8월 26일자와 동일

16.08.29 (4)
〈광고〉

우미관 8월 26일자와 동일

16.08.30 (3)
〈광고〉

광무대 8월 27일자와 동일

16.08.30 (4) 〈광고〉	우미관 8월 26일자와 동일

16.08.31 (3)
기생의 활동사진 /
미국에 가져다가
소기

미국 「쏜스톤」에 본샤를 두고 세계 각국에 대쇼 이십여만의 지뎜이 잇는 「늬우, 잉글난드, 무빙픽어」라는 활동샤진 회사에서는 이번에 미국에 일본의 소졍을 소기하고져 기소를 보늬여 일본 늬디의 풍속 습관 명승 등이 만칠쳔 척의 그림을 박은 뒤에 다시 죠선도 한 번 세상에 넓히 소기할 양으로 이삼일 젼 경성에 드러와 죠션 호테루에 류ᄒ면셔 셩늬 셩외의 활동샤진 박힐만ᄒ 데를 찾는 즁 이십구일에는 호테루의 뒤쓸 환구단 압헤셔 기셩의 졍지를 박엿더라 일힝은 그 회샤의 총지비인과 지비인과 유명ᄒ 기소와 통역ᄒᄂ 일본사롬 기타 오륙인인딕 부산에셔 오빅척 가량이나 샤진을 박이고 경성에 드러온 바 당일 오후 한시부터 다동조합의 리란향, 쥬학션, 윤롱월과

▲ 춤 잘츄ᄂ 세 기셩
의게 츔복식을 식이고 고딕의 유명ᄒ 건츅물 되ᄂ 명션루롤 비경 삼고 악공은 층계에 안치워 쥬악 즁에 승무 검무 등을 추엇ᄂ딕 이보다 사간 가량을 격ᄒ야 사진 박히ᄂ 틀을 놋코 승무롤 이분 동안에 빅팔십 척 검무롤 일분 사십쵸 동안에 일빅사십 척을 박앗고 그로부터 일동은 남대문통으로 나와 하수도 공소에 됴션 인부의 로동ᄒᄂ 모양과 죵로, 본뎡, 남대문시장 등을 박혓ᄂ딕 경성에서 박힐 척수는 약 이쳔 척인 바 이외에 시외의 풍경을 한 곳 박히고 이번에는 고만 도라갈터인딕 박힌 그림은 횡빈에셔 현상을 ᄒ야가지고 미국으로 보늬여 미국 칠쳔 곳의 쇼학교 셩도에게 보일터이라더라

16.08.31 (4) 〈광고〉	우미관 8월 26일자와 동일
16.09.02 (3) 〈광고〉	**사례(謝禮)** 이번 본딕 팔쥬년 긔렴에 딕ᄒ야 열졍으로 찬셩ᄒ신 졔씨씌 본딕 총무 이하 소무원 일동은 삼가 소례ᄒ옵나이다

1916년

광무대 박승필

16.09.02 (4)
〈광고〉

八月 三十一日브터
一 태서모험극의 대왕　명보(名寶) 제팔차 속편　전사권
一 태서대대비극　삼주간(三週間)　전오권
기타 실사 희극 수종
경성 장교통
電 二三二六
우미관

16.09.03 (4)
〈광고〉

우미관 9월 2일자와 동일

16.09.05 (4)
〈광고〉

우미관 9월 2일자와 동일

16.09.06 (4)
〈광고〉

우미관 9월 2일자와 동일

16.09.07 (4)
〈광고〉

우미관 9월 2일자와 동일

16.09.08 (4)
〈광고〉

九月 七日브터
一 태서모험극의 대왕　명보(名寶)　제구차 속편
一 태서사극　소야취풍(小夜吹風)　전사권
기타 실사 희극 수종
경성 장교통
電 二三二六
우미관

16.09.09 (3) 〈광고〉	우미관 9월 8일자와 동일
16.09.10 (1) 〈광고〉	우미관 9월 8일자와 동일
16.09.12 (4) 〈광고〉	우미관 9월 8일자와 동일
16.09.13 (4) 〈광고〉	우미관 9월 8일자와 동일
16.09.14 (4) 〈광고〉	우미관 9월 8일자와 동일
16.09.15 (4) 〈광고〉	九月 十四日브터 一 모험대활극　독지(毒池)의 비밀　전오권 一 태서정극　오재판(誤裁判)　전삼권 기타 실사 희극 수종 경성 장교통 電 二三二六 우미관
16.09.16 (4) 〈광고〉	우미관 9월 15일자와 동일
16.09.17 (4) 〈광고〉	우미관 9월 15일자와 동일
16.09.19 (3) [근고]	남대문 어성좌에셔 기연 혁신단 일힝 림셩구 빅

16.09.19 (4) 〈광고〉	우미관 9월 15일자와 동일
16.09.21 (3) 〈광고〉	우미관 9월 15일자와 동일
16.09.22 (4) 〈광고〉	우미관 9월 15일자와 동일
16.09.23 (1) 〈광고〉	임시특별대흥행 황금관 제일(祭日)!! 일요?? 위생에 가장 중(重)을 치(置)하야 당관은 공기의 류(流) 객석 기타 의 소독 등 안심하고 유쾌히 관람하시나이다 △주간 오후 0시반브터 △야간 오후 六시반브터 ◎ 대모험 대활극　제십 명금(名金)　제18편 제19편 △주간 오후 二시브터 △야간 오후 八시브터 불국(佛國) 정부 촬영(비매품) 사천람(賜天覽) 사태람(賜台覽) 구주전쟁　전선내(戰線內)　실사 전육권 △주간 오후 四시반브터 △야간 오후 十시반브터 ◎신파연쇄극　신(新) 춘희　전삼권 어(御)가족을 동반하시는 이는 여하간 당관에 一 태서모험극의 대왕　명보(名寶)　제십차 전사권 一 구주전쟁여문(餘聞) 군-대대활극　명예의 훈장　전사권 경성 장교통 電 二三二六 우미관

16.09.25 (3)
〈광고〉
우미관 9월 23일자와 동일

16.09.26 (3)
〈광고〉
우미관 9월 23일자와 동일

16.09.27 (1)
〈광고〉
우미관 9월 23일자와 동일

16.09.28 (1)
〈광고〉
우미관 9월 23일자와 동일

16.09.29 (1)
〈광고〉
二十八日브터
一 태서모험극의 대왕　명보(名寶) 최종편　전육권
一 태서정활극　고탑(古塔)의 밀비　전사권
一 태서탐정극　여탐정(女探偵)　전이권
경성 장교통
電 二三二六
우미관

16.10.01 (6)
〈광고〉
우미관 9월 29일자와 동일

16.10.03 (6)
〈광고〉
우미관 9월 29일자와 동일

16.10.04 (7)
〈광고〉
우미관 9월 29일자와 동일

16.10.05 (4)
〈광고〉
축(祝) 재축낙성(再築落成)
경성 황금정 황금유원내
조선구파연극원조 광무대

박승필 일행

16.10.05 (6)
〈광고〉

우미관 9월 29일자와 동일

16.10.07 (3)
〈광고〉

축(祝) 재축낙성(再築落成)
경성부 관철동
활동사진상설관 우미관
전화 二三二六번

16.10.07 (7)
〈광고〉

十月 五日브터
一 태서대활극 마루구성(城) 전삼권
一 모험활극 표(豹) 전삼권
一 군사활극 습래(襲來) 전삼권
경성 장교통
電 二三二六
우미관

16.10.08 (1)
〈광고〉

우미관 10월 7일자와 동일

16.10.10 (4)
〈광고〉

우미관 10월 7일자와 동일

16.10.11 (3)
〈광고〉

우미관 10월 7일자와 동일

16.10.12 (3)
〈광고〉

우미관 10월 7일자와 동일

16.10.13 (1) 〈광고〉	◉ 十月 十二日브터 ▲ 태서대대비극　화중(火中)의 운명　전삼권 ▲ 태서활극　아루덴 문보석(文寶石)　전삼권 ▲ 군사활극　최후의 희성(犧性)　최대장척 경성 장교통 電 二三二六 우미관
16.10.14 (4) 〈광고〉	우미관 10월 13일자와 동일
16.10.15 (4) 〈광고〉	우미관 10월 13일자와 동일
16.10.17 (4) 〈광고〉	우미관 10월 13일자와 동일
16.10.19 (1) 〈광고〉	우미관 10월 13일자와 동일
16.10.19 (1) 〈광고〉	활동사진회 현(現)세계에 대갈채롤 수(受)ᄒ고 문부성 대찬상(大讚賞)을 승(承) ᄒ 소공자지대활약(小公子之大活躍)이란 활동사진롤 금월 二十三 日 하오 七시에 본관내에 개(開)ᄒ오니 현현인사(顯賢人士)ᄂᆞᆫ 참관 증을 본관에 내구(來購)ᄒ시ᄋᆢᆸ 중앙청년회 백
16.10.20 (4) 〈광고〉	우미관 10월 13일자와 동일

1916년

16.10.21 (3) 〈광고〉	중앙청년회 10월 19일자와 동일
16.10.21 (4) 〈광고〉	◉ 十月 十九日브터 ▲ 태서활극 흑십자조(黑十字組) 전삼권 ▲ 태서대탐정극 다이야몬드의 행위 전삼권 ▲ 태서활극 딤징일기 진삼권 경성 장교통 電 二三二六 우미관
16.10.22 (4) 〈광고〉	우미관 10월 21일자와 동일
16.10.24 (4) 〈광고〉	우미관 10월 21일자와 동일
16.10.25 (4) 〈광고〉	우미관 10월 21일자와 동일
16.10.26 (4) 〈광고〉	우미관 10월 21일자와 동일
16.10.27 (2) 〈광고〉	◉ 十月 十九日브터 ▲ 대탐정대활극 흑이 상(黑이 箱) 전삼십권의 내(內) 육권 ▲ 태서대활비극 암실(暗室) 전사권 기타 실사 희극 등 경성 장교통 電 二三二六 우미관

16.10.28 (3)〈광고〉	우미관 10월 27일자와 동일
16.10.29 (4)〈광고〉	우미관 10월 27일자와 동일
16.10.31 (4)〈광고〉	우미관 10월 27일자와 동일
16.11.02 (1)〈광고〉	◉ 十一月 一日브터 ▲ 대탐정대활극　흑상(黑箱)　제이차 전육권 ▲ 탐정비극　십삼호실　전사권 기타 실사 희극 등 경성 장교통 電 二三二六 우미관
16.11.03 (4)〈광고〉	우미관 11월 2일자와 동일
16.11.04 (3)〈광고〉	우미관 11월 2일자와 동일
16.11.05 (4)〈광고〉	우미관 11월 2일자와 동일
16.11.08 (3)〈광고〉	◉ 十一月 七日브터 ▲ 대탐정대활극　흑상(黑箱)　제삼차 전사권 ▲ 구주대전쟁군사대활극　교전　전사권 기타 실사 희극 등 경성 장교통 電 二三二六

1916년

우미관

16.11.09 (4) 〈광고〉	우미관 11월 8일자와 동일

16.11.10 (3)
활동사진 기계 /
딕금을 니여라

경셩 쳥업뎡 일뎡목 빅 오십 시 번디 졍운챵「京城 靑葉町 鄭雲昶」
은 츙남 례산군 고덕면 구만리 김슌교「忠南 禮山郡 古德面 九萬里
金順交」등을 피고로 경셩 디방법원에 소숑을 뎨긔ᄒ얏다는디 니
용인 즉 본년 팔월 이십일일 졍운챵의 소유 활동사진 긔계 한아
와 및 후이루무 십팔본 기타 약그릇 네 가지롤 김승졔「金昇濟」란
자에게 딕금 삼빅 원에 팔고 동년 구월 이닉로 지판ᄒ기로 약조ᄒ
고 그 긔한에 니지 안는 고로 젼긔 피고 등에게 그 최무롤 넘겨밧
엇는디 역시 김슌교 등도 니지 안는다는 일이라더라

16.11.10 (4) 〈광고〉	우미관 11월 8일자와 동일
16.11.11 (3) 〈광고〉	우미관 11월 8일자와 동일
16.11.12 (4) 〈광고〉	우미관 11월 8일자와 동일
16.11.14 (4) 〈광고〉	우미관 11월 8일자와 동일

16.11.15 (4)
〈광고〉

◉ 十一月 十四日브터 특별대사진
▲ 대탐졍대활극　흑상(黑箱)　제사차 전사권
▲ 태셔사회극　악사장(惡社長)　전삼권
기타 실사 희극 등
경셩 장교통

電 二三二六
우미관

16.11.16 (4)
〈광고〉

우미관 11월 15일자와 동일

16.11.17 (4)
〈광고〉

우미관 11월 15일자와 동일

16.11.18 (4)
〈광고〉

우미관 11월 15일자와 동일

16.11.19 (4)
〈광고〉

우미관 11월 15일자와 동일

16.11.21 (4)
〈광고〉

우미관 11월 15일자와 동일

16.11.22 (3)
〈광고〉

◉ 十一月 二十一日브터 특별대사진
▲ 대탐정대활극　흑상(黑箱)　제오차 전육권
▲ 태서대활비극　치흔(齒痕)　전사권
기타 실사 희극 등
경성 장교통
電 二三二六
우미관

16.11.23 (1)
〈광고〉

우미관 11월 22일자와 동일

16.11.25 (4)
〈광고〉

우미관 11월 22일자와 동일

16.11.26 (4) 〈광고〉	우미관 11월 22일자와 동일
16.11.28 (4) 〈광고〉	▲ 사진촬영자의 복음 ▼ ■ 사진 개업오주년기념 대할인과 활동사진 입장권을 진정(進呈)홉니다 경성 황금정 이정목 고등사신관 (전화 二四三四번)
16.11.28 (4) 〈광고〉	우미관 11월 22일자와 동일
16.11.29 (1) 〈광고〉	◉ 十一月 二十八日브터 ▲ 대탐정대활극　흑상(黑箱)　최종편 사권 ▲ 태서사회극　독부(毒婦)　전사권 기타 실사 희극 등 경성 장교통 電 二三二六 우미관
16.11.30 (3) 〈광고〉	우미관 11월 29일자와 동일
16.12.01 (4) 〈광고〉	우미관 11월 29일자와 동일
16.12.02 (4) 〈광고〉	우미관 11월 29일자와 동일
16.12.03 (4) 〈광고〉	우미관 11월 29일자와 동일

16.12.05 (4) 〈광고〉	우미관 11월 29일자와 동일
16.12.06 (3) **예성좌 일행 입경 /** **예성좌의 출연**	거의 일샥 가량이나 기성군에서 기연ㅎ야 성황을 일우던 신파연 극 예성좌 일힝「新派演劇 藝星座 一行」은 일전에 상경ㅎ야 금 오 일브터 경셩 남대문외 어셩좌에서 기연홀 터이라ᄂᆞ디 쵸일의 예 뎨ᄂᆞ 젼일에 일즉이 ᄒᆞ지 안이 하얏던 긔이ᄒᆞ고 취미잇ᄂᆞ 것을 연 츌ᄒᆞ다더라
16.12.06 (4) 〈광고〉	◉ 十二月 五日브터 특별대사진 구주전쟁여문(餘聞) ▲ 군사대대활극　밀서　전육권 ▲ 태서대탐정극　마동(魔洞)　전삼권 기타 실사 희극 등 경성 장교통 電 二三二六 우미관
16.12.07 (4) 〈광고〉	우미관 12월 6일자와 동일
16.12.08 (4) 〈광고〉	우미관 12월 6일자와 동일
16.12.09 (3) **단셩사에 혁신단**	그동안 디방에 나려가셔 흥힝ᄒᆞ던 신파연극 혁신단 림셩구「革新 團 林聖九」 일힝은 팔일부터 동구안 단셩샤에셔 삼 쥬일 위한ᄒᆞ고 ᄌᆞ미잇ᄂᆞ 연극 각본으로 흥힝ᄒᆞ다더라

16.12.09 (4) 〈광고〉	◉ 十二月 九日브터 특별대사진 구주전쟁여문(餘聞) ▲ 군사대대활극　밀서　전육권 ◉ 十二月 七日브터 十一日ㅅ지 오일간 개관 사주년 기념에 대ᄒ야 각등 공(共) 반액(삼등 소인권은 삼전) 경성 장교통 電 二三二六 우미관
16.12.10 (3) 〈광고〉	우미관 12월 9일자와 동일
16.12.12 (4) 〈광고〉	우미관 12월 9일자와 동일
16.12.13 (4) 〈광고〉	우미관 12월 9일자와 동일
16.12.14 (1) 〈광고〉	우미관 12월 9일자와 동일
16.12.15 (4) 〈광고〉	우미관 12월 9일자와 동일
16.12.16 (4) 〈광고〉	우미관 12월 9일자와 동일
16.12.17 (4) 〈광고〉	◉ 十二月 十四日브터 특별대사진 ― 태서대대활극　야구미　전오권 금야(今夜) 구주전란의 결과 일본에셔 수입하ᄂᆞᆫ 「후이룸」은 미국

이 독유(獨有)할 뿐이라 차시(此時)롤 당ᄒᆞ야 본관은 미국에 재(在)
ᄒᆞᆫ 활동사진의 유일무이ᄒᆞᆫ 대회사인 「유니바사루」회사(자본금 오
억만원으로 미국의 활동사진 「후이룸」제조회사 십칠회사를 합병
ᄒᆞ고 피(彼) 명보(名寶)와 흑상(黑箱)등을 제조ᄒᆞᆫ 회사) 동양 총대
리점 된 동경 「유니바−사루, 히리마」상회와 조속히 특약을 체결
ᄒᆞ고 본일(本日)로 위시ᄒᆞ야 전부 동사(同社)의 봉절사진을 상장
(上場)홈은 타관(他舘)에 유례가 무(無)ᄒᆞ고 본관이 독유(獨有)홀 뿐
이오니 차(此)가 전혀 관객 제현의 평소 애고(愛顧)ᄒᆞ야 주신 결과
로셔 기(其) 감사홈을 일필난기(一筆難記)로쇼이다 앙걸복망(仰乞
伏望)ᄒᆞ오니 배구애호(倍舊愛護)ᄒᆞ샤 속속 내관지영(來舘之榮)을
사(賜)ᄒᆞ심을 복망복망ᄒᆞ나이다 근백(謹白)
경성 장교통
電 二三二六
우미관

16.12.19 (1)
〈광고〉

우미관 12월 17일자와 동일

16.12.20 (4)
〈광고〉

◉ 十二月 十四日브터
특별대사진
一 태서대대활극　야구미　전오권
경성 장교통
電 二三二六
우미관

16.12.21 (4)
〈광고〉

◉ 十二月 二十日브터
특별대사진
一 태서대대활극　한의 금화　전오권
一 태서대활희극　빙의 화(氷의 禍)　전이권
기타 실사 희극 등
경성 장교통

電 二三二六
우미관

16.12.22 (4)
〈광고〉

우미관 12월 21일자와 동일

16.12.23 (3)
활변(活辯)의
자살미수 /
싱활곤난으로

인천 룡리 최지계의 집에 잇는 우정식「仁川 龍里 崔載繼 方 禹正植」(二十七)은 경성 인천 등의 활동ᄉ진관의 변소로 다니던 터인 디 요ᄉ히 일으러 수입이 감ᄒ야 한 집의 호구가 곤난ᄒ던 즁 겸ᄒ야 그 쳐 김졍ᄌ「金正子」(二十二)와 동거ᄒ야 오나 가난호 형셰는 더욱 심홈으로 드듸여 지나간 십팔일 오후 여섯시 경에 ᄌ긔 집에셔 양지물을 먹고 ᄌ살코져 ᄒ엿ᄂ디 맛잠니 쥭지도 안코 비상히 고민ᄒᄂ 것을 집안 사롬이 발견ᄒ고 목하 소챵병원에 입원 치료 즁이라더라

16.12.23 (4)
〈광고〉

우미관 12월 21일자와 동일

16.12.24 (4)
〈광고〉

우미관 12월 21일자와 동일

16.12.26 (4)
〈광고〉

우미관 12월 21일자와 동일

16.12.27 (4)
〈광고〉

◉ 十二月 二十六日브터
특별대사진
一 태서대대활극　쾌한(快漢) 란돈　전오권
一 태서대활희극　빌군(君) 조승(助勝)
기타 실사 희극 등
경성 장교통
電 二三二六

우미관

16.12.28 (4)
〈광고〉
우미관 12월 27일자와 동일

16.12.29 (4)
〈광고〉
우미관 12월 27일자와 동일

砲兵工廠員의 入京

◉ 慶源守備隊出動

▲ 國境 重大事件

新郎차져 萬里他鄕

● 須美須氏入京

◉ 二千錢銀行票

◉ 倭舘火災後報

◉ 九週年紀念 光武臺

● 惨死호 女子

● 老人, 女子, 酔漢

1916년까지 지속적으로 광고란에 게재되던 우미관의 활동사진 광고는 1917년 1월 18일 이후로 오랫동안 실리지 않았다. 그 대신 황금관, 유락관, 종로중앙청년회, 중앙기독교청년회 등의 극장, 단체의 활동사진 상영 관련 내용이 가끔씩이나마 광고란 및 기사란을 채우곤 하였다. 우미관은 미국 유니버설사의 〈수혼(獸魂)〉이라는 작품을 전체 30권 가운데 제6권을 상영한다는 광고를 1월 1일부터 1월 7일까지, 제4권을 상영한다는 광고를 1월 9일부터 1월 18일까지 광고란에 실었는데, 이 작품을 보통 전 2~3권 정도의 다른 활동사진들과 함께 상영하였다.

2월 4일자 3면에는 종로중앙청년회의 활동사진상영회 관련 기사가 게재되었다. 황금관은 3월 2일 〈사란보오〉, 3월 16일 〈갈로스〉의 광고를 내보냈다. 한편 황금관을 경영하던 조천연예부가 유락관을 인수한 기념으로 4월 6일부터 3일간 상영한 〈가비리아〉의 광고가 4월 3일, 6일, 7일에 크게 실렸고 관련 기사도 4월 1일과 8일에 게재되었다. 5월에는 황금관, 종로중앙청년회의 활동사진 상영 소식이 차례로 6일, 24일, 30일에 기사로 전해졌다. 6월 5일자 3면과 6월 7일자 3면에는 이전에《매일신보》에 연재되어 인기를 얻었던 소설 〈형제〉가 〈과거의 죄〉라는 영화로 만들어져 황금관에서 대성황을 이루었다는 기사가 게재되었다. 또한 7월 11일에는 유락관의 활동사진 상영 관련 광고 및 기사가, 8월 1일에는 황금관의 활동사진 상영 관련 광고가, 8월 2일, 9월 2일, 10월 11일에는 황금관의 활동사진 관련 기사가 실리기도 하였다. 그러다가 11월 6일부터 우미관의 활동사진 광고가 다시 정기적으로 실리기 시작하였는데, 프로그램 교환 주기는 대개 5~10일이었고 상영편수는 1작품에서 4~5작품에 이르기까지 다양하였다.

극장이나 극단 관련 여타 소식도 간간이 전해졌다. 그 가운데서도 개량단이라는 극단이 고대소설 〈장화홍련전〉을 신파로 꾸며 공연한다는 내용의 2월 25일자 3면 기사, 해성단이라는 극단이 조직되어 단성사에서 공연한다는 내용의 5월 17일자 3면 기사, 광무대 창립 9주년을 맞이하여 9월 17일에 기념 연극을 더욱 개량한다는 내용의 9월 15일자 3면 기사, 원산의 활동사진관 가무기좌가 화재로 연소되었다는 내용의 11월 23일자 3면 기사 등이 눈에 띈다.

1916년에 이어 1917년에도 활동사진이나 활동사진관 등에 대한 독자투고는 없었지만 외국의 활동사진 관련 이야기 거리를 소개하는 글이 간간이 실렸다. 2월 13일자 3면 〈동서남북〉란은 찰리 채플린이나 더글러스 페어뱅크스 등 유명 활동사진 배우의 수입이 미국의 주요 정치가와 사업가의 수입보다 월등히 많다고 소개하였고, 4월 26일자 3면 〈붓방아〉란은 미국의 한 활동사진회사가 2월혁명으로 폐위된 전 러시아 황제 니콜라이 2세에게 활동사진 배우 제의를 하였다고 전하였다.

17.01.01 (3)
신년의 각 극장 /
시회의 연극장 구경

대정 오년 묵은 히가 다 넘어가고 시로히 대정 육년 신츈 정월을 경수롭게 맛게 되얏슴으로 구년 늬 경긔가 미미ᄒ게 지늬오던 경성의 각 일션인 흥힝주들은 일월 하로날부터 특별ᄒᆞᆫ 연극으로 관긕을 만죡히 홀 방칙을 고심으로 강구ᄒᆞ야 별별장식과 간판의 의장도 젼에 못보던 쇠치를 늬엿ᄂᆞ듸 이에 신츈 정월의 연예계소식을 일반에 소기ᄒᆞ건듸

光武臺「광무듸」 신구파의 연극을 흥힝ᄒᆞᄂᆞᆫ 바 소ᄌᆡ장이의 숙방울 기타 쌍줄과 이십여쳑 소ᄌᆡ 우에셔 각죵 지죠 이외 명챵 박춘ᄌᆡ 일힝의 익살스러운 가무요 신파 예뎨ᄂᆞᆫ 비극 오호텬명(오호천명) 젼팔막으로 흥힝ᄒᆞᆫ다ᄒᆞ며

優美舘(우미관) 활동사진 상설의 ＊＊＊젼문인 우미관에셔 영ᄉᆞ할 ᄉᆞ진은 태서대대활극 슈혼「獸魂」 젼삼십권 늬 육권을 영ᄉᆞ홀 터인듸 참신ᄒᆞᆫ ᄉᆞ진이오 기타 실ᄉᆞ 희극 골계 등이 잇고 오일ᄭᅡ지 쥬야 영ᄉᆞᄒᆞᆫ다더라

17.01.01 (3)
〈광고〉

17.01.01 (신년호 제5-1) 〈광고〉	하정(賀正) 경성 황금정 황금유원내 조선구파연극원조 광무대 박승필 일행
17.01.03 (2) 〈광고〉	특별대사진 미국 유니바살 회사 특작품 一 태서대대활극　수혼(獸魂)　전삼십권 내의 육권 一 태서활극　삼(森)의 유령　전이권 경성 관철동 미국 유니바슬 하라마 상회 특약점 우미관 전화 二三二六번
17.01.03 (3) 신년의 각 극장 / 쵸져녁부터 만원	묵은 히롤 다 보너고 시히롤 질겁게 맛눈 대졍 륙년 일월 하로날은 일긔ᄭᅡ지 ᄶᅵ긋ᄒᆞ고 죠왓슴으로 일션인의 셰비낏은 일은 ᄋᆞ참부터 길이 복잡ᄒᆞ도록 왕릭ᄒᆞ야 만면의 회식과 도쇼에 취흥이 도도ᄒᆞ야 왼 시니가 환락 디경을 일우엇눈딕 더욱 밤이 되미 초성의 달은 구름 속에 숨어 빗초이눈 품이 가위 봄철의 으스름 달밤이더라 시 니 각 연극쟝의 취군ᄒᆞ눈 호젹소릭도 ᄯᅩ흔 시히의 시쇼리라 연극쟝 에셔도 시히에눈 특히 ᄌᆞ미잇눈 흥힝을 ᄒᆞ고ᄌᆞ 미리 쥰비되얏고 관룸낏 될 사룸들도 마ᄋᆞᆷ 됴코 한가흔 ᄯᅢ를 당ᄒᆞ야 삼삼오오히 구 경을 나가게 되얏슴으로 각 연극쟝은 쵸져녁부터 만원의 성황을 이루엇더라
17.01.05 (1) 〈광고〉	우미관 1월 3일자와 동일

1917년

17.01.07 (4) 〈광고〉	우미관 1월 3일자와 동일

17.01.09 (3)
〈광고〉

특별대사진

미국 유니바-사루 회사 특작품

一 태서대대활극　수혼(獸魂)　전삼십권 내의 사권

기타 활극, 희극, 실사 등 수종

재고(再告)

본관은 관객 제사(諸士)의 후훈 동정(同情)을 만일(萬一)이라두 보(報)키 위ᄒ야 회본사(回本社)에셔 기증을 수(受)ᄒ 「기찌구레」「후레데릿구」의 사진을 래 八日로부터 十二日ᄭ지 오일간으로 무루 진정(無漏進呈)ᄒ겟습

경성 관철동

미국 유니바솔 하라마 상회 특약점

우미관

전화 二三二六번

17.01.10 (3) 〈광고〉	우미관 1월 9일자와 동일
17.01.11 (4) 〈광고〉	우미관 1월 9일자와 동일
17.01.12 (4) 〈광고〉	우미관 1월 9일자와 동일
17.01.13 (4) 〈광고〉	우미관 1월 9일자와 동일
17.01.14 (4) 〈광고〉	우미관 1월 9일자와 동일

17.01.16 (4) 〈광고〉	一月 十五日브터 특별대사진 一 대활극의 대왕　수혼(獸魂)　제삼차 전사권 一 태서대비극　애의 곡(愛의 曲)　전삼권 기타 희극 실사 등 경성 관철동 전 二三二六번 優美舘
17.01.17 (1) 〈광고〉	우미관 1월 16일자와 동일
17.01.18 (4) 〈광고〉	우미관 1월 16일자와 동일
17.02.04 (3) **청년회의** **「활동사진회」/** **오는 월요일에**	죵로즁앙쳥년회에셔는 오는 오일 「월요」 하오 칠시부터 활동샤진회를 열고 ᄌ미잇는 활동샤진을 영사홀 터이라는디 회원가족은 입장료 십전 회원 안인 사룸에는 십오젼식을 밧고 입장케 홀 터이라더라
17.02.04 (3) **구파비우의 연극**	경성구파비우죠합 일힝은 지난 일일부터 단성사에셔 신구파 연극으로 흥힝 즁이라는디 구연극이 맛친 뒤에는 날마다 다른 각본의 신파로써 흥힝을 ᄒ야 환영을 밧는다더라
17.02.13 (3) **[동셔남북]**	◆ 대통령과 활동배우 활동비우는 일년 일빅수십만원 ……미국 대통령은 일년에 수당금 십오만원…… 사룸의 공명은 대통령이 안이라 대도독이 안이라 실로 활동사진 비우이라 ᄒ는 것이 미국의 요ᄉ히 모양이라 「챠리-, 차푸링」이라던지 「다그라스, 폐방스」 등의 유명훈 활동샤진 비우들은 멀리

조선에까지 들리운 일흠이라, 그러면 이러한

◇ 활동샤진비우　들이 얼마나 돈을 버는지 아러에 긔록흔 바를 보면 미우 놀날 것이라 활동사진회사에셔는 동업자와 경징흐는 관계로 죠흔 비우를 쎄앗기지 안코 추추로 비우의게 쥬는 돈을 도도아셔 아모조록 잡아두기는 흐지만은 나죵에 이 싸둛으로 세음이 드러셔지 못흐야 불가불 파산을 흐고 고용계약을 삭져바라는 슈밧게 업다고 닉용으로 의론흐는 쟈도 잇다는 평판이라

위션 활동사진 비우의 버는 돈으로 말흐면 「차－리, 챠푸린」이 일년에 일빅삼십소만원 「마－리, 픽포－드」가 일년에 칠십삼민원이오 「이－, 에춰, 사샤－시」가 셕달에 이십소만원이오 「피리－, 파－크」가 반년에 이십만원이오 「쪼－루푸, 홈파－」가 일년에 이십오만원이오 「다구라스, 페방스」가 일년에 이십만이쳔팔빅원이라

그중에 「사샤－시」는 보통 극장에 나온 유명흔 비우인디 사진 셕장을 박이기 위흐야 우에 긔록흔 이십소만의 급료를 요구흐얏고 「피리－파－크」는

◇ 미인으로 유명　혼 녀쟈인디 미인이라는 밋쳔으로 그만콤을 벌 수가 잇고 「페방스」는 삼년 계약으로 고용되야 쳐음 륙기월 동안은 일쥬일에 소쳔원이오 다음 륙기월에는 한 쥬일에 소쳔소빅오십원으로 흐야 여셧달마다 올려가는 약조이라

우에 말흔 활동샤진비우의 급료를 비교흐기 위흐야 미국의 약간 중요흔 관리와 샹업가의 봉급을 보면 양철통반찬회사장이 「위일손」이 일년에 이십오만원이오 대통령 「위일손」씨가 일년 십오만원이오 뉴욕즁앙철도회샤댱 「스미스」가 일년 십만원이오 대심원셩 「화이트」가 일년 삼만원이오 부통령 「마－샤일」씨가 일년 이만소쳔원이오 뉴욕쥬지스 「위트만」도 일년 이만사쳔원이라

쏘 활동사진 뿐 안이라 보통의 극장 기타 구경터에 출입흐는 광대 가긱 륜긱들도

◇ 미우 만흔 급료를　엇는디 이러흔 쟈들은 일년 즁에 만히 버는 쌔도 잇고 젹게 버는 쌔도 잇는 고로 활동샤진 비우와 갓치 소쳘 두고 수입이 만치는 안이흔 고로 뎨일 조흔 것은 그즁에도 활동사진이라

비우 가긱 륜긱 등의 급료를 보면 「에랑고 카루－소」가 일년에 륙십만원 「존마쇼코믁크」가 류셩긔 쇼리만 넛는디 일년 이십오만원

이오 「파-라」가 무뎌에 한 번 나오는딕 삼쳔원이오 「안나가 일쥬일에 팔쳔원이오 에부다」와 「리리안」이 일쥬일에 스쳔팔빅원이라 무론 비우의 급료라 ᄒᆞᄂᆞᆫ 것은 미우 거짓말이 만타 홈으로 우에 긔록ᄒᆞᆫ 바를 그더로 밋ᄂᆞᆫ 것은 너무 졍직ᄒᆞᆯᄂᆞᆫ지 알 수 업스나 그러나 아지못게라

◇ 반에 반분으로 조려도 실로 엄쳥난 것이라 엇던 이빅동이가 한 달에 오십원을 먹ᄂᆞᆫ다고 놀나고 김챵환이가 류셩긔에 쇼리를 넛코 쳔원을 밧앗다고 놀라던 사롭은 이것을 보고 마음이 엇더ᄒᆞᆫ가

17.02.13 (3)
부형모자
(父兄母姉)
팔백여명 /
ᄭᅳᆫ칠 시 업ᄂᆞᆫ
박수의 소리

창셩동 사립 진명녀ᄌᆞ고등보통ᄒᆞᆨ교「昌成洞 私立 進明女子高等普通學校」에셔ᄂᆞᆫ 지나간 십일 오후 일곱시부터 그 학교 안에셔 부형모쟈회「父兄母姉會」를 열엇ᄂᆞᆫ딕 당일은 각 학셩의 부모ᄌᆞ미가 ᄉᆞ방으로 모혀들어 ᄉᆞ십여간 되ᄂᆞᆫ 대강당이 일곱시에 일으기 젼에 만원되야

▲ 송곳 세을 터가 업시 되얏ᄂᆞᆫ딕 그 샤롭의 슈효ᄂᆞᆫ 칠팔빅명에 갓가왓스며 졍ᄒᆞᆫ 시간 일곱 졈에 일으미 부교장 소삼언치「小杉彦治」씨ᄂᆞᆫ 단샹에 올나 오날날 긔회ᄒᆞᆫ 취지를 셜명ᄒᆞᆨ고 보통과 ᄉᆞ년급 셩도의 챵가가 잇셧스며 본과 삼년급 셩도도 두 사롭은 국어로 금강산에 딕ᄒᆞᆫ 이약이를 랑랑ᄒᆞᆫ 목소리로 십분 동안이 계쇽 ᄒᆞᆫ 후 셩도 한 샤롭은 조션말로 번역ᄒᆞ얏ᄂᆞᆫ딕 그 후에 비로쇼 텰도국 활동샤진반에셔 출장ᄒᆞ야 가지고 온 환등과

▲ 활동사진이 시작 되얏더라 환등의 빗쵸이ᄂᆞᆫ 것은 조션텰도연션의 풍경과 금강산의 풍경 니디 각디의 됴ᄒᆞᆫ 경치와 ᄉᆞ시의 쏫가 잇셧ᄂᆞᆫ딕 식식으로 고흔 빗이 흰 포장에 빗쵸일 졔마다 여러 샤롭들의 박수ᄒᆞᄂᆞᆫ 소리ᄂᆞᆫ 강당이 움죽움죽ᄒᆞ게 들네이며 다시 활동샤진을 밧고아 ᄭᅵᆯ 동안에ᄂᆞᆫ 학셩들의 교육담화와 챵가가 잇셧스며 활동샤진에 영ᄉᆞᄒᆞᄂᆞᆫ 것은 죠션총독부 의원과 동물원 인쳔 항구의 경치 긔셩의 츔 공진회의 실경과 비힝긔와 그 외

▲ 셩도의 챵가와 담화 이며 러빈의 담화가 잇셔 무젼ᄒᆞᆫ 셩황을 일우엇슬 뿐 안이라 당일에 모히엿던 학부형 모ᄌᆞ 등은 극히 만족ᄒᆞᆫ 얼골로 늣도록 구경ᄒᆞ다가 거의 열두뎜이나 되야 파ᄒᆞ얏더라

17.02.25 (3)
구파비우의 신파극

지금 단성샤에셔 기연ᄒᄂᆫ 신구극 기량단「改良團」 일ᄒᆡᆼ은 고디쇼셜 장화홍련젼을 신파로 쑴여 그동안 실습을 다맛치고 이십ᄉᆞ일부터 흥ᄒᆡᆼ을 ᄒᆞᆫ다ᄂᆞᆫ디 미우 ᄌᆞ미가 잇다더라

17.03.02 (4)
〈광고〉

황금정 사정목
황금유원내
황금관
규스다—후로벨씨 원작
파스구아구회사 대표적 영화
사극(史劇) 사란보오
전구권
▲ 촬영비 삼십만원
▲ 출연배우 팔천인
권위유장호(權威有丈豪)의 수(手)로 성(成)ᄒᆞᆫ 세계적 명화(名畵)ᄂᆞᆫ 본일(三月 一日)브터 황금관의 무대에 입장ᄒᆞ야 견(見)ᄒᆞ시오 유명ᄒᆞᆫ 대사극
관람료 본주(本週)에 한ᄒᆞ야
일등 오십전 이등 삼십전
삼등 십오전 학생 군인 삼등 오전

17.03.03 (4)
〈광고〉

황금관 3월 2일자와 동일

17.03.04 (4)
〈광고〉

황금관 3월 2일자와 동일

17.03.06 (4)
〈광고〉

황금관 3월 2일자와 동일

17.03.07 (4)
〈광고〉

황금관 3월 2일자와 동일

17.03.08 (4)
〈광고〉

황금관 3월 2일자와 동일

17.03.09 (4)
〈광고〉

황금관 3월 2일자와 동일

17.03.16 (2)
〈광고〉

당 三月 十四日브터

특별대흥행

부산조선시보 기타 각지 신문에 연재되야 천하의

이목을 경도(驚倒)ᄒ고 반도의 인심을 한랭케 ᄒᆫ

◼ 울산 백골사건의 진상!!

대정(大正)미담　문명의 복수

연쇄 실연(實演)　울산 조인부락(朝人部落)　주막의 장(場)　부산

지방법원 공판정의 장

◇ 문(聞)ᄒ라 야음에 향(響)ᄒᄂᆫ 비애의 조선속요롤!

◇ 견(見)ᄒ라 울산에 매(埋)ᄒᆫ 대화하반(大和河畔)의 대비참사(大

悲慘事)를 ‖

―(파란중첩곡절(波瀾重疊曲折)에 당ᄒᆫ＝울산 백골사건의 경로)―

허영에 동경ᄒ야 음분(淫奔)이 극(極)ᄒᆫ 후처 정자(政子)의 애(愛)

ᄂᆫ 「냉풍」이 되야 장길(長吉)(판본(阪本))을 울산에 추(追)ᄒ니 가

련ᄒ다 연와제조(煉瓦製造)에 오천원의 자본은 오유(烏有)에 귀

(歸)ᄒ얏고 부모의 제지를 송풍(松風)으로 청(聽)ᄒ면셔 이천원을

휴대ᄒ고 농사경영과 산촌전전(山村田畑) 매점에 선인(鮮人) 상대

의 화식(貨殖)은 요행으로 득책(得策)되야 미급반세(未及半歲)에

수만의 부적(富積)ᄒ고 기야냉적(幾夜冷寂)ᄒᆫ 고독의 규(閨)에 부

자연의 억제를 중첩ᄒ얏ᄂᆫ디 육(肉)의 향(香)에 기(飢)ᄒᆫ 피(彼)ᄂᆫ

주-녀-(酒-女-)와 영화(榮華)의 몽로(夢路)를 파(破)ᄒ기 시작ᄒ

니 부정ᄒᆫ 피(彼) 수대칠태랑(手代七太郎)(장판(長阪))은 피(彼)가

주색에 황(荒)ᄒ야 시욕(時慾)의 세계에 주(走)ᄒ얏다

중원의 녹요부(鹿妖婦) 다가를 사락(射落)ᄒ랴고 주종의 간(間)에

「련의 초당(戀의 鞘當)」은 연출되야 자(玆)에 무단(無端)ᄒ나 「비극

의 서막」은 절락(切落)되다

시(時)ᄂᆫ 명치 사십사년 증서(蒸暑) 七月의 석모(夕暮) 원길(源吉)

은 칠태랑에 태도어(太刀魚)를 척부(脊負)ㅎ고 장생포로브터 귀(歸)혼 제쟁투(際爭鬪)는 주종의 간(間) 조반(繰返)된 「원의 근봉(怨의 根棒)」 진장(振揚)되니……애재(哀哉) 원길의 혼은 영(永)히 대화천반(大和川畔)에 미(迷)ㅎ다…………

원길이 대개의 「재산」을 횡령ㅎ고 신호(神戸)에 고귀(故歸)혼 칠태랑은 교묘히 판본(阪本) 일가를 기(欺)ㅎ얏스나 일종의 공포는 상시 피녀(彼女)를 습(襲)ㅎ다 酒…女…酒 여시(如是)ㅎ야 칠태랑은 민민(悶憫)홈를 탈주ㅎ라 ㅎ다 영리(怜悧)의 제(弟) 삼길(森吉)과 매(妹) 군강(君江)은 칠태랑을 치의(致疑)ㅎ기 위시(爲始)혼 복수-증거조사-고육의 책(苦肉의 策)은 이인(二人)의 간에 계획되다……하녀에 주입혼 군강은 칠태랑의 수(袖)로브터 형 원길의 수(首)와 인환(引換)의 「수정의 실인(實印)을 발견」ㅎ야 피녀(彼女)는 몽(夢)과 여(如)히 희(喜)ㅎ고 칠태랑은 구인되다…

신호(神戸) 검사정에셔 횡령과 원길 살(殺)을 자백혼 칠태랑은 부산지방법원에셔 「살인을 부인」ㅎ나 가경(可驚)혼 삼길과 군강은 무념의 혈산(血潸)을 낙담의 염(淵)에 원려(遠慮)업시 법(法)ㅎ다…복수의 염은 점차 견(堅)히 간(肝)이 심각되고 증거조사의 가련의 이인(二人)은 여립(旅立)………………………………………

공연히 소문이 고(高)혼 원길 살사건(殺事件)도 세월과 공(共)히 소(消)ㅎ다 악마 칠태랑의 형기도 후 수개월이 되야 위험히 방면되랴혼 시 의외에 이전의 대사건 발생ㅎ다 차(此)는 대정 四年의 五月 대홍수의 시(時) 대화천(大和川)은 범람ㅎ야 하자(何者)든지 부지(不知)ㅎ는 상반신 미란(糜爛)의 시체가 부상ㅎ다 삼길과 군강은 차(此) 백골의 「흑사치(黑死齒)」를 견(見)ㅎ고 형 원길이라도 규(叫)ㅎ다

차(此)는 성심(誠心) 소재라도 부산지방법원 검사국은 대활동을 기(起)ㅎ고 울산경찰서 수면에서 각성ㅎ다 의학상, 골상학상, 세월의 호(互)ㅎ야 수(遂)히 학리상 조사의 연구는 수성(遂成)되고 불가동(不可動)홀 증거는 수집되야 흉악 칠태랑은 형기가 만(滿)ㅎ야 감옥의 문를 출(出)ㅎ랴 ㅎ는 시(時) 살인죄의 영장은 집행되야 대정 六年 二月 九日브터 六日까[1]지 부산지방법원에셔 공판을 개

—— 1) 날짜가 오기인 듯하나 정확히 알 수는 없음.

(開)되야 「사형의 선고」는 엄히 흉악 칠태랑에 하(下)ㅎ얏다

형자(兄姉)는 여광여초(如狂如酢)히 희열ㅎ고 원길의 백골도 소(笑)ㅎ다

여사(如斯)히 전후 칠개년에 호(互) 울산의 괴사건도 가련ㅎ 형자가 활동ㅎ야 복수의 목적은 달(達)ㅎ고 완결의 막으로 폐ㅎ다

「오호라 기이ㅎ 천의 배＊(配＊)며」

■ 정국(丁國) 놀지스구회사

태서대탐정극　갈로스　전사권

차(此) 사진은 예의 유명ㅎ 미국제 명금 야로로에 비(此)ㅎ면 기(其) 이상의 일대 걸작인디 (놀지스구회사)가 다대의 촬영비를 투(投)ㅎ야 촬영ㅎ 자(者)라 일도어고마(一度御高魔)의 후(後)에 엄정ㅎ 비평을 망(望)홈

{평소의 애고(愛顧)에 주(酬)ㅎ기 위ㅎ야 보통요금으로 어관람(御觀覽)에 공(供)홈}

조천(早川)연예부

전화 二六三七번

황금관

견(見)ㅎ라 고상ㅎ 영업방침과 매사에 의＊(意＊)에 출＊(出＊)ㅎ는 조천연예부의 대활약을 견ㅎ라!

17.04.01 (3)
청년회 활동사진 /
사월 삼일 오후에

종로청년회관에는 일전에 미국으로부터 최신식의 활동사진영샤긔계가 도착ㅎ얏슴으로 리 삼일 오후 여덜시부터 활동사진회를 열고 구약 즁의 인물 「삼손」의 힝젹과 ᄋ동교육에 참고될 ᄉ진을 영샤ㅎ 터인디 그 입장료는 회원 오젼이오 회원 안인 사롬은 십젼이라더라

17.04.01 (3)
세계적의 걸작
대사진 /
「카비리아」
영수 본보독자의
우디

최근까지 황금유원 황금관의 경영에 힘을 다ᄒᆞ야 됴선 활동사진
계에 픠왕이라 일컷던 죠천연예부에서는 이번에 본뎡 일뎡목 빅
삼십 은힝 뒤에 잇는 유락관을 사가지고 크게 활동을 기시홀 터인
디 이번에 그 기시로 이터리 「이타라」 회샤

▲ 근년의 대걸작　으로 문호 「단눈치오」씨의 지은 문예샤진 「캬
비리아」를 닉여다가 수월 륙일부터 사흘 동안 유락관에서 공연홀
터이라 그 사진은 십이권 일만오쳔척의 댱쳑으로 「이탈라」 회사
가 빅만원의 비용을 더져셔 박힌 샤진인디 작년 수월에 횡빈평미
샹회가 동양에셔 영수ᄒᆞᄂᆞ 권리갑 이만오쳔원을 닉이고 수입ᄒᆞ야
다가 그 달 이십구일부터 오월십구일까지 횡빈 「오데온」좌에셔
공연ᄒᆞ야

▲ 죠흔 평판을 엇엇　고 그 뒤 오월이십 칠팔의 량일간 동경 뎨
국극쟝에셔 영샤ᄒᆞ얏더라 사진이 셰계에 유명훈 것 될 뿐 안이라
입쟝료도 또한 셰계에 시 긔록이 될 만큼 빗샤셔 영국 론돈에셔는
이십원을 밧엇고 동경의 뎨국극댱에셔 오원 횡빈에셔 삼원을 밧
앗더라 그 후 동경으로부터 대판 기타 닉디의 각 도시를 도라 활
동사진을 질겨ᄒᆞᄂᆞ 사룸에 환영을 밧앗는디 경성에셔는 그 사진
입댱료의 최뎌한도 되는 일등급 이원 이등 일원 삼등 오십젼의 뎌
렴훈 료금으로

▲ 삼일간 유락관　에 공연ᄒᆞ기로 된 바 본사에셔는 이 긔회에 독
쟈 졔위의 관람에 편리홀지 ᄒᆞᄂᆞ 약쇼훈 뜻으로 죠천연예부와 교
섭ᄒᆞ야 본지 독쟈에게는 활인우디권 「일등 일원 이등 륙십젼 삼
등 삼십젼」을 발힝ᄒᆞ야 분비ᄒᆞᄂᆞ 이외에 그 사진의의 닉용도 보도
ᄒᆞ기로 ᄒᆞ얏더라

17.04.03 (2)
〈광고〉

세계 일(一)의 대사진! 미증유의 대걸작!

문호 카부렛시에, 다눈지오씨 불후의 작

이태리 이다라회사가 세계에 과(誇)호

문예고전극

가비리아

전십이권 삼만척

설명자

응원으로 천활(天活)회사 변사장 궁원보(宮原保) 출연

조천(早川)연예부 양극부 담당주임 박전반효(薄專半曉)

동(同) 주임변사 남향공리(南鄕公利)

촬영비 오십만원! 열일(閱日) 만대개년(滿臺個年)‥

출연배우 이만인! 性サろローマ央

낭(曩)에 제국극장에 공개호야 만도(滿都)를 진해(震駭)케 혼 진가 백만원의 대사진 가비리아는 금회 조천연예부가 다대혼 노력과 희생혼 불(拂)호야 기(其) 영사권을 획득호야 유락관에서 삼일간 한(限) 공개홈

영경(英京) 륜돈(倫敦)에셔 최저 이방(二磅)(이십원) 제국극장에셔 오원 대판(大阪) 각좌(角座)에서 삼원의 입장료로써 공개혼 가비리 아는 문화의 진수를 발휘호야 진(盡)혼 대사진인 사(事)를 보증홈 문(聞)호시오?

이다라회사가 십만법(十万法)을 투(投)호야 낙찰혼 타눈지오씨의 걸작인더 유명혼 작곡가 만리오맛아씨의게 일만원의 작곡료를 불(拂)호야 가사를 작(作)호고 차(次)에 백만법(百万法)의 현금을 투(投)호야 고(高) 삼십장의 모릇고대성전을 건축호고 세계의 부와 시(時)와 노력을 진(盡)혼 대사진이라

관람료

특등 어일명(御一名) 금이원

일등 동(同) 금일원

이등 동 금오십전

내지 각지(各地)에셔는 시학관(視學官)의 수(手)를 경(經)호야 학생 제군의 단체관람을 호얏더라

학생군인은 주간흥행에 한호야 특히

일등 오십전

이등 삼십전

삼등 이십전

○ 혼잡을 피흐기 위흐야 시내 각소에 발매소를 설(設)흠 입장자

에 제한이 유(有)흐야 매절흐기 전에 매입흐심을 망(望)흠

경성 본정 이정목 대판옥(大阪屋)서점

동 본정 삼정목 우즈보야서점

동 앵정정 일정목 조천연예부본점

명예흥행

조천연예부 직영

유락관

전화 二○五 五九七 번

17.04.03 (3)　　활동사진 광고
〈광고〉

四月 三日 하오 팔시에 구약 인물 삼손의 행적과 아동교육의 참고

사진을 촬사(撮寫)흐겟사오니 제위(諸位)는 다수 내람(來覽)흐시옵

입장료

본회원은 오전

비회원은 십전

중앙기독교청년회

17.04.06 (2)　　유락관 4월 3일자와 동일
〈광고〉

17.04.07 (1)　　▣ 세계의 대사진!
〈광고〉

▣ 미증유의 걸작!

문예고전극

가비리아

전십이권 삼만척

공개일수 단축

낭(曩)에 제국극장 기지(其他)에 공개흐야 만도(滿都)를 진해(震駭)

흔 진가 백만원의 대사진『가비리아』는 최초 예정 六, 七, 八 삼일

간으로는 도저(到底) 경성에 재(在)호 관객 각위의 만족를 득(得)호기 불가능홈으로써 경(更)히 四月 九日싸지 사일간 공개홀 예정인 바 천활회사에서 타(他)의 공개지에 형편상 연기 불가능임으로써 유감만천(萬千)이나 좌(左)의 삼일간에 한호야

주야공개
四月 六日 (금요일)
四月 七日 (토요일)
四月 六日 (일요일)

17.04.08 (3)
「가비리아」호평 /
기관호며 곳 만원
연긔는 안이혼다

륙일 정오부터 유락관에셔 기명홀 예뎡이던 「가비리아」는 동일 오젼에 시니 송뎐이 즁지된 싸닭으로 오젼 즁 총감부에 검열을 밧지 못호야 륙일 쥬간의 기장은 못되야 오후 륙시부터 기장호얏는 바 기관 후 미구에 만원이 되얏스며 관긱 즁에는 됴션 쳥년들도 다슈히 입장호얏더라 또 구일싸지 하로 동안 연긔홀 예뎡이던 바 니디 계약디에셔 지촉이 심호야 연긔치 안이호고 팔일싸지 삼일간만 기장홀 터이라더라

17.04.26 (3)
[붓방아]

미국의 한 활동샤진회샤에서는 로국 폐위된 황뎨의게 디호야 일쥬일 동안 일만원의 보슈를 니일 터이니 활동샤진 박히는 비우가 되야달나고 쳥구를 호얏다고 ▲ 엇그졔싸지 텬하강국의 황뎨로 슈빅억원의 지산을 가져셔 셰계 뎨일의 부귀를 겸젼호던 「니코라스」 이셰 폐하가 활동사진 비우 되라는 권고를 밧단말가 비참혼 것은 로국 황실의 말로

17.05.06 (3)
이대 사진영사 /
오일부터 황금관에
본지 독쟈와 활인권

황금유원의 황금관에셔는 이번에 특별흥힝으로 오는 오일부터 나흘 동안 「암부로지오」 회샤의 걸작사진 「베니스의 고흔 피」라는 일만오쳔쳑의 사진을 영수홀 터인디 이 사진은 유명혼 대소원의 수용허가를 엇어셔 그 곳을 비경으로 박은 것인 바 니디 도쳐에서 대갈치를 밧앗스며 또 그 외에 사회극 「레드 베아도」롤 영수홀 터인디 두 가지의 큰 사진을 뎨공호기 위호야 이번에는 일등 오십

젼, 이등 삼십젼, 삼등 십오젼의 입쟝료롤 밧기로 ᄒᆞ얏스나 본보 독쟈의게는 활인권을 발힝ᄒᆞ야 활인우뒤권을 가지고 가는 이의게 는 일등 삼십젼, 이등 이십젼, 삼등 십젼의 보통입쟝료로 입쟝을 ᄒᆞ게 되얏더라

17.05.17 (3)
단성사에 히셩단

요ᄉᆞ히 히셩난 일힝「海星團 一行」라는 것이 죠직되야 가지고 기슐 에 슉달ᄒᆞᆫ 비우 삼십명이 련합ᄒᆞ야 십륙일브터 동구 안 단셩사에 셔 ᄌᆞ미 잇는각쇠각본을 가리여 츌연ᄒᆞᆫ다더라

17.05.24 (3)
유락관에 대사진 /
이십이일브터
십일간 본지
독자의 각등 반익

경셩 본뎡 유락관에셔는 이십이일브터 특별대흥힝으로 젼부 시 사진을 밧고얏는뒤 이번에는 특히 삼십일일ᄭᅡ지 열흘 동안 계쇽 ᄒᆞ야 ᄀᆞ흔 사진을 영사ᄒᆞ되 뎨일은 명금이니 쾌한 「로로-」와 아 울너 일컷는 련쇽대사진 「ᄌᆞ지복면」 젼부 삼십권의 댱쳑이오 그 외에 ᄌᆞ미 잇는 여러 가지 사진과 썻비아국 녀우 「루보푸」양도 이 번 쥬일ᄭᅡ지 츌연홀 터인뒤 일방로는 일등 륙십젼 이등 ᄉᆞ십젼 삼 등 이십젼이나 본보 이독쟈로 우뒤할인권을 지참ᄒᆞᆫ는 이의게는 각등 반익으로 입쟝케 ᄒᆞᆫ다더라

17.05.30 (3)
청년회에
「활동사진」 / 유명
ᄒᆞᆫ「스벡구드루」

죵로즁앙청년회에셔는 본월 삼십일일 「목요」 하오 팔시부터 동회 관 지게반 ᄋᆞ희들을 위ᄒᆞ야 활동사진 연주회를 기최홀 터이라는뒤 이번 사진은 「스벡구드루」라 ᄒᆞ야 일만 쳔의 댱쳑으로 유명ᄒᆞ 사 진이며 기타 실사의 여러 가지 사진이 잇다더라 입쟝로는 오십젼 이십젼의 두 가지이며 학싱과 동회원은 반익이라더라

17.06.05 (3)
「과거의 죄」 셩황 /
쇼셜「형뎨」와
ᄀᆞ흔 사진

년젼 본보에 게지ᄒᆞ야 미우 환영을 밧은 쇼셜 「형뎨」의 원본을 일 문으로 변역ᄒᆞ야 경셩일보에 게지ᄒᆞ얏던 「과거의 죄」는 활동사진 으로 촬영되야 요ᄉᆞ히 황금유원 황금관에셔 영사 즁 미원 만원의 셩황을 이루는뒤 의복 거쥬와 인명은 달나도 ᄉᆞ실은 형뎨와 조금 도 다름이 업다더라

17.06.07 (3)
「매일신보데-」
「과거의 죄」를 특별
대활인으로
관람케 호오 / 본샤
쥬최의 독자우디

긔보호 바와 곳치 련일 황금관「黃金館」에셔 영亽호던 「과거의 죄」 는 년젼에 본보에 긔지되야 호평을 드른 「형뎨」 쇼셜의 원본이며 사진으로도 역시 대환영을 밧는 즁이라 본사에셔는 이 쇼셜의 독 자 졔군에게 이 샤진도 쇼기호야 평일의 이고를 보답코즈 금 칠일 명 팔일의 잇틀 동안을 「매일신보데-」로 호고 일반 이독자에게 샤진관람료를 대활인호야 일등 亽십젼을 단 십젼에 이등 십오젼 을 단 오젼식을 밧기로 호얏스니 이 사진을 구경홈에는 더홀 수 업는 됴흔 긔회라 이독자 졔군은 누구이던지 잇틀 져녁에 황금 관을 가셔 특별대할인으로 관람호시요

17.06.17 (3)
광주에 예기조합 /
일반이 찬셩훈다

광쥬는 젼남에 수부인 고로 관민간 연회도 허다호고 송영도 허다 훈 바 연회셕샹에 쌔지지 못홀 예기죠합이 업셔 항상 불편호게 녁 이던 바이라 년젼에 광쥬품평회 썼에도 딕구셔 기성 십여명을 다 려온 고로 다딕훈 비용이 들엇고 또 금번 본사 젼남지국 락셩식에 도 젼쥬 기성 십여명이 출연되야 불소훈 비용이 든 터이라 만일 광쥬에 기성죠합이 잇셧더면 이러훈 폐단은 업슬거시오 쏘는 관 민간
▲ 죵죵훈 연회에 도 닉디 기성으로 손임을 위로호게 되는 것이 훈편으로는 유감이 잇던 터인딕 이번에 광쥬에셔 기성죠합을 셜 시케 되야 지원 기성이 발셔 십여인에 달호게 되얏다 이 동긔는 이번에 매일신보 지국 주최로 젼쥬예기 십여명을 불너셔 광쥬와 목포에 독즈위안회를 기최호얏는딕 광쥬에 뭇쳐잇는 그 젼 기성 들이 기탄히 싱각호고 닉 고을 위안회에 타관 기성이 출연케 되는 것은 붓그러운 일이라 호야 기성 봉란 옥힝 금홍 계향 옥도 히몽 츈 등의 발긔로 위안회에 무료로 출연호게 되얏는딕 젼주 기성과 일샹
▲ 경정이 일어나 셔 셔로 긔술를 닷투엇스나 젼쥬 기성은 다년 학습훈 가무가 막힐 것이 업스나 광주 기성은 쥰비가 업는 까닭에 법무 등은 젼주 기성을 짜르지 못호게 되얏는딕 이 원인은 조합이 업는 까닭이라 호야 광쥬에 유력훈 졍인츈씨를 압양셰우고 기성조 합 셜시를 발긔호얏는딕 관민이 모다 동졍을 표호고 그 젼 퇴기로 잇던 기성도 즈원호야 계약셔 등을 테결호고 일변으로 건장진단

1917년

을 밧으며 일변으로 *원 슈속에 착슈되얏는디
▲ 광쥬경찰셔도   십분 가샹히 싱국ᄒ야 미구에 허가가 사오게
되고 우션 셜비금은 박틱현씨가 무변으로 딕부ᄒ다 ᄒ고 미구에
조합창업연희를 열고 일반 유지 졔씨를 춤열케 ᄒ 후 란샹협의ᄒ
야 화복화관과 틀귀 등을 무역홀 챠로 샹경코조 ᄒ다 ᄒ며 이번
기셩의 죠합에 딕ᄒ야ᄂ 광쥬 유지 졔씨가 일심협찬ᄒ다더라

17.06.22 (3)
마술사 천일(天一)
/ 황금관에셔 흥힝

공진회 재 경셩에 와셔 대평판이던 뎐승의 큰집인 숑욱지뎐일「松
旭齋天一」일힝 륙십여명이 경셩에 드러와 황금관에셔 이십이일
브터 칠일간 흥힝ᄒ눈디 뎐일은 삼차 미국 가셔 연구ᄒ고온 뎐
승 이샹의 긔슐이며 대마슐 텰샹「鐵箱」에 딕ᄒ야ᄂ 그 방법을 발
견ᄒᄂ 자에게ᄂ 빅원짜리 금시계를 징여ᄒ다ᄂ 현샹부로 흥힝홀
터이라더라

17.07.11 (2)
〈광고〉

갈망ᄒ든 대사진 상장
세계적 명우 하─바─도, 스리─
경(卿)의 演ᄒ 천하일품의 걸작

	七월 十二일	목요
공개	七월 十三일	금요
	七월 十四일	토요
	七월 十五일	일요

사일간 한(限) 연기치 안이홈
매일 이회(주 오후 一時브터 야 오후 七時브터)
물경! 이백만원의 문예대사진
사소ᄒ 오십전으로 관람홈!!
▽ 륜돈(倫敦)에셔 최저 이방(二磅), 뉴육(紐育)에셔 최저 십불,
동경 제국극장에서 五圓의 관람료로써 공개ᄒ얏더라
■ 영국 대문호 사옹(沙翁)[2] 만년의 대저(大著)

사극 마구베스   전구권

◆ 활동지세계일(活動之世界日)에 「명우(名優) 출연의 활동사진극으로 특히 성공ᄒ 자—무(無)ᄒ 모양이나 차(此) 「마구벼스」 뿐은 스리—경(卿)의 백선백마(百銑百磨)의 공으로 성(成)ᄒ 자 만다 장면에도 진실로 인(人)을 매(魅)ᄒ 자 유(有)ᄒ니 수(殊)히 기(其) 연출법의 신미(新味)와 장면변화의 공부에 대ᄒ야 본방극계(本邦劇界)에 대ᄒ 절호의 참고품이오 우(又) 사옹극(沙翁劇) 연구자에 대ᄒ야 희세(稀世)의 보전진집(寶典珍什)이라 일반의 인인(人人)에도 여하히 마구벼스극이 명작이 유(有)ᄒ다는 사(事)를 흥미중심적으로 촬영되야 비상ᄒ 인기를 박(博)ᄒ얏더라

설명자

동경 소림(小淋)상회 변사장 흑택송성(黑澤松聲)

유락관 주임변사 남향공리(南鄕公利)

조천연예부 객원변사 구세춘도(久世春濤)

	특급	대인	군인 학생
관람료	일등	이원	사십전
	이등	일원	이십오전
	삼등	오십전	십오전

십이세 이하의 아동 등은 입장 거절

단(但) 어동반(御同伴)은 어수의(御隨意)로 홈

본 흥업 중 보통초대권 급(及) 입장권 어단(御斷)

동경 소림상회 만선(滿鮮) 일수(一手)대리점

미국 유니부야—살회사 특약

조천연예부 직영

전화 二〇五 五九七번

유락관

---

2) 셰익스피어.

1917년

17.07.11 (3)
명우의 연출호
사옹(沙翁)의
희극(戲劇) /
유명혼 활동샤진
「막구베쓰」의 공연

특별혼 샤진 잘 가져오기로 유명혼 죠쳔「무川」연예부에셔는 이번에 쏘 명예홍힝으로 세계뎍 문예샤진이라는 「셱스피아」의

◇ 희곡 「막구베쓰」 를 가져왓더라 이 샤진은 오는 십이일 십삼일 십스일 삼일 동안을 쥬야로 유락관에셔 영수홀 터이라더라 이 샤진은 일쥬일쯤 이젼에 이 셰샹을 쩌난 「데, 트리」가 쥬인공 「막구베쓰」로 분장호고 부하의 비우들과 갓치 츌연혼 것이라는더 「셱스피아」의 걸작은 「막구베쓰」라던지 「하무렛트」라던지 「뷔니쓰의 샹인」이라던지 「옷셰로」라던지 기타 무엇이던지

◇ 이 사롬이 안이면 만죡히 연츌홀 사롬이 업다고까지 호던 것인더 「쓰리-」가 쟉고혼 지금날 안져셔 실물과 다를 것 업는 활동샤진으로 「쓰리-」의 「막구베쓰」를 구경홈은 우연혼 일이 안이라 호겟다 쏘 이 샤진을 박이기 위호야는 비우의 봉급이며 무더쟝식 기타 여러 가지 셜비에 이빅만원의 거익을 더졋다혼 즉 기다랏케 셜명홀 것 업시

◇ 유명혼 샤진인 줄을 가히 알겟다 쏘 이왕 다른 도회에셔 밧던 입쟝료로 말홀지라도 영국 본돈에셔 최뎌가 삼「폰도」(약 이십원) 미국 뉴욕에셔 십「딸러」(약 이십원)의 입쟝료로를 밧엇고 금년 봄 동경에셔도 오원의 입쟝료로 공기혼 결과 련일 만원의 셩황이엿다 혼즉 미루어볼지라도 그 범속지 안이혼 줄을 가히 알겟더라 쏘 이 샤진은 대기 원문을 짜러 츙실호게 만드럿다 호니 쥬미가 잇슬 것이오

◇ 셜명 변소도 혹 샤진의 가치롤 감쇄홀가 념려호야 이번에 동경 소림상회로브터 변소쟝 흑퇵송셩「黑澤松聲」이라는 사롬이 츌쟝호야 왓슨즉 셜명을 잘못호야 쥬미업슬 념려는 업다 그러치만은 일본말을 아지 못호는 이에게는 쥬미가 좀 젹을가 념려혼다 요젼에 호평을 밧은 「기비리아」는 너무 신비뎍이라 호겟스나 이 「막구베쓰」는 그럿치도 안이호고 계통도 평명혼즉 일반이 알기 쉬울 듯호다

17.08.01 (1)
〈광고〉

량(凉)혼 관(舘)＝통쾌한 사진
미국 파데회사가 세계적 대현샹(大懸賞)으로 모집호야 다대혼 비용을 투(投)호고 촬영혼 연속대샤진 (전십오편)(삼십권)

기기괴괴　魔? 人?　호ᄒᆞ는 영(護ᄒᆞ는 影)　매주 사권 상장
일본천연색활동사진회사
동양일수(一手)권리부
본일브터 삼일간 상장
상영시간 {자(自) 九시 지(至) 十一시}
七月 三十一日
황금관

17.08.02 (3)
황금관에 특별사진

황금유원 황금관에셔는 요ᄉᆞ히 셩활곤난으로 대판셩 히ᄌᆞ에 ᄉᆞ모ᄌᆞ가 쌔져 죽은 ᄉᆞ실의 련쇄극 젼 오권과 기타 마귀인가 사롬인가 호위ᄒᆞ는 그림ᄌᆞ라는 련쇽대사진을 영사ᄒᆞᄂᆞ디 사진도 환영을 밧으며 셜명도 알기 쉬옵도록 ᄒᆞ야 됴션인 관긱이 만히 간다더라

17.08.10 (3)
소학생도의
살인강도 / 무셔운
활동사진의 악영향

일본 신사현 즁포원군 쇼즁뎡「新瀉縣 中蒲援郡 沼重町」 길가에서 지난 오일 즁에 삼호구평챠라는 사롬 부부를 참살ᄒᆞ 범인은 그 뒤의 혐의자로 구인ᄒᆞ 동디 소학싱도 이십여명 즁 고등이년급싱도 오십람총평「五十嵐惣平」(十五)을 수괴로 ᄒᆞ고 기타 십삼셰 심상륙년급싱도 다셧명인 줄을 알엇는디, 쏘 륙월 즁 신사시 합뎐신ᄐᆡ랑「合田新太郎」이라는 사롬의 한집안 식구 ＊명을 참살ᄒᆞ 범인도 그 ᄋᆡ히들인 줄을 판명ᄒᆞ얏더라 그러ᄒᆞ디 이와갓치된 동긔는 활동사진의 됴치 못ᄒᆞ 영향이라 ᄒᆞ며 쏘 이 ᄋᆡ히들은 항샹 졀도질을 ᄒᆞ야 군것질ᄒᆞ기가 일이엿다 ᄒᆞ니 놀납지 안이ᄒᆞᆫ가「대판 특뎐」

17.08.30 (3)
참가ㅎ라 관월회
(觀月會)에 / 한강
의 강상명월, 홍릉
의 산간명월 가을날
의 반야청흥……이
에셔 더 됴흘 바이
어듸 잇슬가

▨ 시외 활동사진당에 간다　　사진장은 뎡거쟝에셔 불원훈 송림 아러인디 잔듸풀은 다부룩ㅎ야 풀방석에 안기도 죠흐며 또 사면을 바라보게 된 곳인 고로 관원장에도 뎍당ㅎ다 그곳에서 유쾌훈 활동사진을 여러 가지 영사ㅎ며 좌우에는 각종 미뎜이 느러 잇셔 손을 기다린다 일동이 마음디로 반밤을 잘 놀다가 희산ㅎ야 드러올 터인디 회비는 겨우 삼십오젼(십이셰 미만은 이십젼)으로 긔챠 뎐챠삭은 쥬최쟈편의 담당이라 참 (후략)

17.09.02 (3)
황금유원의 시 소진

경성 황금유원 안 황금관「黃金館」에는 요소이 주미 잇는 활동소진을 영소ㅎ기 쌔문에 닉션인 관람주가 밤마다 답지ㅎ다는디 이번 시 소진은 실로 처음 보는 것이라더라

17.09.07 (3)
해주의 독자 위안 /
구파연극으로

구파연극 신청일 일힝「申淸一 一行」은 지난달 이십일 경부터 희쥬좌에서 십여일 동안 흥힝ㅎ는 즁 미일신보 지국에셔는 당디의 신보 이독쟈 졔씨롤 우디ㅎ야 팔월 삼십일일부터 이일간 독쟈위안회를 기최ㅎ얏는디 여러 가지 가무도 잘 ㅎ려니와 팔셰 소우의 줄타는 기예는 칭찬치 안이리 업더라

17.09.15 (3)
구주년 기념의
광무대 / 십칠일에
구년 긔념 연극을
더욱이 기량

경성에 다만 흔아 잇는 연희장이오 또한 뎨일 오러 동안 유지ㅎ야 오던 황금유원 닉 광무디는 리 십칠일 밤으로써 셩대훈 창립 구쥬년 긔념식을 거힝ㅎ게 되얏더라 광무대는 경셩 동대문 닉 거ㅎ는 박승필「朴承弼」씨의 경영으로 당초 동대문 안 뎐긔회사 구닉에셔 오륙년 흥힝ㅎ다가 그 뒤 황금유원으로 쩌나와 금일ᄭ지 이르럿는디 그동안 슈십기의 연극단이 이러는지 몃칠이 못ㅎ야 모다 참혹히 걱구러지는 즁에서 능히 금일까지 혼주 힘으로 광무디 일힝을 잇글고 십년 동안을 악전고투ㅎ며
◇ 유지 발뎐ㅎ야　이번에 또훈 셩대훈 긔념식을 보게 되는 것은 무비 그 주인 박승필씨의 고심과 수단에셔 나온 일이라 그리ㅎ야 지금의 광무디는 경셩신소의 파젹ㅎ는데 다만 한아 되는 긔관이오 박승필씨는 실로 경셩흥힝계에 유일훈 용쟝이라 금번 긔념식 거

힝훈다는 말을 드른즉 당일 져녁에는 특별히 여러 명창의 가곡과 제반 명지 연극을 타일보다 우수히 션퇵 흥힝훌 쑨 안이라 당일 입쟝훈 이의게는 그 입장권만 가지면 잇흔날도 무료관람케 ᄒ야 ◇ 일반의 이호에 딕훈 감샤훈 뜻을 표훈다 ᄒ며 연극 파훈 뒤에는 특별히 광무디를 위ᄒ야 다년 진력훈 특별찬셩원의게 립식 향응이 잇다는디 뎨일 오러되고 다민 한아되는 경셩의 명물 광무디가 이번 긔념식을 긔회 삼아 더욱 경셩인ᄉ의 이호를 입어 전보다 몃갑절 발뎐케 ᄒ고져 박승필씨 이하 일힝은 열심으로 쥰비 계획 즁이라더라

17.09.24 (3)
가무가 업스면 기생은 못 된다 / 안셩경찰의 취체

안셩경찰셔셔 「安城警察署」는 관닉의 예기들을 엄졀 취체훈다는 디 그 원인은 쇼위 기싱이라는 것이 각 디방으로부터 모혀들어 그 수가 졈졈 만어지는 동시에 가무기예도 업시 예기 「藝妓」 되기를 쳥원ᄒ는 일이 만흔즉 공연히 풍속에만 방히된다 ᄒ야 가무기예의 업는 주는 작부영업으로 허가ᄒ여 주고 풍속에 관계되는 일은 엄졀히 금지훈다더라 (안셩)

17.09.24 (3)
기생의 주소와 영업소를 달니ᄒ라

진쥬경찰셔에셔는 지난 십구일 동닉예기조합 예기 삼십구명을 호츌ᄒ야 예기로셔 주긔입에 주식영업을 ᄒ는 쟈는 십월 일일브터 주소와 영업쟝소를 달니ᄒ야 영업상의 구별과 풍속상 괴란훈 일이 업도록 ᄒ라 ᄒ얏스며 기타 예기의 품힝에 관ᄒ야 주의식인 바이 잇더라

17.10.11 (2)
황금관에 공즁왕

경셩 황금유원 안 황금관 「黃金館」에셔 련야 대갈치를 밧는 태셔 대활극 천연식 공즁왕 「天然色 空中王」이란 댱편의 ᄉ진은 동관에셔 특별수입ᄒ야 흥힝ᄒ는 것인디 이에 딕ᄒ야 닉디인은 물론 됴션인의 관람긱이 밤마다 답지ᄒ는 셩황을 일운다는디 이외에도 긔발훈 것이 만타더라

17.10.16 (2)
광무딩에 신구파극

경성 황금유원 안 광무딩「光武臺」에서는 한 달 젼부터 남녀 비우가 실습ㅎ야 온 거금 ㅅ십년젼 허몽ㅅ의 가뎡비극을 지난 십ㅅ일부터 흥힝ㅎ는딩 그에에는 홍인박명「紅眼薄命」이라는 삼십오막으로 시로히 기량을 ㅎ야 신파구파의 합작으로 만드러 명챵 비우가 즁간마다 챵을 딩이고 ㅈ미 잇게 실연을 ㅎ는 즁 부인의 졀죠와 가뎡문뎨의 모범덕이므로 첫날 만원이 뇌며 모다 연극에 딩ㅎ야 눈물을 만히 흘니더라는딩 뎨일 산즁에서 밍호가 들츌ㅎ야 대활극을 일우는 것은 더욱 볼만 ㅎ다더라

17.11.06 (4)
〈광고〉

◉ 래(來) 十一月 五日브터(五日 차환 삼회 완결)

● 특별대흥행!

상장일할(上場日割)

전편 십권 十一月 五日브터 오일간한

후편 십권 十一月 十日브터 오일간한

후편 십권 十一月 十五日브터 오일간한

▲ 파천황 공전의 대제공 ▲

▲ 문제의 대사진 현출(現出)홈 ▲

천심(千尋)의 해저를 종횡무진히 치축(馳逐)ㅎ는 대괴물? 용자는 파(波)에 표(漂)ㅎ고 미인은 고도(孤島)에 읍(泣)ㅎ야 국면(局面)의 괴기(怪奇)는 언어에 부절(不絕)홈

절해고도의 대활극

(동양 일수(一手) 흥행권 이부(利附))

■ 잠함정의 비밀   전십오편 이십권완결

▲ 세계적 간첩의 가독암중비약(可篤暗中飛躍)?

▲ 전세계를 배경으로ㅎ는 대추적?

◇ 본 흥행에 한ㅎ야 관람료 일등 육십전 이등 사십전 삼등 이십전

◇ 종래 발행의 관람권은 입장 사절홈

경성 관철동

전화 二三二六번

우미관

17.11.07 (1) 〈광고〉	우미관 11월 6일자와 동일
17.11.08 (1) 〈광고〉	우미관 11월 6일자와 동일
17.11.09 (4) 〈광고〉	우미관 11월 6일자와 동일
17.11.10 (1) 〈광고〉	우미관 11월 6일자와 동일
17.11.01 (4) 〈광고〉	우미관 11월 6일자와 동일
17.11.13 (3) 〈광고〉	우미관 11월 6일자와 동일
17.11.14 (3) 〈광고〉	우미관 11월 6일자와 동일
17.11.15 (4) 〈광고〉	우미관 11월 6일자와 동일

17.11.16 (1)
〈광고〉

◉ 十一月 十五日브터 오일간

● 특별대흥행

미국 아메리칸후이름회사 특제 연속 대사진

세계적 간첩의 가독암중비약(可篤暗中飛躍)

잠함정의 비밀　최종 십권

미국 유社 レッド,[3] フェザ−[4] 특작

―― 3) 레드.

―― 4) 페더.

절해고도의 대비극

계급　전오권

◇ 본 흥행에 한ㅎ야 관람료 일등 육십전 이등 사십전 삼등 이십전

◇ 종래 발행의 관람권은 입장 사절홈

경성 관철동

진화 二三二六번

우미관

17.11.17 (1)
〈광고〉

우미관 11월 16일자와 동일

17.11.18 (4)
〈광고〉

우미관 11월 16일자와 동일

17.11.20 (1)
〈광고〉

우미관 11월 16일자와 동일

17.11.21 (4)
〈광고〉

◉ 十一月 二十日브터

유사(社) 쑤루쌔도 영사

인정극　에무부인　전오권

사회극 「유혹」 전삼권

희극　대요(大凹)　전이권

희극　대(袋)다다ㅅ　전일권

실사　제일(第一)「마짜지」 전일권

◇ 본일브터 입장료 보통

◇ 종래 발행의 관람권은 입장 사절홈

경성 관철동

전화 二三二六번

우미관

17.11.22 (3) 〈광고〉	우미관 11월 21일자와 동일
17.11.23 (2) 〈광고〉	우미관 11월 21일자와 동일
17.11.23 (3) **원산 가무기좌 소실 / 엽집도 연소됨**	이십일 오후 십일시 삼십분 원산 활동사진 샹셜관 가무기좌「元山活動寫眞 常設館 歌舞伎座」는 차 파는 간의화로로부터 발화되야 젼소흔 바 후룸은 이가 져닉왓스나 긔계 기타는 모다 틔여바리엿고 부근 이왕 지목제지소 외 한 치도 연소되고 동 흔시 반에 진화ᄒ엿다는디 손히 약 이만원이나 된다더라「원산뎐」
17.11.25 (1) 〈광고〉	우미관 11월 21일자와 동일
17.11.27 (4) 〈광고〉	근고(謹告) 시하(時下) 한냉지절(寒冷之節) 각위익익(各位益益) 어청상봉하후진자부(御淸祥奉賀候陣者富) 우미관은 경성에 재(在)흔 선인(鮮人) 유일의 오락장으로 각위의게 다대흔 환영을 몽(蒙)ᄒ야 관운(館運) 점점강성(漸漸降盛)에 부(赴)ᄒ야 자(玆)에 만 오주년을 영(迎)코져 홈 시(是)는 총(總)히 각위의 어애응(御愛應) 어인립(御引立)에 기흔 사(事)인즉 심히 감사ᄒ는 바라 우(右)를 감복(感福)ᄒ기 위ᄒ야 금회 특히 여흥으로 미국 최신식 모험적 대곡예단 일행을 빙(聘)ᄒ야 래(來) 二十七日브터 향(向) 일주간 어간람(御看覽)에 공(供)ᄒ는 바 해(該) 연예 중의 일단을 거(擧)ᄒ면 가련의 소녀가 공중호접(空中胡蝶)의 희(戱)와 여(如)히 묘기신(妙技神)에 박(迫)ᄒ야 실로 간객(看客)으로 ᄒ야곰 담을 냉(冷)케 ᄒ며 수(手)에 한출(汗出)ᄒ는 감(感)이 유(有)ᄒ리다 청컨디 탈기래관(奪起來觀)ᄒ심을 복망(伏望) 영화 부록움 이국(伊國)에 구레짓구회사 특작품 대활사극(大活史劇) 로마의 기사 전사권

외 희극 사진 등 수종
본 흥행에 한 일등 사십전 이등 삼십전 삼등 이십전 군인 학생 소
아 반액
경성 관철동
전화 二三二六번
우미관

17.11.28 (3)
[붓방아]

▲ 연극장이나 활동사진관으로 뎐화를 걸고 시급흔 일이 잇스니 그곳 구경흐는 아무기롤 불너달라 흐면 스무원들은 그 사롬이 잇눈지 업눈지 별로 차져보지도 안코 조곰 잇다가는 「그런 사롬은 여기 오지 안앗쇼」 ▲ 분명히 잇눈데 업다흐고 시급흔 일이 잇셔셔 긴졀히 쳥흐눈데 불친졀흔 디답을 흐는 것이 여러 사롬을 샹더로 영업을 흐눈 연극장에 도리일가 ▲ 그간 쳥흐눈 사롬도 간혹 즈긔의 영업을 도아쥬눈 화긱 되는 줄 알어야지 남의 평판으로 싱명을 삼눈 흥힝업쟈가 이갓치 친졀치 안이홈을 보면 경성의 흥힝업이 발달되지 안눈 것도 우연흔 일은 안이다 ▲ 일본 극쟝에셔눈 무디에셔 부르다가 안이 둘리면 쟝막에 소연을 써붓치던지 긔셔에 일홈 쓴 긔를 다라가지고 관람셕으로 도라단이기ᄭᅵ지 흐눈데 죠곰이나 이러흔 것을 비와 쥬엇스면 ▲ 료리집에셔도 종종 이와 굿치 친졀치 못흔 버릇을 흐는 것은 연극쟝이나 활동사진관과 갓치 괘씸흔 일이라

17.11.28 (4)
〈광고〉

우미관 11월 27일자와 동일

17.11.29 (4)
〈광고〉

우미관 11월 27일자와 동일

17.12.01 (4)
〈광고〉

우미관 11월 27일자와 동일

17.12.02 (4)
〈광고〉

근백(謹白)

시하(時下) 한냉후(寒冷候) 대방(大方) 각위익익(各位益益) 어청상봉하후진자부(御淸祥奉賀候陣者富) 우미관에셔는 종래 각위 어애응(御愛應)의 광영에 욕(浴)ᄒ야 자(玆)에 개업 만 오주년을 영(迎)ᄒ온 바 봉사불기(奉謝不己)ᄒ나이다

우(右) 감복(感福)로 위(爲)ᄒ야 료(聊)히 축의(祝意)를 표ᄒ야 래(來) 十二月 二日브터 六日ᄭ지 오일간 각등 입장료를 반액로 홈 연예는 여흥으로 목하 고평(高評)을 박(博)ᄒ야 매야(每夜) 만원의 성황을 정(呈)ᄒᄂ 중인 미국식 요예인속(凹藝引續)ᄒ더 목신연기(目新演技)를 가ᄒ야 경(更)히 간객의 목(目)을 경탄케 ᄒ리라 유우(猶又) 영화사진도 전부 차괄(差括)ᄒ야 귀람(貴覽)에 供ᄒ겟슴니다 우(又) 래 七日 이후의 우미관은 본년(本年) 도미(掉尾)의 분려(奮勵)노력으로 여하흔 웅편 대작이 제(題)홀는지 쳥컨디 활목(活目)ᄒ고 기대ᄒ시오

쳥컨디 인속(引續)ᄒ야 내관(來館)의 영(榮)을 사(賜)ᄒ심을 복망복망(伏望伏望)

영화사진

一 활극 쾌청년(快靑年) 전이권
一 희극 추성(箒星) 이권

기타 사진 희극 수종

본 흥행에 한 일등 십오전 이등 십전 삼등 오전 군인 학생 소아 반액

경성 관철동

전화 二三二六번

우미관

17.12.04 (3)
〈광고〉

우미관 12월 2일자와 동일

17.12.05 (4)
〈광고〉

우미관 12월 2일자와 동일

1917년

17.12.06 (4) 〈광고〉	우미관 12월 2일자와 동일
17.12.07 (2) 〈광고〉	임시특별대흥행 미국 대통령 위일손(韋日孫)씨 원조 촬영 - 평화? 전쟁? 시비리 제-손 전십권 기타 사진 희극 종(種) 폐관 개업 5주년 기념 흥행도 관객 다수의 어호평(御好評) 하에 매야 대대적 만원으로 객(客)을 지(止)ㅎ는 성황을 정(呈)ㅎ고 자(玆)에 작일(昨日)로써 수미극종료치(首尾克終了致)혼 바 혼잡을 위(爲)ㅎ야 각위(各位)에 대ㅎ야 충분의 어만족(御滿足)을 여(與)치 못홀 사(事)는 심히 공축(恐縮)ㅎ나이다 우(右) 어타(御詫)으로 금회 대대 노력으로써 활동사진의 권위인 「시비리 제-손」을 공개ㅎ기로 하얏삼니다 본 사진의 내용은 금(今) 경자(更玆)에 현언노노(賢言呶呶)를 불요(不要)흠 좌우간 일차 어귀임(御貴臨) 어간람(御看覽)을 희망흠 十二月 七日브터 十三日신지 칠일간 영사 본 흥행 한 일등 삼십오전 이등 이십오전 삼등 십오전 군인 학생 소아 반액 경성 관철동 전화 二三二六번 우미관
17.12.08 (2) 〈광고〉	우미관 12월 7일자와 동일
17.12.09 (2) 〈광고〉	우미관 12월 7일자와 동일
17.12.11 (4) 〈광고〉	우미관 12월 7일자와 동일

17.12.12 (4) 〈광고〉	우미관 12월 7일자와 동일
17.12.13 (3) 〈광고〉	우미관 12월 7일자와 동일

17.12.14 (4)
〈광고〉

十二月 十四日브터 영사

재래의 활동사진에 엄연ᄒ 경계선을 획(劃)ᄒ야 현(現)ᄒ

전화(戰禍)　전오권

원명「평화에 재(在)ᄒ 전의 규(戰의 叫)」

ᄂ 미국정부 군비확장파의 제 명사가 군비충실의 급무를 국민의게 명시코져 ᄒ야 스사로 필(筆)을 하(下)ᄒ야 이만오천팔백명의 배우를 가(加)ᄒ고 ᄯ오 스사로 출연 촬영된 미증유의 후이룸? 열열ᄒ 애국심의 결정ᄒ 호국의 규(叫)? 장려ᄒ 뉴육(紐育)을 유린ᄒᄂ 적군의 잔학? 조국 멸망의 참장은 여하의 군비축소의 논자로 ᄒ야곰 공포케 ᄒ얏스리라?

본년 三月 六日브터 육주간 대통령궁저 백악관에셔 전주지사(全州知事) 급(及) 공공단체의 대표자를 초집ᄒ야 관람케 ᄒ 것이라

기타

一 대활비극　주련(呪戀)　전사권

一 대활희극　테부군(君)과 해소(海瀟)　전삼권

금회ᄂ 특히 보통입장료로 공귀람(供貴覽)

경성 관철동

전화 二三二六번

우미관

17.12.15 (4) 〈광고〉	우미관 12월 14일자와 동일
17.12.16 (1) 〈광고〉	우미관 12월 14일자와 동일

1917년

17.12.18 (4) 〈광고〉	우미관 12월 14일자와 동일
17.12.19 (4) 〈광고〉	우미관 12월 14일자와 동일
17.12.20 (3) 〈광고〉	우미관 12월 14일자와 동일

17.12.21 (3)
〈광고〉

十二月 二十一日브터 영사

一 인정활극　설붕(雪崩)　전사권

설붕으로 죽은 여객의 고아를 양육ㅎ야 자부(子婦)를 삼고 일여자(一女子)를 거(擧)ㅎ얏ᄂᆞᆫ디 아들은 승합마차의 어자(御者)이라 적군이 래(來)ㅎ야 어자 「구로-도」를 징소(徵召)ㅎ야 안내자를 삼고 악귀족(惡貴族) 「루도비시」ᄂᆞᆫ 후작의 승계자되는 녀(女)의 종적을 수(搜)ㅎ야 결혼ᄒᆞᆫ 후 재산을 탈(奪)코져 기도ㅎ다가 「구로-도」의 처ᄂᆞᆫ 기녀(其女)임을 지(知)ㅎ고 여하히 권ㅎ야도 피녀(彼女)ᄂᆞᆫ 부귀영달을 불원(不願)ㅎ고 권고를 사절ᄒᆞᆫ다 「구로-도」ᄂᆞᆫ 귀촌(歸村)의 도중 전선을 횡단ᄒᆞᆫ 시(時) 변장 대우(大佑)를 구ᄒᆞᆫ 줄 지(知)ᄒᆞᆫ 악백작(惡伯爵)은 적에게 밀고ㅎ야 피(彼)를 포(捕)케 ㅎ야 적에게 살해된 줄 신(信)ㅎ얏슴으로 재삼 「구로-도」의 처에게 권ㅎ미 피(彼)ᄂᆞᆫ 랑(娘)의 장래를 사(思)ㅎ야 백작과 결혼ᄒᆞᆫ다 「구로-도」ᄂᆞᆫ 귀촌의 후 우화(右話)를 문(聞)ㅎ얏스나 피등(彼等)의 행복을 파ᄒᆞᆯ가 려(慮)ㅎ야 귀촌에셔 어자(御者)가 되미 백작은 우(又) 자기를 리(利)케 ᄒᆞᆯ 목적으로 계녀(繼女)와 청년 후작과 결혼케 ㅎ고져 ㅎ야 처와 풍파를 생(生)ㅎ야 필경 랑(娘)을 살(殺)코져 ㅎ다가 「구로-도」가 내저(來邸)ㅎ야 대쟁투의 결과 죽고 계랑(繼娘)은 고(故) 대우(大佑)의 자식과 결혼ㅎ야 평화행복의 생활에 입ᄒᆞᆫ다

一 대대활극　十一時 五十九分　전사권

十一時 五十九分 二十時 一分 전에 여하ᄒᆞᆫ 사건이 출래(出來)ᄒᆞᆯ가 내견(來見)ㅎ라

기타 사진 희극 수종

경성 관철동

전화 二三二六번
우미관

17.12.22 (3)
목포 예기조합 설립
/ 지금 준비 즁이라

전남 목포「全南 木浦」노 전남에 데일 즁요디로 관민간 연회도 무수혼 터인디 연셕 샹에 궐치 못홀 예기가 업슴은 유감이라 ᄒ야 이번에 당부 기싱 치션, 옥련「彩仙, 玉蓮」 두 기싱이 발긔ᄒ야 리셩흠「李成欽」씨 지휘 하에 박진양「朴珍陽」을 압셰우고 예기죠합을 셜립ᄒ게 되여 계반준비에 착수 즁이라더라

17.12.22 (4)
〈광고〉

우미관 12월 21일자와 동일

17.12.23 (4)
〈광고〉

우미관 12월 21일자와 동일

17.12.25 (3)
〈광고〉

우미관 12월 21일자와 동일

17.12.26 (4)
〈광고〉

우미관 12월 21일자와 동일

17.12.27 (3)
〈광고〉

우미관 12월 21일자와 동일

17.12.28 (4)
〈광고〉

당 十二月 二十七日브터 영사
一 탐정활극　주액(呪額)　전오권
경개(梗槪)
자(兹)에 일인의 청년이 유(有)ᄒ니 기(其) 부(父)노 잠항정의 도안을 비장(秘藏)ᄒ야 타일(他日) 청년에게 호도(護渡)홀 유일의 재산을 삼고 잇셧다 연(然)이나 부(父)의 우인(友人)으로셔 고전학자(古錢學者)로 인ᄒ야 기(其) 원안을 절취ᄒ비 됨 사건은 그것을 시

초로 삼아 대탐정의 활약과 가련흔 영양(令孃)의 분주(奔走) 등이
유(有)ᄒ야 각종 착종(錯綜)이 유(有)흔 최종 청년과 영양의 결혼
으로셔 종국을 삼다
一 사회극　노동　전삼권
一 희극　삼폭대(三幅對)
경성 관철동
전화 二三二六번
우미관

17.12.29 (3)
〈광고〉

우미관 12월 28일자와 동일

17.12.30 (3)
황금관에 특별사진

경성 황금유원 안에 잇ᄂ 활동사진 상셜 황금관에ᄂ 양력 셩월이
로날부터 됴션인 관긱을 위ᄒ야 젼부 셔양ᄉ진을 영ᄉ흐고 여흥
으로 ᄶ머리에 일본ᄉ진을 영ᄉ흔다ᄂᄃ 탐졍활극의 젹목「赤目」
의 속편과 기타 텬연식으로 쳐음 보ᄂ 대모험활극 금시「金矢」라ᄂ
일만척의 셔양ᄉ진이 잇다ᄂᄃ 두시간 동안을 영사흔다더라

17.12.30 (4)
〈광고〉

우미관 12월 28일자와 동일

색인

- ⊙ 기사
- ⊙ 신명
- ⊙ 극단명
- ⊙ 극장명

색인(기사)

일자	면	기사 제목	페이지
13.04.27	(3)	[독쟈구락부]	107
13.04.30	(3)	[독쟈구락부]	107
13.05.03	(3)	우미관에 가일봉(加一棒) / 우미관의 제반악힝 / 영업허가ᄭᅡ지 뎡지	107
13.05.04	(3)	우미관의 부활동(復活動) / 우미관의 다시 활동흥힝 / 이왕보다는 더욱 주의홈	110
13.05.04	(3)	셔샹호의 무ᄉ방면	110
13.05.06	(3)	연극쟝에셔 노름히	110
13.05.09	(3)	연극쟝의 크게 건축	111
13.05.10	(3)	[독쟈구락부]	111
13.05.15	(3)	광무뒤의 연극 폐지	112
13.05.18	(3)	[독쟈구락부]	112
13.05.20	(3)	[독쟈구락부]	112
13.05.22	(3)	[독쟈구락부]	112
13.05.24	(3)	[독쟈구락부]	113
13.05.28	(3)	[독쟈구락부]	113
13.05.29	(3)	[독쟈구락부]	113
13.05.31	(3)	단성샤롤 시로 지어	113
13.05.31	(3)	[독쟈구락부]	113
13.06.14	(3)	[독쟈구락부]	114
13.06.18	(5)	혁신단 연쥬회 셜힝	114
13.06.19	(3)	광무뒤를 불일 건축	115
13.06.20	(3)	[독쟈구락부]	115
13.07.12	(3)	연극쟝에셔 노름히	117
13.08.02	(4)	[독쟈구락부]	119
13.08.03	(3)	[독쟈구락부]	119
13.08.05	(3)	[독쟈구락부]	119

부록

일자	면	기사 제목	페이지
15.02.02	(4)	[독쟈긔별]	268
15.02.06	(4)	[독쟈긔별]	269
15.02.14	(3)	구력(舊曆) 정초와 연희장 / 정쵸와 구경갈 곳	270
15.02.17	(4)	[독쟈긔별]	271
15.02.18	(3)	정초와 인쳔 연희쟝	272
15.02.19	(3)	극장 단성사 소실 / 십팔일 시벽 셰시 / 쎠만 남은 단성샤	272
15.02.19	(4)	[독쟈긔별]	274
15.02.21	(4)	[독쟈긔별]	275
15.02.24	(3)	혁신단과 인쳔 극쟝	275
15.02.26	(4)	[독쟈긔별]	276
15.02.27	(4)	[독쟈긔별]	276
15.03.07	(4)	[독쟈긔별]	278
15.03.17	(3)	단성사 실화 공판 / 단성샤 쥬인의 부친 실화 죄로 지판소에	281
15.04.01	(3)	광대의 죠합 셜립	284
15.04.02	(3)	황금정 관내 춘기 종두 / 본월 이십일브터	284
15.04.05	(2)	[독쟈긔별]	285
15.04.13	(2)	[붓방아]	288
15.04.20	(4)	[독쟈긔별]	289
15.05.08	(4)	[독쟈긔별]	291
15.05.09	(4)	[독쟈긔별]	292
15.05.11	(4)	[독쟈긔별]	292
15.05.14	(4)	[독쟈긔별]	293
15.05.16	(4)	[독쟈긔별]	293
15.05.18	(4)	[독쟈긔별]	293
15.05.19	(4)	[독쟈긔별]	294

일자	면	기사 제목	페이지
15.08.24	(4)	[독쟈긔별]	311
15.08.29	(4)	[독쟈긔별]	312
15.09.02	(4)	[독쟈긔별]	313
15.09.03	(3)	활동샤진관의 취톄	313
15.09.03	(4)	[독쟈긔별]	313
15.09.04	(4)	[독쟈긔별]	313
15.09.05	(4)	[독쟈긔별]	314
15.09.08	(3)	공진회와 전주기(全州妓) / 공진회에 출연	314
15.09.09	(3)	극쟝 풍긔 취톄	315
15.09.10	(3)	연예관의 긔관	315
15.09.10	(3)	광무뒤 긔념식	315
15.09.16	(3)	극장과 관람물 / 공진회의 여흥장 / 각 연희장의 성황	316
15.09.17	(4)	[독쟈긔별]	318
15.09.24	(3)	신창(新彰) 기생의 가무 / 야간에 출연ᄒᆞᄂᆞᆫ 신창 기싱	319
15.10.05	(4)	[독쟈긔별]	322
15.10.08	(3)	활동화면 중의 공진회 / 공진회 샹황을 활동 샤진 박어 / 렬도 연션사롬의 게 구경식힘	323
15.11.16	(4)	[독쟈긔별]	329
15.11.24	(3)	단성샤에 혁신단	330
15.11.26	(3)	[붓방아]	331
15.11.28	(3)	[붓방아]	331
15.12.17	(4)	[독쟈긔별]	334
15.12.19	(3)	금야(今夜)브터 「눈물」극 / 혁신단의 눈물 연극	334
15.12.26	(3)	쌍옥루극(雙玉淚劇) / 금일부터 단성사에	335

색인(인명)

【 ㅎ 】

색인(극단명)

색인(극장명)

일제강점기 영화자료총서 — 01

신문기사로 본
조선영화

1911~1917

초판 인쇄   2008년 12월 10일
초판 발행   2008년 12월 15일

기획 및 발간   한국영화사연구소
펴낸이   조선희

펴낸곳   한국영상자료원
주소   서울시 마포구 상암 DMC단지 1602
출판등록   2007년 8월 3일 제313-2007-000160호
대표전화   02-3153-2001
팩스   02-3153-2080
이메일   kofa@koreanfilm.or.kr

편집 및 디자인   현실문화연구(02-393-1125)
총판 및 유통   현실문화연구

2008 ⓒ 한국영상자료원 www.koreafilm.or.kr

값 30,000원

ISBN 978-89-93056-10-5
    978-89-93056-09-9(세트)